쉽게 풀어 쓴

교육철학 및 교육사

쉽게 풀어 쓴

교육철학 및 교육사

김영훈·박영희 공저

Philosophy And History of Education

dm 동문사

머 리 말

교육이란 역사와 철학과 끊을 수 없는 관계에 있으며, 역사 속에 사건들과 철학 속의 위대한 인물들의 사상을 통하여 교육철학과 교육사가 형성이 된다. 우리는 이러한 교육의 역사와 철학과의 끊임없는 연결고리 속에서 현대의 교육적 의미와 기능을 재조명할 수 있으며, 더 나아가 현대의 교육문제들의 해답을 알 수 있는 단초를 얻을 수 있게 된다.

교육철학 및 교육사는 교육의 의미와 기능에 대해 철학적이고, 역사적인 관점에서 이해하기 위하여 고대로부터 현대에 이르기까지 포괄적으로 지식을 제공하는 것으로, 교육학의 가장 기본이 되는 교과 과목 중 하나이다.

이 책은 크게 4부로 이루어져 있다. 서양교육의 역사, 한국교육의 역사, 서양의 교육철학 그리고 동양의 교육철학이다. 교육학의 기원이 된 서양교육의 역사와 한국교육의 역사를 개괄적으로 다루었으며, 특히 독자들이 이해하기 쉽도록 사진과 그림을 제공하였다. 서양의 교육철학에서는 고대와 현대에 이르기까지 교육철학자들의 사상을 전체적인 개괄 형식으로 다루어서 독자들이 읽고 이해하기 쉽도록 하였다. 특히 그동안 다른 교육철학과 교육사 책에서 다루지 않았던 동양의 교육철학자들을 자세히 다루었으며, 그 사상에 대해서 접근하기 쉽게 설명하였다. 따라서 이 책은 대학의 교직과목이나 교육학과 전공과목인 교육사와 교육철학의 교재로 사용되어도 무방할 것이다.

이미 유사한 이름으로 시중에 많은 책이 나와 있지만, 이 책은 저자들의 짧지 않은 세월의 강의의 경험을 반영한 결정판이라는 의미를 갖는다. 동·서양의 교육역사와 교육철학은 대학의 교직과목에서 한 주에 2시간씩 다루기에는 방대한 양이다. 그것의 흐름을 중시하지 않고 암기한다거나 건조하게 개념 위주로 공부하는 것은 자칫 교육사와 교육철학에 대한 흥미를 잃기 쉽다. 저자들은 강의를 거듭하면서 여러 차례 시행착오를 거듭하였지만, 그중에서 무엇이 중요하고 그렇지 않은가를 선별하여 내용을 정리하였고, 무엇보다 강의에서 하듯이 어려운 역사와 철학을 그림이나 사진 또는 이야기 식으로 다루었다. 따라서 독자는 딱딱한 교육사나 교육철학을 공부하기보다 몇 편의 연속적인 이야기를 보고 듣는 느낌을 받을 수도 있다. 그러면서도 교직을 준비하는 학생들이 반드시 알아야 하는 개념은 되도록 쉽고 자세하게 소개하였다. 특히 중요한 인물과 개념은 찾아보기에 모아놓았으므로 이 부분은 개념이나 인물 위주로 정리하는 데 도움이 될 것이다.

아무쪼록 독자들이 이 책을 통하여 좀 더 이해하기 쉽게 교육의 역사와 철학 그리고 위대한 교육자들의 사상을 배울 수 있기를 바라는 마음이다. 나아가 여기서 배운 교육의 역사와 철학이 다른 교직과목과 전공과정의 학습에도 연결되어 공부하는 기쁨을 맛볼 수 있다면 더 바랄 나위가 없겠다.

이 책을 집필하면서 교육철학 및 교육사라는 과목에 대해 좀 더 많은 이해와 연구가 필요함을 절실히 느끼며, 앞으로 좀 더 수정 · 보완하여 좋은 책이 될 수 있도록 노력할 것이다. 끝으로 이 책이 출판되기까지 기다려 주시고 수고를 해주신 동문사 출판사의 임직원 여러분께 감사의 마음을 전한다.

2018년 3월

저자 일동

차례

| PART 2 | 한국교육의 역사

PART 3 서양의 교육철학

PART 4 동양의 교육철학

Part 1

서양교육의 역사

Chapter 1

그리스의 교육

1. 그리스시대의 특징

서양교육사는 크게 고대, 중세, 근대 그리고 현대의 네 시기로 나뉜다. 그중 고대에 속하는 문명은 그리스와 로마이다. 그리스는 대략 B.C. 5세기에서 4세기에, 로마는 B.C. 1세기와 A.D. 2세기까지 번성하였다. 고대 그리스는 한자어로 고대 '희랍(希臘)'이라고도 불린다. 현대에 살고 있는 교육받은 사람들은 '희랍'이라는 이름에서 고향을 느낀다는 헤겔의 말처럼, 그리스는 서양문명의 모태로서 서양교육의 기원을 연구하기에 적절한 출발점이다. 그리스의 신화적 남자조상인 헬렌(Hellen)의 이름을 따서 그리스 사람들은 자신들을 헬레네스(Hellenes)라고 부르고, 이민족은 알아들을 수 없는 말을 하는 바르바로이(Barbaroi)라고 하여 구분하였으며, 헬레네스가 사는 땅을 헬라스(Hellas)라고 불렀다. 그리하여 이것이 그리스와 동일어로 쓰였다.

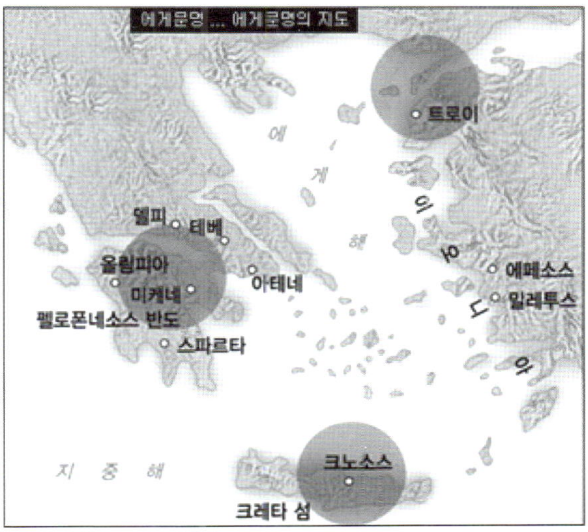

에게해 문명의 지도

그리스문명의 성립과정은 B.C. 2700년부터 1450년경까지 번창한 크레타문명(또는 미노아 문명)이 크레타 섬을 중심으로 크노소스 궁전의 유적으로 남아

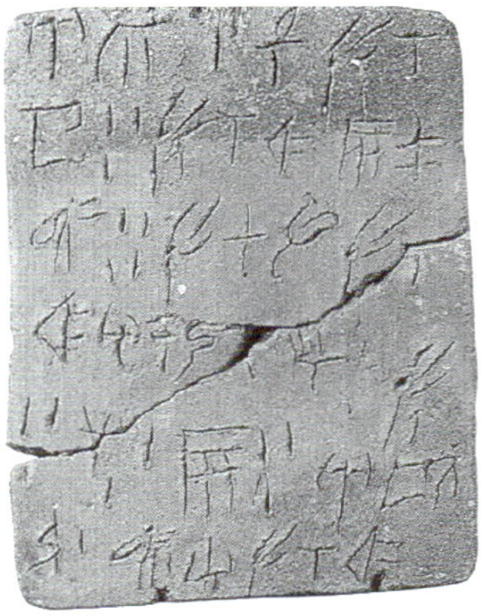

크레테의 활자 리니어 에이 (Linear A)

있다. 이 문명은 자체적으로 선형문자 에이(Linear A)라는 문자를 사용할 만큼 발달수준이 높았는데, 아쉽게도 아직 그 의미를 해독하지는 못하였다. 그 뒤에는 북쪽으로 올라간 펠로폰네소스 반도의 미케네 문명이 지배력을 가졌다. 여기서는 인도-유럽어족 중 가장 오래된 언어중 하나인 선형문자 비(Linear B)라는 문자를 사용했다고 한다. 그러나 이 문명도 1130년경 주변의 섬인 산토리니 화산폭발을 계기로 멸망하였다. 이후 발달의 중심지는 좀 더 북쪽으로 올라간 아테네 등으로 옮겨갔다.

크레테의 크노소스 궁

1) 그리스의 종교

그리스시대의 문화적 특징은 우선 종교에서 두드러진다. 그리스인들은 다신교를 믿었으며, 신들은 인간들의 삶에서 드러나는 다양한 경험과 감정을 그대로 드러낸다. 그들은 완벽하거나 전지전능하거나 공정하기보다는 자신을 받드는 사람들에게 보답하고 그렇지 않은 사람들에게 보복하는 방식을 취한다. 그리하여 그리스인들은 신은 인간의 삶에 항상 개입하며, 신의 개입 없이는 어떤 일도 일어날 수 없다고 믿었다. 대표적인 올림포스의 12신은 다음과 같다.

미케네 문명

올림포스의 12신

최고의 신
제우스

최고의 여신
헤라

바다의 신
포세이돈

순결의 여신
아르테미스

지혜의 여신
아테네

사랑의 여신
아프로디테

전쟁의 신
아레스

곡식과 땅의 여신
데미테르

술과 사랑의 신
디오니소스

음악과 예언의 신
아폴로

불과 대장간의 신
헤파이토스

신들의 전령
헤르메스

2) 그리스의 문자

그리스 문화를 대표하는 것 중에 언어를 빼놓을 수 없다. 소위 희랍어는 페니키아문자의 영향을 받아 만들어졌다고 하며, 자음과 모음을 합쳐 모두 24자이다. 모든 문자의 기본단위를 알파벳(alphabet)이라고 말하는데, 이는 희랍어 자모의 최초의 두 자의 명칭인 알파(α)와 베타(β)의 결합에서 유래되었다. 희랍어 중에서 아테네인들이 쓰던 아티카 방언이 표준어로 설정되었고, 플라톤이나 아리스토텔레스는 아티카 방언으로 기록을 남기고 있다.

Aα…Ωω

그리스 문자

Αα	알파	Ηη	에타	Νν	뉴	Ττ	타우
Ββ	베타	Θθ	세타	Ξξ	크시	Υυ	입실론
Γγ	감마	Ιι	요타	Οο	오미크론	Φφ	피
Δδ	델타	Κκ	카파	Ππ	파이	Χχ	키
Εε	엡실론	Λλ	람다	Ρρ	로	Ψψ	프시
Ζζ	제타	Μμ	뮤	Σσ	시그마	Ωω	오메가

3) 그리스의 문화

그리스 문화를 대표하는 문학작품은 호메로스의 『일리아스』와 『오디세이아』이다. 『일리아스』란 '일리온(Ilion)의 서사시'라는 뜻으로 일리온은 '트로이', '트로이아'의 다른 이름이며, 소아시아의 서북부에 위치한 도시의 이름이다. 『일리아스』의 주제는 트로이 전쟁이다. 그리스 신화에 따르면 전쟁배경은 다음과 같다. 펠레우스와 테티스의 결혼식 때 초청을 받지 못한 데 대해 화가 난 불화의 여신 에리스가 '가장 아름다운 여신에게'라고 쓴 황금사과를 결혼식장에 던졌다. 헤라, 아테나, 그리고 아프로디테는 그것을 서로 자기 것

호메로스(Homeros)

트로이(Troy)의 위치

이라고 주장하였다.

제우스는 누구의 편을 들 수가 없어 재판을 포기하였다. 황금사과의 주인은 트로이의 왕자 파리스가 정하게 되었다. 서로 유리한 판결을 바라고 헤라는 부와 권력을, 아테나는 전쟁에서 승리를, 아프로디테는 가장 아름다운 아내를 약속하였다. 파리스는 아프로디테에게 황금사과를 주었고, 아프로디테는 파리스에게 가장 아름다운 아내 헬레네를 주었다. 그런데 헬레네는 이미 스파르타의 왕 메넬라오스와 결혼한 유부녀였다. 왕비를 빼앗긴 메넬라오스는 미케네 왕 아가멤논을 총수로 하는 수만의 그리스 연합군을 결성하여 트로이를 공격하여 10년간 전쟁을 하게 된다. 오디세우스의 목마계략(트로이 목마)으로 트로이는 불타고 전쟁은 그리스의 승리로 끝난다.

파리스의 재판

파리스와 헬렌

『일리아스』의 주인공은 그리스 편의 아킬레우스와 트로이 편의 헥토르이다. 인간 아버지 펠레우스와 여신 어머니 테티스 사이에 태어난 아킬레우스는 반신(demi-god)으로 뛰어난 혈통을 가졌지만, 역시 죽을 수밖에 없는 운명이었다. 테티스는 그런 아들에게 불사(不死)의 축복을 주려고 스틱스 강물에 담근다. 그러나 그녀가 잡고 있었던 발목 부분은 강물에 닿지 않았기 때문에, 발뒤 뒤 힘줄은 아킬레우스가 상처를 입을 수 있는 약점으로 남았다. 이 전설에서 치명적인 약점을 뜻하는 아킬레스건이라는 단어가 유래했다.

『오디세이아』의 주인공은 오디세우스이다. 그는 트로이 전쟁에서 살아남은 유일한 영웅이다. 그리하여 『오디세이아』는 트로이 전쟁 뒤 오디세우스의 고향인 이타케 섬으로의 귀향과정을 그리고 있다. 트로이를 지원하던 신의 노여움을 산 오디세우스에게 수많은 위험이 닥치고 거지로 변장하여 겨우 집으로 도착한 그는 그동안 자신의 아내(페넬로페)에게 청혼했던 많은 구혼자들을 아들(텔레마코스)과 함께 퇴치한다.

이런 호메로스의 작품에 등장하는 교육적 이상은 전쟁에서 용맹스럽게 싸우는 전사(warrior)이다. 전사들은 대부분 혈통이 좋은 신들의 계보를 가졌으며, 몸과 마음이 모두 조화롭게 발달하여 용기 있게 싸우고 유창한 웅변술을 지녔다. 즉, 말과 행동 모두 뛰어난 사람이었다. 이것이 영웅들의 아레테(훌륭함, aretē)이었다.

4) 그리스의 도시

(1) 스파르타

그리스는 자치도시인 폴리스(polis) 중심으로 발달하였다. 수많은 폴리스 중에서 스파르타와 아테네가 가장 유명하다. 스파르타는 펠레폰네소스 반도 남부 지역에 위치해 있으며 보통 라케다이몬이라고 불렸고, 스파르타 도성 주변 지역은 라코니아라고 불렸다. B.C. 7세기에 스파르타는 군사적 패권국으로 떠올랐으며, 페르시아 전쟁당시에는 그리스 연합군의 전체 지도자로 인정받기도 하였다. 스파르타 군의 용맹성은 유명해서 그들이 쓴 주홍빛 투구의 깃털과 망토만 보아도 적군은 사기가 죽었다는 일화가 전해진다.

스파르타는 역사적 배경으로 인하여 세 계급으로 구성되어 있었다. 정복자인 도리아 족에 속하는 시민계급을 스파르티아타이(spartiatai), 주변국 시민이자 반자유민에 속하는 페리오이코이(perioikoi), 노예에 속하는 헤일로타이(heilotai)가 그것이다.

스파르타는 B.C. 7세기에 전설적인 입법가 리쿠르고스에 의해서 군국주의 국가로 개혁되었다. 스파르타를 대표하는 시인 튀르타에우스도 스파르타를 위해 용감히 싸울 것을 찬양하는 시를 남겼다. 스파르타의 교육도 이러한 군사적 목적에 따라서 이상적인 군사 양성을 추구하였다. 남자아이의 경우 7살이라는 어린 나이에 이미 어머니 품을 떠나 공동생활을 시작하여 50세까지 국가에 봉사하였다.

그들의 소박한 공동식사는 유명하다. 여성들도 비교적 자유로운 생활을 하였으며, 국가를 위해 건강한 아이를 낳기 위해 남자들과 다름없는 신체훈련을 받았다고 한다.

오늘날 사람들은 여전히 '스파르타식 훈련'이라는 말을 사용하는데, 스파르타가 용감한 전사를 양성하기 위하여 엄격하고 극기적인 훈련을 시켰기 때문이다. 아이가 태어나자마자 병약한 아이는 버리도록 했으며, 국가원로의 신체검사를 통과한 아이들은 7세부터 어떠한 상황에서도 극기하는 법과 생존하는 법을 익혀야 했다. 심지어 매 맞는 고통을 이겨내는 것이 성년식의 한 가지 방식이었다고 한다. 이러한 엄격한 훈련을 통하여 완성된 스파르타 군인의 용맹성은 그리스 전역에 맹위를 떨쳤다. 실지로 스파르타의 교육은 애국심, 용기, 훈련의 미덕을 갖추게 하여 어느 정도 이상 국가에 근접했다는 평가를 받았고, 이로 인해 플라톤은 스파르타를 모범으로 여겨 높이 평가하였다.

그러나 스파르타는 군사력 증강에 모든 관심을 집중하였기 때문에 절제 있고 질서 있는 국가형성에는 성공하였지만, 군사력이나 정치적 질서 외에는 크게 발전하지 못하는 결과를 빚었다. 아테네가 육체와 영혼의 조화로운 인간성을 강조한 것과는 대조된다. 그리하여 초기에는 올림포스 제전에 스파르타 출신이 많이 등장하지만 B.C. 7세기 말경에 갈수록 그 수가 줄어들었다. 이는 그들의 관심이 점점 편협해졌다는 것을 의미한다.

(2) 아테네

아테네는 민주주의의 기원을 이루는 정치제도를 시행하였다. 영어로 민주주의(democracy)는 희랍어 '민중'을 의미하는 데모스(dēmos)와 '힘 · 권력'을 의미하는 크라토스(kratos)의 합성어이다. 즉, 민주주의는 민중의 힘 또는 민중권력을 의미한다. 다시 말하면 국가의 권력은 국민으로부터 나온다는 의미가 함축되어 있다.

아테네는 시장이나 대중 집회 공간인 아고라(agora)에서 사람들이 모여서 토론하였으며, 성곽의 높은 지역인 아크로폴리스(acropolis)에 올라가 정치를 논하였다. 오늘날 아고라나 아크로폴리스 모두 정치적 토론의 장인 이유가 여기에 있다.

아테네 교육의 기원은 솔론으로 거슬러 올라간다. 그는 교육에 관한 최초의 입법을 한 것으로 알려져 있다. 솔론은 기존의 학교와 체육관의 운영에 관한 규정을 제정하였고 학생의 연령과 등급, 학생의 시종(파이다고고스, paidagogos)의 자질, 등하교 시간 등을 제정하였다는 것이다. 이를 통하여 아테네에는 학교가 있었다는 것, 그리고 학교에서는 문자에 토대한 문학작품, 예컨대 호메로스의 시 등을 가르쳤다는 것을 알 수 있다. 그런데 아테네의 학교가 스파르타와 현저히 다른 점은, 체육과 함께 광범위한 문학을 포함한 음악을 가르쳤다는 점이다. 이런 교육을 받은 뒤 18세가 되면 그리스 청년은 '성년에 이른 남자'라는 의미의 에페보스(ephēbos)가 되어 2년간 조국을 위해 군복무에 들어간다. 그 뒤에 정식 시민이 될 수 있었다.

2. 그리스의 교육사상가

1) 소피스트

B.C. 5세기 무렵 고대 그리스의 아테네는 과거의 귀족중심의 정치제도를 벗어나 민주주의를 실천하게 된다. 귀족주의 하에서는 신의 혈통을 이어받은 귀족들이 권

력을 차지하는 것이 타당하다고 여겨졌으나, 민주주의 하에서는 비록 귀족이나 영웅의 혈통을 이어받지 못했다 하더라도 웅변술을 익히면 사회적 성공의 길이 열려 있었다. 과거에 귀족들이 보여주었던 숭고함(nobility)을 이제 교육과 훈련에 의해서 양성할 수 있다는 믿음이 생긴 것이다. 젊은이들은 성공하고 싶었고, 성공하기 위해서 대중 앞에서 연설하는 법을 배워야 했다. 연설을 배우고자 하는 젊은이들의 갈망은 주변 지역에서 연설을 가르치는 교사들을 아테네로 끌어들였다. 그렇게 아테네로 모여든 교사들이 바로 소피스트(sophist)이다.

소피스트는 어원적으로 '지혜로운 사람'의 의미를 가지고 있다. 그들은 자신들을 '지자'(知者)라고 자칭한 셈이다. 또한 그들은 그 당시 직업기회가 열려있는 아테네로 몰려든 비아테네인, 즉 외국인들이었다. 예컨대 소피스트의 대표자 격인 프로타고라스(Protagoras)는 그리스 북부지역의 압데라 출신이고, 고르기아스(Gorgias)는 이탈리아 반도 아래의 시켈리아 섬의 레온티니 출신이다. 또한 그들은 자신들의 학교를 짓지 않고 여러 도시를 전전하며 가르침을 주었던 순회교사였다. 그들은 주로 사회에 나가 활동할 시기의 젊은이를 대상으로 정치학이나 수사학 등을 가르쳤다. 특히 그들은 문법, 수사학, 논리학과 같은 교과를 체계적으로 가르쳤다. 이것은 나중에 3학(trivium)이라고 하여 서양의 자유교육(liberal education)의 토대를 이룬다. 또한 그들은 고액의 돈을 받고 가르침을 주는 전문 직업교사였다. 그리스 전통에서는 주로 친척이나 덕이 높은 현자에게 무보수로 가르침을 받던 방식과는 대조된다. 대표적인 소피스트의 교육사상을 살펴보면 다음과 같다.

우선 프로타고라스는 "인간은 만물의 척도"라는 말로 유명하다. 이 말의 배경은 다음과 같다. 만일 어떤 사람이 황달에 걸렸다 하자. 그 사람 눈에는 이 세상 모든 사물이 노랗게 보일 것이다. 그렇다면 그 사람에게 모든 사물은 노란 색이고 "모든 사물이 노랗다."고 말하는 것이 올바를 것이다. 비록 정상인의 눈에는 그 말이 맞지 않더라도 말이다. 이런 연유로 프로타고라스는 상대주의적 진리관을 가졌다고 평가되고 있다. 누구에게나 절대적인 진리는 없고 사람에 따라 진리는 변할 수 있다고 본 것이다.

또한 프로타고라스의 입장은 휴머니즘(humanism)의 기원이라고 평가된다. 그는 『신들에 대해서』란 책에서 다음과 같이 말한다. "신들에 관해서, 나는 신들이 존재하는지, 혹은 존재하지 않는지 모른다. 신들에 대한 지식을 얻는 것을 어렵게 하는 방해물은 수도 없이 많다. 이 문제는 너무나 불분명한데 반해 인생은 짧다." 이 말은 이전 밀레토스 출신의 자연철학자들이 우주나 자연 또는 신에 관해 관심을 가졌던 것에 대한 비판이기도 하다. 그런 관심들의 주제와 연구범위가 지나치게 광범위해서 인간의 짧은 생애로는 감당할 수도 없고, 또한 인간 삶에 그다지 중요한 의미를 제공해주지도 않는다는 관점의 천명이었다. 인간에게 중요한 것은 인간 삶에 관한 법과 사회적 삶이었다.

또 다른 소피스트로서 고르기아스가 있다. 그는 『존재하지 않는 것 혹은 자연에 대해서』에서 "아무 것도 존재하지 않는다. 만일 무언가 존재하더라도 알 수 없다. 만일 알 수 있더라도 그것은 전달할 수 없다."라고 말한다. 이것이 고르기아스의 철학의 핵심사상인데 일반인의 상식으로는 이해하기 어려운 주장이다. 이런 말 때문에 소피스트에게 '궤변론자'라는 별명이 붙여졌을 것이다.

소피스트는 서양교육사상 몇 가지 의의를 가지지만, 그럼에도 불구하고 그들이 보여준 교육목적은 도덕적 인간보다는 젊은이들의 사회적 출세와 성공에 치중했다는 비판을 받고 있다. 진리추구보다는 제반 사회생활에서 모든 약한 주장을 강하게 하는, 언변에만 능한 지식인 양성에 치중했다는 것이다. 이런 비판은 아테네 젊은이들이 더 이상 외국인 손에 의해 타락하는 것을 좌시하지 않겠다는 소크라테스의 등장을 예고하였다.

2) 소크라테스(Socrates, B.C. 469~399)

소크라테스는 한 권의 책도 쓰지 않았다. 그의 사상은 제자 플라톤의 대화편과 크세노폰의 『소크라테스의 회상』, 희극작가 아리스토파네스의 『구름』 등을 통해서 간접적으로 전해진다. 플라톤은 소크라테스의 사형 뒤 스승의 이름을 인류에 영구히 남기겠다는 각오로 소크라테스를 자신의 작품의 주인공으로 등장시킨다. 후기 몇 작품만 빼고 대부분의 대화편에 공통적으로 소크라테스가 등장하므로 구분을 위하여 대화편 제목은 소크라테스의 대화 상대자 이름이 붙어 있다. 가령 대화편 『카르미데스』의 경우 소크라테스와 카르미데스의 대화가 이루어진다. 이런 탓에 소크라테스와 플라톤의 사상은 정확히 구분하기 어렵다. 다만 학자들은 플라톤의 전기 작품에는 소크라테스의 사상이 보다 많이 들어 있고, 중·후기로 갈수록 플라톤 고유의 사상이 전개된다고 보고 있다. 그중 대표적인 것이 이데아 사상이다. 전기 작품에 들어 있는 소크라테스의 사상을 요약하면 다음과 같다.

우선 소크라테스의 사상 중에 가장 대표적인 것은 '지행합일'이다. 아는 것과 행하는 것은 하나라는 의미이다. 소크라테스는 제대로만 안다면 행하지 않을 수 없다고 생각했다. 사람들이 행하지 않는 이유는 제대로 알지 못하기 때문이라는 것이다. 인간은 누구나 자기에게 좋은 것을 하게 되어 있는데, 무지하기 때문에 자기에게 나쁜 것을 좋은 것으로 알고 나쁜 것을 한다고 주장하였다. 즉, 무지가 모든 악행의 근원이라는 것이다. 또한 그는 '덕은 지식'이라고 주장한다. 인간의 훌륭함은 지식에서 나오며, 무지함은 훌륭함을 방해하고 악행으로 이끄는 원천이다. 따라서 그에게 교육목적은 무지를 알거나 무지를 자각하는 것이었다. 이것은 소크라테스가 『변명』에서 "너희들 가운데 누구든지 가장 지혜 있는 자는 소크라테스처럼 자기가 지혜에 있어서 사실은 보잘 것 없다는 것을 안 자다."라고 델포이 신탁의 의미를 해석하는 부분에 잘 드러나 있다.

교사 소크라테스는 소피스트처럼 자연이나 신의 문제보다는 인간적 관심사를 가졌다. 그는 『파이드로스』(230d)에서 세 번의 전쟁으로 인하여 아테네를 떠난 것 외에는 아테네 외곽으로 나간 적이 없었다고 말한다. 자연에 대한 관심이 없었기 때문이다. 소크라테스는 윤리와 도덕적 정의(定義)에 많은 관심을 가졌다. 가령 플라톤의 초기 대화편인 『라케스』에서는 용기를, 『유티프론』에서는 경신(敬神)의 정의를 내리려 대화를 나눈다. 물론 결론을 맺지 못하고 대화는 끝이 난다. 소크라테스가 윤리적 덕목을 정의 내리려 노력한 이유는 인간의 삶에는 도덕적 기준이 필요하다고 생각했기 때문이다. 그 기준은 사람마다 다르다고 보기보다는 모종의 절대적이고 보편적인 특성을 가져야 한다고 생각했다. 이런 이유로 소피스트와는 달리 소크라테스를 흔히 절대주의적 윤리관을 가졌다고 평가한다.

한편 교사 소크라테스의 교육방법은 다음과 같은 특징을 갖는다. 주로 일상적인 대화체를 사용하였다고 하여 '대화법', 묻고 대답하는 형식을 사용하였다고 하여 '문답법', 상대자의 말의 의미를 되묻는다고 하여 '반어법'(反語法)이라고 하였고, '산파술'이라고도 하였다. 산파란 아이 낳는 것을 도와주는 직업을 가진 사람을 일컫는데, 소크라테스는 자기의 상대가 여성이 아니라 남성이고, 육체를 낳는 것이 아니라 정신을 낳는 것을 도와준다는 점이 일상적 어법과의 차이점이라고 『테아이테토스』(150c)에서 밝히고 있다. 즉 산파술은 남성에게 정신적 아이에 해당하는 지식 또는 진리를 산출하도록 도와주는 과정이라는 것이다. 산파술은 임산부, 산파, 아기라는 요소와 학생, 교사, 지식이라는 요소 간의 대칭관계를 보여준다. 임산부가 스스로 잉태하고 임신상태를 유지하며 출산하는 과정의 어려움을 감내하면 자신의 아이를 낳을 수 있듯이, 학생은 스스로 생각하고 검토하며 좋은 지식을 갖도록 탐구해야 지식을 자신의 것으로 만들 수 있다. 이런 유비를 통하여 알 수 있는 것은 교육의 어려움이다. 산파가 임산부를 도와줄 수는 있지만 결국 임산부 스스로가 아이를 낳아야 하듯이, 교사는 학생을 도와줄 수 있기는 하지만 학생 스스로 학습하지 않으면 지식을 자신의 것으로 만들 수가 없다는 것이다.

3) 플라톤(Plato, B.C. 427~347)

플라톤은 소크라테스를 만나 8년간 수학하였으나 스승이 사형을 당하자 여행을 떠났다가 다시 아테네로 돌아온 뒤 교육과 저술활동에 온 생애를 바쳤다. 그가 아테네근교에 세워 가르친 아카데메이아(akademeia)는 서양에서 가장 오래된 고등교육기관으로 유명하다. 플라톤은 30편이 넘는 대화편을 남기고 있는데, 그 중에는 위작으로 의심받는 작품도 들어있다. 대화편은 연대와 사상적 흐름에 따라 전기, 중기, 후기 대화편으로 나뉜다. 전기 대화편은 소크라테스의 사상을 정립하는 성격이 강하며 윤리적 덕목의 정의(定義)에 집중되어 있다. 『소크라테스의 변명』, 『크리톤』, 『프로타고라스』, 『고르기아스』, 『라케스』, 『카르미데스』가 여기에 속한다.

중기 대화편에는 『메논』, 『파이드로스』, 『국가』 등이 속하는데 여기서는 초기에 보이지 않던 이데아론이 등장한다. 이에 대하여 플라톤 학자들은 초기의 대화편에서 무지의 자각을 위한 소크라테스의 대화가 결론 없이 끝나자 플라톤은 보다 적극적인 진리탐구의 길을 찾기 위해 이데아론을 설정하게 되었을 것이라고 설명하고 있다. 후기 대화편으로는 『법률』, 『티마이오스』, 『테아이테토스』 등이 있다. 여기서는 노년에 더 심오해진 플라톤의 철학이 전개된다. 가령 『법률』에서는 『국가』에서 다루었던 이상 국가를 구체적으로 실현할 교육, 국방, 국가윤리 등을 제시한다.

플라톤의 사상 중에 가장 두드러진 것은 그의 형이상학이다. 즉, 그가 세상을 어떻게 설명하는가이다. 그는 이전의 철학자들에게 깊은 영향을 받았다. 크게 두 명의 철학자를 들 수 있는데, 한 명은 헤라클레이토스이며 다른 한 명은 파르메니데스이다. 헤라클레이토스는 '만물은 유전(流轉)한다'는 주장을 하였다. 즉, 모든 것은 같은 상태로 남아 있지 않고 변화한다는 것이다. 그래서 『크라틸로스』(402a)에서 헤라클레이토스는 '우리가 같은 강물에 두 번 들어갈 수 없다'고 말하고 있다. 한편 파르메니데스는 헤라클레이토스와는 반대되는 생각을 보여준다. 그에 따르면, 존재하는 것은 불변하고 영원한 것이다. 존재는 감각에 의해서 지각될 수 없고 사유에 의해서만 파악될 수 있다. 현상계에서 '있음'은 변화하거나 소멸하는 것이 아니라 변화 속에 언제나 변화하지 않고 존재하면서 현상계의 변화를 가능하게 해주는 실체이다. 이런 파르메니데스철학을 통하여 플라톤은 변화하는 가운데서 변화에 관계없이 참으로 존재하는 것과 그렇지 않은 것을 구별하게 되었다. 이 구분을 자신의 형이상학에 적용하여 감각에 의해 알 수 있는 가시계(可視界)와 정신 또는 사유에 의해 알 수 있는 가지계(可知界)로 발전시켰다. 이 두 세계의 다른 이름은 현상계와 형상계, 생성계와 존재계이다. 이 두 세계는 상반되는 성격을 가지고 있으며, 그 중 한 세계만 실재한다. 즉, 가시계는 이데아세계와는 달리 실재하지 않고 이데아계의 모방으로서만 존재한다. 즉, 실재하는 세계는 오직 형상의 세계뿐이다.

플라톤은 언제나 우리의 이해를 돕기 위해서 우리에게 가까이 있는 가시계를 바탕으로 가지계를 설명한다. 가시계는 태양과 빛이 있을 때 작동된다. 태양에서 빛을 발해서 모든 생성계의 사물들이 영양을 공급받고 성장한다. 이런 가시계를 식별할 수 있는 것은 우리에게 눈이 있기 때문이다. 눈을 통하여 우리는 사물들을 구분할 수 있다. 한편 가지계에서 가시계의 태양과 같은 역할을 하는 것은 선(善, the Good)의 이데아이다. 그것은 모든 좋음의 원천이다. 여기에서 진리와 존재의 빛에 해당하는 이데아가 나온다. 이것은 다시 사물과 현상의 본질을 밝혀준다. 이런 일이 가능하도록 해주는 것은 우리에게 신적인 이성이 있기 때문이다. 이성을 통하여 인간은 정의나 진리와 같은 최상의 덕목을 추구하고 있고, 사물들의 본질을 규명하려 노력한다.

플라톤은 자신이 상정한 두 세계를 '동굴의 비유'를 통해서 은유적으로 보여 준다. 『국가』 7권에는 아주 짧은 분량으로 '동굴의 비유'를 소개하는데, 요약하면 다음과 같다.

"동굴 안의 사람들은 어릴 때부터 쇠사슬에 묶여 있기 때문에 언제나 같은 곳에 머물며 앞쪽밖에 볼 수 없네. 그들의 뒤편으로는 불빛이 비추고, 불과 수감자들 사이에는 길이 나 있고, 그 길을 따라서는 나지막한 담이 쌓여 있네. 그 담을 따라 사람들은 어떤 형상들을 운반하고 있네. 그로 인해 벽에는 그림자가 생기는데 죄수들은 자신들이 보는 것을 그림자라고 생각해 본적이 없다네. 그러다가 어느 날 그들 가운데 누가 쇠사슬에서 풀려나 갑자기 밖에 나가게 되었다네. 그는 눈이 부셔서 처음에는 여태까지 보아온 그림자들의 실물들을 바라볼 수가 없었겠지? 그러나 결국 익숙해진 뒤에는 물에 비친 그림자와 실물 자체 그리고 하늘 자체를 보게 되겠지? 그리고 그는 알게 될 거야. 태양이 바로 가시적인 세계 안에 있는 모든 것을 관장하고, 어떤 의미에서는 동굴 안에서 보아온 모든 것의 원인이 된다는 결론에 도달할 것이네. 그런 뒤 그는 동료 수감자들을 회상하고 그들을 불쌍히 여기겠지. 그래서 동굴로 내려가서 그들을 위쪽으로 데려가려 시도하지. 그러나 동굴 속 죄수들은 다시 돌아온 죄수가 어둠에 익숙하지 못한 것을 보고 그를 웃음거리로 만들어. 그리고 그들은 자신들을 위쪽으로 데려가려는 자를 모조리 죽여야 한다며 벼르지."

플라톤은 이 비유 속에서 동굴 안은 시각을 통해 나타나는 세계로, 그 안의 불빛은 태양의 힘에 대응시킨다. 그리고 위쪽으로 올라가서 사물들을 관찰하는 것은 지성에 의해 알 수 있는 세계로 혼이 비약하는 것이라고 말한다. 다시 말해, 시각을 통해 나타나는 세계는 자유롭지 못한 감옥의 세계이므로, 그 세계를 떠나 궁극적으로 온갖 올바른 것과 아름다운 것의 원인이 되는 선의 이데아를 향해서 가도록 노력해야 한다는 것이다. 이렇게 할 때 인간은 스스로 주인이 되어 지성에 의해 알 수 있는 세계에서 진리와 지성을 창조하며 살아갈 수 있다. 그것이 플라톤에게 교육받은 모습이다. 이때 교육이란 결코 교사가 직접 학생에게 시력을 넣어주는 것이 아니다. 학생이 자신에게 시력이 있음에도 불구하고 방향을 잘 못 잡아 보아야 할 곳을 보지 못하는 일이 생기지 않도록 시정하는 기술이다. 그리하여 교육이란 가시계(또는 생성의 세계)에서 가지계(실재의 세계)로 영혼을 전향하도록 돕는 일이다.

플라톤의 『국가』는 정의(正義)가 주제인데 정의(正義)에 관한 몇 가지 정의(定義)의 시도 후에 소크라테스는 국가와 개인에게서 정의를 찾아보자고 제안한다. 소크라테스가 제안한 국가는 가장 최소한의 계급으로 구성되어 있다. 우선 의식주의 필요를 충족시키는 생산자 계급, 국가를 수호하는 수호자계급 그리고 국가를 통치하는 통치자 계급이 그것이다. 이어서는 수호자계급과 통치자 계급에 대한 교육을 논의한다. 수호자 계급은 먼저 음악과 체력단련 교육을 받는다. 그 다음 수학의 여러 교과목인 산수, 기하학, 천문학, 화성학을 배운다. 이 모든 과목들은 영혼의 눈을 위쪽으로 인도하는 데 필요하다. 마지막으로 통치자는 약 5년간 변증법을 공부한다. 그러나 아직도 통치자의 준비는 끝나지 않았다. 그들은 15년 더 실무를 위해 준비해야 한다. 쉰 살이 되면 모든 시험을 무사히 통과하고 실무와 학문에서 가장 우수한 자들에게 국사가 맡겨진다. 이것이 바로 플라톤의 철인왕이 양성되는 과정이다. 가장 지혜로운 자인 철학자가 통치를 할 때, 그 나라는 가장 정의롭고 이상적인 나라가 될 수 있다는 것이다.

한편 사회의 세 계층과 대비시켜 인간의 심리적 구조도 설명한다. 인간의 영혼은 누구나 욕망, 기개(氣槪), 이성의 세 부분으로 구성되어 있다. 갈증, 허기, 성욕과 같은 욕구 일체를 포함하는 욕망과, 자신이 불의를 당했다고 생각되면 분개하며 상대방과 싸우는 분노, 노여움, 용기를 포함하는 격정적 부분인 기개와, 합리적인 사고를 하는 이성이 그것이다. 올바른 인간은 이 세 부분이 제 할 일을 하는 사람이다. 이성적인 부분은 영혼 전체를 살펴보고 지배하고, 기개는 이성적인 부분에 복종과 협력하고, 만족할 줄 모르는 욕구적인 부분은 이성과 기개의 지배를 받아 너무 커지지 않도록 감시받아야 한다. 따라서 이성은 영혼 전체를 위해서 무엇이 유익한지 알고 지시를 내릴 수 있도록 지혜로와야 하며, 기개는 외부의 적에 맞서 영혼과 육체를 잘 지켜줄 수 있도록 용기 있어야 하며, 욕망은 이성적인 부분이 지배하더라도 이에 반항하지 않고 지배를 받겠다는 절제의 미덕을 가져야 한다. 결국 국가에서든 개인에서든 각자가 제 할 일을 하는 것이 정의로운 것이며 올바른 것이다. 이렇게 해서 플라톤은 정의란 자신 안의 세 부분이 각각 남들이 할 일을 제가 하거나 서로 참견하지 못하게 하고, 진정한 의미에서 자주독립과 질서를 유지하며, 자신과 사이좋게 사는 것이라고 결론짓는다.

4) 아리스토텔레스(Aristoteles, B.C. 384~322)

아리스토텔레스는 마케도니아 출신으로 아테네로 와서 아카데메이아에서 플라톤 아래서 20년간 수학했다. 왕자시절의 알렉산드로스 대왕의 교육을 담당하기도 하

아리스토텔레스

였다. B.C. 335년에 자신의 학교를 아테네 동부인 리케이온에 세웠는데 이것이 소요학파(逍遙學派, peripatetic)의 기원이 된다. 대표적 저서로는 『윤리학』과 『정치학』이 있다. 그리고 아리스토텔레스는 인간은 '이성적 동물'이라는 것과, '정치적 동물'이라는 점을 강조한 것으로 유명하다.

아리스토텔레스는 여러 가지 점에서 플라톤의 생각을 이어받았으나 수정, 발전시키기도 하였다. 가령 플라톤은 사물의 실재를 이데아에서 찾았지만, 아리스토텔레스는 실재를 사물과 별도로 존재하는 이데아에서 찾지 않고 하나하나의 개별적 존재 속에 구현되어 있는 이데아에서 찾았다. 말하자면 동물이나 인간은 그 내부에 각각 고유의 '형상(形象, form)'을 간직하고 있고, 이것을 발현함으로써 스스로를 실현한다는 것이다. 그리하여 인간의 본성은 이성에 있으므로 이성적 존재로 완전히 발달을 이룰 때 인간은 자아실현 하는 것이다. 그리고 교육이란 이성적 존재로서의 잠재능력을 가지고 태어난 인간에게 그가 가진 본성을 완전하게 발달하도록 도와주는 자기실현의 과정이다.

또한 아리스토텔레스는 플라톤과는 달리, 감각이나 개별적 사례에 대한 경험으로부터 앎이 시작된다고 말한다. 플라톤이 가시계의 감각적 경험은 지식(episteme)의 수준에 못 미치고 단지 의견(doxa)의 수준에 머문다고 분류했던 것과는 대조된다. 물론 아리스토텔레스도 감각만으로는 지식의 완성에 이르지 못한다고 생각하였다. 감각에서 시작해서 기억과 경험과 기술을 거쳐 학문적 인식에 이른다는 것이다. 아리스토텔레스에 따르면, 인간에게는 육체와 영혼이 있으며 다시 영혼에는 이성적인 부분과 비이성적인 부분이 있다. 비이성적인 부분에는 욕망 또는 열정이 있다. 이것들은 순차적으로 생겨난다. 즉, 인간의 발달은 세 단계로 구분되어 일어난다. 첫째, 신체적 성장이 이루어지는 시기, 둘째, 욕망 또는 열정이 두드러지는 시기, 셋째, 이성이 발달하는 시기이다. 이 세 단계에 상응하여 신체의 교육, 인격의 교육, 그리고 마지막으로 지력의 교육이 필요하다. 첫째, 신체의 교육을 위해서 체력훈련과 군사훈련을 한다. 둘째, 인격의 훈련으로서 습관을 형성시켜 주어야 한다. 아리스토텔레스에 따르면 교육에는 본성과 습관과 이성이라는 세 가지 요소가 있으며, 그 중에서 습관은 이성보다 먼저 형성되어야 한다. 욕망은 비이성적인 것이지만 지성의 통제에 의해서 통제될 수 있다. 욕망은 선이나 악이 아니라 훈련 여하, 즉 습관형성에 따라 길들일 수 있다. 즉, 고상한 것을 사랑하고 비천한 것을 증오하는 마음을 길러 쾌락과 고통의 대상을 올바르게 선택할 수 있다. 음악훈련은 욕망을 길들이는 데 아주 유용하다. 마지막으로, 지력의 교육에서는 생물학, 역사학, 형이상학 등 다양한 이론적인 연구가 포함된다.

아리스토텔레스에게 인간은 사변적인 삶을 사는 것이 최상의 자아실현의 길이었다. 인간에게는 식물과 동물에게 없는 한 가지 즉 이성이 있어 사변적인 삶을 향유할 능력이 있으며, 시간을 초월한 관조자가 될 능력이 있다. 물론 사변적인 삶을 온전히 누리는 것은 오직 신만이 할 수 있는 일이지만, 인간은 신처럼 사변적인 삶을 살 때 완전한 행복을 누릴 수 있다. 이런 맥락에서 아리스토텔레스는 관조(theoria)의 중요성을 강조하고, 우리 안에 있는 것들 중 최고의 것에 따라 살도록 노력하라고 권고한다. 왜냐하면 인간은 지성을 가지고 있으며 인간인 한 지성을 따르는 삶이 가장 좋고 가장 즐거운 것이며 가장 행복한 삶이기 때문이다.

Chapter 2

로마시대의 교육

로마시대의 전통교육은 가정에서 이루어졌다. 가정은 모든 것의 토대가 되는 중심역할을 했다. 일단 아이가 태어나면 얼마간 어머니가 아이를 돌보았다. 그 기간이 지나면 아버지는 아들의 교육을 맡았다. 그래서 '아버지는 모든 아이의 학교 선생님'이라는 말도 전해진다. 부모의 훈련은 아이가 성인 토가를 입게 되는 나이인 16세나 17세까지 계속되었다. 이제 아이는 로마 시민으로 인정되어 군대 복무에 들어간다. 그리하여 로마시대의 전통교육은 지적 성취에 대해서는 별로 관심이 없었다. 그것의 주된 목적은 절제, 효도와 같은 정신자세를 기르는 것이었다. 즉, 로마의 전통적 교육은 언제나 실천적이고 윤리적인 가치를 존중하는 데 치중하였다.

그러나 B.C. 3~2세기에 로마가 이탈리아의 중심이 되고, 훌륭한 그리스 시민들이 로마로 몰려들자 변화는 불가피했다. B.C. 272년 타렌튬에서 로마로 건너온 안드로니쿠스는 그리스인이지만 라틴어로 글을 써서 라틴문학의 창시자가 되었다. 특히 로마인들의 자녀들을 가르치면서 12동판법 정도로 단순했던 라틴어 교재에 보다 문학적 성격을 가미했다. 그가 번역한 『오디세이아』는 그 결과물이었다. 그 뒤 점점 그리스인들이 로마사회에 영향을 미치자 카토(Cato)와 같은 로마인은 그리스 문화에 완고하게 반대하기도 하였다. 심지어 B.C. 161년에 원로원은 철학과 수사학을 가르치는 모든 교사를 로마로부터 추방한다는 명령을 내리기도 하였다. 그러나 그리스 문화와 교육의 영향력을 막아낼 수 없었다. 오히려 로마인들은 그리스의 수사학과 산문을 모방하고 그리스 교육을 시키려고 안간 힘을 썼다. 그리스 강연자들이 로마에 오면 젊은이들은 그 강연을 들으려고 몰려 들었다. 그렇게 해서 최초로 B.C. 1세기에 스틸로에 의해 라틴어 문법학교가 세워졌다. 여기서는 라틴어 문학과 수사학을 가르쳤다.

로마의 학교 종류는 크게 세 가지이다. 첫째는 문자교사의 학교인 루두스(Ludus)이다. 여기서 아이들은 읽기와 쓰기와 셈하기 정도를 배웠다. 이 학교에 모든 아이들이 다녔는지 아니면 하류층에 한정되었는지에 대해서는 이견이 있다. 그 다음 수준의 학교는 문법학교이다. 여기서는 수사학의 모든 기초를 공부한다. 마지막이 수사학학교이다. 여기서 수사학의 전반을 익히고 웅변가가 되는 훈련을 한다.

1) 키케로(M. T. Cicero, B.C. 106~43)

키케로는 로마의 공화정 말기 정치가이자, 『웅변가론』, 『국가』, 『의무론』 등의 다수의 저술을 통해서 라틴어 최고의 작가로 인정받은 문장가이다. 특히 그는 인본주의를 의미하는 휴머니즘(Humanism)의 근원이 되는 후마니타스(Humanitas)라는 단어의 기원이라고 알려져 있다. 그에게 후마니타스란 인간성을 의미하며 여기서 인간성이란 이성적이고 자기절제적인 의미에서 문명과 교양을 이룩한 최상의 피조물을 뜻한다. 즉, 키케로에게 후마니타스란 '인간에게 주어진 본성을 최선의 상태까지 개발하는 과정에서 얻어지는 특질'이다.

키케로의 교육적 이상은 그의 『웅변가론(*De Oratore*)』에 집약적으로 잘 드러나 있다. 키케로는 이 책을 동생 퀸투스에게 헌정하면서 웅변에 대한 보다 세련되고 완전한 책을 출판하고자 했다는 의도를 밝히고 있다. 그러나 심층적으로 들어가 보면, 그의 의도는 오히려 당시의 그리스·로마 학교에서 가르치는 모든 형태의 수사학에 대한 비평에 있었다. 키케로에 따르면 당시 현존하는 학교는 주먹구구식으로 웅변술을 가르쳤고, 수사학을 너무나 경직된 방식으로 가르쳤으며 지나치게 협소하고 고정된 규칙을 강조한다고 보았다. 수사학에 대한 키케로의 생각은 웅변가는 작문에 대한 규칙에 얽매이지 않는 유동적인 사람이어야 하며, 자기가 다루는 내용에 대해 완전히 이해하고 말하기 위해 모든 주제에 대해 보편적 지식을 소유하고 있어야 한다.

키케로가 『웅변가론』에서 내세우는 이상적 인간형은 '학식 있는 웅변가'이다. 그가 말하는 학식 있는 웅변가란 연설의 기술뿐만 아니라 다양한 분야의 지식에 능통해야 한다. 그렇지 않으면 웅변가가 말하는 내용은 설득력을 가질 수 없게 된다.

또한 웅변가는 플라톤이 추구하는 철학자의 목표와는 다른 목표를 갖는다. 철학자가 보편적이고 절대적인 진리를 추구하기 위해 끝없는 진리의 사다리를 올라가야 한다면, 키케로가 추구하는 웅변가는 도시 안에서 입법가의 교사가 되고 도시를 변화시킬 수도 있는 행동하는 인간이다. 또한 철학자가 자기가 살고 있는 도시에 아무런 영향도 미치지 못하는 무능력한 인간이라면, 정치가는 도시에 무엇이 진정으로 좋은지를 숙고하며 온갖 형태의 지식을 이용하는 행동하는 인간이다. 즉, 키케로가 추구하는 정치가는 사회공동체적 존재로서 동료시민과의 유대관계를 실천하는 사람이다. 이런 의미에서 올바른 인간은 동료 시민이 고통 받지 않고 사는지에 대해 늘 마음 쓰는 사람이다. 이것이 바로 웅변가가 자기가 사는 사회에 대한 책임을 느끼는 윤리적 덕성이다.

2) 퀸틸리아누스(M. F. Quintilianus, 35~95)

퀸틸리아누스는 로마 제정기인 베스파시아누스 치하에서 20년간 최초로 국가지원의 수사학교수를 지낸 사람이다. 은퇴한 뒤 쓴 『웅변가 교육론(*Institutio Oratoria*)』이 유명하다. 그는 키케로에 이어서 웅변가 양성을 교육목적으로 삼았는데, 여기서 그는 웅변가에게 의무와 도덕적 원리를 부여하여 '연설에 능한 선한 사람'이라는 보다 확장된 목표를 제시하였다. 또한 웅변가의 양성기간은 유아교육부터 초등, 중등 수준을 포함하는 전 생애로 확대되어야 한다고 주장한다.

연설가가 선한 사람이 되어야 한다는 퀸틸리아누스의 주장에는 당시의 사회적, 정치적 배경이 들어 있다. 로마황제들은 일인 지배자로 권력이 막강하였지만, 한편으로 국법상의 지위가 불안정하다고 여겨 황제에 도전하는 행위를 엄격하게 역모행위로 규정하였다. 이런 분위기에서 역모재판에 임하면서 영향력을 행사하는 고발인들이 등장하였다. 이들은 도덕성이 대단히 타락한 사악한 자들이었다. 수사학 규칙을 경멸하고 폭력적 언사를 예사로이 사용하였다. 퀸틸리아누스는 이런 흐름을 우려하고 로마적 우수성을 유지할 훌륭한 로마인을 훈련하는 데 마음을 썼다. 그리하여 퀸틸리아누스는 『웅변가 교육론』을 통하여 수사학의 본질, 수사학의 유용성, 수사학의 체계적인 접근의 중요성을 강조하였다.

퀸틸리아누스가 말하는 연설가가 갖추어야 할 도덕적 원리는 두 가지이다.

첫째, 근본적인 도덕성이다. 그는 품성이 온화하고, 겸손하며, 친절하고 정중해야 한다. 연설을 할 때는 두려움으로 대중 앞에서 주눅 들거나 위축되지 않고, 야유를 받더라도 실망하지 않으며, 청중의 권위에 마땅히 존경을 표하지만, 그 이상으로 청중의 힘에 휘둘리지 않는 대범함도 갖추어야 한다. 이와는 반대로 지나치게 확신에 사로잡히거나 성급하거나 사악하거나 오만함을 보여서도 안 된다. 이런 웅변가의 인품은 연설의 효과를 높이기 위해서 절대적으로 필요하다. 그러나 퀸틸리아누스는 인품을 단지 연설의 효과를 높이기 위한 수단 이상으로 강조한다. 그에게 웅변가의 선함은 본성상 요청되는 요건이다. 즉, 웅변가는 하나의 덕으로서의 수사학을 실천하는 사람이다. 그리하여 웅변가는 일반적인 수준에서 성격이 온화하고 웅변에서 대담함을 갖는 것 이상으로 덕에 관한 확고한 지식을 가지고 정의와 부정의, 선과 악, 용기와 절제에 대한 판단을 해내는 지적 미덕을 가진 사람이다.

둘째, 퀸틸리아누스의 선인은 공동체를 통해 선을 발현시켜야 한다. 로마인에게 미덕은 언제나 공공생활과 관련하여 정의되어 왔다. 로마적 인간은 정치에 참여하는 것이 주어진 주된 의무였고, 그 의무를 내팽개친 채 사냥, 낚시에 매달리거나, 오로지 은둔하여 저술활동에 몰입하는 것도 바람직하지 않은 모습이었다. 그리하여 웅변가는 변론인으로서 법정에 서서 무고한 자를 변호하고, 사악한 자를 꾸짖으며, 원로원에 가서 안건을 이끌거나 대중을 바로잡아야 한다.

이러한 웅변가 양성을 위해서 퀸틸리아누스가 채택한 교육방법에는 모방, 놀이 그리고 경쟁이 있다. 모방이란 웅변의 모델로서 모방할 만한 훌륭한 스승을 고르고, 인격형성을 위해서 도움이 되는 금언들과 덕으로 가는 직접적인 길을 선택하는 것이다. 또한 유아기에는 모방과 함께 놀이도 중요한 교육방법이다. 특히 유아기 때 교육자가 가장 주의를 기울여야 할 것은 아이가 공부를 싫어하는 마음을 갖지 않도록 배려하는 것이다. 그러나 아이가 성장하여 상급반으로 진학하면 경쟁도 훌륭한 교육방법이 될 수 있다고 덧붙인다. 가령 학생들을 교실에 배치할 때 말하는 능력의 순으로 앉게 하면 서로 일등 자리에 앉으려고 치열한 경쟁을 하게 되고 도전과 승리의 쟁탈 속에 학생들은 성장하게 된다.

이와 같은 퀸틸리아누스의 사상은 오늘날 우리교육에도 몇 가지 시사점을 제공한다. 우선 퀸틸리아누스의 이상은 한 개인이 공동체와 맺는 관계를 규정하고 있다. 그가 추구하는 이상은 자신이 터득한 웅변을 반드시 공동체를 위해서 활용해야 하며, 사회의 선에 도움을 주는 사람이어야 한다. 퀸틸리아누스에게 선한 사람이란, 자신이 속한 가정과 사회와 국가를 위해서 그들의 안정과 염려를 돌보고 그들에게 갈 길을 제시하며 정의의 길로 인도하는 사람이어야 한다.

둘째로, 퀸틸리아누스는 로마전통에 입각한 '선한 사람'이라는 목표와 외부세력인 그리스 전통에 입각한 '말 잘하는 웅변'이라는 목표를 하나로 통합시켰다. 즉, 그는 로마의 미덕을 바탕으로 외래사상을 도입하면서 오히려 자신의 전통을 분발시키는 자극제로 삼는 모범을 보여준다.

마지막으로, 퀸틸리아누스는 수사학이라는 학문을 익힘과 동시에 그 사람이 반드시 선인이어야 한다는 점을 강조한다. 수사학은 하나의 기예이고, 기예는 덕에 이르는 목적을 지니므로, 수사학을 공부하는 사람은 반드시 덕을 추구하는 목적을 지녀야 한다는 것이다. 수사학을 부와 영예를 얻기 위한 수단으로 여기기 쉽다. 그러나 퀸틸리아누스가 보기에 공부의 목적은 덕으로부터 나오는 결과에 있지 않고 덕 그 자체에 있다. 오늘날 공부의 결과로서 주어지는 혜택만 추구하고, 공부의 근본적인 목적인 인격함양은 무시하는 현상에 일침을 가하고 있다.

Chapter 3

중세의 교육

1. 중세사회와 암흑시대

서양의 중세는 서로마 멸망부터 동로마 멸망에 이르는 5세기부터 15세기를 일컫는다. 중세사회의 가장 큰 특징은 기독교가 지배적 위치를 차지했다는 점이다. 기독교(Christianity)의 위세는 이미 로마제국 시에 두 명의 로마 황제에 의해서 그 발판을 쌓아왔다. 콘스탄티누스 황제와 테오도시우스 황제가 그들이다. 콘스탄티누스 황제는 313년 밀라노 칙령을 내려 기독교를 종교로서 합법화하라는 내용을 발표한다. 이는 오랫동안 로마에서 황제들에게 박해를 받아 오던 기독교를 더 이상 박해하지 말고 하나의 종교로서 인정하라는 것이었다. 그 뒤 테오도시우스 황제는 한 발 더 나아가 기독교를 로마의 국교로 인정한다는 내용을 발표하였다. 이로 인해 로마제국이 차지한 넓은 영토는 기독교를 믿는 터전이 되었다. 그런데 476년 드디어 게르만 족 용병대장인 오도아케르가 서로마 제국 황제를 폐위시키는 사건이 일어났다. 이로 인해 서로마 제국은 멸망하고 서로마 제국이 다스리는 지역의 행정이 무너지게 되었다. 이때부터 우리는 서양 중세시대라고 부른다.

중세 중 흔히 앞부분에 해당하는 5세기부터 11세기는 특히 암흑시대(Dark Age)라고 부른다. 이는 정치적으로도 혼란기였고, 그에 따라 여러 곳에서 전쟁이 계속되었으며, 병과 가난과 힘겹게 투쟁하는 시기였다는 사실과 연결된다. 그러나 교육적인 측면에서도 암흑시대라고 할 수 있다. 중세에는 교육의 측면에 한 가지 큰 변화가 일어났다. 기독교 사회에서 이전의 고대 그리스·로마 전통의 교육은 기독교 신앙과 배치되는 측면이 있다. 무엇보다도 다신교를 바탕으로 하는 고전적 전통과 유일신 사상의 기독교 신앙이 충돌할 수밖에 없었다. 그 결과 고전교육을 가르치는 학교는 신앙에 배치된다는 이유로 존재 이유가 점점 감소되어 문을 닫기 시작하였다. 이렇게 신앙의 충돌로 인하여 학교 문을 닫은 가장 좋은 예는 529년 아테나이의 아카데메이아의 폐쇄 사건이다. 동로마 황제 유스티니아누스는 아테나이에서 이교도들이 법률을 강의하는 것을 허용할 수 없다면서 아카데메이아의 문을 닫도록 명령하였다. 플라톤이 설립한 고대의 전통적 고등교육기관은 그 유구한 역사에 종지부를 찍어야 했다.

우리가 중세교육을 논의하기 전에 중세와 우리 시대 사이의 근본적 차이를 이해할 필요가 있다. 오늘날 대부분의 국가는 각 나라의 교육에 지대한 관심을 갖고 지배적인 위치에서 교육을 통제한다. 그러나 중세는 국가가 있다고 해도 그 국가는 오늘날처럼 발달하지 못했고, 또 가난했기 때문에 국가를 지원하기 위한 법 체제나 세금체제에 미약했고, 또 거기에 커다란 관심도 갖지 못했다. 정부와 정책은 평민들의 삶에 별로 관여하지 않았다. 오히려 사람들의 삶은 종교와 교회에 의해 질서 지워졌다. 거기다가 중세는 엄청난 불평등 사회였다.

이런 조건 위에서 학교교육은 대다수 아이들에게 불가능했다. 그렇다고 그들이 교육을 아예 받지 않았다는 의미는 아니다. 교육은 학교에서 배우는 책 공부가 아니라 교회에서 습득하는 종교적 믿음과 도덕적 가치로 이루어졌다. 그리고 쟁기를 다루거나 외양간을 바라보면서 배우는 직업적 기술이거나, 겨울밤 화로에서 듣던 고대의 관습이나 미신이었다. 모든 중세교육은 실제적이고 직업에 관련된 것이었다. 학교에서 주어진 것은 라틴어를 읽고 쓸 필요가 있는 아주 소수의 사람들을 위한 것이었다. 비록 물질적 번영과 여가가 늘어나 이런 종류의 학교가 보다 보편적이 되었더라도 말이다. 모든 아이가 동일한 종류의 학교에 가야 한다는 현대적 아이디어는 가족 환경에 상관없이 교육적 기회평등과 능력을 최대한 발달시킬 권리를 말한다. 이런 아이디어는 중세적 마음에는 이해가 힘들었을 것이다. 그렇게 하면 사회 전체를 유지하지 못했을 것이다.

오늘날 우리는 교육을 사회적 신분 상승의 수단으로 이해하지만, 중세사회는 안정성에 기초를 두었다. 모든 사람에게는 신이 부여한 직분이 있었고, 사회적 질서는 비교적 고정된 것이었다. 농부의 아들이 학교 교육을 받는 경우도 있지만, 이것은 농사로부터 탈출을 위한 수단이고 영주로서는 손실이었기 때문에 그의 허락을 얻으려면 상납금을 내야 했다. 말하자면, 일반적으로 말해서 중세에 사회적 신분이동을 위한 교육은 불가능했다. 그리하여 중세인들은 모든 신체는 실제로 일을 위한 훈련이 필요하다는 것을 받아들이면서, 학교란 오로지 성직자를 위한 것이라고 여겼던 것 같다. 성직자만이 책을 읽고 쓸 필요가 있었다.

중세의 교육은 불가피하게 이런 조건을 반영했다. 조직화된 학교체제는 없었다. 지속적 학교는 드물었고, 산발적이며 때때로 중단되었다. 당시의 학교는 대단히 규모가 작았고 초등·중등 교육 간의 구분도 불분명했다. 이것은 순전히 현대적 구분일 뿐이다. 대부분의 학교는 문법학교였고 라틴어를 가르쳤다. 그러나 후기 중세에 읽고 쓰는 학교도 도시에 생겨나서 상인계층의 필요를 충족시켰다. 마을학교가 있는 곳이라면 그것은 오늘날 주일학교와 많이 유사했을 것이다. 사제가 교회 한 귀퉁이에서 신앙의 기초지식을 어린 아이들에게 가르쳤다. 이런 시시한 학교는 어쩌다가 생겼고 흔적도 없이 사라졌다. 우리가 아는 대부분의 학교는 문법학교이고, 그마저도 별로 아는 바 없다.

또한 중세에는 교육의 주체가 교회가 됨에 따라 학교에서 배우는 교과목은 내세를 추구하고 신앙에 도움이 되는 성격을 갖게 되었다. 배운 사람의 전형적 모습도 교육받은 성직자였으며, 사회의 모든 세속적 직분도 성직자의 손으로 넘어갔다. 그러므로 학문의 범위는 교회의 이해와 교설에 의하여 상당히 줄어들었다.

중세에 새로 등장한 기관으로 수도원(monastery)이 있다. 수도원은 원래 세상을 등지고 동료인간으로부터 격리되어 구원을 꿈꾸는 자들의 금욕적 생활을 위한 곳이었다. 그런 취지로 생긴 수도원 중에 6세기의 베네딕투스(Benedictus)가 세운 수도원은 가장 초기에 등장한 수도원 중 하나이다. 그는 529년 몬테카시노에 있는 아폴로 신전 터 위에다가 수도원을 세웠다. 그의 수도원 규칙으로 두 가지가 유명하다. '안일은 영혼의 큰 적이다'와 '매일 7시간의 노동과 2시간 이상의 성서읽기'가 그것이다. 이런 수도원 규칙으로 우리가 추론해 볼 수 있는 것은 수도원의 수도사는 책을 읽을 줄 알았다는 것이지만, 수도사들의 학문적 활동은 겨우 2시간에 그쳤다는 점이다. 중세의 가장 엘리트조차 학문에 바치는 시간이 매우 부족했고, 그것이 학문적인 암흑시대의 사회상이라는 판단을 가능하게 해준다.

2. 대학의 발흥

중세의 어둠은 11, 12세기에 이르러 사라진다. 소위 12세기 문예부흥이 시작되었다. 이 시기는 이베리아 반도의 아랍문화권에서 간직하고 있었던 고대문화와 유럽이 다시 접촉하게 된 시기이다. 이 당시 아라비아 숫자, 유클리드의 기하학이 서유럽에 소개되었고, 서구 기독교를 통하여 고등교육의 주제가 되었다. 또한 아라비아에 보존되어 있었던 고대 그리스 문헌이 라틴어로 번역되었는데, 이로 인해 아리스토텔레스의 이론은 가장 영향력을 갖게 되었다. 그의 저서는 거의 성경에 버금가는 존경을 받았으며, 그의 이론에 반박하는 것은 부질없는 짓이라고 여겨질 정도였다. 특히 그의 논리학은 완전히 복원되어 변증법 연구에 불이 붙었다. 이 시기 동안 교육적 활동의 중심은 북프랑스나 볼로냐였다.

당시 여러 학교 중에서 학문의 열풍을 일으킨 곳은 처음에는 '일반학과(studia generalia)'였다가 나중에 '대학'으로 알려진 고등교육기관이었다. 대략 12세기 초에 몇몇 도시에서 의학, 법학, 신학 분야의 지식을 가르치는 장소가 유명해졌고, 그곳에 학생들이 모여들었다. 그중 볼로냐의 법학, 파리의 신학대학이 대표적 경우에 해당한다. 이런 대학들은 이후 수 세기 동안 유럽 각지에서 생겨난 많은 대학들의 모델이 되었다.

대학이라는 의미의 '유니버시티'는 원래 '선생이나 학생의 협회 또는 조합'을 뜻하였다. 그것의 어원은 라틴어 '우니베르시타스'(universitas)이다. 이 조합은 12세기 당시 유럽에 두드러지게 나타난 장인들의 조합을 본떠서, 선생과 학생의 상호부조와 보호의 목적으로 조직되었다. 특히 선구자적 대학의 모습을 보여 주었던 곳이 볼로냐의 법학도들이었다. 그들은 외국인들로서 자기방어를 해야 할 처지에 있었으며, 초기에는 국가별 조직을 구성하였다. 볼로냐대학의 설립연대는 논란의 여지가 있지만, 그들이 주장하는 공식적 연대는 1088년이다.

중세 대학의 발흥으로 인해 결과적으로 중세까지 지속되어온 7자유학과의 범위가 넓어졌다. 물론 모든 학문의 기초가 되는 3학(trivium)인 문법, 수사학, 논리학을 다루는 일은 여전히 지속되었다. 문법의 교재로는 4세기 로마의 교사였던 도나투스나 5세기 비잔틴시대의 인물이었던 프리스키아누스가 지은 것을 배웠고, 수사

토마스 아퀴나스

학교재로는 도나투스나 보에티우스가 지은 책을 공부하였다. 한편 3학 중에서 논리학은 그 어떤 것보다 중요한 과목으로 급부상하였다. 이베리아 반도에서 아랍인들에 의해 보존되어 오다가 새롭게 서양으로 역수입된 아리스토텔레스의 논리학이 인기를 끌었고, 그중 『범주론입문』이 중요해졌기 때문이다. 그리고 4과(quadrivium)에 해당하는 산수, 기하학, 음악, 천문학도 포함되었다. 거기에다가 아리스토텔레스의 형이상학과 자연철학이 추가되었다.

그리고 중세대학의 교육방법은 특정 저자들의 글을 읽거나 주석하고 토론이 주를 이루었다. 책은 주로 손으로 쓴 것이라서 가격이 비쌌기 때문에 귀했고, 학생들이 지참한 경우는 드물었다. 따라서 교사들은 강의에서 텍스트를 분석하거나 주석을 달고, 새로운 어휘를 설명하였다. 그러면 학생들은 그 논의들을 기억하거나 필기를 하였다. 또한 대학에서는 찬성과 반대의 기법을 이용하여 토론하기를 즐겼는데, 이것이 서양교육에서 토론이 중시되는 전통이 되었다.

3. 스콜라철학

중세의 암흑에서 벗어난 또 하나의 사건은 스콜라철학 논쟁이다. 13세기 후반에 교회의 영향을 크게 받았던 북유럽의 많은 대학들, 특히 파리대학에서는 스콜라 철학 논쟁이 활발하게 일어났다. 이들은 십자군 전쟁 이후 실추된 교회의 권위와 기독교 교리에 대한 회의에 대하여 기독교 신앙의 정당성을 입증해야 하는 처지에 있었다.

중세 스콜라철학자들은 자신의 철학을 스콜라철학(Scholasticism)이라고 불렀다. 스콜라철학이란 아리스토텔레스의 철학을 토대로 하여 기독교 교리를 논리적, 이성적, 철학적으로 설명하려는 노력이다. 특히 스콜라철학자들은 합리적 방법 중에서 연역법을 썼는데, 연역의 기초도 어디까지나 성서와 교부들의 글, 고대에서는 플라톤과 아리스토텔레스로부터 가져왔고 그 이상을 넘어서지는 못했다.

스콜라철학은 기독교 신학의 교리에 대한 논쟁이었으므로 다양한 입장을 취했던 안셀무스, 로스켈리누스, 아벨라르를 거쳐 13세기에 토마스 아퀴나스에 이르러 완성되었다. 토마스 아퀴나스는 아리스토텔레스의 철학에 의존하여 우주가 합리성을 가진 존재이며, 질료와 형상론을 받아들여 인간의 형상은 지성이라는 점을 받아들였다. 또한 아리스토텔레스처럼 탐구의 출발점은 유형적인 실체의 고찰에 있지만, 하나님 존재의 증명은 구체적인 대상들에 대한 경험을 토대로 하여 추론된다고 믿었다. 그리하여 아리스토텔레스처럼 인간의 이성이 진리를 추구할 수 있다고 믿었지만, 아리스토텔레스와는 달리 신의 계시가 궁극적 안내자라고 믿었다. 그리고 플라톤으로부터 출발한 교부철학자인 아우구스티누스의 관점을 비판하였다. 아우구스티누스는 외적 세계는 환상이며 감각은 오류의 근원이라고 믿었던 것에 대하여, 토마스 아퀴나스는 아리스토텔레스처럼 경험에서 진리 추론이 이루어진다고 믿었다. 또한 교사관에서도 토마스 아퀴나스는 아우구스티누스와 차이를 보인다. 아우구스티누스에 따르면 신만이 진리를 소유하고 계시를 통해서 인간을 가르치며, 인간은 오직 진리가 자신에게 반사되기를 추구할 뿐이라면서 '내면의 교사'가 가르치도록 두어야 했다. 한편 토마스 아퀴나스는 아우구스티누스의 관점을 수정하여 인간도 지식을 소유할 수 있고, 다른 사람에게도 분배할 수 있다고 믿었다. 또한 감각과 지성의 활동을 통하여 확실성에 도달할 수 있다. 신은 인간에게 이성과 자유의지의 권한을 주었으며, 인간의 모든 일상사를 간섭하지 않기 때문이다.

4. 토마스 아퀴나스의 교육사상

토마스 아퀴나스(Thomas Aquinas, 1225~1274)는 1225년 로마와 나폴리 지방의 중간에 있는 아퀴노 지방에서 태어났다. 그의 성(아퀴나스)은 이 지역으로부터 유래했다. 그는 이미 5살에 수도원 지망생으로서 몬테카시노에 있는 베네딕토 수도회에 보내졌다. 1239년 나폴리대학에 입학하여 아리스토텔리스 작품을 접하였고, 그 뒤 도미니크 수도회에 입단한다. 1245년 파리로 가서 위대한 스승 알베르투스 마그누스를 만난다. 1248년까지 파리에서 수학한 뒤, 1252년 파리대학 신학부에서 교수자격을 얻기 위한 준비과정으로 강의하였다. 1250년과 51년에 사이에 사제로 서품되었다. 1256년 파리대학 신학과 교수로 취임한 뒤 1259년 가톨릭 신앙의 진리를 다룬 책 『대이교도대전』을 집필하였고, 1265년 신학의 문제를 총체적으로 다룬 미완의 『신학대전』을 집필하였다. 마지막 것은 3부 600개의 설문으로 구성되어 있다. 아퀴나스의 사상을 요약하면 이성과 신앙을 구별하면서 동시에 이성과 신앙을 일치시키려 노력했다는 점이다. 철학의 영역은 오로지 이성에 속하지만, 신학에는 신앙, 계시 등 신의 권위를 인정하는 부분이 있다며 철학과 신앙을 구분한다. 그러나 이성과 신앙은 공통점도 갖고 있어 두 영역이 서로 배치되는 것도 아니다. 이성은 반드시 철학만의 전유물이 아니며, 신학에서도 신앙으로 이해할 수 있는 영역이 있는가 하면 이성으로 논증할 수 있는 영역이 있다는 것이다.

이렇게 이성과 신앙을 구별하면서 동시에 이성과 신앙의 조화를 모색하려는 아퀴나스의 사상의 근본 원리는 아리스토텔레스로부터 유래한다. 아리스토텔레스는 질료형상론을 주장하였는데, 세상의 모든 것은 질료와 형상으로 구성되어 있다는 주장이다. 즉, 질료와 형상은 분리할 수 없으며 질료와 형상은 한 사물 안에서 동시에 같이 존재한다. 이런 관점은 플라톤의 이데아론과 구분된다. 플라톤에 따르면, 우주는 현상계와 이데아계로 구분되며 현상계는 다만 이데아계의 일시적 그림자에 불과한 불완전한 세계이며 이데아계만이 완전하고 영원한 불변의 세계이다. 즉, 플라톤에게 물질은 불완전하며 오직 물질적인 요소가 제거된 순수형상만이 완전하다.

이런 플라톤의 입장을 이어받은 사람이 5세기의 교부철학자 아우구스티누스이다. 아우구스티누스는 플라톤의 이데아론에 입각해 현세는 다만 일시적인 그림자에 불과하고, 영원한 진리는 신의 세계 안에만 존재한다고 믿었다. 그런데 신의 세계 안에 존재하는 영원한 진리를 깨닫기 위해서는 신의 은총이나 계시가 필요하다. 이것이 바로 아우구스티누스의 '조명설(照明說, theory of illumination)'이다. 인간이 이성을 갖고 있더라도 신앙에 의한 신의 은총이 없이는 영원한 진리를 깨달을 수 없다는 이론이다. 따라서 은총의 도움 없이 이성만으로는 진리를 깨달을 수 없다.

이에 대해 아퀴나스는 아리스토텔레스의 철학방법을 빌어 이성과 신앙을 구별하는 동시에 조화하기 위한 철학적 근거를 마련하였다. 아리스토텔레스는 질료와 형상은 불가분의 관계임을 인정하면서도, 감각적 실재와 비감각적 실재의 세계를 인정했다. 즉, 아리스토텔레스가 질료를 소유한 불완전한 감각적 실재로부터 형상만을 갖는 순수형상인 비감각적 실재인 신의 세계를 우월하게 생각한 것처럼, 마찬가지로 아퀴나스도 이 논리를 이용하여 인간의 이성보다는 신앙의 세계가 보다 우위에 있음을 증명하였다. 따라서 절대질료<식물적 생물체<감관적 동물<이성적 인간<순수한 영을 가진 천사<절대적 형상인 신의 순서로 우위가 올라간다.

요약컨대, 아퀴나스의 세계에서는 아우구스티누스처럼 이성과 신앙이 서로 대립되는 것이 아니라 이성이 미치지 못하는 영역은 계시가, 그 이전 단계까지는 이성이 주재하는 서로 보완의 관계이다.

이와 관련하여 아퀴나스의 교사론도 아우구스티누스와 대조된다. 아우구스티누스에 따르면, 신만이 진리를 소유하고 계시를 통해서 인간을 가르치며, 인간은 진리가 자신에게 반사되기를 추구할 뿐이다. 이와 반면에 아퀴나스는 그 관점을 수정하여 다음의 관점을 주장한다. 인간도 지식을 소유할 수 있고 다른 사람에게도 분배할 수 있다. 감각과 지성의 활동을 통하여 확실성에 도달할 수 있다. 신은 인간에게 이성과 자유의지의 권한을 주었으며, 인간의 모든 일상사를 간섭하지 않는다.

결론적으로 교사의 역할에 대해 아퀴나스가 주장하려는 바는, 이성의 세계와 신앙의 세계를 동시에 인정하지만 신앙의 세계를 이성의 세계보다 우월하다고 믿는 바와 같이, 인간에 의한 교육을 인정하기는 하지만 인간에 의한 교육보다는 신에 의한 교육이 더욱 중요하며, 신만이 내적으로 가장 중요한 교사라는 결론이다. 왜냐하면 인간에 의한 교육으로 진리를 획득할 수 있기는 하지만, 그것은 다만 자연적 진리에 관한 것이고, 영적인 영역에 속하는 그 이상의 진리는 오직 신의 은총과 계시에 의해서만 획득할 수 있다고 믿기 때문이다.

Chapter 4

종교개혁기의 교육

1. 르네상스기의 교육

1) 르네상스시대의 특징

'다시 태어남'이라는 의미를 지닌 르네상스(Renaissance)는 15세기 이탈리아를 중심으로 인간을 유린하는 편협한 중세문명에 항거하고, 넓고 충만한 개인의 삶을 위한 요구에 대응하여 고대(古代)적 사고방식과 문물의 재탄생을 이룩하고자 했던 운동이다. 이탈리아는 고대 로마의 정신적 상속자라는 자부심과, 대부분의 교사가 성직자가 아니라 일반인으로서 새로운 시대정신을 받아들이기 쉬웠던 점, 라틴어와 라틴문학의 본고장으로서 라틴문학을 받아들이기 쉽다는 장점으로 인하여 르네상스 운동의 기원을 이루었다.

페트라르카

이런 운동은 이탈리아 피렌체에서 처음 시작되었는데, 주로 문학 분야에서 두각을 나타냈다. 최초의 인문주의자로 알려진 페트라르카(Francesco Petrarca, 1304~1374)의 경우 법학을 공부하였지만, 글 쓰는데 관심이 많았고, 여행을 통하여 라틴어 원고의 발굴, 수집, 필사하는 데 생애를 바쳤다. 이런 그의 노력으로 고대에는 알려지지 않았던 키케로의 편지가 많이 발굴되었다. 또한 그는 발굴된 편지를 귀족들과 돌려가며 보기도 하고 키케로에게 감사의 서신을 보내기도 하며, 고대문화를 찬양하고 동시에 관심과 부흥을 일으키는데 크게 기여하였다. 또한 단테(Alighieri Dante, 1265~1321)는 『신곡』이라는 작품에서 천국과 지옥과 연옥을 여행하는데, 그와 함께 동행하며 길을 안내하는 사람이 처음에는 로마시인 베르길리우스이고 그 뒤에는 그의 연인 베아트리체이다. 그녀는 그가 어린 시절부터 연모하던 여인이었는데, 단테는 작품에서 베아트리체를 등장시켜 인간적 사랑이라는 주제를 도입하여 시인들과 문인들 사이에서 르네상스적 움직임을 불러일으켰다. 또한 보카치오(Giovanni Boccaccio, 1313~1375)는 1353년 '10일'이라는 의미의 『데카메론』이라는 작품을 발표하였다. 이야기는 그 당시 유행한 흑사병으로 시작된다. 7명의 젊은 여성과 3명의 젊은 남성이 흑사병을 피해 피렌체 성 외곽의 한 빌라로 피신하게 되는데, 거기서 시간을 보내기 위하여 각자 돌려가며 이야기를 전개한다. 내용은 주로 인간의 성과 쾌락에 관한 이야기이다.

이처럼 르네상스시대에는 중세의 신의 세계로부터 세속적 인간성에 대한 관심으로, 내세보다는 현세적 삶으로 중심축이 옮겨왔다. 그리하여 인간적 사랑과 욕망을 과감하게 작품의 주제로 설정하고, 그것을 통해서 중세적 삶이 가져온 억압된 인간성을 회복하고 인간이 삶의 주체가 되는 새로운 세계를 꿈꾸었다.

2) 르네상스시대의 교육

르네상스시대의 교육은 첫째, 인문주의 교육을 특징으로 한다. 이탈리아에서 시작된 르네상스 운동은 자신들의 조상인 고대 로마의 교육적 이상을 다시 부흥시키고자 하였다. 키케로가 추구한 정치가의 모습이나, 퀸틸리아누스가 추구한 연설능력에서 뛰어난 도덕적 자유인은 모두 인문주의적 소양이 뛰어난 사람이었다. 좋은 연설을 하기 위하여 연설가는 다양한 분야에 대해 박식해야 하며 동시에 희랍어나 라틴어와 같은 고전어에 능통해야 하며, 문법과 수사학을 섭렵해야 한다. 등시에 연설가는 원만한 전인적 교육도 받아야 한다.

둘째, 르네상스시대의 교육은 귀족주의적 성향을 띠었다. 교육받을 대상은 통치자와 군주에 한정되었다. 르네상스운동이 고대문화의 부흥이라는 성격을 띠었기 때문에 그것은 당연한 결과였다. 고대에 교육이 필요한 계층은 통치자와 군주였고, 평민이나 하인에게는 생업을 위한 직업적 기술만 전수하면 그만이었다. 따라서 르네상스시대에 등장한 새로운 교육기관은 상류계층을 위한 중등교육이었다. 그 일환으로 이탈리아 피렌체나 베네치아에 궁정학교가 세워졌는데 그 중에서도 비토리노(Vittorino da Feltre, 1378~1446)가 운영한 만투바의 궁정학교가 대표적이다. 그는 '기쁨의 집'이라 불린 궁정학교에서 귀족의 자제를 가르쳤다. 또한 페라라의 궁정학교를 운영한 구아리노(Guarino da Verona, 1374~1460)도 있다. 이런 궁정학교들은 후에 유럽의 중등학교인 영국의 문법학교, 프랑스의 리세, 독일의 김나지움의 모델이 되었다.

셋째, 르네상스시대의 교육은 키케로주의(Ciceronianism)에 빠지면서 인간성 회복이라는 목표를 성공적으로 달성하는 데 실패하였다. 키케로주의란 고대 로마의 최고의 문장가 키케로를 모방해야 할 가장 훌륭한 모델로 여기고 지나치게 키케로를 닮으려 노예적 모방에 빠진 열풍을 비난하는 용어이다. 르네상스 당시 최고의 인문주의자 에라스무스(D. Erasmus, 1466~1536)의 『키케로주의자』(1528)에는 키케로주의에 빠진 젊은이(노소포누스)의 병적인 양태가 나온다.

> 지난 7년간 키케로의 책만 읽었으며, 서가에는 키케로의 책만 있고, 집안 통로마다 키케로의 초상화를 걸어 놓았으며, 키케로의 얼굴이 들어간 반지를 끼고, 꿈도 키케로 꿈만 꾼다. 키케로의 저술을 읽고 또 읽어 거의 다 암기할 수 있다. 키케로가 쓴 어휘모음 사전과, 파생어 · 격변화 등을 정리한 사전, 거기에다가 키케로가 사용한 운율도 정리해 놓아 총 3권의 두꺼운 사전을 만들어 놓았다. 나머지 7년은 이미 만들어 놓은 사전에 근거하여 그것들을 '모방'하는 데 바쳤다.

이처럼 당시의 젊은이들이 고대문학을 사랑하여 최고의 문장가 키케로를 닮으려 한 노력은 너무나 틀에 박힌 언어와 형식에 얽매여 르네상스의 인간성 회복이라는 신선한 목표와는 거리가 멀어지고 말았다. 르네상스 시기에 공부 방법으로서 '모방'이 중요했지만, 모방의 다양한 용도, 즉 단순모방이 아니라 모델보다 더 나아지고, 모델을 뛰어넘으려는 '경쟁'을 위한 모방의 목적은 결여되어 있었다. 오늘날 시각으로 표현하면 고전에 대한 '비판적 글 읽기'를 하지 못하고 고전에 대한 맹목적인 권위를 부과하고 고전에 집착한 병폐를 낳았던 것이다.

3) 에라스무스의 교육사상

에라스무스(D. Erasmus, 1466~1536)는 네덜란드 로테르담에서 태어났다. 네덜란드에는 북부유럽에서 문예부흥의 중심을 이루었던 데벤터의 공동생활 교우회에서 설립한 학교가 있었고, 에라스무스는 이곳에서 수학하였다. 아버지처럼 사제서품을 받고 성직자가 되었으나, 그 일을 그만두고 신학을 공부하러 파리대학으로 갔다. 그러나 그 당시 파리대학은 여전히 스콜라 철학 열풍에 있었으므로 염증을 느끼고, 1499년 영국으로 건너가 토마스 모어 같은 영국 인문주의자들과 친교를 나누었다. 1506년 이탈리아의 볼로냐대학으로 가서 희랍어를 마스터하였다. 헨리 8세가 영국 왕위에 오르자 그 젊은 왕이 문학의 대후원자가 되리라는 기대를 품고 다시 영국으로 건너갔다. 4년 동안 영국에 머물면서 콜레트 학장이 성 바울학교를 인문주의 교육의 중심지로 재창립하는 일을 도왔으며, 캠브리지대학에서 희랍어와 신학을 가르쳤다. 1517년부터 1521년까지 루벵에서 고전어학원의 설립에 지대한 관심을 가졌다.

에라스무스는 수많은 책을 썼으며, 그 중에서 스콜라 학자들과 문법가들을 조소한 『우신예찬(Praise of Folly)』이 대표적 교육저작이다. '모리아예찬'이라고도 하는 이 책에는 당시 교황을 비롯한 성직자들의 위선, 철학자와 신학자들의 쓸 데 없는 논쟁, 칼과 불을 가지고 그리스도교의 피를 흘리게 하는 고위 성직자들을 향한 조소와 비판이 들어 있다. 그러나 에라스무스의 교육사상을 보다 잘 보여주는 책은 『아동교육론』이다. 이 작은 책에는 로마의 교육사상가인 퀸틸리아누스의 사상이 곳곳에 숨어 있다. 조기교육을 강조하고, 교육을 결정하는 요소를 천성, 훈련, 연습으로 들었으며, 아이에게 제일 먼저 해야 할 일은 아이에게 정확하게 말하는 법을 가르치는 것이라고 지적하는 것이 그러하다. 또한 교사는 아이에게 친절할 필요가 있으되 너무 격 없이 지내서는 교사에 대한 존중심을 파괴해 버린다면서 어느 정도 교사의 권위를 유지해야 한다고 한다. 또한 아이에게 체벌은 인간적인 교육방법이 아니라며 체벌을 피하라고 충고한다. 그리고 어린이에게 적합한 학습으로 고전어(희랍어와 라틴어)를 제시한다. 또한 교육방법으로 아이의 수준을 고려하고, 승리와 경쟁을 이용하는 것이 효과적이라고 제안한다. 이것이 에라스무스가 제안하는 인문주의 교육관이다.

에라스무스는 인문주의자로서 희랍과 로마의 위대한 문학에 기초를 둔 유럽전역의 공동문화의 건설을 이상으로 삼았다. 그는 훌륭한 라틴작가들의 언어가 지구상의 어떤 언어보다도 탁월하다고 생각했고, 고대인들의 사회적, 정치적 제도가 당시 16세기의 표본이 된다고 생각하였으며, 삶의 주요 관심사에 관한 모든 지식은 고대인의 저작에 들어있다고 생각하였다. 그러면서도 북구인답게 도덕적, 종교적 인생관과의 깊은 유대를 드러내 교육의 첫째 목적을 신앙으로 두고 있으며, 둘째 목적을 자유교과를 사랑하고 그것을 철저히 배우도록 하는 것으로 들고 있다.

에라스무스는 무엇보다도 스콜라철학과 문법학자들을 비판하여 중세의 신 중심문화로부터 벗어나, 자유교과와 고전어를 중시하고, 고대 문화와 제도를 이상으로 삼는 인문주의로의 변화를 일구어낸 최고의 인문주의자였다. 또한 교육을 개인적 관심사임에 못지않게 사회적 관심사로 바라보는 혜안을 지닌 교육사상가였다. "여러분의 자녀는 여러분에게만 태어난 것이 아니라 여러분의 나라에 태어났다"라는 이유로 교육은 군대를 정비하는 것에 뒤지지 않는 공공의 책임이라고 선언한다. 그러나 에라스무스의 교육관은 시대의 필요에 정확하게 부합하지 못했다는 평가를 받는다. 그가 제안한 고전문화는 당시 학교교육내용으로 하기에는 북유럽의 평범한 사람들의 삶에 적합하지 않았고, 무엇보다도 그의 교육방안에는 자국어와 자국문학은 들어있지 못했다. 그는 오히려 라틴어를 공용어로 사용해 유럽의 평화를 도모하고자 했고, 다양성이 특징인 자국어에 대한 배려를 무시한 오류를 범했기 때문이다.

2. 종교개혁기의 교육

1) 종교개혁의 배경

르네상스를 통하여 인문주의 학자들은 이미 교회운영의 개혁의 필요성을 주창하였다. 중세가 가져온 교회의 지나친 부와 부패, 그리고 형식주의에 대항하여 모종의 변화가 필요했기 때문이다. 사실 종교개혁과 르네상스는 둘 다 중세에 항거하여 사회적 갱신을 위한 이상을 과거에서 찾고자 했던 노력이라는 공통점을 갖는다. 가령 인문주의자의 대표 격인 에라스무스는 고대 희랍과 로마의 세속적 제도에서, 루터는 초기 기독교 교회의 삶과 이상에서 변화의 출구를 찾으려고 하였다.

마틴 루터

루터(Martin Luther, 1483~1546)는 14세기 이후 유럽 여러 도시에 우후죽순처럼 많이 설립된 대학 중, 독일의 비텐베르크(Wittenberg)대학에 수사학 교수로 있었다. 그 당시 교황청은 4세기에 지어진 성 베드로 성당의 재건축을 위하여 비용이 필요했는데, 이를 감당하기 위하여 면죄부를 판매하고 있었다. 이 사건을 계기로 루터는 그 당시 교회의 타락과 함께 면죄부 판매에 대한 비판을 95개항으로 만들어 비텐베르크 교회 문 앞에 제시하였고, 이것이 종교개혁의 시초가 되었다.

루터의 95개조 반박문

그는 반박문에서 면죄부의 판매가 교리에 맞지 않으며, 면죄부를 사는 일보다 진정한 회개와 경건한 신앙생활이 죄에서 사함을 받는다는 주장을 하였다. 루터의 반박문은 큰 반향과 물의를 일으켰으며, 결국 1521년 보름스(Worms)회의가 열리고 여기서 로마 교황청은 루터를 이단자로 선언하였다. 한편 로마 교황청과 사이가 나쁜 독일 교회는 이를 계기로 교황청과 분리되었다. 이제 교황청의 지배를 받지 않는 교회체제가 탄생하였으니, 이것을 개신교라고 부른다. 중세 천년을 지속해온 기독교(Christianity)가 구교(가톨릭, Catholic)와 신교(프로테스탄트, Protestant)로 나뉘게 된 것이다.

2) 종교개혁기의 교육

루터에 따르면, 개인은 종교의식이나 성직자의 매개 없이 직접 신과 교류할 수 있다. 신과 인간을 연결하는 유일한 수단은 성서이다. 따라서 루터는 성서번역의 중요성을 인식하고, 작센의 영주 프리드리히의 보호 하에 신약성서를 모국어인 독일어로 번역하는 작업을 하였다. 루터를 흔히 '성서지상주의자'라고 부르는 이유가 여기에 있다. 또한 루터는 당시 교회의식에서 사제들 중심으로 성가를 부르거나 전문적인 성가대원들만이 가창을 담당함으로써 일반회중을 소외시키는 상황을 바꾸어 회중을 위한 음악의 한 분야인 코랄(chorale)을 창시하기도 하였다. 루터는 '회중들도 누구나 자신이 직접 부른 노래로 신을 찬양할 수 있다'는 생각을 하였으며 스스로 류트를 연주하고 일정 수준의 음악적 지식을 갖추고 직접 찬송가를 작곡하기도 하였다. 이렇게 하여 루터는 사제의 노래에서 회중의 노래로 교회의식을 전환하였다. 루터로 인해 출발한 개신교는 교육에 중대한 변화를 가져왔다. 우선 교육의 주체를 교회로부터 국가로 이관시키는 데 크게 기여하였다. 개신교의 입장에서 개인은 국가의 일원이며, 교육은 교회의 책임일 뿐 아니라 국가의 책임이라고 보았다. 여기서 교육은 신앙생활의 핵심인 영혼의 구원을 위한 수단이므로, 이것은 계급과 성에 무관하게 이루어져야 한다. 따라서 국가는 계급과 성에 무관하게 영혼의 구원을 위하여 교육을 제공하여야 한다는 공교육 제도의 성립에 큰 몫을 하였다. 루터는 「아동의 취학의무에 관한 강론」에서 다음과 같이 말한다. "국가는 학교를 제공하여야 하며, 만약 필요하다면 강제수단을 써서라도 아동을 취학시켜야 한다." 이처럼 루터는 남녀, 사회계층에 무관하게 공교육, 보편적 의무교육이 이루어져야 한다고 주장하였다.

종교개혁기에 개신교에서는 개신교에 맞는 교육체제로서 모국어학교를 건립하였다. 이 학교에서는 주로 초등 수준의 교육, 즉 읽기, 쓰기, 노래하기, 체육, 실과 등을 담당했다. 특히 영혼의 구원을 위해서는 누구나 성서를 읽을 수 있어야 하므로 성서읽기가 중요한 부분을 차지하였다. 그러나 모국어 학교는 주로 평민을 대상으로 하였고, 널리 확장되지는 못하였다. 상류계층은 주로 라틴어 학교를 다녔고, 이는 중등과정으로서 교회와 국가의 지도자를 양성하였다. 따라서 초등수준의 모국어학교와 뚜렷한 차이가 있었다.

종교개혁이 일어난 다음 세기에 개신교는 구체적인 결실을 맺었다. 독일의 작은 공국인 고타(Gotha)의 공작 에른스트는 종교전쟁인 30년 전쟁(1618~1648) 이후 피폐해진 독일 상황을 복구하고자 고타공국에 강제취학의 법규를 반포하였다. 그는 「학교교육의 방법: 고타 지역 내에 있는 소년, 소녀, 그리고 하류계층 주민의 자녀들이 영주의 보호 하에서 평이하게 성공적으로 교육받을 수 있는 방법을 제시하는 특별 보고서」(1642)에 모든 학령 아동의 취학을 벌금형에 의한 의무로 규정하였다.

한편 칼뱅(Jean Calvin, 1509~1564)의 정신을 따르는 영국의 청교도는 종교의 자유를 찾아서 미국 땅으로 건너가 동쪽 해안의 매사추세츠에 정착하였다. 이들은 교육을 국가의 책임으로 규정하고, 1642년 매사추세츠 교육령을 발표하였다. 매사추세츠 교육령은 첫째, 공립학교의 제도화, 둘째, 부모와 고용주가 그들의 자녀와 피고용인을 교육시킬 의무를 규정, 셋째, 지방자치단체의 학교설치 의무 및 의무교육 감독권 인정, 넷째, 모든 주민에 대하여 교육세를 부과하고 교육세 및 일반세금으로 모든 아동에 대한 무상교육 실시규정을 포함시켰다.

3. 반종교개혁: 예수회

개신교의 교육활동이 활발해지자 구교 쪽에서도 교육개혁운등의 필요성은 절실해졌다. 개신교의 교세가 확장되는 것을 저지할 목적으로 스페인의 로욜라 출신인 이그나티우스(Ignatius of Loyola, 1491~1556)는 예수회(Jesuit)를 창설하고 가톨릭 쪽 교육개혁을 주도하였다. 이그나티우스는 군인 기사 출신으로서 전투참가 중 다쳤다. 건강을 회복하는 중에 『예수의 생애』를 읽고 신비를 체험하고 예수의 군인이 되기로 결심하였다. 1534년 파리대학에서 학위를 딴 뒤 신부서품을 받았다. 1539년 예수회라는 단체를 결성하고 첫 번째 예수회 장군에 부임하였다. 예수회의 주된 목적은 복음을 전파하는 신앙이었으며 동시에 유럽에 대학을 설립하는 것이었다. 초등교육에 치중했던 개신교와는 달리 주로 전 세계의 고등학교, 대학을 가톨릭 재단으로 후원하며, 가톨릭 교세를 확장하는 데 치중하였던 것이다. 제5대 장군인 아쿠아비바 때는 신도가 1만에 이를 정도로 번성하였다.

예수회의 조직은 이그나티우스가 젊은 시절 30세까지 군인을 지냈기 때문에 군대모델을 채택하였다. 가령 교단의 명칭은 '예수의 연대'로 부르고, 우두머리는 '장군'으로 불렀다. 예수회가 시행한 교육과정은 두 가지였다. 하나는 나이어린 소년을 위한 예비과정으로서 주로 수사학을 공부하며, 다른 하나는 상급과정으로서 철학과 신학, 그 밖의 전문 과목을 공부하였다.

Chapter 5

실학주의

1. 시대적 배경

17세기 유럽에서는 종교개혁에 뒤따른 극심한 종교적 갈등을 겪고 있었다. 프랑스의 위그노 전쟁, 독일의 30년 전쟁(1618~1648), 영국의 시민전쟁으로 피폐한 상황에 처해 있었다. 그러나 17세기는 자연과학의 시기였고, 무엇보다 고대와 중세에 지배적인 천동설로부터 지동설로의 발견이 이루어진 시기였다. 프톨레마이오스로 대표되는 천동설이 사실과 맞지 않고 지구도 하나의 행성에 불과하다는 지동설이야말로 사람들의 세계관을 송두리째 흔들어 놓은 과학혁명의 시기였다.

프란시스 베이컨

여기에다가 근대철학을 촉발시킨 경험론의 대표자 프란시스 베이컨의 출현도 17세기 실학주의로의 움직임에 한 몫을 담당하였다. 베이컨(Francis Bacon, 1561~1626)은 인간이 버려야 할 우상을 종족의 우상 · 동굴의 우상 · 극장의 우상 · 시장의 우상으로 비유하였다. 베이컨은 이러한 우상을 배척하고 경험과 관찰을 중히 여기는 경험론이 필요하다고 생각하였다. 특히 귀납법이 가장 바른 학문의 방법이라고 여겼으며, 귀납법을 통해 발견된 새로운 지식이 인간복지(well-being)에 쓰이는 것은 바람직하다고 주장했다. 그에게 자연을 아는 것은 자연에 관한 지식을 제공하며 자연을 인간 복지에 쓰도록 도와준다. 그런 맥락에서 '아는 것이 힘이다'라는 베이컨의 유명한 말이 나왔다. 여기서 귀납법의 예에 대해 약간의 설명을 덧붙이면 다음과 같다.

귀납법은 여러 구체적인 사실에서 공통적으로 나타난 현상을 통하여 일반적인 원리를 이끌어 내는 방법이다. 한편 연역법은 대전제가 되는 일반적 원리를 근거로 구체적, 개별적 문제를 이끌어 내는 방법이다. 삼단논법은 가장 대표적인 연역추론이다.

연역법과 귀납법

연역법(삼단논법)	귀납법
모든 사람은 죽는다.	백조 1은 하얗다.
소크라테스는 사람이다.	백조 2는 하얗다.
그러므로 소크라테스는 죽는다.	백조 3은 하얗다.
	그러므로 모든 백조는 하얗다.

연역추론은 대전제가 옳다면 결론은 언제나 옳다. 따라서 비교적 오류가 적다는 장점이 있다. 반면에 새로운 지식의 창출에는 그다지 도움이 되지 않는다는 단점이 있다. 이와 반면에 귀납법은 관찰의 결과로 얻어진 일반화가 하나의 지식이 되므로 지식의 창출에 크게 도움이 되지만, 반대로 관찰되지 않는 사실을 배제하고 결론에 이르므로 오류의 가능성이 있다. 베이컨은 아리스토텔레스가 안전하다고 여긴 연역법이 학문의 발견을 이끌어 내지 못한다고 여기고, 오히려 그 발견 방법으로 귀납법을 사용해야 한다고 주장하였다. 그래서 베이컨은 유효한 발견방법으로서의 논리학을 찾았으며, 그것을 새로운 기관 또는 신논리학(Novum Organum)이라고 불렀다. 아리스토텔레스의 『오르가논』에 대응하는 '새로운 논리학'이라는 의미가 담겨있다.

2. 실학주의 교육사상

르네상스 시기의 인간성 회복이라는 인문주의 정신은 키케로주의라는 부작용에 의해서 큰 실효를 거두지 못하게 되자, 17세기에 들어서면서 자연과학의 발달과 함께 교육에서는 이전 시대와는 다른 변화를 추구하게 되었다. 인문주의가 치중하였던 언어와 고전으로부터 벗어나 인간의 능력과 이성 및 경험을 중시하는 실학주의 교육으로 이행하게 된 것이다. 실학주의는 사물이 언어보다 먼저("언어 이전에 사물", things before words!)라고 여기고 사물로 가르침을 받을 것을 중시하였다. 가령 하늘, 땅, 참나무를 공부하는 것이 남들이 사물에 관해 관찰해 놓은 언어를 공부하는 것보다 우선시 되어야 한다는 것이다. 사물자체를 공부하고 사물에 대한 감각을 통해서 공부하는 것을 중시하는 것이 실학주의 교육사상이다.

1) 인문적 실학주의

인문적 실학주의는 이전의 인문주의에서 중시한 고전을 중시하되, 고전 그 자체를 공부하는 데 목적을 두기보다는 고전을 이용하여 실생활에 적용하는 데 목표를 둔다. 특별히 인문주의에서 실패의 요소가 되었던 고전과 언어 자체를 중시한 언어주의나 형식주의를 배격하고, 고전에서 배울 수 있는 내용에 치중하고 현실에 적용 가능성을 찾고자 하였다. 인문적 실학주의는 실학주의 초기에 과도기적 성격을 갖고 나타났다. 대표적인 인문적 실학주의자로는 라블레(François Rabelais, 1495~1533)와 밀턴(John Milton, 1608~1674) 등이 있는데 그중 라블레의 소설 『가르강튀아』를 소개하면 다음과 같다. 라블레는 인문주의자로서 스콜라 철학자와 궤변론자를 비판한다. 그리하여 소설을 통하여 이전시대의 교육이 너무 형식주의에 치우쳤음을 비판한다. 따라서 소설의 주인공 가르강튀아는 수많은 교재를 배우고, 몇 번씩 스승을 바꾸어 가며 배웠음에도 불구하고 진보도 없고, 분별력도 없으며 오히려 멍청해지고 몽상에 빠져 허튼 소리만 해댄다. 그러다가 파리로 가서 당시의 새로운 교육을 받는다. 고전을 익히되 실물교육을 하고, 자연을 관찰한다. 이제 가르강튀아는 똑똑한 젊은이로 바뀐다. 이렇게 해서 실학주의 교육의 장점을 드러내고 있다.

2) 사회적 실학주의

사회적 실학주의는 고전을 연구하는 것보다 사회생활의 경험을 통해 유용한 지식을 얻을 수 있다고 여기며, 신사라는 목표를 추구하는 데 관심을 둔다. 사회적 실학주의는 서적을 통한 지식의 함양만으로는 부족하고 실생활과의 접촉을 통해서 유능한 사회인 또는 세상일에 능수능란한 실무가를 양성하고자 하였다. 따라서 지식교육 뿐만 아니라 여행이나 사회적 접촉을 중시하였다. 대표적 사회적 실학주의로는 프랑스의 몽테뉴(1533~1592)와 영국의 로크(1632~1704) 등이 있다.

3) 감각적 실학주의

감각적 실학주의는 실학주의에서 가장 중요하고 완성된 형태로서 과학적 실학주의라고도 부른다. 감각적 실학주의는 인간의 감각적 직관을 기초로 사물의 본질을 파악하려고 하였다. 실학주의가 모두 실용성을 중시한다는 공통점을 가졌는데, 인문적 실학주의가 실용성의 기초를 고전에서 찾고, 사회적 실학주의가 사회생활에서 찾았다면, 감각적 실학주의는 실물을 중시하고 실물을 직접 관찰하여 세상을 파악하고 사물의 본질에 접근하는 것에서 찾았다고 할 수 있다. 특히 감각적 실학주의는 자연을 잘 관찰하여 자연으로부터 교수원리를 찾는 등 자연과학적 지식을 삶과 연결 지으려는 시도를 하였다. 그리하여 감각적 실학주의는 사물의 관찰을 중시하였다 하여 시청각 교육의 기원을 이루었다는 평가를 받고 있다. 감각적 실학주의의 대표자로는 코메니우스(1592~1670)가 있다.

3. 코메니우스의 교육사상

1) 생애

코메니우스

요한 아모스 코메니우스(Johann Amos Comenius, 1592~1670)는 1592년 모라비아(지금의 체코) 지역에서 태어났다. 아버지는 모라비아 형제교단으로 알려진 종교단체에서 유력한 인사였다. 코메니우스는 12세에 아버지와 어머니 그리고 누이 두 명을 잃었다. 16세에 프레로브에 있는 문법학교에 가서 재능을 인정받아 '사랑스러운'의 의미를 지닌 아모스(Amos)라는 별명을 얻었다. 1618년에 발발한 30년 전쟁으로 인해 개신교 목사이던 코메니우스는 구교의 통치로 인해 망명자 신세가 되었다. 7년간 추방생활 속에서 아내와 아이들이 병사하였다. 1624년 재혼한 뒤 폴란드에 정착하였다. 1641년부터 1656년까지 그는 영국, 스웨덴, 서프러시아와 헝가리를 여행하였다. 노년은 네덜란드에서 보냈다. 1657년 코메니우스는 교육에 관한 자신의 저작을 모아 『코메니우스 교육론 전집(*Opera Didactica Omnia*)』이라는 제목으로 출간하였다.

체코 돌라니 학교 건물에 새겨진 코메니우스

체코 지폐에 등장하는 코메니우스

2) 저서

코메니우스의 대표적 저서로 『대교수학』, 『언어입문』, 『세계도회』, 『범교육학』 등이 있다. 그중 『세계도회』는 세계에 있는 모든 기본적인 사물과 인간의 모든 기본적인 활동에 관한 단어목록을 그림으로 나타낸 책이다. 『세계도회』는 학교용 도서로서 그림이 들어간 유일한 책으로 유명하다.

『언어입문』은 라틴어 공부의 입문서인데 유럽에서 라틴어 공부의 초보자들에게 인기가 있는 교과서였다. 이 책에서 코메니우스는 가장 흔히 사용되는 라틴어 단어 8천 개를 선정하고 그것을 오직 한 번만 나오도록 하여서 점점 어려운 문법구조로 된 천 개의 문장을 만들었다. 그렇게 해서 모든 문장을 합쳐보면 백과전서적 요약이 되도록 하였다.

『대교수학』은 '모든 사람에게 모든 것을 철저히 가르치는 위대한 교수법'이라는 부제가 붙어 있다. 여기서는 교육을 각각 6년씩 네 단계로 나누어 유아기, 아동기, 소년기, 청년기로 구분한다. 각각에 상응하여 가정마다 어머니 학교, 마을마다 모국어 학교, 도시마다 김나지움 또는 라틴어 학교, 주에는 대학을 둔다. 코메니우스가 이런 순서로 학교를 배정한 배경에는 인간본성에 관한 그의 입장이 담겨있다. 코메니우스에 따르면, 아동으로 하여금 먼저 가장 쉬운 것으로서 감각을 연습하도록 하고, 그 다음에 기억과 이해를 하고, 마지막으로 판단을 연습하도록 하면 이것이 수업의 올바른 순서를 따른 것이다. 지식은 먼저 감각에서 시작하여 상상을 통하여 기억으로 나아가고, 특수적인 것은 귀납에 의하여 보편적인 것의 이해에 닿으며, 마지막으로 이해된 사실에 대한 판단이 내려짐으로써 지식이 확립된다고 코메니우스는 믿었기 때문이다.

우선 어머니 학교는 6세까지 어머니가 가정에서 아동에게 삶의 필요를 위하여 한 인간에게 주고 싶은 모든 지식의 초보단계를 심어주는 것이다. 보고, 듣고, 만지고, 맛보고, 있다, 없다, 같다, 같지 않다 등을 구분하도록 가르치며, 주변의 물, 땅, 불, 비, 돌, 쇠, 식물, 동물을 직접 인식하여 자연과학과 문학의 길을 예비한다. 주로 외적 감각의 훈련에 치중한다.

그 다음에 오는 모국어 학교에서는 6세에서 12세까지 이르는 아이에게 생애 전체에 유용하게 쓰일 것들을 가르친다. 교육과정으로 모국어 읽기, 쓰기, 셈하기, 노래, 역사, 기술, 도덕, 종교가 포함된다. 과거에 하류계층만 모국어 학교를 다니고 부유한 계층은 라틴어 학교를 다님으로써 노선이 다른 별도의 학교를 다니던 당시의 관례에 반대하면서, 코메니우스는 누구나 모국어에 관한, 그리고 모국어를 통한 교육을 철저하게 받아야 한다고 믿었다. 또한 교과를 등급에 따라 계열화하여 6개 학년으로 나누어 점진적으로 공부해 나가도록 그것에 적합한 교과서를 마련했다.

김나지움 또는 라틴어 학교는 12세에서 18세의 젊은이를 대상으로 지식을 훨씬 광범위하게 다루어 중등수준의 교육을 제공한다. 여기서는 범지학(pansophia)이 주된 내용이 된다. 범지학이란 코메니우스가 교육목적의 핵심적 부분으로 강조하는 것으로서, 지식의 총체를 의미한다. 거기에는 모든 사람이 배울 필요가 있는 세계에 관한 모든 중요한 사실의 원리와 원인과 목적이 포함된다. 코메니우스에 따르면, 우리는 삶의 여정에서 완전히 생소한 사물이나 사태를 당하는 일이 없도록 우리의 능력이 미치는 한 모든 노력을 기울여야 한다. 그렇게 할 때 비로소 모든 사람은 사물이나 사태에 대하여 건전한 판단을 내릴 수 있게 되고 심각한 오류 없이 그 사물을 올바르게 활용할 수 있게 될 것이다. 따라서 라틴어 학교에서는 언어, 문법, 자연철학, 수학, 윤리학, 논리학, 수사학 등 백과 전서적 지식이 포함된다.

마지막으로, 대학은 18세에서 24세에 이르는 젊은이 중에서 라틴어 교육을 통해 선발된 지성인을 대상으로 직업을 준비시킨다. 대학에서는 이전의 학교, 즉 어머니 학교에서 연마했던 외적 감각, 모국어 학교에서 개발한 상상과 기억의 내적 감각, 김나지움에서 개발한 이해와 판단을 조화시키는 의지의 개발을 목적으로 한다.

3) 교육사상

(1) 보편교육의 선구자

코메니우스는 교육은 모두에게 접근 가능해야 한다는 보편교육을 옹호하였다. 당시에는 토머스 모어 같은 이상주의자만 모든 아동이 수업을 받아야 한다고 조심스럽게 제안하는 정도였다는 점을 감안한다면 대단한 발상이라고 할 수 있다. 코메니우스는 『대교수학』에서 보편교육을 이렇게 설명한다. "부자나 권력 있는 부모의 자녀뿐만 아니라 계층이 높든지 높지 않든지, 부자이든지 가난하든지, 도시에 살든지 시골에 살든지 모두 똑같이 모든 소년과 소녀는 학교에 보내져야 한다. 그러므로 신께서 감각과 지능을 허락하지 않는 사람을 제외하고 누구나 배제되어서는 안 된다." 소녀를 교육에 포함시켜야 한다는 그의 설명은 다음과 같다. "소녀들도 소년들과 똑같이 정신이 예리하며 지식을 배울 능력이 있다. 그들은 신 자신조차 국가를 통치하라고 부름받기 때문에 최고위직을 차지할 수 있다. 그들에게 알파벳을 가르친 뒤 책을 빼앗고 쫓아내야 하겠는가?"

(2) 범지학

코메니우스의 생애 동안 적극적 관심을 기울인 분야는 보편교육 만큼이나 범지학이라고 할 수 있다. 범지학이란 원어로 '모든' 것을 의미하는 판(pan)과 '지혜'를 의미하는 소피아(sophia)의 결합어를 번역한 말이다. 범지학이란, 코메니우스의 표현으로는, 인간을 현명하고, 덕 있게 하며, 경건하게 하는 모든 학문의 총체이다. 범지학은 인간이 세상 속에 나가 미처 몰라서 건전한 판단을 할 수 없게 되는 일이 없도록 도와준다. 그리하여 범지학에는 과학, 도덕, 신앙 등이 포함되며, 이런 모든 것에 익숙하면 현세와 내세에서 당황하지 않고 어떤 상황에든지 대처할 수 있게 된다. 또 다른 곳(『빛의 길』)에서 코메니우스는 범지학을 마치 '우주의 정밀한 해부'로서 표현한다. 모든 것을 혈관과 사지로 해부하여 각 부분을 제 자리에 혼란 없이 드러내는 것이다. 이런 우주의 정밀한 해부학을 공부함으로써 사람은 현명하게 되고, 자기 자신의 목적이나 모든 사물의 목적을 이해할 수 있게 된다.

그러나 범지학이 17세기 여러 저술들에 나타난 백과전서적 지식과 동일한 것은 아니다. 백과전서적 지식은 실용적이지도 않고 바람직하지도 않지만 범지학은 그렇지 않다는 것이다. 왜냐하면 범지학의 목표는 학습자로 하여금 모든 주제에 대해 고갈되지 않는 정보의 원천이 되게 하고, 또 어떤 주제에 대해서든 지혜를 갖게 하며, 어떤 주제든 사람들이나 일반적 원리에 관해서 볼 수 있게 하는 것이기 때문이다.

(3) 자연주의 교수이론

코메니우스 당시의 학교들은 각 학교나 교사마다 다른 방법을 사용하고 있었다. 개신교의 교육원리에 따라 많은 학생들이 학교로 몰려왔으나 모든 학생들에게 어떤 수업방법을 써야 할지 교수방법론이 결여된 상황이었다. 이런 상황에서 코메니우스는 교수법을 체계화하고 유용성 있는 교육내용으로 조직하며 사물을 언어보다 중시하는 사물교육을 주장하였다.

코메니우스는 우선 학교는 나무, 꽃, 식물 등을 보고 들을 수 있는 정원이 있어야 하며, 새로운 것을 볼 수 있는 즐겁고 흥미로운 곳이어야 한다고 주장한다. 또한 그는 아이는 무엇이 언어로 표현되기 전에 사물로 가르침을 받아야 한다는 원칙을 힘주어 강조한다. 즉, 모든 것을 감각의 매개를 통하여 먼저 배워야 한다는 것이다. 예컨대 사람은 하늘, 땅, 참나무, 밤나무를 공부하면서 지혜로와져야 한다. 그렇게 해서 그들은 사물 자체를 알고 조사하는 법을 배워야 하며, 다른 사람이 사물에 대해 해 놓은 관찰을 배워서는 안 된다. 이것이 바로 감각이나 사물을 중시하는 코메니우스의 이론이다.

또한 코메니우스는 교육에서 '자연적 순서'를 중시하는 교수법을 따르고 있다. 코메니우스는 '순서'가 교육의 첫 번째 법칙이라고 강조한다. 즉, 교육에서 시간, 과목, 방법의 배열이 순서대로 이루어지는 것이 중요하다는 것이다. 그렇게만 되면 인쇄기가 한꺼번에 많은 복사물을 만들어 내듯이 교사 한명이 많은 학생을 동시에 가르치는 것이 가능해진다. 코메니우스는 특히 순서를 자연으로부터 배울 수 있다고 주장하였다. 즉, 자연이 작동되는 방식으로부터 교육의 올바른 순서와 적합한 방법을 배울 수 있다는 것이다. 가령 쉬운 것으로부터 시작해서 어려운 것으로 나아가고, 구체적 예시를 먼저 보여주고 법칙을 나중에 가르치는 것이다. 이것이 소박하면서도 다소 원시적인 자연주의 교수법, 즉 합자연의 원리에 따른 교수법이다.

4. 존 로크의 교육사상

존 로크

존 로크(John Locke, 1632~1704)는 영국의 서머세트라는 마을에서 법률가의 아들로 태어났다. 1647년 웨스터민스터에서 위대한 버즈비(Richard Busby)의 인정을 받았다. 그 뒤 옥스퍼드로 가서 라틴어, 희랍어, 히브리어와 아라비아어를 배웠으나, 1652년 크라이스트처치로 가서 의학공부를 했다. 6년 뒤 옥스퍼드에서 희랍어 수사학과 도덕철학을 가르쳤으나, 과학과 의학에도 뛰어나서 1668년 왕립학회의 회원이 되었다. 1675년 의학에서 학위를 취득했다. 그 사이 샤프츠베리 공작(1st Earl of Shaftesbury)과 친교를 맺게 되어 귀족 가문의 자제들의 가정교사가 되었고, 교육에 관한 전문가로서 명성을 얻었다. 그 결과 로크의 『교육론』(*Some thoughts concerning education*, 1693)이 탄생했는데, 이것은 친구 클라크에게 보내는 서신의 형식을 띠고 있다.

로크는 『교육론』에서 당시의 문법학교의 실제에 대해 비판한다. 문법학교에서는 아이의 덕을 위태롭게 하면서 언어를 가르치는 데 치중한다. 희랍어나 라틴어를 말하는 것보다 사람들을 올바르게 판단하고 그들을 상대로 현명하게 처신하는 것이 보다 유용하다는 것이다. 또한 문법학교는 심한 체벌을 가하고 있다는 점을 비판한다. '매질은 아동의 잘못을 잡아주는데 최악의 수단이며, 최후로 사용되어야 할 수단'이라는 것이다. 결과적으로 로크는 학교에서 이루어지는 학습이 자신이 목표로 하는 신사양성에는 적합하지 않다고 여긴다. 아이들은 각각 특이성을 가지고 있는데 한명의 교사가 50명, 100명의 학생을 감독하는 것은 불가능하며, 학교에 같이 모아 놓고 마음과 예절을 형성해 주기는 어렵기 때문이다.

이렇게 학교교육을 비판한 뒤 로크는 자신이 목표로 삼는 신사의 교육을 설명한다. 신사는 우선 '건전한 신체안의 건전한 정신'이라는 격언에 나타나 있는 것처럼 신체에 대해 적절한 보살핌을 주어야 한다. 또한 신사가 갖추어야 할 것은 덕과 지혜와 품위와 학식이다. 덕은 자신의 욕망을 부정하고 본능적 경향을 억제하고 이성이 지시하는 방향을 따르는 것이다. 다음에 지혜와 품위는 사회적 자질로서 지혜는 삶에서의 자신의 일을 올바르게 처리하는 능력을 뜻하며, 품위는 사회적 관계에서의 처신을 잘하는 능력을 뜻한다. 마지막으로 학식이 온다.

로크는 전문적 교육자도 아니고, 그가 쓴 『교육론』도 그리 독창적인 저서는 아니다. 오히려 로크의 교육학적 공헌은 그가 『인간오성론』에서 밝힌 인식에 관한 설명에서 비롯된다. 그는 인식론에서 경험론에 속한 학자로서 인간의 타고난 마음이 백지(타불라 라사 tabula rasa)와 같다고 주장하여 유명하다. 즉 인간의 타고난 마음은 지워서 아무 것도 쓰여 있지 않은 서판(글자판)과 같다는 것이다. 그런 글자판에 사람은 외부세계를 경험하여 인상들로 채우며 마음을 만들어간다. 이러한 로크의 입장은 바로 이전에 프랑스의 데카르트(René Descartes, 1596~1650)의 합리론에 반발하면서 나왔다. 데카르트는 인간의 인식은 우리가 가지고 태어나는 본유관념(innate ideas)에 기초한다고 보았다. 그러나 로크가 보기에 인간은 아무런 선천적 관념 없이 태어난다. 모든 것은 태어난 뒤 후천적 경험에 의해서 습득될 수 있다고 여겼다.

이러한 로크의 생각은 유전적 소질보다 환경이 중요하다는 환경결정론에 확신을 심어주었다. 더구나 계몽주의시기에 유행한 '교육만능론'은 로크의 입장에 들어있는 한 가지 요소를 이어받았다고 할 수 있다. 교육만능론은 교육을 통하여 우리가 원하는 바람직한 인간과 바람직한 사회를 만들어 낼 수 있다는 주장이다. 따라서 사회를 개혁하려면 국가가 교육을 맡아야 하며, 사회를 구원하는 길은 모든 사람을 국가의 이익에 봉사하게 하는 국가교육에 있다는 신념으로 나아갔다.

Chapter 6

근대

1. 18세기의 교육

1) 계몽사상

18세기의 계몽사상은 프랑스를 배경으로 일어났다. 당시 프랑스는 루이 14세의 절대 왕정 하에 있었는데, 그는 오랜 재위 기간 동안 국가 전체를 철두철미 통제하고 있었다. 이에 대해 문필가들은 모종의 저항적 태도를 취하였다. 그들은 모두 기존 질서에 대하여 반항적인 태도를 취하였으며, 하늘과 땅에 있는 모든 사물을 차가운 이성의 등불에 비추어 보라고 외쳤고, 종교적인 것이든 정치적인 것이든 간에 사고하는 개인의 건전한 상식에 의하여 정당화할 수 없는 것이면 일체의 권위를 부정하는 비판적 합리주의(critical rationalism)를 탄생시켰다. 이것이 계몽주의(Enlightenment)의 정신이다. 계몽주의 사상가들은 백과전서의 출간에 다 같이 참여하였기 때문에 '백과전서파'라고도 부른다. 그들은 사람들을 무지와 미신으로부터 해방시키고, 교회와 전제정치와 같은 일체의 권위가 부여한 억압으로부터 해방되는 길은 인간의 내면에 있는 이성의 힘을 믿는 데 있다고 주장하였다. 인간은 이성의 안내를 받아 지상에서의 행복한 삶을 영위할 수 있다고 믿었다. 계몽주의는 개인주의적 교육사상과 국가주의적 교육사상 두 갈래로 발전하였다. 전자는 사람은 가난하건 부자건 간에 개인이 가지고 있는 힘을 최대한으로 활용할 수 있도록 교육을 받아야 한다는 것이고, 후자는 사회를 구원하는 일은 모든 사람을 국가의 이익에 봉사하도록 준비시키는 국가교육에 있다는 신념으로 표현되었다. 투소는 전자의 대표자이고, 라 샬로테와 콩도르세는 후자의 대표자이다.

2) 루소의 교육사상

(1) 생애

장 자크 루소

장 자크 루소(Jean-Jacques Rousseau, 1712~1778)는 시계 수리공의 아들로서 제네바에서 태어났다. 어머니는 산고 끝에 10일 만에 세상을 떠났다. 아버지는 분노를 잘 억제하지 못하는 상당히 불안정한 사람이었다. 이런 환경 하에서 루소는 정식 교육을 받지 못하고 가정의 울타리도 없이 친척집을 전전하였다. 16세(1728)에 제네바를 떠나서 프랑스로 건너갔고 바랑(Warens)부인의 후원 아래 그녀와 밀접한 관계를 맺으면서 지냈다. 38세에 디종 아카데미 논문 현상공모에 당선하여 작가로서의 경력을 시작하였다. 이때 제출한 논문이 그의 최초의 저서인 『학문예술론』이었다. 3년 뒤 그의 음악적 재능이 발동되어 오페라 <마을의 점쟁이>가 성공적으로 루이 14세 앞에서 공연되었다. 1755년 두 번째 논문인 『불평등기원론』을 출판하였다. 1761년과 1762년에는 창작의 열기가 절정에 도달해 거의 동시에 『사회계약론』, 『신 엘로이즈』, 『에밀』을 연속적으로 출판하였다. 『에밀』이 출판된 직후 종교적인 근거에서 금서처분이 내려지고 루소에게는 체포명령이 떨어져 루소는 망명생활을 해야만 했다. 그러나 시간이 흐른 후 『에밀』은 서양교육에서 가장 영향력 있는 저서 중 하나가 되었다.

(2) 대표저서

『학문예술론』은 루소가 38세에 반사회적 신념 또는 당시 사회를 장악한 인위적 관습에 저항하는 비판정신을 드러낸 첫 번째 논저이다. 논문의 주제는 "학문과 예술의 진보가 풍속을 순화하는 데 기여했는가?"였는데, 루소의 대답은 "그렇지 않다"였다. 그 이유는 학문과 예술이 모두 인간의 오만에서 태어났다는 것이다. 가령 천문학은 미신에서, 웅변술은 야망과 증오와 아첨과 거짓에서, 기하학은 탐욕에서,

물리학은 공연한 호기심에서 생겨났다고 말한다. 즉, 학문과 예술은 인간의 헛된 호기심의 산물일 뿐이고 그로 인해 이성의 작용을 합당하지 않게 확장시킨 결과 사회는 사치를 추구했고, 그것은 다시 풍속의 문란을 가져와 미덕을 사라지게 했다는 것이다. 루소에게 사치와 풍기문란과 예속은 행복한 무지에서 벗어나려는 노력에 대한 벌이었다. 심지어 루소는 무지를 찬양한다. 무지한 편이 덕성에 가깝고, 반대로 쓸모없는 지식은 사회를 미덕으로부터 멀리 끌고 가기 때문이다.

『불평등기원론』에서는 인간의 불평등이 어디에서 오는가를 인류의 역사를 거꾸로 올라가며 추적한다. 사유재산, 법, 언어, 경작이 없던 원시상태, 즉 자연 상태에서 인간은 평화롭고 행복했다. 그 시절에 인간은 언어도 없고, 집도 없고, 동포도 필요로 하지 않았다. 혼자 사는 데 어려움도 없었다. 지성도 허영심도 발달하지 않았다. 이런 자연 상태에서는 주종관계가 성립하지 않았다. 거기서는 누구나 자유의 몸이며 강자의 법률은 무용지물이었다. 즉, 자연 상태에서는 불평등이란 거의 존재할 수 없었다. 그런데 사유재산이 생겨나면서 전쟁을 하게 된다. 가족이 결성되어 모여 살다보니 언어와 방언도 생겨났다. 특정한 대상과 연애하니 질투감정도 생겨났다. 사회가 만들어지면서 도덕과 법률이 만들어졌다. 혼자 살 때는 만족하고 행복했는데 사회가 만들어지면서 농사를 짓고 노동을 하게 되고, 노동력을 위해 노예를 만들었다. 요컨대, 인간불평등은 자연 상태에서는 거의 없다가 인간의 능력이 발달하고 인간정신이 진보하면서 증대되고, 더구나 소유권과 법률의 제정에 의해 안정되고 정당한 것이 되었다는 내용이다.

『에밀』은 교육을 주제로 하는 소설이다. 가정교사 장 자크는 남자아이 에밀을 태어날 때부터 결혼하기까지 24시간 언제나 함께 하면서 기른다. 모두 5부로 되어 있다. 1부는 0~2세까지 유아기를 다루고 있으며, 말을 하지 못하는 시기이므로 신체를 자유롭게 해주어야 한다. 2부는 2~12세에 이르는 아동기를 다루며, 삶의 '필연성'을 배우도록 하며 감각의 훈련에 치중한다. 3부는 12~15세에 이르는 소년기를 다루며, '유용성'의 원칙으로 가르치며 실험을 통해 과학적 지식과 같은 지력을 훈련시킨다. 관념을 통한 정신과 판단력 훈련의 시기이다. 이시기 동안 에밀을 행동하고 생각하는 존재로 만들 수 있다. 4부는 15세에서 25세에 이르는 청년기로서 '도덕성'의 단계에 이르렀으므로 도덕과 종교, 사회적 관계 등을 가르친다. 이 시기는 한 인간의 완성기로서 에밀을 자애심 많고 다정다감하며 인정 많은 존재로 만든다. 마지막 5부는 에밀이 장차 만나게 될 여성(소피, Sophie)을 위하여 다분히 보수적인 여성교육을 다룬다.

(3) 루소의 교육사상

루소가 추구했던 교육목적 또는 인간형을 한 마디로 요약하는 것은 쉽지 않다. 굳이 표현하자면 '자연인'(natural man)이 될 것이다. 루소에게 자연인이란 거인의 자연적인 본성을 잘 보존하고 사회적 제약으로부터 벗어나 자신의 욕망에 합당한 능력을 갖춘 인간이다. 루소가 보기에 많은 성인들은 자신의 능력 이상의 욕망을 갖고 있기 때문에 불행하다. 어린이들은 욕망보다 넘치는 육체적 능력을 갖고 있어서 남아도는 힘을 주체할 줄 모른다. 또한 루소는 자연인을 '도덕적 자유인' 또는 '고상한 야인'(noble savage)이라고도 표현하였다. 도덕적 자유인이란 자연성을 보존하면서 도덕적 자유를 실천할 수 있는 사람을 의미한다. 여기서 도덕적 자유란 개인이 진정으로 자기 자신의 주인이 된 상태에 이른 것을 의미한다. 따라서 도덕적 자유인은 이성과 양심에 귀를 기울여 자신의 본능적 욕구를 억제하면서도 자유와 행복을 느끼는 상태의 인간을 말한다.

루소의 교육사상을 좀 더 구체적으로 정리하면 다음과 같다. 첫째, 루소는 성선설을 주장하는 서양의 대표적 학자이다. 루소는 『에밀』 제1부 서두를 다음과 같이 시작한다. "신이 만물을 창조할 때에는 모든 것이 선하지만, 인간의 손이 건네지면 모두가 타락한다." 이 유명한 서두는 루소가 인간과 문명을 어떻게 보는지를 드러낸다. 루소에게 인간의 본성은 선하고, 인간사회가 만든 문명은 타락해 있다. 그가 인간의 본성을 선하게 본 이유는 인간의 정신 밑바닥에는 이성, 양심, 동정심과 같은 정의와 미덕의 원천이 들어 있다고 생각했기 때문이다. 인간에게는 이런 것들이 원래 본성으로 주어져 있기 때문에 그것이 발달단계에 따라 잘 발현되도록 들봐주고, 다만 악으로부터만 보호하면 내면의 본성은 제 역할을 하게 될 것이라고 보았다. 그러나 사회는 잘못된 원칙으로 운영되어 이기심과 탐욕으로 들끓는 악의 나락으로 떨어졌다고 보았다.

둘째, 루소의 교육의 원리는 '자연을 따르는 교육'이다. 루소는 자연이라는 말을 아주 다양한 의미로 쓰기 때문에 그 의미를 파악하기는 쉽지 않다. 그런데 루소는 『에밀』 제1부 앞부분에서 자연을 정의하는데, 요약하면 다음과 같다. '자연이란 우리 안에 있는 본성으로서 시간이 감에 따라 처음에는 감각, 이어서는 의식적 선택, 나중에는 이성에 따라 어떤 것을 피하고 어떤 것을 추구하려는 성향'이다. 즉, 인간은 태어나면서부터 무엇인가를 추구하거나 물리친다. 아주 어릴 때는 주로 감각에 의존해서 유쾌한 것을 좇고, 불쾌한 것은 물리친다. 그러나 조금 성장한 뒤에는 의식적으로 자신에게 도움이 되는 것을 추구하고 그렇지 못한 것을 멀리한다. 어른이 되면 이성에 따라 동일한 판단을 한다. 이렇게 인간은 언제든지 자기보존을 위하여 감각, 의식적 선택과 이성을 따른다. 인간에게 원래 주어진 본성이 자기보존을 하려는 성향이기 때문이다. 이처럼 자연이란 우주가 인간에게 원래 주어진 성향을 의미한다. 루소는 인간에게 원래 주어진 자기보존의 성향을 존중해서 교육할 때 본성이 제대로 보존된다고 생각하였다. 그리고 자기보존의 성향은 때에 따라 감각, 의식적 판단, 이성에 의존하므로 교사는 아동이 처한 발달단계를 고려하고 존중하며 가르쳐야 한다고 주장한다. 아동이 가진 인간본성과 발달단계를 무시할 때, 아동은 원래 주어진 인간의 성선을 보존할 수 없게 되고 이성이나 양심 또는 동정심을 제대로 발휘하지 못하는 사악한 인간으로 변화할 수 있다.

셋째, 루소는 소극적 교육(negative education)을 강조한다. 루소는 인간은 누구나 인간적 본성을 가지고 태어난다고 보았는데, 이러한 인간내면의 본성이 제대로 발현되도록 어떠한 변경이나 왜곡을 막는 것을 '소극적 교육'이라고 하였다. 인간사회의 편견, 아집, 잘못된 선견지명, 발달단계를 거스르는 서두르는 교육은 모두 비자연적 교육이다. 이런 지도를 받게 되면 인간 내면의 선함과 행복으로 향하는 자연은 제대로 발현될 수 없다. 그래서 그것을 막으려고 하는 것이 소극적 교육이라고 할 수 있다. 『에밀』 제2권에서는 소극적 교육을 이렇게 설명하고 있다. "초기의 교육은 전적으로 소극적이어야 한다. 그것은 미덕이나 진리를 가르치는 데 있지 않고, 마음을 악습으로부터, 정신을 오류로부터 지켜주는 데 있다." 이런 의미의 설명은 루소가 크리스토프 드 보몽에게 보내는 편지에도 다시 등장한다. "소극적 교육이란 우리 지식획득의 도구인 기관들을 연마하는 것을 목표로 삼는 교육을 말합니다. 그 교육은 감관의 훈련을 통해 이성을 준비시킵니다."

이처럼 소극적 교육이란 인간 내면의 본성이 선함을 믿고 그 본성이 왜곡되거나 변경되지 않도록 주의하며, 다만 악으로부터 보호하고 아동은 그 사이에 감각훈련에 치중하는 것을 말한다.

3) 범애학파

범애학파란 18세기말에서 19세기 초반까지 독일과 스위스를 중심으로 활동한 계몽주의적 교육학파 및 그들의 교육운동을 말한다. 범애학파는 루소를 잇는 계보로 발전하여 대표자로 바제도우와 잘츠만이 있다. 범애학파의 교육은 범애학교(Philanthropinum)라고 부르는 기숙학교를 바탕으로 이루어졌는데, 최초의 범애학교는 1774년 바제도우(J. Basedow)가 독일의 데사우에 세운 학교이며, 잘츠만(Salzmann)이 세운 슈네펜탈(Schnepfenthal)학교는 유명하여 오늘날까지 존속하고 있다.

범애학교의 특징은 교육의 전능함과 인간성의 선을 신봉하였다. 행복주의와 공리주의에 입각하여 교육목적을 공익적, 애국적 생활의 준비로 삼고, 심신의 조화를 완성한다는 목표로 지육보다 훈육에 중점을 두었다. 아동의 자기 가치와 권리를 인정하고 강제와 처벌보다 훈계와 명예심의 환기를 기대하여 교육자의 모범을 첫째로 삼았다. 교과에서는 실과(實科)를 우선으로 삼았으며, 언어, 지식, 기능의 숙달보다 인류애와 덕성을 중시하고, 방법상으로는 흥미, 직관, 자기활동을 원리로 삼았고, 종교면에서는 이신론(理神論)을 견지하였다. 이신론이란 계몽주의 시대에 등장한 신학이론으로서, 신을 인정하되, 이 신은 인간과 세계를 초월한 존재로서 결코 물리법칙을 바꾸거나 인간에게 접촉하는 인격적 신이 아니다. 따라서 계시나 기적 같은 것은 없다고 본다. 한편 인간은 이성을 가지고 있기 때문에 이 신의 존재나 우주의 법칙을 알 수 있다고 간주하였다.

(1) 바제도우(J. Basedow, 1723~1790)

코메니우스의 영향을 받아 교육에서 실물을 강조했다. 또한 『초등공부(*Elementarwerk*)』라는 교과서를 편찬했다. 이 책은 삶에 관한 중요한 사실들을 백과사전식으로 엮어 100개의 그림으로 된 도감을 곁들여 제시했다. 이 책은 코메니우스의 『세계도회』 이래 다음으로 삽화를 넣은 교과서였고, 그런 이유로 18세기의 『세계도회』가 되었다. 실물을 강조한 코메니우스, 베이컨, 루소의 사상을 혼합해 놓은 흔적이 보인다. 바제도우의 교육에서 특이한 것은 특정종파에 관계되는 내용은 일체 배제하였으며, 계급의 격차를 해소하기 위하여 기숙학교에 있는 학생들은 동일한 의상을 입었다는 점이다. 학습은 재미있어야 한다는 원칙에 따라 학생들은 지식을 배우거나 수공업으로 일하거나 신체적 운동을 하는 다양한 일정에 참여하였다. 교육내용은 『초등공부』 외에 수공예와 체육 등 유용한 내용을 다루었다. 교육방법으로는 게임, 그림, 대화 등을 이용하였다.

(2) 잘츠만(C. Salzmann, 1744~1811)

잘츠만은 박애주의 교육자 중에서 가장 중요한 인물이라고 평가된다. 1781년 바제도우가 운영하는 데사우의 박애학교에서 종교 교사로 근무하였으나, 이 학교를 그만두고 1784년 슈네펜탈이라는 새로운 범애학교를 설립하였다. 잘츠만은 로크와 루소의 원리를 실천하려는 진지한 노력을 기울였다. 신체적 단련을 위해 수영, 스케이트 타기 등을 실시하였다. 자연관찰, 학교 원예, 지리와 지역 역사를 공부하기 위한 산책이 이 학교의 두드러진 특징이었다. 그는 교육에 관한 책도 여러 권 썼는데, 모두 루소의 원리와 18세기 루터사상의 종교적 성향이 혼합된 내용으로 되어 있다. 청소년 문학의 선구자로서 대표적인 저서로는 『가재의 책』, 『콘라드 키퍼』, 『개미의 책』 등이 있다.

4) 국가주의 교육사상

18세기 교육의 또 다른 갈래는 국가가 교육을 주도해서 모든 사람이 국가의 이익에 도움이 되어야 한다는 국가주의 교육사상이다. 대표자로는 라 샬로테와 콩도르세가 있다.

(1) 라 샬로테(La Chalotais, 1701~1785)

라 샬로테는 프랑스 법률가로서 루소가 『에밀』(1762)을 출판한지 1년 만인 1763년 『국가교육론』을 출간하였다. 당시에는 예수회 교단에 대한 반감이 고조되었던 시기였다. 그는 그런 기류를 이용해 정치적, 종교적 특권에 대항하는 투쟁의 선봉장 역할을 맡아 『예수회 교단의 성격』이라는 보고서를 제출하였고, 그로 인해 결국 1764년 예수회를 추방하는 데 결정적인 역할을 하였다.

라 샬로테

콩도르세

라 샬로테의 『국가교육론』에는 먼저 예수회 교육에 대한 비판이 나오고 이어서 추방된 예수회를 대신할 교육체제에 대한 필요성과 그 교육체제에서 가르쳐야 할 교과목에 관한 계획이 들어 있다. 예수회는 개신교의 교세 확대를 저지하고 가톨릭 신자를 확보하기 위해 주로 가톨릭계 고등 교육기관을 설립하였다. 그런데 이 교육기관들이 라틴어밖에 가르치는 것이 없는 비효율성을 띠었으며, 거의 수도원식 교육에 가깝게 가르쳐서 일상생활을 준비하는 데 부적합하다는 것이 예수회교단의 문제점으로 지적되었다.

따라서 라 샬로테는 예수회 교단을 추방하고 그 자리에 성직자와 일반인을 다 같이 교사로 채용하는 국가교육체제를 설립할 것을 제안하였다. 즉, 과거에는 교사들이 성직자 위주로 이루어졌지만, 이제부터는 일반인도 교직에 포함되어야 한다는 것이다. 그리하여 국가를 위하여, 오직 국가에만 의존하는 교육체제를 확립하고자 하였다. 교육은 본질상 국가의 일이며, 모든 국가는 각각 그 구성원을 가르칠 신성불가침의 권리를 가지기 때문이다.

그러나 라 샬로테는 누구나 교육을 받을 필요는 없다고 생각하였다. 가령 노동계층을 위한 교육은 잘못된 것이라고 여겼다. 왜냐하면 그들이 교육을 받은 후에는 육체적인 일을 하려고 하지 않게 되어 사회에 비생산직의 인구가 너무 많아질 우려가 있기 때문이다. 그는 중상주의의 입장을 취하였던 것이다.

(2) 콩도르세(Condorcet, 1743~1794)

콩도르세는 국가가 그 구성원을 교육해야 하는 이유로 세 가지를 밝혔다. 첫째, 모든 시민은 누구나 자신보다 더 많은 지식을 가진 사람에게 노예처럼 의존함 없이 자신과 이웃에 대한 의무를 수행해야 하며, 이를 위해서 모든 시민이 최소한의 지식을 소유해야 한다. 둘째, 교육은 시민들의 다양한 재능을 발전시키고, 모든 시민이 그렇게 함으로써 평등하게 누리는 사회의 복지에 각자의 능력으로 최대한의 기여를 할 수 있도록 보장하는 데에 필요하다. 셋째, 인류의 완성 가능성은 교육에 달려 있다. 그러나 국가가 교육을 할 때 모든 영역을 다루는 것을 허용해서는 안 된다고 생각했다. 국가는 사실에 관한 지식이나 수에 관한 지식을 가르치는 "적극적 수업"에 국한되어야 하고, 정치, 도덕, 종교에 관한 내용에 관해서는 국가가 개입하거나 간섭해서는 안 된다는 것이다. 즉, 정치나 종교, 도덕에 관한 영역에서는 국가의 관점보다는 자녀를 양육하는 부모와 사상가의 자유를 허용해야 한다는 것이었다.

한편 국가교육은 자유와 평등의 이념과 어긋나지 않음을 정당화하였다. 콩도르세가 제안한 내용은 첫째, 모든 단계의 교육을 무상으로 하여 필요한 능력을 갖춘 모든 사람에게 기회가 주어지도록 할 것, 둘째, 남녀가 동일한 교육을 받을 것, 셋째, 다양한 지능정도에 따라 교육조치를 마련할 것, 넷째, 교직을 자율화할 것 등이었다.

2. 19세기의 교육

1) 신인문주의 교육

19세기는 18세기의 계몽주의가 추구한 유용성, 즉 교육에서 정치적, 경제적, 시민적 유용성을 지향하는 것을 거부하고 진정한 인간성을 추구하고자 하였다. 여기서 진정한 인간성이란 이성과 추상적인 도덕법칙만을 인정하는 것이 아니라 인간을 고유한 전체로서 존중하는 것이다. 동시에 역사적이고 민족적이며 구체적인 것을 중요하게 여겼다. 계몽주의가 보편적이고 사해동포주의적이며 추상적인 측면이 강했던 것에 대한 반발이라고 말할 수 있다.

한편 19세기의 신인문주의는 15~16세기의 (구)인문주의와 비교된다. 구인문주의가 이탈리아 중심으로 일어났다면, 19세기 신인문주의는 독일중심으로 일어났다. 구인문주의가 라틴족을 중심으로 시작되었다면, 신인문주의는 게르만족이 중심이 되었다. 구인문주의가 언어와 고전의 모방에 치중했다면, 신인문주의는 고대문화의 언어가 아니라 정신을 도야 하는 것을 중시하였다. 또한 구인문주의가 인간성 회복이라는 목표를 주로 로마화된 그리스 문화의 모방으로 실현시키고자 했다면, 신인문주의는 아예 로마문화의 원형인 그리스 문화를 본보기로 삼았다. 구인문주의가 언어형식주의라 불리던 키케로주의에 빠지는 오류를 범했다면, 신인문주의는 각국 자체의 민족성과 애국심도 강조하였다.

이처럼 신인문주의는 구인문주의에서 볼 수 없는 몇 가지 특징을 보여주는데, 그중에서도 가장 두드러진 것은 고대 그리스 문화에 대한 동경과 열망이다. 신인문주의를 주도하는 게르만족에게 고대 그리스 문화는 인간성의 조화로운 발달을 이룬 서양의 대표적인 문화유산이었다. 특히 고대 그리스 문화는 순수한 인간성, 도야의 보편성, 균형과 전체성을 구현시킨 문화라고 간주되었다. 구체적 예로서 고대 그리스의 조형예술은 미에서 이상적인 인간상을 표현하고 있다고 여겨졌다.

19세기에 신인문주의를 주도한 학자들은 '도야'(Bildung)를 자주 언급하였다. 도야란 인간들이 자신에게 주어진 힘을 조화롭고 균형 있게 계발함으로써 개별성을 점진적으로 드러내는 것을 말한다. 말하자면 도야란 전적으로 한 인간이 스스로에 의해 고유한 자신을 이루어 나가는 과정이다. 따라서 도야에는 내가 나 자신을 규정한다는 인본주의적이고 인격적인 인간이해가 들어있다.

도야이론의 대표자로는 훔볼트(Humboldt)가 있다. 그에 따르면 인간 개인에게 주어진 능력을 계발하여 인류전체에 유용한 방식으로 상호 협동하는 것이 가능하다. 즉, 개인으로서는 자신에게 주어진 능력을 조화롭게 계발하고, 그 능력들을 각자의 방식으로 사회공동체에 유용하게 공헌할 수 있다는 것이다. 훔볼트는 예전의 문법학교를 개편하여 김나지움을 만들었고, 이것을 상류층에게만 개방하고 서민들에게는 개방하지 않아 복선제를 시작하였다. 또한 베를린대학을 창설하기도 하였다. 이 대학은 교육과 운영면에서 완전한 자유를 보장하고, 강조점도 가르치고 시험만 보는 것이 아닌 학문연구에 둔다는 취지로 설립되었다.

18세기 대 19세기 비교	
• 18세기 • 계몽주의 • 실용적, 공리적 유용성, 보편성 강조 • 이성적 사고 중시 • 훈육, 문화화, 시민화, 도덕화 중시	• 19세기 • 신인문주의 • 인간성/개별성 강조 • 조화로운 자기 도야 • 생명력과 삶의 충만함, 세속의 열정 중시 등 모든 힘을 조화롭게 발달시켜야 한다.

구인문주의 대 신인문주의	
• 15~16세기 • 이탈리아 중심 • 라틴족이 주도 • 언어와 고전에 몰두 • 인간성회복을 주로 로마화된 그리스 문화의 모방으로 실현시킴 • 키케로주의에 빠짐	• 19세기 • 독일 중심 • 게르만족이 주도 • 고대 문화의 언어가 아니라 정신을 도야 하는 것을 중시 • 그리스 문화를 본보기로 삼음 • 민족성 중시

2) 페스탈로치(Pestalozzi, 1746~1827)

(1) 생애

페스탈로치

페스탈로치는 스위스의 취리히에서 태어났다. 외과 의사였던 아버지는 페스탈로치가 5세 때 타계하는 바람에 페스탈로치는 홀어머니와 하녀에 의해 양육되었다. 어린 시절 여성들 속에 자라면서 그는 여성의 교육적 영향력, 특히 인간을 인간답게 하는 데 끼치는 여성의 영향력을 높이 평가하였고 이런 경험은 후에 그의 저작 속에 반영되었다.

페스탈로치는 당시에 유행하던 루소의 『에밀』(1762) 등 루소의 전 작품을 독파하였고, 루소의 영향을 많이 받았다. 심지어 결혼 후 처음 얻은 아들의 이름을 자크(장 자크 루소의 이름 자크에서 따온 것이다)라고 하였다. 페스탈로치가 루소를 읽은 후 나타난 직접적인 결과는 그의 일생의 계획을 뒤흔들어 놓았을 정도이다.

페스탈로치는 원래 목사가 될 생각을 하였으나, 첫 설교를 망치고 그 계획을 버렸다. 그 다음에는 법률을 공부해볼까 했지만 역시 자신의 길이 아님을 깨닫고 그 길 또한 포기하였다. 그 뒤 농부가 되고자 했지만 역시 농사도 때 아닌 우박을 맞고 실패하여 농사도 포기하였다. 결국 그가 택한 일은 교육이라는 필생의 사업이었다.

그의 교육저술로는 『은자의 황혼』(1780), 『린하르트와 게르트루트』(1781~1787), 『게르트루트의 자녀육아방법』(1801), 『직관의 ABC』(1803), 『백조의 노래』(1825) 등이 있다. 『은자의 황혼』은 "인간은 옥좌 위에 앉아 있으나 초가의 그늘에 누워 있으나 본바탕으로는 평등하다"라는 서두가 유명하다. 이는 인간본성의 평등함을 선언하고 있기 때문이다. 그 외에 페스탈로치는 이 책에서 루소의 사상을 계승하여 인간본성의 선함을 믿을 뿐만 아니라, 발전가능성을 대전제로 하여 사랑의 가정교육과 사랑의 국민 대중교육의 이념을 표명하고 있다. 『린하르트와 게르트루트』는 시골생활을 배경으로 하는 교육소설이다. 주인공 게르트루트는 지혜로운 여성으로서 아이들에게 소박한 시골생활을 배경으로 자애로운 대화를 나누며 지력과 인격을 훈련한다. 게르트루트의 학식은 비록 보잘 것 없는 시골아낙네 수준이지만 아이들로 하여금 절제하면서도 도덕적인 인간으로 길러내는 데 부족함이 없다. 게르트루트의 지혜 덕분에 가정과 나아가 마을 전체가 도덕적으로 정화된다는 이야기를 담고 있다. 『직관의 ABC』에서는 아동이 배워야 할 것은 수, 형태, 이름이며 이것을 감각경험의 요소로 쪼개어 가르칠 것을 제안한다. 가령 수의 경우 아이들은 주변 사물을 셀 수 있고, 더하고 빼하기를 하면서 셈에 관한 기본적 관계를 확실히 배운다. 그 뒤 덧셈, 뺄셈, 나눗셈 순으로 나아간다. 『백조의 노래』는 페스탈로치의 말년 작품으로서 자서전의 성격을 띤 작품이다. 이 책에서 페스탈로치는 "루소의 그 환상적인 책(『에밀』)을 읽었을 때 나는 내 속에 들어있는 이상주의적 경향이 참을 수 없는 열망으로 용솟음치는 것을 느꼈다. 집에서, 학교에서 내가 받은 교육을 루소가 에밀에게 시키려고 한 교육과 비교해 볼 때, 나는 내가 받은 그 모든 교육이 비참할 정도로 보잘 것 없는 것이었음을 뼈저리게 느꼈다"고 하였다.

(2) 교육목적

페스탈로치가 교육을 하면서 취했던 근본 입장은 루소의 생각을 이어받는다는 것이었다. 따라서 루소처럼, 페스탈로치도 교육은 아동의 자연적 발달단계를 따라 아동 개개인에게 관심을 가져야 하며, 이상적 교육은 가정에서 찾을 수 있다고 생각하였다. 그러나 페스탈로치는 루소와 몇 가지 점에서 차이가 난다.

첫째, 페스탈로치는 루소의 소극적 교육을 버리고 교육을 통해서 아동의 능력을 계발할 수 있다는 적극적 입장을 취한다. 둘째, 루소는 최선의 교육을 위해서 탁월한 능력과 인격을 갖춘 가정이 필요하다고 하였지만, 페스탈로치는 평범한 농부의 가정도 인간적인 가정의 유대 속에서 훌륭한 교육의 장이 될 수 있다고 믿었다. 셋째, 루소가 학교를 통한 교육을 부정한 반면 페스탈로치는 학교가 좋은 가정의 본을 따라 개조되면 가정에서 시작된 교육을 자연스럽게 이어나갈 수 있다고 보았다. 마지막으로 교육을 식물의 성장처럼 진화적 과정으로 본 점에서는 루소와 같은 입장이지만, 페스탈로치는 인류전체의 발달과 개체로서의 인간 발달 사이의 긴밀한 관계가 있다고 본 점에서, 루소의 개인 중심교육을 넘어서 아동은 지적, 정신적 성장의 자극을 위하여 사회에 의존해야 한다는 입장을 지지했다. 따라서 페스탈로치에게는 교육에서 교사가 훨씬 중요한 위치를 차지한다.

(3) 교육내용

페스탈로치는 아동이 한 물체에 대하여 명확한 관념을 가지고자 한다면 그의 앞에 놓여 있는 물체의 수, 그 물체가 가지고 있는 형태 그리고 그 물체를 지칭하는 이름을 알아야 한다고 생각했다. 따라서 수의 요소에 관한 수업으로서 산수를 배워야 하고, 형태의 요소에 관한 수업으로서 그리기와 쓰기를 배우고, 마지막으로 이름과 그 이름에 담겨 있는 관념에 관한 수업으로서 언어를 배워야 한다고 생각하였다.

(4) 교육방법

❶ 자기계발의 원리

아동 내부의 자연적인 힘을 아동 스스로 발전시켜 나가도록 돕는다. 즉, 교육이란 가치 · 규범 · 행동양식 · 지식 · 기능 등을 밖에서 안으로 주입하는 것이 아니라, 안에 있는 내면적 힘을 스스로 계발, 발전시켜 스스로 도야해 가는 것이다. 이것이

19세기에 자주 언급된 개인의 내면의 조화로운 발달을 추구하는 도야이다.

❷ 직관의 원리

페스탈로치는 사물에 대한 아동 자신의 경험과 생생한 관련을 맺을 수 없는 어떠한 수업도 가치를 가질 수 없다고 보았다. 학습이란 아동 자신의 직접적인 경험을 통하여 관념에 내용을 부여하는 과정이기 때문이다. 여기서 직관이란 아동의 직접 통찰의 의미를 담고 있으며 외적 직관과 내적 직관 두 가지가 있다. 외적 직관이란 감각기관을 통해 외계의 인상을 받아들이는 외적 세계에 대한 직접 통찰을 의미하며, 내적 직관이란 자신의 마음의 눈으로 세계의 본질을 체험하는 것을 의미한다.

❸ 조화의 원리

조화의 원리란 인간의 내부에 선천적으로 들어 있는 지 · 덕 · 체의 능력을 조화롭게 발달시키는 것이다. 지능력은 머리(head)에서, 심정력은 가슴(heart)에서, 기능력은 손(hand)에서 길러진다고 해서 삼육론(三育論)이라고도 한다. 이 중에서 페스탈로치는 가슴에서 길러지는 심정력 또는 도덕성이 인간교육의 가장 핵심이라고 보았다.

❹ 안방교육의 원리

인간다운 인간은 사랑과 순종을 바탕으로 한 가정에서 이루어진다. 가정은 교육의 출발점이며, 도덕교육의 터전이다. 부모는 자녀를 사랑으로 돌보고, 아이는 그런 부모의 사랑에 감사함을 느끼고 순종하는 마음이 생긴다. 이 감정은 부모와 자식 간의 기본적 유대를 이루며 도덕교육의 토대가 된다. 이런 부모-자식 간의 유대는 교사-학생 간의 유대로 이어져야 한다. 즉, 교사와 학생 간의 관계는 사랑에 기초를 두어야 하고 사랑에 의해 지배되어야 한다. 이때에 교육은 실효를 거둘 수 있다. 또한 가정은 읽기, 쓰기, 셈하기의 기초교육이 이루어지는 곳이다. 그리고 가정은 실물교육의 장이기도 하다.

3) 헤르바르트(J. F. Herbart, 1776~1841)

(1) 생애

헤르바르트

헤르바르트는 1776년 독일의 올덴부르크에서 태어났다. 18세가 된 1794년에 예나대학에 입학하였으나, 1797년 학업을 중단하고 1799년까지 2년간 가정교사 생활을 하였다. 그 기간 중에 헤르바르트는 부르크도르프에 있는 페스탈로치의 초등학교를 방문하여 페스탈로치의 위대한 사상을 만났다. 1802년부터 괴팅겐대학에서 교수생활을 시작하였고, 1809년에는 철학자 칸트의 후임으로 쾨니히스베르크(Königsberg)대학에서 철학과 교육학의 주임교수로 임명되었다. 헤르바르트는 쾨니히스베르크대학에서 최초로 교육학과를 창설하여 대학에서 교육학의 연구와 교수를 본격적으로 시작할 수 있는 터전을 마련하였다. 이로 인해서 헤르바르트를 '교육학의 아버지'라고 부른다. 또한 그는 『교육학 강의 개요』(1835)에서 "과학으로서의 교육학은 실천철학과 심리학에 의존한다. 실천철학은 교육목적을, 심리학은 교육의 수단과 장애를 교시한다"라고 정의하였다. 즉, 실천철학(윤리학)으로부터는 교육의 목적을 도출하고, 심리학으로부터는 교육 또는 수업의 방법을 도출하여 독립된 학문으로서의 교육학을 성립시킨 것이다.

그의 저술로는 『페스탈로치의 직관의 ABC 이념』(1804), 『일반교육학』(1806), 『교육학 강의 개요』(1841) 등이 있다. 첫 번째 작품은 부르크도르프에 있는 페스탈로치를 방문하여 그의 교육목적과 교육방법을 연구한 결과 나온 헤르바르트의 최초의 교육학 저작이다. 『일반교육학』은 그의 교육학 주저인데, '교육의 목적에서 연역된 교육학의 일반원리'라는 부제가 붙어 있다. 제1부는 교육의 목적, 제2부는 흥미의 다면성, 제3부는 강한 도덕적 성격으로 구성되어 있다. 『교육학 강의 개요』는 『일반교육학』에 제시되어 있는 교육의 원리를 그의 심리학 이론과 직접 관련시켜 다시 출간한 책이다.

(2) 교육목적

헤르바르트가 말하는 교육의 목적은 견고한 도덕적 품성의 도야이다. 헤르바르

쾨니히스베르크대학(1900년경)

트는 칸트의 도덕철학의 영향을 강하게 받았고 따라서 그의 교육학의 모든 분야는 목적개념으로부터 출발한다. 헤르바르트는 교육목적을 도덕적 품성의 도야와 도덕적 이념을 구현해 가는 인간도야에 두었으며, 그것에 도달하는 다면적 흥미를 교수의 직접 목적으로 삼았다. 학생들이 지식이나 기술을 습득하는 것은 중요한 일이지만 그것만으로는 충분하지 않다는 것이다. 헤르바르트는 말한다. '인간의 가치는 지력에 의해서 측정되는 것이 아니라 의지에 의하여 측정된다. 의지는 사고권에서 솟아나오며 감정 또한 마찬가지이다.'

여기서 사고권(the circle of thought)이라는 헤르바르트 특유의 개념이 등장한다. 사고권이란 인류가 인간과 자연에 관하여 품었던 생각의 총체를 말한다. 그리고 교육이란 '아이들의 사고권을 형성하는 일'이라고 보았다. 또한 교과는 '개인을 초월해 있는 사고권이 개인의 마음속에 내면화되는 강력한 통로'라고 생각하였다. 사고권이 형성되어야 흥미도 생기고 이것이 욕망으로 격상되며, 다시 행위를 수단으로 하여 의지로 승화된다. 그 의지가 바로 도덕성이 된다. 만일 아동의 마음에 개인적 관심도 없고, 사고권의 저장물이 빈약하다면 인간은 동물적 욕망으로 치달을 수밖에 없다.

헤르바르트에게 도덕성이란 다섯 개의 측면, 즉 다섯 개의 도덕적 관념으로 이루어져 있다. 그 중의 어느 하나가 결여되면 완전한 도덕성이 될 수 없다. 다섯 가지 도덕적 관념은 다음과 같다. 첫째, 내적 자유의 관념이다. 이것은 최선이라고 판단되는 것을 의지로 실천에 옮기는 것이다. 판단과 의지가 일치된 사람은 내적 자유를 가진 사람이다. 둘째, 완전성 또는 완벽성의 관념이다. 이것은 몸과 마음이 조화를 이루어 완전한 상태가 되게 하는 것이다. 셋째, 선의지의 관념이다. 다른 사람의 의지를 고려하고 그것을 최대한 받아들이는 것이다. 넷째, 권리의 관념이다. 이것은 재산과 그 밖의 사회제도와 관련하여 충돌을 일으키지 않고 조화를 이루는 것이다. 다섯째, 형평의 관념이다. 이것은 모든 사람은 자신이 행한 선과 악에 대하여 응분의 보상을 받아야 한다는 것이다.

(3) 교육방법

헤르바르트는 견고한 도덕성의 함양이라는 교육목적을 달성하는 방법으로 관리, 교수, 훈련 세 가지를 들었다. 관리란 교육의 전 단계에서 아동의 본능적 욕구를 억제하고 외적 질서를 유지하도록 외부적 권위의 힘으로 규제하는 것을 말한다. 즉, 어린이의 자연적이고 맹목적인 충동과 난폭한 행동을 통제하여 일정한 질서를 유지하는 교육방법이다. 이러한 관리의 구체적 방법으로는 위협 · 감시 · 권위 · 사랑 등을 들 수 있다. 한편 훈련이란 도덕성의 함양이라는 목적의 마지막 단계이다. 수업을 통하여 도덕적 품성을 도야 한 뒤, 매개체 없이 아동에게 직접적으로 작용하여 아동의 심정에 영향을 줌으로써 도덕적 품성을 도야 하는 방법이다. 훈육의 방법으로는 명령 · 상벌 · 교훈 · 모범 등을 들 수 있으나, 이 중에서 교사의 모범이 가장 중요하다.

도덕성 함양에 가장 중요한 것은 수업이다. 헤르바르트는 도덕성 함양을 시키는 수업을 특별히 '교육적 교수'라고 불렀다. 이 개념에는 도덕성과 흥미에 관한 그의 생각이 들어 있다. 헤르바르트에 따르면, 도덕성의 함양은 다면적 흥미를 기르는 것을 통해 가능하다. 즉, 도덕적 품성의 도야라는 궁극적 목적은 다방면의 흥미를 조화롭게 발달시켜야만 도달할 수 있다. 따라서 교육적 교수는 반드시 흥미 있어야 하며, 그 흥미는 다면적 흥미여야 하며, 또한 아무리 많은 주제에 널리 퍼져 있더라도 조화롭게 정신능력에 응집되어 있어야 한다.

헤르바르트는 아동이 생활과정에서 획득하게 되는 흥미의 종류를 크게 지적인 흥미와 윤리적인 흥미로 구분하고 그것을 다시 셋으로 구분함으로써 모두 여섯 가지 흥미영역을 제시했다.

① 지적인 흥미: 자연에 관한 지식과 관련된 흥미

- 경험적 흥미: 과학자나 식물학자에게서 볼 수 있는 것처럼 개별 사물이나 사실을 경험하는 데 대한 흥미
- 사변적 흥미: 수학자들처럼 사물들 또는 사실들 간의 관계나 법칙을 찾으려는 데 대한 흥미
- 심미적 흥미: 시인, 미술가, 조각가에게서 볼 수 있는 사물이나 그들과의 관계

를 미적으로 관조하고 평가하는 흥미

❷ 윤리적 흥미: 마음에 대한 공감과 관련된 흥미

- 공감적 흥미: 개인으로서 동료 인간에게 갖는 흥미. 타인의 마음속에 일어나는 고통과 쾌락에 공감을 느끼는 것과 관련된 흥미
- 사회적 흥미: 집단, 조직, 국가 등 개인들의 집합체인 사회에 대한 흥미
- 종교적 흥미: 신적 존재에 대한 흥미

(4) 통각이론

헤르바르트는 도덕성의 함양이라는 목표를 사고권의 형성과 같은 것이라고 보았다. 그런데 사고권의 형성에는 그의 독특한 통각이론이 밑받침되어 있다. 통각을 설명하기 전에 헤르바르트가 제안하는 인간의 의식 상태를 살펴보자. 그에 따르면 인간의 영혼은 우리가 획득하여 가지게 된 관념 또는 표상들의 전체이다. 표상이란 우리의 영혼 속에 들어 와 있는 사물이나 사건의 상이며 그것이 우리의 의식을 구성하는 내용이 된다. 의식 바깥에 있는 감각 자극은 우리의 감각신경을 자극하여 의식 속에 감각자극을 일으킨다. 외부의 감각자극이 사라진 뒤에도 우리의 의식 속에는 지각의 흔적이 남는데, 이것을 기억표상이라 한다. 우리 내면의 관념들은 기억표상이 생긴 결과라고 보아야 한다.

그런데 표상 또는 관념들은 우리의 영혼 속에서 확고한 위치를 차지하기도 하고 약해지기도 하며 시간이 흐르면서 점차 사라지기도 한다. 그것은 영혼 속에서 관념들 간의 경합에 의해서 일어나는 현상이다. 우리 영혼 속의 관념 또는 표상이 의식역(의식의 문턱)으로 떠오르기도 하고 밀려나기도 하는 것은 관념들 간에 서로 억제, 방해, 결합, 재생 등의 상호작용을 하기 때문이다. 통각(apperception)이란 이렇게 관념들끼리 의식역위로 떠오르기 위해 서로 억제, 방해, 결합, 재생 등의 상호작용을 하는 것을 말한다. 통각작용은 동류관념끼리는 서로 잘 어울리고, 상호 무관한 관념끼리는 혼재해 있지만, 반대되는 관념은 서로 배척한다. 그렇게 형성된 관념 덩어리들로 채워진 영혼이 우리의 마음이고, 그 관념 덩어리의 총체가 한 사람의 사고권이다.

(5) 교수이론

헤르바르트에 따르면, 도덕성의 함양은 '다면적 흥미'를 기르는 것을 통해 가능하다.

다면적 흥미란 흥미가 다양하면서도 그 다양한 대상에 대한 흥미는 통일된 전체를 이루고 있어야 한다. 흥미란 의식이 대상에 선택적 주의, 즉 통각적 주의를 기울이는 것이며, 대상에 주의를 기울이는 것은 우리의 의식은 하나의 통일체이기 때문에 가능하다. 그런데 흥미의 통합이 이루어지기 위해서는 우리의 마음속에서 두 개의 과정이 일어나야 한다. 하나는 우리의 의식이 하나의 개별관념에 초점을 맞추어 그것을 명확하게 파악하게 되는 과정이며, 다른 하나는 개별적으로 파악된 관념을 통일된 하나의 덩어리로 통합하는 과정이다. 헤르바르트는 앞의 과정을 전심(專心, concentration)이라고 불렀고, 뒤의 과정을 치사(致思, reflection)라고 불렀다.

전심이란 일정한 대상에 주의를 집중하여 다른 대상을 의식에서 배제하는 상태를 말한다. 이 단계에서는 마음이 오로지 하나의 대상에 집중되어 있고, 그 밖의 모든 다른 대상은 여기에 방해가 되는 것으로 여기고 관심에서 제외시킨다. 한편 치사는 앞의 전심을 통하여 파악된 대상이 마음속에 들어 있는 다른 관념들과 관계를 맺으면서 비교·조정되는 과정이다. 전심과 치사는 마치 정신적인 들숨과 날숨처럼 언제나 번갈아 일어나지 않으면 안 된다.

헤르바르트는 이 전심과 치사를 이용하여 이번에는 교수이론으로 확대하였다. 첫째, 명료(clearness)이다. 명료란 하나의 표상 또는 일련의 표상이 다른 표상을 억누르고 의식의 전면에 떠오른 상태를 말한다. 이 단계에서 의식의 전면에 떠오른 표상은 아직 다른 표상과 아무런 관련도 맺고 있지 않다. 이 상태가 바로 전심이 정지된 상태이다. 따라서 명료는 정지된 전심상태라고도 부른다. 둘째, 연합(association)이다. 의식의 전면에 떠오른 표상이 의식 속에 있는 수많은 표상과 관련을 맺으려고 시도하는 상태를 의미한다. 의식의 전면에 떠오른 표상은 그것과 가장 적합하게 결합할 수 있는 표상을 찾기 위해 수많은 결합을 시도한다. 이 상태가 전심이 이리저리 이동하고 있는 상태이다. 따라서 연합은 진동적(=움직이는) 전심상태라고 부른다. 셋째, 체계(system)이다. 이것은 의식의 전면에 떠오른 표상이 구 표상군 속의 어떤 특정한 표상과 가장 적절히 결합함으로써 구 표상군 속으로 받아들여진 상태를 말한다. 이 상태는 새로운 표상이 기존의 표상군 속으로 들어옴으로써 구 표상군 전체에 변화가 일어난 상태이다. 이 상태는 치사가 정지해 있는 상태이다. 마지막으로, 방법(method)이다. 체계에서 통합된 표상이 그와 유사한 표상과 관련을 맺는 것을 의미한다. 새로 통합된 표상이 구 표상군 속에서 좀 더 확실하게 자리를 잡게 할뿐만 아니라 앞서 이루어졌던 통합이 과연 제대로 된 통합인가를 검증하는 역할을 한다. 이렇게 해서 치사가 움직이는 상태가 방법이며, 적용이라고도 부른다.

헤르바르트는 이 네 가지 단계, 즉 명료, 연합, 체계, 방법을 교수에서 지침으로 활용하고자 하였다. 그러나 그의 제자인 칠러(Ziller)는 이것을 준비, 제시, 연합, 총괄, 응용이라는 다섯 단계로 수정하였다. 이것이 바로 헤르바르트 5단계 교수법이 되었다.

4) 프뢰벨(F. Fröbel, 1782~1852)

(1) 생애

프뢰벨

프뢰벨은 1872년 독일 튀링겐 오베르바이스바하에서 목사의 아들로 태어났다. 15세의 나이로 산림기사의 도제가 되어 2년간 일했다. 이 기간은 프뢰벨에게 식물학에 대한 지식과 자연에 관한 경건한 사랑을 심어주었다. 1799년에 예나대학에 입학하여 광물학을 공부하였으나 가난 때문에 학업을 중단한 후 건축 기사 등의 여러 직업을 전전했다. 23세에는 프랑크푸르트의 페스탈로치 학교에서 수업하며 자신의 소명이 교육임을 깨달았다. "나는 마치 이때까지 내가 알지 못했던, 그렇지만 언제나 갈망했던 그 무엇을 찾았다는 느낌, 나의 삶이 마침내 그 천부적 요소를 발견했다는 느낌을 받았다. 나는 물속을 헤엄치는 물고기처럼, 공중을 나는 새처럼 행복하였다"고 고백하였다.

그 뒤 프뢰벨은 자신이 태어난 공국인 튀링겐의 카일하우에 있는 한 농부의 오두막집에 학교를 세우고 '보편적 독일 교육기관'이라는 거창한 이름을 붙였다. 이 학교에서 그는 종합교육과정으로 아동을 교육하였다. 1826년에는 자신의 교육사상을 공식적으로 천명한 미완성의 책인 『인간의 교육』을 발간하였다. 이 책은 1권 소년기의 시작까지 다루고 제2권이 저술되지 않았다. 1권에 제시된 어린이 발달의 첫 번째 단계인 유아기(0~2세)는 감각에 집중하여 외적인 것이 내면화되는 단계이다. 그러나 여전히 자아와 세계의 관계는 명확하게 분리되지 않고 있다. 다음 단계는 아동기(2~6세)인데, 이때 아동과 세계가 분명하게 분리된다. 아동은 자아를 알게 되고 사물을 응시하는 법도 배운다. 아동기는 내면적인 것을 외부로 표현해 낼 수 있다. 어린이는 놀이의 형식으로 세상을 경험하고 자신의 내면을 표현하기 때문에 이 단계의 놀이는 삶의 심오한 의미와 뛰어난 교육적 가치를 지닌다.

프뢰벨의 업적은 1846년에 최초의 유치원(Kindergarten, 킨더가르텐)을 열었다는 것이다. 킨더가르텐은 '어린이의 정원'(garden of children)이라는 의미를 가지고 있다. 이 이름이 탄생한 과정에 대한 일화는 다음과 같다. 프뢰벨은 1836년경 이미 독일에 오베르린(Oberlin)에 의해 운영되고 있던 유아학교들을 방문하였다. 그는 그 학교들이 적절한 훈련도 받지 못한 교사들에 의해 운영되고 있음을 보았다. 기능도 겨우 아이들이 다치지 않도록 돌보는 보육정도에 그쳤다. 결국 그는 고향 튀링겐으로 돌아와 새로운 유아교육기관을 세웠다. 프뢰벨의 관심은 아이들에게 맞는 최고의 자료와 활동을 찾고, 그것을 조직해서 아이의 관찰과 이해의 힘을 연마하고 아이들의 자기활동과 자기표현을 개발시키는 데 있었다. 그 당시 프뢰벨이 세운 기관의 초기 이름은 '심리적 교육을 위한 학교', '아동의 적극적 본능에 기초한 학교'였는데 아무리 생각해도 그 이름이 너무 어색하다고 느껴졌다. 그는 좀 더 단순하고 보다 풍부한 이름을 물색하였다. 1840년 5월에 바람직한 구절이 불현듯 떠올랐고 그는 기쁨에 넘쳐 소리쳤다. "찾았다, 찾았어. 학교는 킨더가르텐이야. 아이들이 전문적 원예사와 같은 돌봄을 받으며 식물처럼 자연스럽게 자랄 수 있는 정원, 바로 그것이야." 그것은 운 좋은 선택이었다. 그 이름은 널리 호응을 받았고, 프뢰벨의 학교와 정신의 명패로서 많은 언어에 통합되었다. 그리하여 독일어 킨더가르텐(Kindergarten)은 오늘날 영미권에서도 유치원을 지칭하는 용어가 되었다.

튀링겐(Free State of Thuringia/ Freistaat Thuringen 프뢰벨의 고향)

프뢰벨에 따르면 교육은 아동 내부로부터의 성장과

정이다. 교육은 마치 정원의 나무를 키우듯이 아이들 내면에 있는 잠재가능성을 발현시키는 일이라 생각했기 때문에 이런 용어를 채택하였다. 또한 프뢰벨은 유치원에서 놀이의 중요성을 역설하였다. 1851년에는 프뢰벨이 설립한 유치원이 무신론적이며 사회주의적 성향을 지녔다는 이유에서 정부에 의해 문을 닫는 불운을 맞이하기도 하였다.

프뢰벨의 생가

(2) 교육목적

프뢰벨은 인간본성은 신의 활동의 외적 표현이라고 하였다. 인간을 인간답게 하는 본성은 잠재적 능력의 형태로 주어져 있고, 그것은 성장의 과정에서 나타난다. 따라서 인간의 성장과정에 드러나는 고유한 발달원리에 따라 본성을 계발하고 조화롭게 발달하도록 아동을 이끌어야 한다. 이러한 그의 관점을 발현설(unfolding theory)이라고 부른다. 교육이란 아동 내면에 있는 신적 성질을 발현시키는 것이기 때문이다. 즉, 인간 내면의 신성함이라 할 수 있는 인간의 본질은 교육을 통해 사람에게서 발현되고 분명하게 제시되어야 한다.

아동이 신의 성질을 발현시키려면 모종의 성장과정을 거치는데, 프뢰벨은 그것을 '대립의 법칙'과 '관련의 법칙'으로 설명한다. 대립의 법칙이란 모든 현상의 제1법칙으로서 세상만물이 대립하는 양극을 가지고 있음을 뜻한다. 정신과 물질, 낮과 밤, 수평과 수직, 직선과 곡선이 그런 예이다. 관련의 법칙이란 두 개의 대립적인 사물을 제3의 중개자에 의해 결합하는 것을 말한다. 가령 정신과 물질은 '존재'라는 개념으로, 곡선과 직선은 '선'이라는 개념으로, 낮과 밤은 '하루'라는 개념으로, 수평과 수직은 '직선'이라는 개념으로 결합된다. 프뢰벨은 정신의 성장이란 대립을 이루고 있던 두 사물 사이의 관련을 발견함으로써 그 차이를 극복해 가는 과정으로 보았다. 이러한 관점에서 인간의 성장과정은 그의 내면세계와 그를 둘러싼 환경간의 대립을 극복해 가는 과정이라 할 수 있다. 인간은 자신의 생각과 의지를 외부세계에 반영하고, 거꾸로 외부세계를 받아들여 자신의 생각과 행동을 변화시킴으로써 성장해 간다.

튀린지아에 있는 프뢰벨의 묘지는 구, 원기둥, 육면체의 형태로 되어 있다.

(3) 교육원리

❶ 통일의 원리

프뢰벨에 따르면, 모든 것은 신으로부터 나왔다. 만물은 오로지 신성함이 그 안에서 작용함에 따라 존재한다. 그리하여 만물은 신 안에서 합일을 이루고 있고, 신을 통하여 존재한다. 모든 사물은 신 안에서 품어 나오는 신적 기운을 통해서만 존재할 수 있다. 신은 곧 합일성이다. 이처럼 프뢰벨은 세계를 하나의 통일체로 파악한다. 외관상으로 보면 분명하게 서로 다르고 복잡한 양상을 띠고 있지만, 그 본질에 있어서는 하나다. 즉, 신성의 표현이라는 것이다. 이러한 의미에서 프뢰벨은 만유재신론자(pantheist)라고 부를 수 있다.

그렇다고 해서 개별 사물들의 차이나 다양성이 의미가 없는 것은 아니다. 모든 사물은 다양성을 통해서 신을 표현하고 인간 역시 개별성을 통해서 신을 표현할 수 있다. 즉, 프뢰벨의 근본 원리는 모든 개인은 그 내면에 신성을 지니고 있으므로 아동 개개인의 차이를 신적 성질의 외적 표현이라고 믿고 존중하고 계발시켜야 한다는 것이다.

그리하여 프뢰벨의 통일성의 원리는 다음과 같은 개념에 토대를 둔다. "유기적 전체는 통합하는 요인으로서의 신과 함께하는 우주이지만, 그것은 수없이 많은 조그만 전체들로 구성되어 있다. 그들은 그 자체로 완전하고 독립적인, 그러면서도 더 거대한 전체의 기능을 한다. 이것들은 크기에 있어 크든 작든, 균형, 비율, 기능 등이 우주를 관장하는 통합적 힘의 통제 하에 놓여야 한다. 요컨대, 인간이라 불리는 통합체가 발달의 유기적 과정에 공헌하려면, 균형, 비율, 기능의 효율성을 유지해야 할 필요가 있다. 그런 역할을 도와주는 것이 교육의 힘이다.

❷ 자기활동의 원리

프뢰벨에 의하면, 신은 창조자라는 관점에서 신성의 본질은 활동이며 창조이고 노동이다. 이러한 신성을 자신의 본성으로 하고 있는 인간은 태어나면서부터 활동하고 표현하며 창조하면서 살게 된다. 따라서 어린이의 활동은 모두 창조적이며, 자기 속에 있는 사회적인 것의 표현으로서 자기활동인 셈이다. 따라서 교육에서 할 일은 어린이의 자기표현을 도와주는 것이다. 그러므로 모든 명령, 간섭, 강제적 교육은 자기활동을 방해하는 장애가 되므로 금지한다.

프뢰벨은 아동을 자유롭게 놓아두면 아이는 자신의 마음속에 들어 있는 정신이 아동의 활동을 통하여 스스로 모습을 드러내며, 이 과정을 통하여 정신의 성장이 이루어진다고 보았다. 아동의 내면에 있는 정신을 스스로 드러내게 하는 자기활동은 곧 프뢰벨의 교육원리의 핵심이다.

❸ 놀이의 원리

프뢰벨에게 아동의 놀이는 매우 중요한 의미를 가지고 있다. 그에 따르면, 놀이는 아동 발달의 최고 단계이다. 놀이는 내적 필요와 충동으로부터 내면세계를 자발적으로 표현한 것이기 때문이다. 아이들에게 놀이는 가장 순수하고 가장 정신적 인간의 활동이며 동시에 전체로서의 인간적 삶을 보여주는 가장 전형적인 것이다. 그러니까 흔히 생각하듯이 아동의 놀이는 단순한 장난이 아니라 지극히 진지한 행위로서 깊은 의미를 가진 것이었다. 그런 의미에서 놀이와 일은 동일한 창조적 활동의 표현으로 보아야 한다.

또한 놀이는 단순히 신체나 손발의 감각을 키우는 것만이 아니라 정신과 감정의 도야를 위해서도 도움이 된다. 유아들 놀이의 놀라운 특징은 그 자체 밖에서는 아무런 목적을 찾지 않는다는 점이다. 만족은 오직 노는 과정에서 찾아질 뿐이다. 놀이를 통해 아동은 자신의 내면에서 느끼는 감정을 표출하고, 또한 정화시킴으로써 정서적인 균형을 찾을 수 있다. 이런 점에서 플라톤도 놀이에 대해 그 중요성을 파악하고 다음과 같이 말한 바 있다. "아이의 놀이는 그들이 나중에 성장했을 때 법률을 따르는 힘에 영향을 미친다." 아닌 게 아니라 "인간은 놀 때에만 인간이다"라는 말도 있다. 요컨대 놀이는 일만큼이나 인간의 창조적 행위이고 또한 정신과 감정의 도야를 위한 좋은 수단이 된다.

프뢰벨은 아동에게 놀이의 중요성을 깨닫고 놀이를 위한 교구를 만들었다. 이것을 그는 가베(Gabe), 즉 선물(膳物, Gift)이라고 불렀는데, 우리나라에서는 은물(恩物, 신의 은혜로운 선물)이라고 부른다. 은물은 단계별 순서가 있어서 아이의 발달단계에 맞게 계열화되어 있다. 가령 털실로 된 공, 구, 육면체, 원통 등이 있다. 그 중에서 프뢰벨은 공을 놀잇감 중에서 가장 가치로운 것이라고 믿었다. 공은 아동 본성의 합일성이 가장 잘 드러나기 때문이다.

가베의 종류

❹ 노작의 원리

신은 창조하는 존재이고 노동하는 존재이다. 즉, 신성에는 노동이 포함되어 있다. 신성을 타고난 인간은 노동을 통해 인간 자신의 내적 본성을 표현한다. 삶을 위한 모든 활동 과정이 노작의 과정이다. 여기서 노작(Arbeit)이란 일의 교육적 가치를 가르치는 교육활동을 말한다. 노작의 개념은 페스탈로치로부터 시작되었다. 페스탈로치는 노작교육이 기초도야의 이념 중 기술적 능력을 길러줌으로써 지적 · 도덕적 능력의 도야에 기반이 된다고 생각하였다.

Chapter 7

20세기 현대의 교육

1. 현대의 특징

스웨덴의 엘렌 케이는 1900년 『어린이의 세기』를 발표하였고, 여기서 어린이와 교육에 대한 새로운 학교제안을 하였다. 이제까지의 어른 중심의 교육, 즉 어른으로부터 아이를 가르치는 교육이 아니라, 아이에 대한 이해를 가지고 아이로부터 시작되는 교육을 하자는 취지였다. 교육의 목적은 각 어린이가 자유롭고 독립적인 개체로 발달하도록 돕는 것이므로 가능한 한 어린이를 직접 규제하는 것을 줄이고, 그 대신에 어린이가 스스로 발달할 수 있는 친화적인 환경을 조성해 주어야 한다. 요컨대 교육은 '스스로 성장하게 함'이라는 원칙에 근거해야 하고 체벌은 거부되어야 한다. 이러한 케이의 주장은 이미 18세기 루소로부터 시작되었고 19세기를 거치면서 페스탈로치, 프뢰벨로 이어져 왔으나 20세기에 들어와서 보다 구체적으로 몇몇 사상가를 통해서 실천되었다. 따라서 20세기 교육은 전통적인 교사중심, 교과중심, 이론 중심, 주입식 교육 등의 폐해를 버리고 아동중심, 활동중심, 실천중심의 교육을 지향하였다. 이런 교육은 전통적 교육에 대한 반발로 새로운 교육을 추구한다고 하여 '신교육사상'이라고 부른다. 그리고 대체적으로 아동중심 교육을 지향하고 있기 때문에 '아동중심교육'이라고도 부른다. 20세기를 대표하는 교육 사상가로는 몬테소리, 듀이, 슈타이너, 니일, 레디, 케르션슈타이너 등이 있다.

2. 20세기 현대 교육사상

1) 레디의 애버츠호움 학교

현대의 진보주의 학교의 선구자적 역할을 한 학교는 영국의 세실 레디(Cecil Reddie, 1858~1932)가 설립한 애버츠호움(Abbotsholme)이다. 레디는 1883년 '신교육 협회(Fellowship of the New Life)'로 알려진 혁신적 사회에 가담하였다. 이 모임의 취지는 국제적인 새교육을 설립하는 데 있었다. 여기서 말하는 새교육의 특징은 첫째, 학교는 실험을 하는 실험학교의 성격을 띠며, 둘째, 기숙학교로 운영되고, 셋째, 전원 속에 설립되어야 하며, 넷째, 수공업 작업시간이 교육과정에 포함되는 것 등이었다. 레디는 1889년 이런 취지에 맞는 학교를 영국에 세웠는데 그것이 애버츠호움이다. 따라서 이 학교에서는 전통적 예비 문법학교에서 가르치는 교육과정과 교육학에 대한 위계적 권위와 존경과는 극명한 대조를 보이는 방식으로 교육과정을 운영하였다. 이 학교는 전원 기숙사 학교의 모범으로 인정받았다. 얼마 후 1893년에 리이츠(Lietz)는 독일에서 애버츠호움 학교의 모범을 따라 독일 전원 기숙사 학교를 열었다.

2) 케르션슈타이너의 노작학교

케르션슈타이너(G. Kerschensteiner, 1854~1932)는 독일의 국가주의 교육 또는 공민교육을 주창하였다. 그에 따르면, 국가가 주도하는 공립학교에서 국가가 개인에게 요구해야 하는 것은 세 가지이다. 우선 개인은 직업교육의 준비를 하여 어떤 직업에서든 일할 수 있는 능력과 의욕을 가져야 한다. 또한 개인은 직업을 갖되 도덕적이고 지적인 재능을 갖추어서 자신의 경향과 능력을 수행해야 한다. 즉, 직업교육이 도덕성과 무관해서는 안 된다. 마지막으로, 직업교육은 개인의 가치의 완성은 물론 동시에 국가발전에 공헌하도록 해야 한다.

케르션슈타이너는 1908년 페스탈로치 탄생 제162년 기념공연에서 '페스탈로치 정신에서 본 미래의 학교'를 발표하였는데, 여기서 그는 페스탈로치의 노작교육 사상을 계승하고 실천에 옮김으로써 전통적인 교과중심 학교교육을 극복하고자 하였다. 그가 제시한 노작학교(Arbeitschule)의 특성은 다음과 같다.

첫째, 작업은 대상과 마주하면서 대상의 법칙성에 의지를 종속시키는 과정이다.

둘째, 대상은 그 자체의 내재적 법칙과 객관적 가치를 지니면서 존재하고 있다. 노작이란 부단한 자기 반성과정에서 객관적인 태도를 길러가는 과정이다.

셋째, 노작은 객관적 순수성을 철저히 하여 도덕성을 기른다. 주관적 욕망이나 취미에 매이지 않고 대상의 내재적 가치실현을 통해 도덕적 인간을 기른다.

3) 니일의 서머힐 학교

니일(A. S. Neill, 1883~1973)은 스코틀랜드 출신으로서 어린이의 자유에 입각한 교육을 실현시키고자 하였다. 그는 1924년 영국에서 서머힐 학교(Summerhill)를 설립하여 자유주의적 교육철학을 실현시키고자 하였다. 이 학교에서는 아동을 외적인 억압과 간섭이 없는 자유로운 상태에 두면 아동은 선한 본성을 드러낸다는 니일의 아동관을 반영하여 되도록 억압과 간섭을 최소화하여 학교를 운영하였다.

이 학교의 특징은 아이들을 학교에 맞추는 대신 학교가 아이들에게 맞춘다는 원칙으로 운영한다는 점이었다. 자유를 허용하되 방종에 흐르지 않도록 몇 가지 규칙을 정하여 지키도록 하였다. 어른들의 강요에 의해서가 아니라 아이들 스스로가 민주적인 자치생활을 통해 스스로를 통제하며, 방종이 아닌 자율적 자유를 누리게 하였다. 또한 학생이 학교 행정과 의사결정에 개입하도록 하는 점이 두드러진 특징이었다.

4) 몬테소리

몬테소리(Maria Montessori, 1870~1952)는 이탈리아 최초의 여의사인데, 정신박약아들을 치료하며 어린이집(Casa dei Bambini)이라는 유아시설의 운영을 통해 자신의 교육이론을 실행에 옮겼다. 그녀의 대표적 저작은 1912년에 출판된 『몬테소리 교육법: 어린이집에서 아동교육에 적용한 과학적 교육학』인데 흔히 『몬테소리 교육법』이라고 부른다.

그녀의 교육이론을 흔히 '과학적 교육학'이라 부른다. 그녀는 생물학 개념, 특히 식물이론을 아이들의 교육에 많이 활용하기 때문이다. 가령 돌연변이, 변형과 같은 개념은 아이들의 변화를 설명할 때 사용한 식물이론이다. 또한 아동을 보는 그녀의 관점은 아동기가 흡수력이 강한 시기라는 점에 주목하였고, 아동은 여러 가지 발달에 민감한 민감기(sensitive period)를 거친다고 생각하였다. 민감기는 오래 지속되지 않으며 어떤 특정한 학습에 대한 민감기가 일어난 다음에는 학습을 용이하게 하는 민감기는 다시 일어나지 않는다. 따라서 민감기에 일정한 능력을 얻지 못하면 그 능력의 발달기회는 영원히 지나가 버린다. 무엇에 민감한가에 따라 질서에 민감한 시기, 언어발달에 민감한 시기, 쓰기에 민감한 시기 등으로 표시한다. 몬테소리는 언어의 민감기는 2세에서 7세 사이라고 하였다. 동물에게 민감기가 존재하는 사실을 처음 발견한 사람은 네덜란드의 과학자 유고 드 브리스(Hugo de Vries)이다.

몬테소리의 아동관에서 특징적인 점은 그녀의 '정상화이론'이다. 정상화란 아동이 소유한 육체적, 정신적 에너지가 상호작용하여 내면적인 안정을 갖춘 조화된 상태를 말한다. 이런 정상화 상태는 유아가 작업에 진정한 흥미를 가지고 집중, 반복하여 만족감을 가짐으로써 자신의 내적 훈련과 자신감을 발달시킴으로써 가능해진다.

또한 몬테소리는 아동은 어른의 축소판이 아니며 그렇게 다루어져서는 안 된다는 점을 강조하였다. 그리하여 그녀는 진짜 전통적 학교에 대한 진정한 대안을 제시하고자 했다. 어린이집은 최소한의 가구와 수납장이 구비되어 있고, 아이들은 성인 크기에 순응할 필요가 없었다. 단추 끼우기, 끈 묶기, 식사준비, 식탁 차리기는 중요한 학습활동이었다. 읽기, 쓰기, 셈하기는 일찍부터 가르쳤다. 아이들은 나무벽돌로 셈하기를 배웠다. 읽기는 나무로 자른 큰 글자로 배웠다. 아이의 감각발달을 돕기 위해 운동을 개발하고, 또는 활동기구 등이 추가되었다.

교사의 역할에 관해서 몬테소리는 교사는 어린이의 심리적 활동과 신체적 발달을 지도하는 사람이기 때문에 교사라는 용어보다는 지도자(director, directress)라는 이름으로 바뀌어야 한다고 주장하였다. 지도자는 전면에 나서지 않고 어린이가 자발적인 활동을 하도록 환경을 조성하고 뒤로 물러서서 지켜보는 역할을 해야 한다.

5) 듀이

듀이(J. Dewey, 1859~1952)는 미국을 대표하는 실용주의 철학자이며 동시에 교육철학자이다. 그는 1896년 시카고대학의 부속건물에 '실험 학교(Laboratory School)'를 세우고 7년간 자신의 신념에 따라 신교육을 실천하였다. 그의 저서는 『학교와 사회』(1896), 『나의 교육학적 신조』(1897), 『경험과 교육』, 『민주주의와 교육』(1916) 등 다수이다.

듀이는 교육을 '경험의 계속적인 재구성'이며, '성장' 또는 '사회적 접촉이며 전달과정'으로 정의하고 있다. 그에게 경험은 가장 중요한 용어이며, 따라서 경험에 대해 자세히 설명하고 있다. 그에 따르면, 경험은 유기체와 환경의 상호작용의 결과이다. 돌은 유기체가 아니므로 환경과 맞닥뜨려서 상호작용의 과정을 겪지 않는다. 돌이 밑으로 떨어지면 부서지거나 아무런 변화가 없거나 둘 중의 하나이지 따로 환경과 상호작용이라는 경험을 겪지 않는다. 한편 유기체는 환경과 대면하여 상호작용의 과정을 거친다. 유기체 내면에는 유기체가 갖는 필요, 욕구, 능력, 관심 등 내적인 조건을 가지며, 이런 요소들이 경험을 각 개체마다 다르게 만든다. 그리고 환경 또는 세계란 유기체가 대면하는 일체의 것이다. 어린아이의 딸랑이, 어린이가 보는 그림책, 과학자의 실험도구 모두 환경의 요소가 된다.

듀이에게 경험은 단순히 감각적으로 이루어지는 것도 아니며, 수동적으로 겪거나 당하는 그런 피동적 요소도 아니다. 듀이는 경험에는 환경의 감각적 요소와 함께 인간의 관념적 요소인 반성적 사고(reflective thinking)가 포함된다고 생각하였다. 그리고 듀이는 반성적 사고를 우리의 일상생활에서 벌어지는 문제해결과정과 연결지었다. 듀이는 전통적인 형이상학적 가정을 받아들이지 않았다. 인간사에 이미 정해진 답이나 진리는 존재하지 않으며, 하나의 답이 존재하는 것도 아니다. 오히려 인간은 문제 상황에 직면하여 사고하며 그 사고과정이 인간에게 새로운 비판적 탐구가 된다. 듀이의 문제해결 과정은 일상에서 문제가 생겼을 때 문제를 인식하고, 문제를 풀기 위한 가설을 세우고 그 가설에 따라 문제를 해결하고자 시도하여 문제를 해결해 가는 것이다. 즉, 문제의 확인, 정보수집, 가설세우기, 검증, 확인이라는 순서로 문제를 해결하는 것이며, 이 과정에서 사고가 자극되어 반성적 사고를 하지 않으면 안 된다.

듀이는 신교육의 일환으로 실험 학교(Laboratory school)를 1896년 시작하여 7년간 운영하였다. 이 학교에는 4~14세에 속하는 아이들을 받아들였다. 그는 주로 학교와 지역사회 사이의 장벽을 깨는 방법을 찾는 데 관심을 기울였다. 그리고 무조건 암기나 상징해석이라는 짐을 주지 않고 풍부하고 다양한 교과를 포함하는 길을 찾았다. 그러면서 교사는 3R's와 같은 기본기술의 습득을 보다 흥미롭고 관련 있게 할 필요를 늘 염두에 두었다. 그의 학교는 미리 생각한 교육이론을 실행할 의도로 운영하지 않았으며, 또한 이미 개발한 방법을 실행하지도 않는다는 점을 강조하였다. 듀이의 의도는 학교를 지역사회와 보다 가깝게 연결시키는 방법을 찾는 데 있었다. 그리고 기법과 방법에 치중하기보다 아이들이 배우는 법을 찾는 데 주력하였다. 따라서 주된 교육과정 영역은 요리, 바느질하기, 목공일로 구성되어 있었다.

6) 슈타이너

슈타이너(Rudolf Steiner, 1861~1925)는 1919년 발도르프 학교의 창시자이다. 그는 신지학회(神智學) 회원이었는데, 신지학회는 20세기 진보주의 교육에 크게 공헌하였다. 현재 발도르프 학교는 전 세계 약 700개가 있다.

슈타이너는 인간발달을 7년 주기로 나누어 0~7세, 7~14세, 14~21세의 3단계로 나누었다. 0~7세의 1단계에서는 전적으로 감각적 존재에 불과하여 주로 모방을 하는 시기이므로 오직 모방할 가치가 있는 환경을 만들어 주는 것이 중요하다. 7세에서 14세에 이르는 시기는 신체가 발달하면서 힘이 생기고, 새로운 이성의 힘과 기억력이 생기는 시기이다. 따라서 모방 대신 이성과 기억력을 키우는 데 치중해야 한다. 이 시기에는 무엇보다도 교사와 학생 간의 신뢰형성이 중요하며, 교사의 교육적 권위가 요구된다. 마지막으로 14세에서 21세에 이르는 기간 동안은 성의 성숙과 함께 판단력 훈련이 중요하다.

1부 참고문헌

김성훈 역(2007). **에라스무스의 아동교육론**. 경기 한국학술정보.

박영희(2011). 키케로의 『웅변가론』에 나타난 교육이론. 교육철학연구. 33(4). 110쪽.

박영희(2012). 에라스무스의 『키케로주의자』에 나타난 '모방'의 의미. 교육철학연구. 34(4). 71쪽.

박영희(2013). 퀸틸리아누스의 『웅변가교육』에 나타난 '선한 사람'(Vir Bonus)의 의미'. 교육철학연구 35(4).

박영희(2017). "언어 이전에 사물"의 교육적 의미 고찰. 교육사상연구. 31(3). 1-21쪽.

박의수 외 3인(1993). **교육의 역사와 철학**. 서울: 동문사.

박의수 외 3인(2009). **교육의 역사와 철학**. 서울: 동문사.

신차균 외 2인(2006). **교육철학 및 교육사의 이해**. 서울: 학지사.

안인희(1973). **교육고전의 이해**. 서울: 이화여자대학교출판부.

양은주(2007). **교사를 일깨우는 사유**. 서울: 문음사.

엘렌 케이, 정혜영 역(2012). **어린이의 세기**. 서울: 지식을 만드는 지식.

이숙종 옮김(1999). **빛의 길**. 서울: 여수론.

이홍우 외 역(1994). **서양교육사**. 경기: 교육과학사.

천병희 역(2013). **국가**. 도서출판 숲.

최명관 역(1980). **소크라테스의 변명**. 서울: 종로서적.

프리드리히 프뢰벨, 정영근 역(2009). **인간의 교육**. 서울: 지식을 만드는 지식.

한명희(1997). **서양교육사 신론**. 서울: 아름다운 세상.

허승일(1998). **스파르타 교육과 시민생활**. 서울: 삼영사.

A. Reble, 정영근 역(2002). **서양교육사**. 서울: 문음사.

A. Gwynn(1926). *Roman Education from Cicero to Quintilian*. New York: Teachers College, Columbia Univ.

D. Earl(1967). *The Moral and Political Tradition of Rome*. Cornell Univ. Press.

E. Cubberley(2010). *The History of Education*. Kessinger Publishing.

H, I. Marrou(1956). *A History of Education in Antiquity*. New York: A Mentor Book.

J. Bowen(1981). A History of Western Education Vol. 3. 1981. Methuen & Co. LTD.

J. Lawson(1967). *Mediaeval Education and the Reformation*. London: Routledge and Kegan Paul.

R. Rusk(1965). *Doctrines of the Great Educators*. Norfolk, The Macmillan Press LTD.

S. J. Curtis(1953). *A Short History of Educational Ideas*. Univ. Tutorial Press LTD.

Part 2

한국교육의 역사

역사란 과거에 있었던 사실을 이해하고 현재에 비추어서 우리가 나아갈 올바른 방향을 제시해주는 것이라 할 수 있다. 그렇기 때문에 한국 교육의 역사를 알아보는 것은 과거의 교육사를 음미하여 현재나 미래의 도움이 되고자 함이다. 본 장에서는 한국교육의 역사에 대해서 원시시대부터 근대까지 걸쳐서 알아볼 것이다. 이러한 공부를 통하여 역사와 교육과의 연관성 및 교육의 역사적인 기초를 다질 것이다.

Chapter 1

원시사회와 교육

역사학적으로 한반도에 인류가 출현한 것은 약 50만 년 전이다. 원시사회는 문명사회 이전의 사회를 말한다. 이 시대는 조직사회라기 보다는 집단의식 안에 개인적인 성향이 강하였으며 주술이나 종교가 생활에서 큰 비중을 차지했던 사회이다. 원시사회는 개인의 생존을 위해 생활하다 보니 개인의 안전과 여러 사람들과의 집단생활을 통한 단결과 관련된 교육활동이 이루어졌던 것으로 볼 수 있다.

즉, 개인의 안전을 위하한 신체적 훈련과 생존을 위한 식량 획득 방법에 더한 것이 교육의 주된 목적이었을 것이다. 이러한 교육은 과일이나 식물, 어패류 등과 같은 식량을 얻는 방법, 사냥에 필요한 도구를 만드는 방법, 전투를 하는 방법 등이 그 내용 있었을 것으로 보인다. 또한 종교적으로 집단 공동생활을 영위하기 위하여 관습이나 원시 종교의 제례 등이 교육되었을 것으로 짐작할 수 있다.

원시시대에 사용된 돌칼

원시시대 초기에 개인적인 모방과 무계획적인 교육의 행위를 하였지만, 점점 공동체를 위한 교육적인 행위를 하게 되었는데, 그것은 단군신화(檀君神話)와 성년식(成年式)이다.

1. 단군신화

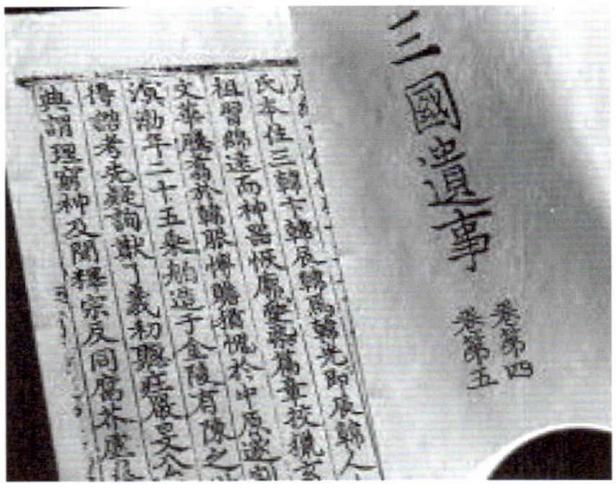

삼국유사

고조선에 관련된 건국설화를 보면 교육적인 민본 사상에 대해 알 수 있다. 단군신화는 우리 민족의 우월성과 정통성을 알게 해주며 지향해야 할 이념을 제시해 준다. 그러므로 단군신화의 교육적 의미를 알아보는 것은 매우 중요하다. 『삼국유사』 1권 「위서(魏書)」에 단군신화의 내용이 나온다.

「고기(古記)」에 이렇게 쓰여 있다.

옛날에 환인(桓因)의 작은아들 환웅(桓雄)이 천하에 뜻을 두고, 자주 사람이 사는 세상을 탐내어 구하였다. 그의 아버지가 아들의 뜻을 알아차리고, 삼위태백(三危太伯)을 내려다보니, 인간을 널리 이롭게 할 만하였다[弘益人間]. 이에 환인은 환웅에게 천부인(天符印) 세 개를 주어 인간 세계를 다스리게 하였다. 환웅은 무리 3,000명을 거느리고 태백산 마루턱에 있는 신단수(神壇樹) 밑으로 내려왔다. 이곳을 신시(神市)라고 하고, 그를 환웅 천왕이라고 한다. 그는 풍백(風伯) · 우사(雨師) · 운사(雲師)를 거느리고 와서, 곡식 · 수명 · 질병 · 형벌 · 선악 등을 주관하고, 인간의 360여 가지 일을 주관하며, 세상을 다스리고 교화하였다.

이때, 곰 한 마리와 호랑이 한 마리가 같은 굴속에 살고 있었는데, 이들은 항상 환웅에게 빌어 사람이 되기를 원하였다. 이때 환웅은 신령스러운 쑥 한 줌과 마늘 스무 개를 주면서 말하였다.

"너희들이 이것을 먹고 백일 동안 햇빛을 보지 않으면 곧 변하여 사람이 될 것이다."

곰과 호랑이는 이것을 받아서 먹었는데, 곰은 삼칠일 간 금기(禁忌)를 지켰으므로 여자의 몸으로 변하였다. 그러나 호랑이는 금기를 지키지 않았으므로, 사람으로 변하지 못했다.

웅녀는 혼인할 사람이 없으므로, 매일 단수 밑에서 아기 배기를 축원하였다. 이에 환웅이 거짓 변하여 그녀와 혼인했더니, 바로 잉태하여 아들을 낳았다. 그 아기의 이름을 단군왕검(檀君王儉)이라고 하였다.

단군왕검이 당나라 요임금이 즉위한 지 50년인 경인년에 평양성에 도읍하여, 처음으로 조선(朝鮮)이라고 불렀다.

단군왕검

환웅이 태백산의 신단수 아래에 신시를 설립하고 인간을 널리 이롭게 한다는 홍익인간(弘益人間)의 기치를 내걸었다. 이러한 환웅의 홍익인간이라는 교육목표를 실현하기 위한 교육방법으로서, 농경사회와 관련되는 기상을 주관하는 관리들을 거느리고 인간을 교화하였으며, 또한 곰과 호랑이에게 인간이 될 수 있는 방법을 전달하면서 인내와 희망을 교육했다는 것을 알 수 있다.

이러한 단군신화에 대한 교육적 의의를 알아보면 다음과 같다(박의수 외, 2013).

첫째, 천신의 아들인 환웅과 웅녀의 결합은 하늘과 땅의 만남이며 천지의 음양의 조화이다.

둘째, 환웅이 인간세상을 보고 다스리기를 원했다는 것은 현세 지향적 세계관을 나타낸다.

셋째, 곰을 승리자로 그리고 범을 패자로 만든 것은 극기와 인내를 지향하는 인간상을 그리고 있음을 나타낸다.

넷째, 널리 인간을 이롭게 한다는 홍익인간(弘益人間)의 가치관인 대아(大我)를 소아(小我)보다 존중하는 정신을 지향한다.

2. 성년식

성년식은 원시시대에 성인으로 인정해주는 의식인데, 이것은 종교적의식과 공동체에서 필요한 성년을 키워내는 의식으로 자리 잡았다. 성년식은 부모 혹은 족장의 권위에 의해 집단적으로 행해졌다. 정확한 시기는 알 수 없지만, 성년식은 집단 차원에서의 교육이 시작되었다는 것을 의미한다. 이러한 성년식은 원시시대에 널리 퍼져서 행해졌던 것으로 보인다. 우리나라에도 이러한 성년식이 존재했었다. 중국의 삼국지 위서(魏書)의 동이전(東夷傳)에 의하면 다음과 같이 기록한다.

> 國中有所調役 及起築城隍 年少勇健者皆鑿其背皮 貫以大繩 以杖搖繩 終日歡呼力作 不以爲痛
>
> 국가에 부역이 있거나 성을 수축할 때, 용맹하고 건장한 젊은이는 등가죽을 뚫고 그 구멍에 큰 밧줄을 꿰매고 그 줄을 흔들고 하루 종일 소리를 지르며 일하지만 이를 아파하지 않는다.

이러한 성년식은 원시시대에 집단의 발전과 안녕 그리고 존속을 위해서 그 나름대로 교육적의미를 가지고 있다. 다음은 성년식에 대한 교육적 의의를 요약한 것이다(박의수 외, 2013).

첫째, 청년들은 고통스런 신체적 고통을 통하여 인내와 극기를 배우게 되며 이를 통하여 공동체 안에서 연장자를 위한 존경과 복종을 그리고 더 나아가서 사회의 규범을 성년식을 통하여 배우게 된다.

성년식

둘째, 성년식은 대부분 신체에 토템을 표시하거나 부족의 신앙 의식을 행하게 된다. 이러한 점은 종교교육과 연결되어 있다는 것을 의미한다.

셋째, 성인식을 하면서 사냥하는 법, 불을 피우는 법, 전쟁의 기술 등 성인식을 통하여 실제적인 생활교육의 의미를 가진다.

Chapter 2

삼국시대의 교육

삼국시대에는 중국과의 교류가 활발해지고 중국의 문화가 유입되기 시작하였고 중국의 문물제도가 정착되어 갔다. 특히 유교(儒教, Confucianism), 불교(佛教, Buddhism), 도교(道教, Taoism)가 전래되면서 중국의 사상과 제도를 접할 수 있는 기회가 되었다. 삼국시대에 전래된 불교는 중앙집권적 고대국가체제로 정비할 무렵에 우리의 전통신앙과 고유사상을 포용하여 발전할 수 있는 정신적 기반을 마련해 주었다.

특히 유교 사상이 한자와 함께 전래되면서 삼국이 고대국가의 정치적 율령체제와 관료조직을 마련하는데 바탕이 되고, 사회질서를 통제하는 윤리적 규범이 되었다.

1. 고구려

고구려는 형성 초기부터 중국 한나라에서 문물들을 수용하는 과정에서 유교와 불교 그리고 도교가 자연스럽게 수용되었고 특히 유학은 고구려 교육체제의 근본적인 교육내용을 이루게 되었다. 충효를 바탕으로 하는 유학사상은 고구려의 중앙집권적 국가를 확립하는데 중요한 역할을 하였다. 고구려의 교육기관은 크게 태학과 경당으로 나눌 수 있다.

태학(太學)은 우리나라 최초의 관학으로 고구려 소수림왕 2년(372)에 세워진 국립 고등교육기관이다. 태학의 교육목적은 유교 교육을 통한 고급 귀족 관리의 양성이었다. 교육내용을 보면 오경(五經)(시경, 서경, 주역, 예기, 춘추)과 삼사(三史)(사기, 한서, 후한서), 삼국지, 춘추 좌씨전 등이다.

예기

태학은 우리나라 교육역사상 학교교육의 효시로 알려져 있다. 태학은 유교교육을 실시했지만, 신라 이후에 행한 문묘(文廟)제례에 대한 기록이 보이지 않는다.

- 문묘: 유학의 성현들인 공자 및 맹자 등의 위패를 모신 사당이다. 이곳에서 1년에 몇 차례씩 문묘, 대제, 향사 등을 지낸다. 이러한 문묘제도는 신라의 국학, 고려의 국자감과 향교, 조선의 성균관과 향교에 설치되어 성현들을 기렸다.

태학을 고등교육기관으로 본다면 초등, 중등 및 고등 교육기관으로 지방 촌락에 설치된 학교로 경당(扃堂)이 있다. 경당은 우리나라 최초의 사학교육기관이다. 경당(扃堂)의 경은 대문에 설치된 빗장이라는 뜻으로 집안에 머무르면서 세상의 이치를 밝힌다는 뜻이며, 경이라는 글자 속에는 독서를 중시하는 문(文)과 습사(習射)를 중시하는 무(武)의 개념이 함께 들어 있다. 이렇게 볼 때 경당에서 문무(文武)일치 교육이 행해졌음을 짐작할 수 있다.

중국의 사서 『구당서(舊唐書)』와 『신당서(新唐書)』에 다음과 같은 구절이 있다.

> "고구려인들의 풍습이 근면하고 서로 아끼며 책을 사랑하여 빈곤한 마을이라 할지라도 마을 안에 큰집을 지어서 '경당'이라 불렀다. 마을 자제들이 여기에 머무르면서 경을 읽고 활쏘기를 연습하였다"

경당

경당에서는 미혼의 자제들이 교육을 받았고, 주된 교육 대상은 일반 평민층 집안의 미혼 자제들과 지방 호족의 자녀들이다. 경당에서는 5경(五經)과 『사기(史記)』, 『한서(漢書)』, 『후한서(後漢書)』, 『삼국지(三國志)』, 『진춘추(晉春秋)』 등의 역사서, 『옥편(玉篇)』, 『자통(字統)』, 『자림(字林)』 등의 한자 관련 서적 등을 가르쳤다.

이외에 경당에서는 활쏘기 같은 무예도 가르쳤다. 이는 당시 고구려에서 중요한 국가 업무를 담당하려면 군사적 능력이 필요했기 때문이다. 이렇게 볼 때 경당은 단순한 교육기관이 아니고, 신라의 화랑도(花郎徒)와 같은 군사훈련을 위해 존재했다는 견해도 있다.

2. 백제

백제는 학교라는 제도에 대한 직접적인 기록은 없다. 그러나 백제는 중국과의 교섭이 잦았고 문화적으로 고구려와 신라와 비교해도 손색이 없을 정도로 훌륭했고, 약간의 교육에 관련된 문헌들이 존재하는 것으로 미루어 볼 때 백제에도 학교나 혹은 교육 기관 등이 존재 했을 것으로 추측할 수 있다. 다음은 백제의 교육제도가 있었음을 알 수 있는 증거들이다.

백제의 유물

첫째, 백제는 오늘날의 교육부와 비슷한 부서인 천도 이전에 사도부(司徒部)라는 것이 있었다. 또한 천도이후 고이왕(234~286) 때 6좌평 16품의 관등체제 중에서 교육부에 해당하는 행정관직으로 내법좌평(內法佐平)이 있었다.

둘째, 『삼국사기(三國史記)』에 나타난 기록을 통해 교육의 책임을 맡은 관직으로 박사제도(博士制度)가 존재했음을 알 수 있다. 오경박사, 의박사, 역박사 등 다양한 박사가 있었으며, 이러한 박사제도가 한(漢)나라에서 비롯된 것을 고려하면 백제의 교육기관이 있었음을 추측 가능하다.

셋째, 일본에 초빙되어 건너간 아직기가 『일본서기』에 "경전을 해독할 수 있는 자"로 기록되어 있으며, 또한 왕인이 285년 일본에 천자문과 논어를 전했다는 기록을 보면 백제에도 고구려와 신라와 비슷한 수준의 교육 기관이 존재했었음을 추측할 수 있다.

왕인

또한 백제에서 출토된 여러 가지 각종 유물들과 서적들에서 볼 수 있는 백제의 왕궁이나 서민들의 생활에서 상당한 수준의 문화가 있었음을 볼 때에 백제에도 학교기관의 존재가능성을 추측해 볼 수 있다.

3. 신라

신라는 고구려나 백제에 비해서 학교 설립이 늦었다. 그렇다고 해서 신라가 이 두 나라에 비해 교육기관의 발달이 늦었다고는 볼 수 없다. 신라에는 일찍부터 학교가 아닌 신라 고유의 교육제도인 화랑도가 있었다.

화랑은 상고시대의 신단인 솟대(蘇塗) 제단의 수호무사였던 부루교단에서 유래하였으며, 처음에는 원화라고 불렸다. 화랑도(花郞徒)는 본래 자생 집단이었다. 당시에는 마을마다 청소년 공동체 집단이 있었는데, 이 집단은 수양단체의 성격을 가지고 있었다.

최치원의 난랑비서(鸞郞碑序)에 보면 다음과 같은 내용으로 화랑의 정신인 풍류에 대한 암시가 나온다.

> "우리나라에는 현묘(玄妙)한 도(道)가 있으니 이를 풍류(風流)라 한다. 이 가르침을 설치한 근원은 이미 선사에 상세히 기술되어 있거니와, 그것은 실로 유·불·선 3교를 포함한 것으로서 모든 생명과 접하여 이들을 감화하였다(接化群生). 또, 이들은 집에 들어가서는 부모에게 효도하고 나가서는 나라에 충성을 다하니, 이는 노나라 공자의 취지이며, 또 모든 일을 억지로 처리하지 않고 말을 하지 아니하고 일을 실행함은 주나라 노자의 가르침이며, 악한 일을 하지 않고 모든 착한 행실만 신봉하여 행함은 석가모니의 가르침이다."

화랑이 제도적으로 설치되었다는 문헌은 『삼국유사』에 보면 나온다. 진흥왕 37년(576)에 들어 국가적 차원에서 조직화하여 화랑도를 만들었다.

화랑도

화랑은 처음에 '원화(源花)'라고 불렸다. 그런데 군신들은 이들의 사람 됨됨이를 알아볼 길이 없어 걱정하던 차, 이제 이들을 모아놓고 노는 모습을 지켜보면서 그 품행과 의리를 살펴보기로 했다. 그런 뒤에 인재를 뽑으니, 드디어 남모(南毛)와 준정(俊貞)이라는 두 미녀 아가씨를 우두머리로 뽑았다. 그러자 삼백여 명의 젊은이들이 모여들었다. 그런데 '남모'와 '준정'은 서로 질투를 느끼며 다툰 나머지, '준정'은 '남모'를 자기 집으로 유인하여 억지로 술을 권해 취하게 만든 뒤에 끌어다가 강에 밀어 넣어 죽여 버렸다. 그러자 '준정'도 처형을 당했다. 이렇게 되자 '원화'의 단체는 화목을 잃어 깨어져 버리게 되었다. 그 뒤에 이제부터는 잘 생긴 남자들로 뽑게 되었는데, 이들은 여러 가지 장식을 몸에 많이 드리우기 시작했다. 그리고 이름도 화랑(花郎)이라고 받들어 부르게 되니, 젊은이들이 구름떼처럼 모여들기 시작했다.

진흥왕

화랑도의 목적은 인재의 발굴 및 양성을 하여 종교적 그리고 도덕적 교육을 통해 국가안위를 보전하려고 했다. 화랑도 조직은 귀족 출신인 국선화랑과 화랑이 있었는데, 국선화랑은 1~2명, 14~18세 정도의 화랑이 3~8명 정도이었고, 그 밑에 낭도가 수 백 혹은 수천 명 조직이 되었다.

김대문의 화랑세기에 보면 도의로써 서로 연마하고, 노래와 가락으로써 즐기며, 산수를 유람하여 즐기되 아무리 먼 곳이라도 찾아가며, 그 사람의 올바름과 그릇됨을 살펴 그중 선한 자를 가려 조정에 천거한다는 내용이 나온다. 이러한 화랑도의 교육적 의의를 살펴보면 다음과 같다.

첫째, 신라는 주위의 고구려와 백제와의 긴장 속에서 있었기 때문에 강력한 중앙집권적 체제를 발전시켜야 했다. 또한 새로운 영토 확장으로 생긴 백성들에 대한 포용 및 동화정책을 취해야 했다. 신라는 삼국이라는 정세에 대응하기 위하여 평상시에는 교육을 위한 수양단체로, 전시에는 군사의 지원단체로서 역할을 할 수 있는 제도가 필요하였고 이러한 요구에 부응하여 화랑제도가 형성되었다.

둘째, 화랑도는 문무와 지덕, 지성과 정서가 융합된 지행합일의 조화된 인간상이며, 탁월한 이상과 경륜을 가진 국가의 중추적인 인재를 길러내고자 하는 목표를 가졌다.

셋째, 화랑도는 자유 정의와 사랑과 사회윤리에 투철한 인물이다. 또한 화랑도는 국가 산천을 종주하며 정신을 고양시키고 명승과 성지를 순례하고 향가를 노래하며 충성과 화합의 정신을 가진다.

넷째, 화랑도는 도의수련과 인성도야에 목적을 두고 우리의 고유 신앙과 종교적 의식이 합쳐져 사회의 윤리나 국가의 법칙을 자연스럽게 익히게 함으로써 국가적 인재를 만드는데 그 목적을 두었다.

다섯째, 화랑도의 교과 과정은 『논어』, 『효경』, 『예기』, 『주역』 등 경서를 중심으로 교육하였고, 현실윤리를 중시하는 불교경전도 그들의 교과과정이었다. 또한 명산과 대천을 찾아다니며 즐김으로써 심신수련과 군사훈련 등을 하였다.

4. 삼국시대 교육의 공통 특징

고구려, 백제, 신라 세 나라의 국가 이념과 정치 형태는 각기 달랐지만, 다음과 같은 공통된 특징을 가졌다.

성덕대왕신종(불교예술품)

첫째, 유교 중심의 정치형태라는 것이다. 공자의 가르침을 중심으로 형성된 유교는 수기치인(修己治人)의 성인의 도를 통한 백성을 다스리는 제왕의 학문이었기에 삼국의 세 나라는 유교를 바탕으로 성장하였고, 유교적인 정신과 교육은 중앙집권 체제를 유지하기 위한 인재양성에 적합했다.

둘째, 삼국은 정신적인 지주로서 불교를 받아들였으며, 서민들로부터 귀족에 이르기까지 생활 속에서 지대한 영향을 주었다. 특히 삼국의 불교 예술품들은 셀 수 없을 만큼 많음을 볼 수 있다. 또한 세속적 종교의 기능으로 도교의 영향도 삼국의 공통된 특징 중 하나이다.

Chapter 3

통일신라의 교육

7세기경 신라는 당나라와 나당연합을 결성하여 660년 백제를, 668년 신라의 문무왕이 고구려를 멸망시키고 난후 당나라군도 중국으로 몰아내어 삼국통일을 달성하는데, 이 시대를 통일신라라고 한다. 이 시대에는 통일로 인한 넓은 영토와 통합으로 인한 고구려와 백제의 국민을 지배하게 되었다. 통일신라는 여기에 따라 국가기관과 교육체계를 갖출 필요가 있었다. 이러한 필요성에 의해 교육 기관인 국학이 만들어졌고, 사회적으로 독서삼품과 등이 형성되었다.

1. 국학

통일 이후에 신라는 정치와 경제 그리고 사회적 변화에 대처하며, 특히 국가 통치를 위한 조직적인 관리 양성을 위하여 중앙과 지방에 학교를 설립하게 된다. 이미 이 당시에는 삼국시대부터 중국으로부터 영향을 받고 있었던 유교 교육과 현실적인 인재의 필요라는 목적을 통하여 중앙과 지방에 학교를 세우게 되는데 그것이 국학(國學)이다.

국학의 국(國)은 국가나 혹은 수도라는 의미를 갖고 있는데, 이것으로부터 국학은 국가의 중요한 수도에 있는 학교를 의미하는 것이다. 국학은 원래 당나라의 학교였던 국자감을 국학으로 별칭하기도 했는데, 이러한 연유로 인하여 학교 경칭을 국학으로 한 것으로 보인다.

신라향교(국학이 있었던 장소)

신문왕 2년(682)에 설립된 국학은 신라 최초의 관학이며, 고등교육기관으로 예부(禮部)에서 관리했다. 국학의 목적은 봉건적 중앙집권 제도의 확립 및 강화를 위해 귀족자제를 대상으로 고급관리 양성을 목표로 하였다. 국학의 입학자격은 15~30세의 귀족자제들로서 관직이 없거나 대사(大舍)이하의 관직은 9년 동안 교육을 시켰다. 그러나 국학의 교육 대상은 주로 6두품 이상이었다.

국학의 직제는 경(총장) 1명, 교원으로서 박사와 조교, 사무관으로 대사와 사가 있었다. 박사와 조교의 인원은 확실하게 정해져 있지 않았다. 이러한 박사 및 조교 제도는 당나라 국자감의 직제에서 모방하여 가져온 것으로 보인다. 국학은 유학과와 기술과로 나누져 있었으며, 교육과정은 필수과목인 『논어』와 『효경』인데, 이는 당나라의 국자감의 교육 내용을 모방한 것이다. 필수과목과 함께 다음의 3개 영역을 따라 유교경전을 교육하였는데, 이 세 영역의 학습 기간은 모두 비슷하며, 이 중 한 영역과 필수과목을 모두 이수하면 졸업을 할 수 있었다.

- 유학과(9년)

첫째 영역: 예기와 주역
둘째 영역: 좌전과 모시
셋째 영역: 상서와 문선

- 기술과(6년)

의학, 산학, 서학, 율학 등

효경의 탁본

국학을 졸업하는 자는 그 성적에 따라 10~12관등에 해당하는 대나마, 나마, 대사의 벼슬을 주었으며(당시 신라의 관등은 17등급으로 나뉘어져 있었다), 왕의 업적을 기리는 비문 작업을 할 수도 있었다.

성덕왕 16년(717)에는 당나라에서 공자와 10철 및 72제자 등 유교 성현들의 초상을 들여와 국학에 안치하여 문묘를 두었는데, 이것은 공부하는 학생들로 하여금 공자의 교육이념을 통하여 성인의 경지에 도달하게 하려는 목적이 있었다.

2. 독서삼품과

신라시대에는 골품 위주의 관리등용을 했었지만, 점차 능력 위주의 관리등용제도로 변화를 하였다. 원성왕 4년(788) 원래의 골품제를 기초로 한 귀족 중심의 인재등용 방법을 지양하며, 능력 중심의 관리 채용을 목적으로 독서삼품과(讀書三品科, 독서출신과) 제도를 실시하였다. 이것은 응시자의 독서의 성적에 따라 상, 중, 하 3등급으로 나누어 채용하였다.

- 상품(上品): 춘추좌전, 예기 또는 문선을 읽어서 능히 그 뜻을 통하고 논어, 효경에 밝은 자
- 중품(中品): 곡례(曲禮), 논어, 효경을 읽은 자
- 하품(下品): 곡례, 효경을 읽은 자

그러나 만일 5경(五經), 3사(三史), 제자백가서(諸子百家書)에 능통한 자가 있으면 특품(特品)으로 우선적으로 선발하였다. 원성왕 때 설치된 독서삼품과는 골품제로 기용된 왕족과 귀족들의 반대로 원활하게 시행되지는 못했지만, 우리나라 최초의 공적인 관리등용제도 모습이라는 점에서 의의를 가진다고 하겠다.

- 골품제도(骨品制度)

골품제는 여덟 단계로 구분되며, 왕족은 성골(聖骨)과 진골(眞骨)로 나뉘며, 왕족이 아닐 경우 1에서 6까지의 두품(頭品)으로 나누어지는데 숫자가 높으면 더 높은 신분이 된다. 성골과 진골은 모든 관직을 차지할 수 있는데 반하여 6두품의 경우 최고직은 6등급인 아찬, 5두품의 경우 최고직은 10등급인 대나마, 4두품의 경우 최고직은 12등급인 대사까지 오를 수 있다.

3. 지방 학교

『동사강목』에 의하면 신라 경덕왕 6년(747)에 각 주에 조교를 두었다는 기록이 나오는 점에서 통일신라시대에 지방 학교제도가 존재했을 수 있다는 것을 추측할 수 있다. 그 당시 당나라에는 지방 학교가 존재했고 그 이름이 주학(州學)이었는데, 이러한 지방 학교를 모방하여 통일신라시대 지방 학교를 세웠을 가능성이 크다.

4. 신라의 교육사상가

1) 원효

원효

원효(元曉, 617~686)의 본명은 설사(薛思)이나, 법명을 따라 원효대사(元曉大師)로 불린다.

그는 출가이후 영취산(靈鷲山)의 낭지(郎智) 등을 찾아다니며 불도를 닦았다. 661년(문무왕 1) 의상과 함께 당나라로 유학을 가던 길에 당항성 근처 한 무덤에서 잠이 들었고, 잠결에 목이 말라 마신 물이 다음날 아침에 깨어나 다시 보니 해골바가지에 담긴 더러운 물이었다고 한다. 이어 급히 토하다가 큰 깨달음을 얻었다고 한다.

- 유심연기(唯心緣起): 모든 존재는 상대와의 의존관계에 의한 인연(因緣)의 작용이라는 것이다. 이 모든 것이 마음의 작용에서 비롯되며, 이모든 현상은 마음이 만들어낸다는 것이다.
- 실천궁행(實踐躬行): 알고 깨달으면 이를 스스로 실천하여야 한다는 말이다. 즉 배웠으면 그것을 익히고 나의 것이 될 수 있도록 노력하는 행위의 과정이 필요하다는 것이다.

- 화쟁(和諍)사상: 서로 다른 견해로 인한 논쟁을 대화로 이어가며 다툼을 조화롭게 하는 것을 말한다. 이것은 다른 우리 모두가 하나가 될 수 있다는 사상이다.

원효는 교육의 목적을 개인 스스로 인간됨을 중시하는 것으로 보고, 자기 스스로 수양과 노력을 해야 하는 것으로 본다. 이러한 점에서 자기발견 학습이나 혹은 개인 고유의 창의적 학습이 이루어질 수 있다.

2) 설총

설총

설총(薛聰, 655~730)은 신라시대의 대표적인 학자이다. 자는 총지(聰智), 호는 빙월당(氷月堂)이며, 원효와 태종무열왕의 딸인 요석공주 사이에 태어났다. 신라의 삼문장(三文章: 강수, 최치원) 중 한 사람이며, 신라 10현 중 한명이다.

그는 고대 한국어를 한문으로 표현한 첫 문자 체계인 이두와 구결 문자를 개발해 내었고, 그때까지 존재하던 향찰을 집대성하였다. 그의 저작인 『계화왕(戒花王)』은 군왕 교육을 위한 것으로 당시 왕의 어질지 못함을 풍자한 글이다.

3) 원광

원광(圓光, 542~640)은 신라 진평왕 때의 승려이자 학자이다. 속명은 박씨이다. 그는 중국에서 불경을 연구하였고 신라로 돌아 온 후 『여래장경사기(如來藏私記)』 등을 지어 신라에 불교를 발전시키는 데 공을 세웠다. 그는 신라의 도덕 및 윤리를 선양하는 일을 도모하였고 화랑도의 정신적 지주가 되었던 세속오계(世俗五戒)를 제정하였다.

4) 최치원

최치원

최치원(崔致遠, 857~908)은 신라 말기의 문신이며 유학자이다. 본관은 경주(慶州)이고 자는 고운(孤雲), 시호는 문창(文昌)이다. 그는 6두품 출신으로 12세의 나이에 당나라로 유학하여 6년 만에 당의 빈공과에 장원으로 급제하였다. 귀국 후 당나라에서 쓴 글을 모아 『계원필경』을 저작하였는데, 이것은 가장 오래된 개인 문집으로 알려져 있다. 『삼국사기』에 나오는 난랑비서(鸞郎碑序)는 신라 화랑도의 사상적 기반을 말해준다.

Chapter 4

고려시대의 교육

918년 고려를 건국한 태조 왕건은 이전의 삼국시대와 통일신라시대에 국가를 통치하던 방법과는 다르게 고려를 통치하려고 하였다. 이러한 방침에 따른 원리가 유교였다. 태조는 훈요 10조를 통하여 유교 경전과 역사서를 교육하여 옛일을 교훈으로 삼아 통치의 이념으로 삼기를 원했다. 유교는 진리를 깨우치며 자신을 수양하는 불교의 교리와는 다르게 수기치인의 중심 사상을 근본으로 하여 군신과 충효의 도리를 가르치며, 더 나아가 상하 간의 질서를 강조하고 있기 때문에 유교가 백성들을 다스리는 데 이상적인 통치이념이라고 생각하였다.

태조왕건

고려시대의 교육은 통일신라와 중국 당나라의 교육제도를 모방하여 이루어졌다. 북진정책을 표방하고 지방 호족 세력을 억제하고, 강력한 중앙집권체제를 이룩하려고 하였다. 이에 따라 과거제도를 도입하여 새로운 관료계층을 형성하였으나, 지나친 문인(文人) 우대가 되었다. 또한 불교와 유교가 공존하며 백성의 정신적 지주로서는 불교가, 치국의 도는 유교가 그 역할을 하였다.

1. 국자감

고려 때 개경에 설치된 국자감(國子監)은 당나라의 국자감을 모방하여 992년(성종 11)에 설립된 국립고등교육기관이다. 국자감은 고려의 대표적인 관학이며,

그 당시 최고학부였다.

1) 설립배경

국자감의 설립 배경에는 다음의 두 가지로 말할 수 있다. 첫째, 국가의 통치이념인 유교를 정신적으로 교화하여 국민들을 유교적 이념에 따라 살아가도록 만들고, 더 나아가 국가의 인재를 유교적 이념의 바탕 위에 교육하여 고려의 재목으로 만들기 위한 목적이 있었다. 둘째, 국자감 학교제도를 통하여 과거제도를 활성화하기 위한 수단이 필요했다. 과거제도는 유능한 인재선발을 위한 것이었을 뿐만 아니라 왕권 강화와 안정을 위한 제도였기 때문이다.

2) 국자감의 직제

고려 국자감

국자감은 예부에서 관할하였고 육학인 국자학, 태학, 사문학, 율학, 서학, 산학으로 이루어졌다. 직제는 관리직으로 판사(예종 때 대사성으로 개칭), 제주, 사업 등이 있다. 교수직으로 국자학, 태학, 사문학에 박사와 조교를 두었다. 또한 율학, 서학, 산학에는 박사만 두었고, 국자감을 재정적으로 유지 관리를 위하여 양현고를 설치하였다.

3) 교육내용 및 방법

국자감은 크게 유학과 잡학 두 가지로 나뉘었다. 유학에는 국자학, 태학, 사문학이 있으며, 공통 필수과목은 『논어』와 『효경』이다. 전공과목은 다음과 같다

- 소경: 상서(尙書), 공양전(公羊傳), 곡량전(穀梁傳)
- 중경: 주역(周易), 모시(毛詩), 주례(周禮)
- 대경: 예기(禮記), 춘추좌씨전(春秋左氏傳)

잡학으로는 『율학(律學)』, 『법률』, 『서학(書學)』, 『산학(算學)』 등이 있다.
교육방법은 학습자와 교수간에 토의하는 방식인 문답식 교수법을 사용한다.

4) 입학자격

입학자격 기준은 다음과 같다.

국자학: 문무관 3품 이상 자제
태학: 문무관 5품 이상 자제
사문학: 문무관 7품 이상 자제
잡학(율학, 서학, 산학): 문무관 8품 이상과 서민들의 자제

- 고려 국자감 이전의 관학
- 학원(學院): 태조 13년에 서경에 세운 학교로 서학박사가 6부의 생도를 모아 교육하였다.
- 학보(學寶): 서학박사 정악의 흥학(興學)을 포상키 위한 장학재단이다.
- 유경습업(留京習業): 성종 때 주, 군, 현에 지방 자제를 정하여 경(京)에 들어와 학업을 닦게 한 제도이다.
- 권학관(勸學官): 성종 9년에 전국 12목에 경학박사와 의학박사를 각 1명씩 파견하여 지방자제를 교육한 제도이다.

국자감에는 문묘를 설치하여 중국의 공자와 유학자들 그리고 우리나라의 최치원과 설총도 문묘에 배상되었다. 문묘의 구성은 대성전(공자, 4성, 10철 및 송나라 6현의 위패)과 양무(공자의 70제자, 유학발전에 공이 있는 중국과 한국의 학자들의 위패)로 되었다. 국자감은 고려 말 성리학의 도입으로 명칭을 성균관으로 바꾸고(공민왕 11), 교육내용도 사서(四書)와 오경(五經)을 중심으로 바꾸어 교육하였다. 국자감의 명칭은 충렬왕 때 국학으로 충선왕 때 성균관으로 그리고 공민왕 때 국자감으로 되었다가 조선이 건국하며 성균관으로 전승이 된다.

2. 향교

강릉향교

1127년(인종 5)에 인종이 여러 주(州)에 학교를 세우도록 조서를 내렸고, 이에 따라 각 군현에 학교가 설립되었는데, 이것이 향교의 시초라고 볼 수 있다. 향교는 관학 중등교육기관으로 경학박사, 의학박사 각 1명씩을 12목에 보내어 교육하였다. 향교의 목적은 지방 관리의 자제나 서민 자제들의 유학교육과 과거제도를 준비하기 위한 것이며, 또한 지방 백성들의 교화를 담당 했다. 향교의 구조는 문묘와 명륜당을 두었는데, 문묘는 향사를 위한 곳이며 명륜당은 학문을 닦는 곳이다.

3. 학당(學堂)

지방의 향교(鄕校)에 대하여 중앙의 각 부에 두었다. 학당은 고려시대의 초등교육기관으로 1261년(원종 2)에 무신정권 이후 문신의 양성을 위해 동, 서부에 학당을 설치하여 별감(別監)을 두고 가르친 것이 처음이다. 개경으로 환도한 후 공양왕 때 동, 서 학당을 개편하여 동, 서, 남, 북, 중앙 5부 학당으로 그 체제를 변경하였다. 학당은 국자감에 입학하지 못한 개경의 학생들을 위한 기관이며, 교육내용은 논어, 중용, 대학, 춘추, 주역 등 국자감과 비슷한 수준의 교육을 하였고, 공부 후에 국자감에 들어가기 위한 예비학교 같은 모습을 가지고 있었다. 학당은 국자감과는 달리 문묘가 없는 순수 교육기관이었다.

4. 사학(私學)

1) 십이도(十二徒)

최충

최충(崔沖, 984~1068)은 문종 때에 문신으로 관직에서 물러난 후 자신의 집에 9재(九齋)라는 학교를 열어 후진을 교육시킨 것이 시초가 되었다. 이후 높은 벼슬을 하고 퇴임한 유신들이 학교를 열었고, 최충의 9재를 포함하여 총 12개의 도(徒)가 설립되었다.

그 당시 국학이었던 국자감이 크게 부진을 면치 못하면서, 과거를 준비하는 유생들은 사학으로 몰리게 되었다. 또한 과거시험을 통하여 합격한 유생들은 관직 생활을 하면서 서로 주요 인맥이 되었기에 귀족 자제들은 국자감보다 사학을 더욱 선호하였으며, 이러한 이유로 인하여 십이도는 과거준비를 목적으로 하는 성격을 가지게 되었다. 십이도는 설립자의 시호나 호 혹은 벼슬 등을 따서 이름을 붙였는데, 설립자와 12도의 이름은 다음과 같다.

① 문헌공도: 최충
② 홍문공도(弘文公徒, 웅천도): 정배걸(鄭倍傑)
③ 광헌공도(匡憲公徒): 노단(盧旦)
④ 남산도(南山徒): 김상빈(金尙賓)
⑤ 서원도(西園徒): 김무체(金無滯)
⑥ 문충공도(文忠公徒): 은정(殷鼎)
⑦ 양신공도(良愼公徒): 김의진(金義珍)
⑧ 정경공도(貞敬公徒): 황영(黃瑩)
⑨ 충평공도(忠平公徒): 유감(柳監)
⑩ 정헌공도(貞憲公徒): 문정(文正)
⑪ 서시랑도(徐侍郎徒): 서석(徐碩)

⑫ 귀산도(龜山徒): 설립자 미상

최충의 9재에서는 9경 3사(9경: 주역, 시경, 서경, 예기, 춘추, 효경, 논어, 맹자, 주례, 3사: 사기, 한서, 후한서)를 배웠으며 하과나 각촉부시라는 독특한 교육방법을 사용하였다.

- 하과(夏課): 매년 9재의 생도들이 사원의 승방을 빌려 교육하는 일종의 여름 강좌이다.
- 각촉부시(刻燭賦詩, 속작시): 생도를 모아놓고 초에 금을 그어 그곳까지 탈 동안 시를 짓는 일종의 시험이며, 우수한 성적을 받은 유생에게는 상을 주기도 했다.

그 밖의 교육 관련기관으로 7재가 있었다.

- 7재(七齋, 예종 4년): 여택재(麗澤齋: 周易), 대빙재(待聘齋: 尙書), 경덕재(經德齋: 毛詩), 구인재(求仁齋: 周禮), 복응재(服膺齋: 戴禮), 양정재(養正齋: 春秋), 강예재(講藝齋: 武學)

2) 서당

서당의 기원은 고구려의 경당에서 그 모습을 찾아볼 수 있다. 송나라의 사신 서긍(徐兢, 1091~1153)이 1123년에 고려를 방문하여 보고 들은 것을 기록한 보고서인 『고려도경』에서 서당의 존재가 언급되고 있다.

"마을의 거리에도 경관(經管)과 서사(書社)가 두셋씩 서로 바라보이며, 민간 자제의 미혼자가 무리로 모여 스승에게 경을 배우고, 좀 장성하면 각각 저희들끼리 벗을 택하여 절간으로 가서 공부하고, 아래의 서인(庶人)이나 아주 어린아이까지도 역시 마을의 선생에게 나아가 배운다. 아아 성하도다!"라는 기록이 있다.

이렇게 볼 때 그 당시 서당이 많이 존재했었음을 알 수 있다. 이러한 서당은 사학이나 향교 그리고 십이도 같은 교육기관에 들어가기 전 초등교육을 담당하던 교육기관이었다.

3) 과거제도

고려의 건국 세력은 통일신라시대에서부터 형성된 지방 호족들이었고, 고려 건국 이후 귀족이 되었는데, 이 귀족들은 왕권에 대해 위협적인 존재들이었다. 또한 강력한 도전자이었다.

이러한 주위 환경에서 고려의 과거제도는 광종 9년 중앙 집권을 강화하기 위한 국가 인재 등용을 목적으로 후주인 쌍기의 건의에 의해 처음 시행하였다. 쌍기는 첫 지공거(시험 감독)를 역임하기도 했는데, 초기에는 중국 귀화인들이 주로 지공거를 맡았다고 한다.

문과에는 제술과(製述科, 진사과)와 명경과(明經科, 생원과)가 있고 기술관을 등용하기 위한 시험인 잡과(의복과), 승려를 선발하기 위한 승과시험인 승과 등이 있었다. 제술과는 문학적 재능과 글짓기 등으로 인재를 뽑는 시험이었고, 명경과는 유교 경전에 대한 지식으로 인재를 뽑는 시험이었다. 제술과는 단순히 외우기보다 그걸 이용한 창작을 중요시 했는데, 뽑는 인원은 명경과로 뽑는 인원보다 훨씬 많았으며, 명경과보다 제술과를 더 우대했다. 응시자격은 왕권을 강화하기 위해 과거시험에는 양인이면 누구나 응시할 수 있도록 했다. 그러나 문과에 응시하는 사람은 주로 귀족과 향리의 자제였고, 양인이나 백정 농민은 주로 잡고에 응시하였다. 무과는 고려 예종 때 무학재를 설치하여 잠시 운영되었다가 그만두게 된다. 이후 고려는 공민왕 때까지 문신 선발 위주의 과거제를 실시하였다.

(1) 과거의 종류

- 문과
  - 제술과(製述科, 진사과): 시 · 부 · 송 · 책 등 문학을 중심으로 시를 짓는 것
  - 명경과(明經科, 생원과): 유교의 경전(사서오경)을 중심으로 관리를 선발하는 시험
- 잡과(의복과): 기술관을 등용하기 위한 시험인 잡업시험은 명법업, 명산업, 의업, 주금업, 지리업 등을 중심으로 하는 시험이었다.
- 승과: 승려를 선발하기 위한 승과시험은 교종선과 선종선 두 종류가 있었다.
- 무과: 과거가 없었음(예종 때 국자감에 무학재인 강예재가 설치되면서 계획되

었으나 곧 없앴음)

그밖에 문벌의 특권을 유지시켜 주기 위해 5품 이상 자제에게 관직을 주는 음서제도가 있었다.

- 음서제도: 귀족의 특권을 유지시켜 주기 위해 시행된 관리 등용제로서 5품 이상 자제에게 관직을 허락해 주었다.

(2) 과거제도의 특징

고려시대 과거제도는 국가왕권의 강화와 인재등용이라는 커다란 틀 속에서 시행되었지만, 귀족들의 반발로 음서제도를 운영하게 되었고 관리 등용은 그다지 원활하지 못하였다. 그러나 과거제도는 평민으로부터 귀족에 이르기까지 참여할 수 있는 교육체계 속에서 형성되었고, 많은 유학자를 배출할 수 있는 계기가 되었다.

4) 고려의 교육사상가

(1) 최충

최충(崔沖, 984~1068)은 고려 전기의 문신(文臣)이자 유학자이다. 본관은 해주(海州)이며 자는 호연(浩然), 호는 방회재(放晦齋)이다. 목종 때 과거에 급제하였고, 관직은 문하시중에 이르렀다.

총 9개의 서재로 이뤄진 구재학당을 세웠고, 최초의 사학 설립자가 되었다. 관직에서 은퇴 후에 구재학당에서 유학자들을 양성했으며, 이후 개경 십이도의 모범이 되었다. 별칭은 해동공자(海東孔子)이다.

(2) 지눌

지눌(知訥, 1158~1210)은 고려의 승려이다. 소명은 정(鄭)이고, 자호가 목우자(牧牛子)이며, 시호는 불일보조국사(佛日普照國師)이다. 1182년(명종 12) 승과에 급제하였으나 승려로서의 출세를 포기하고 여러 선배 고승들을 찾아다니며 가르침을 받았다.

지눌은 선종과 교종의 서로 다르지 않은 화엄 사상을 강조하였으며, 수양의 방법으로 돈오점수(頓悟漸修)를 말하였다. 돈오는 중생의 본성이 본래 깨끗하여 부처와 조금도 다름이 없음을 문득 깨치는 것이고, 점수는 그렇게 깨쳤다 하더라도 번뇌는 쉽게 없어지지 않으므로 정혜쌍수(定慧雙修), 즉 정과 혜를 꾸준히 닦지 않으면 안 된다는 것이다.

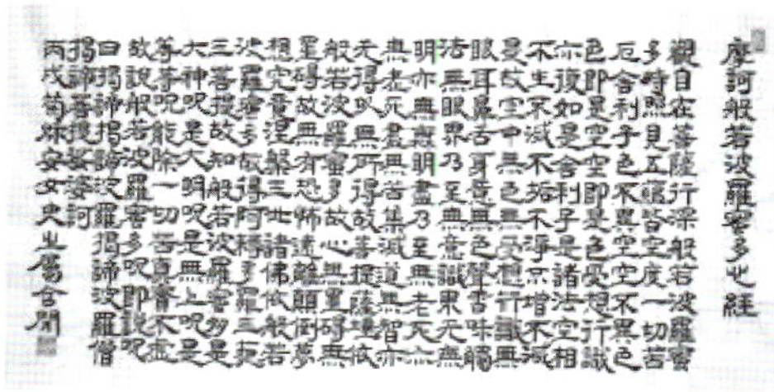
摩訶般若波羅蜜多心經

반야심경(불교의 진리를 다룬 책)

(3) 안향

안향(安珦, 1243~1306)은 고려의 유학자이다. 호는 회헌(晦軒), 본관은 순흥, 시호는 문성(文成)이다.

1286년(충렬왕 12)에 왕을 따라 김관(金管)과 함께 원나라에 건너갔다. 중국 연경(燕京)에서 처음으로 『주자전서(朱子全書)』를 보고 기뻐하여 손수 그 책을 베껴 쓰고, 또 공자(孔子)와 주자(朱子)의 화상(畵像)을 그려 가지고 돌아와서 고려에 주자학(朱子學)을 소개하고 성리학(性理學) 발전에 지대한 영향을 끼쳤다.

그의 교육이념은 일상생활에서 유학의 도리를 지키는 것이 가장 중요하다고 생각하고, 인간이 따라야 할 유일하고 올바른 가르침을 위하여 평생을 연구하였으며, 한국 성리학의 시조가 되었다.

성리대전
(성리학을 집대성한 책)

(4) 이색

이색(李穡, 1328~1396)은 고려 말기의 문신이자 정치가이며 유학자이다. 본관은 한산(韓山)이고, 호는 목은(牧隱), 시호는 문정(文靖)이다. 성리학을 고려에 소개하고 확산시키는 역할을 하였다. 어려서부터 총기가 뛰어났고 독서를 즐겼다. 아버지 이곡의 친구인 이제현을 찾아가 정주학(程朱學)을 배웠다.

특히 그는 성리학을 새로운 사회의 개혁의 중심 사상으로 생각하였다. 그의 저서 『불심유성동일관(佛心儒性同一觀)』에서 불교의 진리와 유교의 진리가 다른 것이 아닌 하나임을 주장하였다.

(5) 정몽주

정몽주

정몽주(鄭夢周, 1338~1392)는 고려왕조의 충신, 문신이며, 유학자, 교육자이다. 그의 본관은 연일(迎日)이며, 호는 포은(圃隱), 시호는 문충(文忠)이다. 고려삼은의 한 명으로 알려져 있다.

현종 이후로 유교가 정치이념으로 자리 잡았으나 몽골의 침략을 받으면서 다시 불교가 호국 이념으로 자리를 잡게 되는데, 그는 불교를 허구적인 환상(극락)으로 보았으며 유교의 진흥과 발전을 위해 노력을 기울였다.

고려시대의 교육을 다음과 같이 요약할 수 있다.

첫째, 고려의 교육제도는 유교정치의 일환으로 중앙집권화 과정에서 확립되었다. 특히 과거제도의 발달로 교육의 기능은 그 준비기관으로서 역할을 다하였고, 불교의 발달에 따라 사원 역시 민간교육에 큰 기여를 하였다.

둘째, 관학 및 사학으로 나뉜 것으로 볼 때, 고려의 교육제도는 관학이 위주였으며, 특히 국자감이 교육기관의 최고 장소였다. 여기는 잡학까지 포함되어 있었고, 입학자격이 계급별로 달랐으므로 귀족 위주의 계급교육이었다. 특히 교육재단 · 교육시설 등이 구비되었고, 예종 · 충렬왕 때에 각각 커다란 혁신과 발전이 있었다.

셋째, 고려 말에 이르러 주자학의 도입으로 본격화된 교육제도는 관리양성소의 기능은 물론, 전문교육기관이라는 학문 연구소로서의 기능을 다하였다. 고려의 성균관은 조선의 성균관으로 발전되어 고대교육의 중추적 기관이 되었다.

Chapter 5

조선시대의 교육

1. 시대적 배경

고려 말 원나라 세력이 배경인 권문세족들은 백성들의 토지를 빼앗고 노비로 삼는 등 사회질서가 문란하였고, 홍건적과 왜구에 의한 외세의 침략으로 국가적으로 상당히 어지러운 시기였다. 중국은 원(元)나라와 명(明)나라가 교체되는 시기였을 때 원나라를 따르는 사람들과 명나라를 따르는 사람들 사이에 대립이 이어졌다. 이때 최영 장군은 팔도도통사가 되어 군권을 장악하고 명나라 요등정벌의 명을 내렸고, 그 명에 따라 이성계는 요동 정벌을 위해 군사를 이끌고 북쪽으로 향하던 중 위화도에서 군사를 돌려 개경을 점령하고 실권을 장악하게 된다. 이것을 가리켜 위화도 회군이라고 한다.

위화도 회군 이후 이성계는 최영을 제거하고 우왕을 폐위시키고, 온건 개혁파였던 정몽주도 제거하기에 이른다. 그는 정도전 등과 함께 고려를 무너뜨리고, 뜻을 함께하는 사람들의 도움을 받아 1392년 고조선을 계승한다는 의미에서 나라의 이름을 조선이라고 명하고, 이씨조선을 세운다.

이성계

이성계는 1394년에는 한양을 도읍으로 옮기고 여러 개혁을 단행 했고 왕권을 튼튼히 하고, 나라의 터전을 닦는 데 주력하였다. 집권 초부터 억불숭유(抑佛崇儒) 및 친명외교(親明外交)정책을 채택하였는데, 이는 고려 말에 불교가 너무 부패하였던 까닭도 있었다. 이처럼 성리학이 조선왕조에서는 정치이념으로 정착되었고, 학문적 사상적으로 지배적인 위치에 있었으며 백성들의 일상생활의 규범이 되었다. 또한 관학에서도 유교교육을 기본으로 하여 유교적인 도덕규범이 이상적 생활이 되도록 권장하였다.

또한 전제개혁을 단행하였는데 이는 신진사대부의 경제적 기반과 농민들의 경작권을 보장함으로써 민심을 수용하게 되었다. 이는 토지에 대한 백성들의 사적 소유가 많아지고 양인들의 자작농이 많아져 농민들의 경제적인 지위가 향상되었다. 그리고 국가의 재정을 확보하는데 도움이 되었으며, 새로운 왕조의 경제적 기반을 마련하게 되었다. 또한 사회 및 신분에 있어서 고려의 문벌귀족사회에서 양반관료사회로 발전하게 되면서 귀족이 양반으로 바뀌었고, 천민의 대부분이 양인으로 되었다.

2. 조선시대 교육의 흐름

조선시대의 전체적인 교육의 모습을 보면 다음의 네 가지로 나누어 볼 수 있다.

첫째, 교육체제 확립기로 이는 건국초기부터 연산군에 이르기까지의 기간이다(1392~1506). 이 시기는 초기 건국을 하면서 어수선한 민심을 수습하고 왕권과 지배체제를 확립하는 시기이다. 조선의 국가정책은 유학을 근본으로 삼고 억불숭유 및 과거제도를 확립하였고, 관학인 성균관, 사학, 향교 등이 발전하였다.

둘째, 유교의 발전과 사학의 성장기간이다. 이는 중종에서부터 경종에 이르기까지의 기간이다(1506~1724). 이 시기는 전통적인 세력인 훈구파와 신흥세력인 사림파 사이의 이념적인 반목과 갈등이 일어났고, 사상적으로 성리학의 발달로 인해 훌륭한 학자들인 서경덕, 이황, 이이와 같은 대유학자가 배출되었다. 또한 교육의 주도권이 관학에서 사학으로 이전되었으며, 특히 서원교육이 발달하게 되었다.

셋째, 실학교육사상이 나타나는 시기로 영조에서부터 고종에 이르기까지의 기간이다(1725~1876). 이 시기는 임진왜란과 병자호란 등으로 정치 사회적으로 심각한 사회변화가 일어나게 된다. 이러한 것을 통하여 새로운 사상에로의 반성이 일어나면서 성리학의 관념적인 학문에서 벗어나 실사구시적인 실학사상이 태동하게 되었다.

넷째, 근대교육의 도입기로 고종에서부터 순종에 이르기까지의 기간이다(1876~1910). 이 기간은 개화기를 거치게 되며 성리학 중심의 교육을 지양하고 새로운 근대 학교체제를 통한 국가와 민족의 자주성 확립을 위한 교육이 전개되었다.

조선은 인재의 육성과 유교적인 교화를 위하여 먼저 관학을 정비하고 발전시키는 노력을 했다. 고려의 최고 교육기관인 성균관을 이어받아 성장시키는 한편 부속 교육기관과 같은 4학을 설립하였다. 지방에는 향교를 설치하여 유교 교육과 민심 교화에 힘썼다. 사회의 기강을 세우고 국가 중심의 사회지배 형태를 유지하기 위하여 실천적인 유교규범을 담고 있는 『소학(小學)』과 유교적 의례가 담겨 있는 『주자가례(朱子家禮)』 등이 중시되어 교육하였다. 또한 성균관과 향교에 문묘를 두고 향사(享祀)기능을 더하여 각종 의례행사를 통해 유교 선현들의 존경과 함께 예의 범절의 교화를 위해 주력하였다.

3. 조선의 교육기관

1) 성균관

(1) 목적

태조 7년(1398)에 한성에 건립된 조선의 최고 학부 교육기관이다. 성균관은 국가권력 유지를 위한 인재양성과 선현에 제사, 고급관리의 배출을 목적으로 하였다.

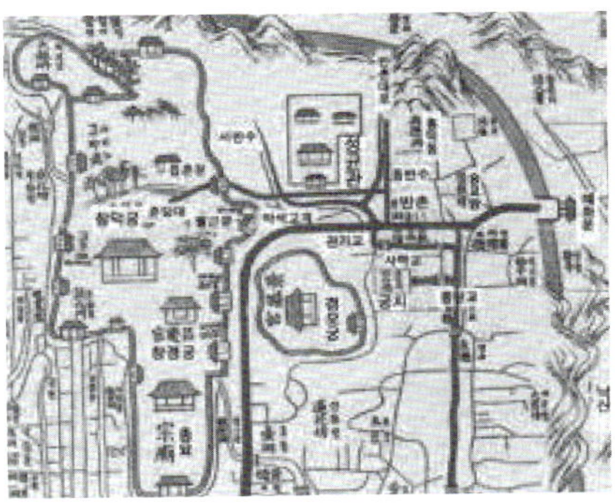

성균관의 위치

(2) 구조

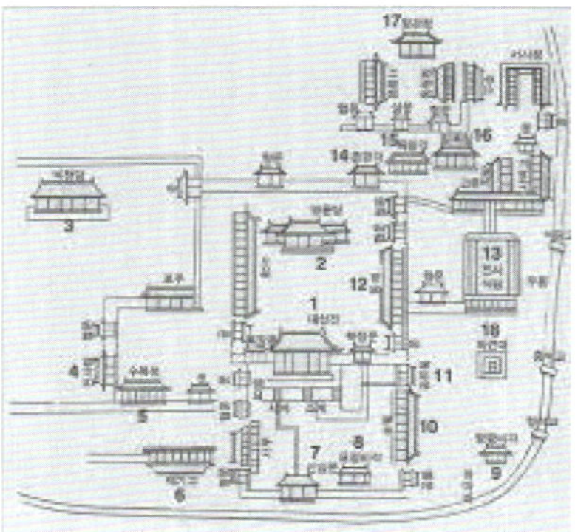

성균관의 구조

- 문묘(文廟): 대성전(大成殿)과 동무 및 서무로 이루어져 있다. 대성전에는 공자의 존중을 위해 향사(享祀)하고, 동무(東廡)와 서무(西廡)에는 공자의 제자 및 유교의 선현을 모시고 있다.
- 명륜당(明倫堂): 유교의 학생을 교육하고 학문을 강학(講學)하는 곳이다.
- 동재(東齋), 서재(西齋): 유생들이 기숙(寄宿)하는 곳이다.

그 외

복원된 성균관

- 향관청(享官廳): 갖가지 도구(道具)와 의복(衣服) 등을 보관하던 장소이다.
- 존경각(尊經閣): 서적을 관리하는 도서관이다.
- 비천당(丕闡堂): 과거시험을 치루는 곳이다.
- 육일각(六一閣): 활과 화살을 보관하는 곳이다.

(3) 입학자격과 학생인원

입학자격은 소과인 생원(生員)이나 진사(進士)시험에 합격한 자를 기본으로 하였다. 생원이나 진사만으로 입학 유생의 정원이 부족한 경우 사학(四學)의 학생 중에서 선발하였다. 다음은 성균관에 입학할 수 있는 자격에 대한 것이다.

- 문과 생원이나 진사시의 향시(鄕試) 혹은 한성시(漢城試)에 합격한 자
- 15세 이상의 사학(四學)의 학생으로서 소학(小學)과 4서(四書)에 통한 자
- 유음(有蔭)의 적자(嫡子)로서 소학(小學)에 통한 자
- 조사(朝士, 관리)로 입학을 지원하는 자
- 경향(京鄕) 및 유학(幼學) 우수자

성균관의 학생정원은 200명이었다. 그러나 이후에 정원에 변화가 있었다.

(4) 직제

지관사(知館事, 정 2품)에서 학유(學諭, 종 9품)에 이르기까지 모두 38명으로 구성되어 있었는데, 성균관 유생 교육 외에도 종학(宗學, 왕의 종친 자제들을 교육시킨 관학)의 교육과 4학 유생의 교육도 맡았다.

명륜당

(5) 교육내용

성균관의 교육은 강독(講讀), 제술(製述), 서법(書法) 등으로 이루어졌다.

- 강독
  - 4서(『대학』·『논어』·『맹자』·『중용』) 5경(『예기』·『춘추』·『시전』·『서전』·『주역』)은 읽되, 노(老)·장(莊)·불경(佛經)·잡류(雜流) 등은 읽지 못하게 한다.
  - 4서와 5경의 9재(九齋)의 제도
    대학재 → 논어재 → 맹자재 → 중용재 → 예기재 → 춘추재 → 시재 → 서재 → 역재 순서대로 이수하도록 하였다.
  - 학습기간
    대학(1개월), 중용(2개월), 논어와 맹자(각 4개월), 시전, 서전, 춘추(각 6개월), 주역, 예기(각 7개월)
  - 성적 대통(大通), 통(通), 약통(略通), 조통(粗通), 불통(不通)

- 제술: 매달 제술을 한다.

초순: 의(疑), 의(義), 논(論)을 제술

중순: 부(賦), 표(表), 송(頌), 명(銘), 잠(箴)을 제술

종순: 대책(對策)이나 기(記)를 제술

(6) 자치활동

- 재회(齋會): 성균관의 자치회로 여기에서 결정된 사항은 공론으로 지켜졌다.
- 유소(儒疏): 탄핵의 방법으로 유생들이 연명(連名)하여 왕에게 올린 상소이다.
- 권당(捲堂): 유소의 방법으로 성균관 유생들의 주장이 관철되지 않으면 식당에 들어가지 않는 방법을 썼다.
- 공재(空齋), 공관(公館): 권당의 방법이 통하지 않으면 기숙사에서 모두 나오는 공재나 성균관에서 퇴거하는 등의 방법을 썼다.

(7) 재원(財源)

유생들은 음식과 용품을 모두 무료로 제공받았고 국가에서 토지와 노비도 주었다. 토지는 2400여 결이 되었고 노비는 400여 명에 이르렀다. 양현고라는 관청에서 성균관에서 쓰는 모든 재원을 담당했다. 성균관의 재원은 학전(學田), 사예(賜豫), 노비신역(奴婢身役) 등에서부터 확보했다.

(8) 교육기간

성균관의 수학기간은 일정하게 정해져 있지는 않았다. 그러나 문과(대과)에 응시하기 위해서 반드시 이곳에서 일정기간 수학을 해야 하는 원점제도(圓點制度)가 있었다. 원점제도는 3백점을 취득해야 초시를 면제해준다는 규정으로 유생들은 적어도 1년 정도는 성균관에 머무르며 수학해야 했다.

2) 4학(四學)

사부학당(四部學堂)이 제도적으로 처음 실시한 것은 고려 원종 2년(1261)에 설립된 동서학당이다. 고려 말기 성리학의 교육을 위한 방편으로 5부 학당으로 개편하였고, 조선에 들어와서 남부학당을 시작으로 중부, 동부, 서부학당이 만들어졌다. 그러나 북부학당은 설립되지 못하고 4부 학당만이 남아있게 되어서 4학이라고 부른다.

사학의 성격은 성균관 부속학교의 모습으로 형성되었으며 중등수준의 관학이었다. 성균관은 공자 및 유학의 선현들을 제례하는 문묘가 있었지만, 사학은 문묘가 없는 순수 교육기관이었다. 4학에서 우수한 성적을 얻은 자는 승보시(陞補試)를 거쳐 성균관에 입학할 수 있었다.

성균관은 사헌부, 예조 등의 감독을 받았으며, 학관(學官)은 처음에 성균관 교수가 겸임하였는데, 겸직에 따른 교육의 저하를 막기 위해 근속법을 제정하여 30개월 근속제를 시행하였다. 교육내용은 경술(經術)이나 혹은 문예(文藝)를 주로 하였다.

3) 향교

(1) 성립과 기능

조선의 향교(鄕校)는 관학으로 지방의 교육과 교화를 담당하였다. 이는 고려시대의 향교를 이어 받았다. 고려시대에 처음 생겼을 때에는 향학이라 불렀다. 일명 교궁(校宮)·재궁(齋宮)이며, 태조가 각 도의 안찰사(按察使)에게 명하여 향교를 세우게 하고 지방 교학의 쇄신을 꾀했다.

기장향교

향교는 문묘와 교육, 사회교화, 향풍순화(鄕風醇化) 등 백성의 유교교육과 사회교화적인 기능을 동시에 가지고 있었다. 이는 유덕자를 받들며 연장자를 높이고, 유교적 예의를 확립에 입각하여, 향사례(鄕射禮), 향음주례(鄕飮酒禮), 양노례(養老禮) 등의 행사와 향약을 주관하였다.

(2) 구조와 조직

향교의 구조는 성균관의 구조를 모방하였다. 문묘(文廟)·명륜당(明倫堂) 및 중국과 한국의 선현(先賢)을 제사하는 동서양무(東西兩廡)와 동서양재(東西兩齋)로 되어 있다.

학관(學官)은 교수(종6품)와 훈도(訓導, 종9품)로 이루어져 있다. 교수와 훈도 각 1인을 배치하였는데, 소군(小郡)에는 훈도만을 두었다. 또한 향교의 유생에 대한 독서와 일과를 수령(守令)이 매월 관찰사에 보고하여 우수한 교관에게는 호역(戶役)을 양감(量感)하여 주었다.

(3) 입학자격 및 교육내용

입학자격은 양반의 자제 또는 향리(鄕吏)의 자제들로 16세 이상을 원칙으로 하였다. 교육내용으로는 소학, 사서오경, 근사록(近思錄), 삼강행실, 송원절요 등의 역사서와 향약, 가례 등이 있었다. 교육정도는 중등교육의 수준이었다.

향교는 중앙의 사학(四學)과 같은 기능을 가지고 있었는데, 향교에 입학한 자에게만 과거 응시의 자격이 주어졌으며, 소과에 합격하면 생원과 진사의 칭호를 받고 성균관에 입학하여 수학할 자격이 주어졌다. 또한 이후에 대과(문과)에 급제하여 관리의 길을 나갈 수 있었다.

향교의 제례예식

향교의 유학생 수는 부 혹은 목인 경우에 90인 도호부(都護府)에 70인 군에 50인 현에 30인으로 정하였다.

(4) 재원과 특징

향교에는 그 공수(公需)를 위하여 나라에서 학전(學田) 7결 5결을 지급하고 그 수세(收稅)로써 비용을 충당케 하였으나, 향교가 있는 지방민으로부터 징수 또는 매수 등으로 인하여 많은 전지(田地)를 소유한 곳도 많았다.

향교는 다음과 같은 특징을 가지고 있었다.

첫째, 공도회(公都會)로 매년 6월에 열리는 향교 유생들의 시험이다. 이 시험에서 우등생으로 뽑히게 되면 생원이나 진사의 복시(覆試)에 응할 자격을 주었다.

둘째, 양사재(養士齋)가 있었는데, 이것은 향교의 재정과는 별도로 설립 당시 모금한 기금으로 운영되었다.

향교는 조선 중기 이후 교육기관의 기능을 잃고 문묘 제향(祭享)의 기능만 남아 있게 되었다. 고종 31년 갑오개혁(甲午改革)으로 과거제도가 폐지되면서 제향기능만 남아 향교라는 이름으로 존속하게 되었다.

4) 서원

(1) 설립배경 및 목적

서원의 명칭은 당나라 현종 때 여정전서원(麗正殿書院) 혹은 집현전서원(集賢殿書院) 등에서 유래하였다. 원래 유교의 성현(聖賢)에게 제사하고 인재를 기르는 사설 기관이었는데, 선현을 봉사(奉祀)하는 사(祠)와 자제를 교육하는 재(齋)가 합하여 만들어졌다.

조선은 초기부터 유교중심정책으로 서재(書齋), 서당(書堂), 정사(精舍) 등을 장려하였다. 그러나 이때의 서원은 교육의 기능만이 있었다. 1542년(중종 37) 풍기군수 주세붕이 순흥에서 고려의 학자 안향을 모시는 사당을 짓고 이듬해 백운동서원이라 한 것이 조선 최초의 서원이 되었다. 서원은 성현을 본받아 자신을 도덕적으로 완성시키고자 하는 목적으로 설립되었다.

소수서원(전신: 백운동서원)

서원은 향촌 질서를 정하고 백성들을 교화하는 역할이 있었다. 그러나 서원의 교육은 학문 연구와 발전의 기능을 가지고 있었다. 이것은 향촌의 사림을 결집하는 역할도 하게 된다. 문중 서원의 경우에는 자기 문중을 과시하는 효과도 있기 때문에 점점 더 번창하게 되었다.

(2) 구조와 교육내용

서원의 구조는 선현의 위패를 모시는 사우(祠宇)와 강학소인 서재, 혹은 정사로 구성되었다.

교육내용은 소학, 가례, 사서오경을 주로 교육하였으며 교육방법으로는 법성현을 받드는 향사(享祀), 주어진 글을 읽고 질의 응답하는 강(講), 마음을 다스리는 정좌법(靜坐法) 등을 하였다. 서원의 입학자격은 생원이나 진사에 합격된 자가 기본이었으나, 초시합격자나 향학열이 뛰어난 자는 유림의 승인을 받아 입학시켰다.

서원이 양적으로 증가하면서 폐단이 생기기 시작하였다. 먼저 서원에 부속된 토지에는 조세를 과하지 않았고, 또 양민이 원노(院奴)가 되어 군역을 기피하는 곳이 되었기 때문에 많은 이들이 서원에 입학하려고 하였다. 또한 유생은 향교보다도 서원에 들어가 학문을 공부하는 대신 붕당(朋黨)에 가담하여 당쟁파벌의 원인이 되기도 하였다. 이러한 폐단에 따라 1864년(고종 1) 흥선대원군은 서원에 대한 모든 특권을 철폐하고, 서원의 누설을 엄금하였으며, 전국의 서원 1000여 곳을 헐어 버리고 47개소만 남겼고 서원 소유의 토지들을 거두어 국가에 귀속시켰다.

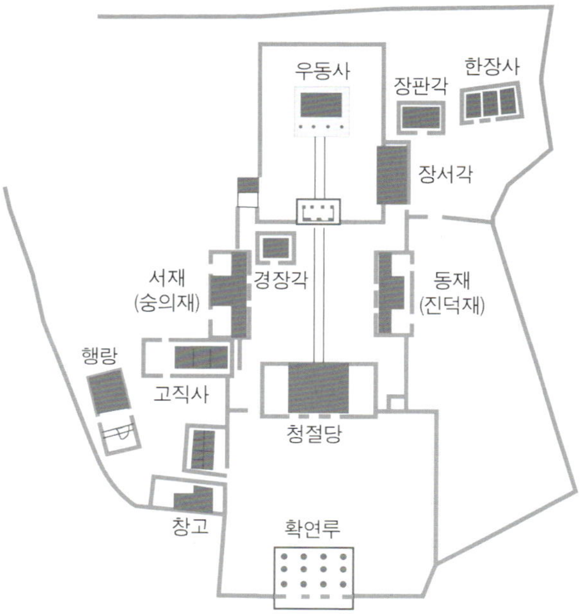

필암서원 구조(전라도 장성군 소재)

서당(김홍도)

5) 서당

(1) 목적

서당은 고려시대부터 조선시대에 걸쳐서 계속된 비형식적(非形式的)인 사설(私設) 교육 기관이다. 설립에 있어 인가(認可)를 위한 기본 재산이 필요하지 않았으므로 뜻있는 자는 자유로이 설립 및 폐지할 수 있었다. 서당은 사학(四學)과 향교에 입학을 위한 준비과정의 교육기관이었으며 입학에는 제한을 두지 않았다. 이 때문에 서민 백성의 자제들을 위한 교육 기관이 되어 널리 퍼졌다. 서당은 7세부터 16세의 아동들이 중심이었으며, 20세 내지 25세 이상의 성인이 있는 경우도 많았다.

(2) 조직과 교육내용

서당의 조직은 훈장(訓長), 접장(接長, 조교제도), 학도(學徒)로 나누어져 있다. 훈장은 서당의 책임을 맡고 있으며, 그 학식(學識)의 기준은 일정하지 않았다. 경사(經史), 백가(百家)를 강독할 수 있는 자가 흔하지 않았고 국문이나 주석을 참고하여 경서(經書)를 해석하는 자가 대부분이었다. 접장이란 단체 및 집단의 우두머리라는 뜻으로, 서당이 큰 경우 훈장 혼자서 많은 학동들을 지도하기 곤란하므로 학생 가운데 연령이 높고 학력이 우수한 자로 훈장을 돕게 접장을 두었다.

교육의 내용은 천자문, 동몽선습, 소학, 통감 등을 가르치고, 사서삼경, 사기, 당송문 등을 교재로 하여 강독하고, 오언절구나 율시 등을 제술하였다.

제술에는 일반적으로 5언절구(五言絶句), 7언절구(七言絶句), 4율(四律), 고풍(古風), 18구시(十八句詩), 작문 등을 가르쳤다. 그러나 벽촌의 작은 서당에서는 전혀 제술이 없는 곳도 많았다. 습자로는 해서(楷書)를 많이 연습시켜 어느 정도 익숙해지면 행서(行書) 혹은 초서(草書)를 익히게 하였다.

믄중서당(파평윤씨)

(3) 서당의 종류

- 훈장자영 서당: 훈장 자신이 독립적으로 생계유지 혹은 교육 취미로 세운 서당이다.
- 유지독영 서당: 마을의 유지가 혼자서 급비를 담당하고 때로는 이웃 자녀에게 무료로 공부를 허용하곤 했다.
- 유지조합 서당: 몇몇의 개인이 조합하여 훈장을 초빙하고, 조합원 자녀를 교육을 교육시켰다.
- 촌락조합 서당: 촌락 전체가 조합하여 촌락의 아이들을 가르치는 서당이다.
- 관립서당: 지방 행정관의 관권으로 설립하고 운영하는 서당

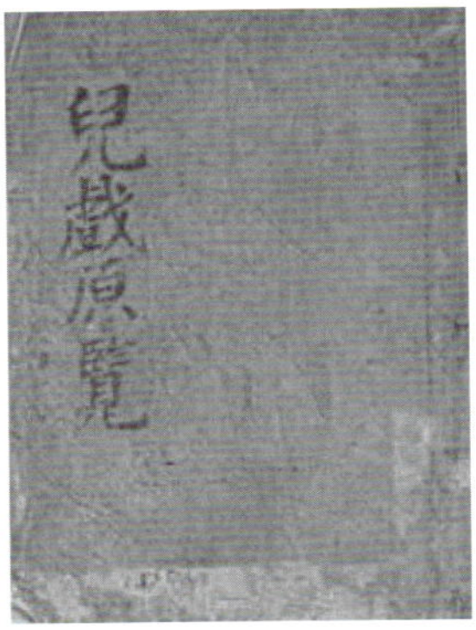

아희원람

조선 초기의 서당은 주로 과거시험을 준비하는 곳이었던 서재(書齋)에서 주로 담당하였지만 16세기에 들어와 향촌단위로 설립되기 시작했다. 18세기 후반에는 부농과 상인, 수공업자들과 같은 중인계급들이 서당을 설립하기 시작하였다. 내용면에서도 기존의 서당과는 달리 윤리적인 것과 생활에서 필요로 하는 내용을 담은 교재 등을 사용하기 시작했다.

- 아희원람(兒戲原覽): 장혼이 편찬한 아동교육용 교재로 서민들의 일상생활과 관련된 내용이나 설화나 민담 그리고 씨름, 널뛰기 등의 민속놀이 내용이 실려 있다.

6) 과거제도

과거시험

조선의 과거 시험의 종류는 문과, 무과, 잡과가 있었다. 초기의 모든 합격자에게 백패라는 증명서를 지급했다. 후에는 소과 합격자와 구별하기 위해 대과 합격자에게 홍패를 지급했다. 문과는 3년마다 치르는 정기시인 식년시와, 비정기시인 증광시, 별시, 알성시 등이 있었다. 문과는 초시, 복시, 전시 순으로 초시에서 적정한 인원을 뽑고 복시에서 33인을 선발하고, 왕 앞에서 치르는 전시에서 순위를 결정하였다. 과거는 양인 이상이면 누구나 응시가 가능하였다. 그러나 문과에서는 탐관오리의 자제나 재가한 여자의 아들 그리고 서얼의 응시를 금하였다.

과거의 종류는 다음과 같다.

(1) 생원과(生員科), 진사과(進士科)(소과)

- 문과에 대한 예비시험의 성격을 가지고 있다. 생원과는 명경(明經)의 시험이고 진사과는 제술(製述)의 시험이다.

- 합격자에게는 성균관에 입학할 수 있는 자격을 부여하고 하급문관에 등용될 수 있는 자격 및 문과에 응시할 수 있는 자격을 부여하였다.
- 생원시: 오경(五經)의 의(義) 1편과 사서(四書)의 의(疑) 1편을 짓게 한다.
- 진사시: 부(賦) 1편과 고시(古詩), 명(銘), 잠(箴) 중의 1편을 짓게 한다.

(2) 문과(대과)

소과에 합격한 사람으로 고급 문관의 등용자격 시험이다. 초시, 복시, 전시(殿試)라는 3단계의 시험을 치렀다. 지역별로 선발인원이 정해져 있었다.

❶ 문과 초시(240명 선발)

- 관시: 성균관 재학생 중 50명 선발
- 한성시: 한성에서 40명.
- 향시: 경기도 20명, 충청 전라도 각 20명, 경상도 30명, 강원 평안도 각 15명, 황해 함경도 각 10명

❷ 문과 복시(33명 선발)

- 문과 전시: 불합격자는 없고 33명의 서열을 결정하는 순위시험으로 시험내용은 대책, 표, 전, 잠, 송, 제, 조(詔), 논, 부, 명 중 1편을 제술한다.
  - 갑과 3명, 을과 7명, 병과 23명
- 음직(蔭職, 음서제): 공신 또는 현직 당상관의 자손들이 과거에 의하지 않고 관직에 등용되는 것.

(3) 무과

무과는 고급 무관의 등용자격시험으로 용호방(龍虎榜)이라 하였다. 초시, 복시, 전시(殿試)라는 3단계의 시험을 치렀다.

❶ 초시(190명 선발)

- 원시(院試): 한성의 훈련원의 주재 하에 70명 선발
- 향시(鄕試): 각 도의 병마절도사의 주재 하에 120명 선발

❷ 복시(28명 선발)

복시는 초시 합격자를 대상으로 한성에서 병조와 훈련원 주관으로 28명을 선발하였다. 응시자격은 무관 자제들이 원칙이지만 향리나 양인으로서 무예에 소질이 있는 자도 응시 가능하였다.

❸ 전시(28명 선발)

임금이 직접 참관하여 순위를 결정하였다.

(4) 잡과

잡과는 기술직의 관리등용 자격시험으로 중인계급의 자제를 대상으로하였고 상민, 천인은 이에 참여할 수 없었다.

- 역과(한어, 몽고학, 왜어, 여진어)
- 의과
- 음양과(천문학, 지리학, 명과학)
- 율과(법률담당관)

초시, 복시 2단계의 시험이 있었으며, 역과는 사역원(司譯院), 율과는 형조에서, 의과는 전의감(典醫監), 혜민서(惠民署), 음양과는 관상감(觀象監)에서 주재한다.

❶ 시험 내용

- 강서(講書, 전문 과목에 해당하는 책을 강독하는 것)
- 사자(寫字, 외국어를 베껴 쓰는 것)
- 역어(譯語, 외국어를 번역하는 것)

(5) 과거의 폐단

과거에 대한 폐단은 조선 중기 이후 지속적으로 거론되었다. 우선 과거를 치르는 장소와 응시자의 수가 문제되었다. 응시자가 수만 명에 이르러 과거장이 아수라장 같았고, 또한 수만 명의 답안을 서너 명의 관리가 채점하다 보니 늦게 제출하는 사람의 답안은 묻혀 버리고 말았다. 그리하여 좋은 자리를 잡기위하여 혼안이 되어 있었고, 이러한 혼란한 틈을 타서 대필가가 글씨를 써서 제출하는 대리 시험의 경우가 허다하였다. 그리하여 당대의 사람들은 일자무식꾼들이 과거를 치르고 과거 급제자로 선발된다고 하면서 과거의 폐단을 꼬집어 말하였다. 고종 때는 과거를 돈 주고 파는 경우도 있었다.

4. 조선의 학칙(學則)

조선 통치의 기본이 되었던 『경국대전(經國大典)』에는 여섯 거의 부서별로 항목을 나누고 있다. 교육에 대한 부분은 예조가 담당하였고 교육과 관련한 내용은 주로 「예전(禮典)」에 수록되어 있다.

「예전」에서는 과거(科擧)의 유형과 정원, 선발 방법, 중앙과 지방의 학교 및 정원, 입학방법, 학업장려 방안 등 관료나 학생의 교육과 관련된 내용이 수록되어 있다.

기타 교육 및 교관에 관한 내용은 주로 「이전(吏典)」에 수록되어 있다. 또한 부서별로 독자적인 교육에 대한 내용은 해당 부서별로 그에 관한 내용을 별도로 규정한다.

경국대전

(1) 학령

조선시대 최고 교육기관인 성균관에 관해서는 『경국대전』에서도 언급하고 있지만, 성균관만의 별도의 규칙도 가지고 있었는데, 이를 학령(學令)이라고 한다. 성균관의 기숙사에 대한 내용, 학습 방법 및 내용, 평가, 휴가, 상벌, 예의범절 등에 관한 내용을 다루고 있다.

(2) 권학사목(勸學事目)

양촌 권근이 지어 태종에게 올린 학규로서 소학의 중요성과 교육적 의의를 밝힌

소학

책으로 제1조에서는 강론과 제술(製述)에 관한 내용이 수록되어 있고, 제2조에서는 고부(古賦)에 관한 내용이며, 제3조는 중국과의 외교관계를 고려하여 한리문(漢吏文)을 정과(正科)로 삼을 것을 논하였다. 제4조는 문신의 교육에 관한 내용이다. 제5조에서는 삼관(三館)의 여러 관원들이 학업 상황의 규정을 논의하였다. 제6조는 『소학』의 교육을 강조하였다.

(3) 향학사목(鄕學事目)

양촌 권근이 지어 태종에게 올린 학규로서 사학교원을 관학의 훈도, 교수로 전출시키거나 학생을 강제로 향교로 옮기는 일이 없도록 감사와 수령이 유념하여 힘써야 하겠다는 내용을 담은 책이다.

(4) 구재학규(九齋學規)

조선조 세조(世祖)4년, 예조(禮曹)에서 성균관(成均館)의 교육을 위해서 만든 학규이다. 성균관 교육을 교과목에 따라 구재(대학, 논어, 맹자, 중용, 시, 서, 춘추, 예기, 주역)로 편성하여 그 세목을 명시한 것이다.

(5) 진학절목(進學節目)

교수의 임용과 전출, 유생의 면학과 출석을 규제한 학규

(6) 학교모범(學校模範)

학교모범

1582년(선조 15)에는 대제학 이이(李珥)가 선조의 명을 받아 다른 관료들과 논의하여 16개 항으로 구성된 학교모범을 지어 올려 학령의 미비점을 보완하였다.

학교모범에는 훈육과 학생수양에 관한 규칙(16항)이 담겨져 있다.

(7) 학교사목(學校事目)

조선조 14대 선조15(1582)년 왕이 율곡 이이(李珥)를 시켜 제정한 학교에 관계된 인사문제의 원칙과 지침을 담고 있다. 교사의 선별, 임용, 승급, 예우(禮遇)에 관한 5개 항목과 학생의 입학, 정원, 선발, 거재(居齋), 장학, 자격에 관한 5개 항목의 규정을 포함하였다.

(8) 원점절목(圓點節目)

성균관 양재에 거주하는 유생의 성적을 점수로 평정한 것, 유생이 조(朝), 석(夕)으로 식당에 들어가면 1점, 한 끼라도 빠지면 평점으로 하여 통계하지 않으며, 매년 300점을 원칙으로 한다.

5. 실학과 교육

실학이란 실사구시(實事求是)의 학문을 말하는 것으로 공리공론(空理空論)에 기초한 헛된 학문이라는 뜻의 허학(虛學)과 대립되는 말이다. 사변적이고 이론적인 성리학과 대비되는 실제의 참된 학문이라는 뜻을 지닌다.

1) 실학의 발생 요인

조선의 학문은 성리학을 중심으로 권근, 이황, 이이의 연구 활동에 의하여 독특한 사변적인 성격을 가지게 되었다. 그 당시의 학자들은 벼슬을 하면서 학문을 하는 사람들이 대부분이었고, 성리학에 열중한 나머지 성리학만 옳고 그 밖의 다른 학문은 모두 그르다는 생각을 가지고 있었다. 그래서 불교는 물론 양명학마저도 배척하였다. 또 기술학도 천한 것으로 여겼다. 성리학의 학풍은 자유로운 학문 활동을 저해하였고, 백성들의 현실적 어려움을 타개해 나가는 데도 도움을 주지 못하였다.

또한 17세기 이후에 나타난 여러 사회적 혼란을 야기한 붕당정치와 세도정치의 전개로 인한 정치의 파행, 지주제의 심화와 상업의 발달로 인해 농촌사회의 와해

등에 따른 문제들을 학문적, 실천적 과제로 인식하여 그것에 대응하려는 노력이 일어났고 일부 학자들은 이론적인 성리학을 비판하고 실용적인 학문인 실학에 눈을 돌리기 시작하였다. 이러한 실학이 대두된 배경을 알아보면 다음과 같이 요약할 수 있다.

① 송학(宋學)인 성리학에 대립되는 명학인 양명학(陽明學)이 유입되면서 학문의 새로운 시각을 주었다.
② 성즉리(性卽理) 이론인 송의 학문인 성리학에 대하여 새로이 훈고학(訓考學)에 대한 연구가 일어나기 시작했다.
③ 기존 사회체제의 부패 현상에 대한 현실적 연구와 체계적인 사회정책의 대두가 필요하였다.
④ 중국 연경(燕京)을 통한 서양 문물의 유입도 실학이 형성되는데 영향을 주었다.

2) 실학의 유형

(1) 경세치용학파(經世致用學派)

18세기에는 농업 중심의 개혁론이 대두되었다. 농촌 사회의 안정을 위하여 농민의 입장에서 토지 제도를 비롯한 각종 제도의 개혁의 목소리가 있었고, 이러한 개혁을 추구한 실학자들을 경세치용학파라고 한다. 이들은 공통적으로 농민 생활 안정을 위한 토지 제도의 개혁을 중요하게 생각하였다. 대표적인 학자들은 유형원, 이익, 정약용 등이 있다.

박지원

(2) 이용후생학파(利用厚生學派)

18세기 후반 영조, 정조 대에는 상공업 발전 및 기술 혁신을 주장하는 실학자들이 나타났다. 이들은 청나라의 문물을 적극 수용하여 부국강병과 이용후생에 힘쓰자고 주장하였다. 이들을 가리켜 이용후생학파 또는 북학파라고도 한다. 그들은 청나라에 발달한 문화를 수입하자고 주장한 사람들이었으며, 대표적인 학자들은 유수원, 홍대용, 박지원 등이 있다. 유수원은 북학파의 선구자이며, 그의 저서 『우서』에서 상공업의 진흥과 기술의 혁신을 강조하였다. 홍대용은 사신으로 청나라를 방문한 경험을 토대로 기술의 혁신과 문벌제도의 철폐 등을 주장하였다. 박지원도 상공업의 진흥을 강조하면서 수레와 선박의 이용, 화폐 유통의 필요성 등을 주장하였다.

(3) 실사구시학파(實事求是學派)

이들은 훈고학의 영향으로 경서(經書), 금석(金石), 전고(典故) 등의 고증(考證)에 치중하는 학파로서 김정희를 중심으로 19세기에 활동하였다.

3) 실학의 의의

위에서 알아본 것과 같이, 실학자들에 따라서 그들의 관심, 연구 분야에 따라 개혁의 내용이 다르게 나타났다. 그러나 현실에 대한 비판과 그것을 개혁하고자 하는 의지는 동일하였다. 그들의 공통된 주장을 알아보면 먼저 그들은 사회의 부조리를 고쳐 현실생활에 기여할 수 있는 학문을 주장하였다. 또한 실증적이며 경험적인 연구를 통하여 어려운 사회제도를 개혁할 것을 주장하였다.

그러나 그들의 학문은 아직 성리학적 테두리를 벗어나지 못한 경우가 대부분이었고, 현실 정치에 영향력을 끼치기에 어려운 처지의 관료들이었기 때문에 그들의 생각과 주장이 국가 정책에 반영되기는 쉽지 않았다. 이러한 실학사상은 정약용 이후 개화 사상가들에게도 영향을 주었다.

6. 동학의 교육사상

1) 동학의 배경

조선 후기에 이르러 각지의 반란과 정치적인 혼란, 사회적인 불안과 긴장이 계속되었고, 기존에 있었던 종교는 부패하여 민중의 신앙으로써 위안이 되지 못하였다. 1860년 경주 출신 최제우(崔濟愚, 1824~1864, 조선 말기 동학의 창시자이며 천도

최제우

교의 창시자이다. 아명은 복술(福述), 호는 수운(水雲)이다)는 이와 같은 정세 속에서 제세구민(濟世救民)의 뜻을 품고, 서학(西學: 로마 가톨릭교회)에 대립되는 민족 고유의 신앙을 제창, 동학(東學)이라 이름 짓고 우리나라 고유의 풍류 사상과 유(儒), 불(佛), 선(仙)의 교리를 토대로 인내천(人乃天) 사상을 펼치게 된다. 인내천의 의미는 사람이 곧 하늘이므로 모든 사람은 멸시와 차별을 받으면 아니 된다는 천심즉인심(天心卽人心), 즉 '하늘의 마음이 곧 사람의 마음이다'라는 의미이다.

2) 동학사상의 기저

① 인내천(人乃天) 사상의 자각적 인간관과 보국안민으로서의 자기 확립이다.
② 반(反)서학(西學) 사상으로 유교, 불교, 도교 등의 전통적인 사상이나 관습을 자기화하면서 외래적인 천주교와는 독자적인 교리로 대립하였다.
③ 그 당시 주류 학문이던 성리학에 도전을 하였다.

3) 교육원리

① 수덕(修德)원리로 수련과 사색을 병행하였다.
② 사람이 곧 한울이니 사람 섬기기를 한울같이 하라는 평등사상이 깔려있다.
③ 실생활에서 실천을 강조하였다.
④ 태아를 한울처럼 모신다는 것을 강조하며 아동존중 사상을 취한다.
⑤ 여성을 존중하고 부부의 도리와 부부애를 강조하였다.
⑥ 직업교육을 강조하였다.

4) 동학의 경전(經典)

동경대전(東經大全), 용담유사(龍譚遺詞) 등이 있다.

7. 조선의 교육사상가

1) 권근

권근(權近, 1352~1409)은 고려 말, 조선 초의 학자이며 문신이다. 본관은 안동(安東), 초명은 진(晉), 호는 양촌(陽村)이다. 이색과 정몽주의 문인이다.

권근은 교육의 목적을 인재의 양성에 두어 "인재는 국가의 명맥이요 학문은 인재의 원기"라고 말하였다. 그의 교육적 인간상은 정직, 충실, 성의 등을 삼고 공자가 상정한 성인의 경지를 위한 실천을 목표로 하였다.

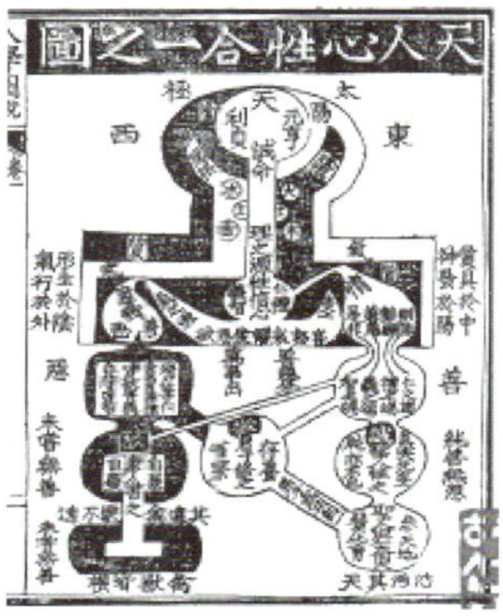

권근의 입학도설

- 입학도설(入學圖說): 입학도설은 천인심성합일지도(天人心性合一地圖), 대학지장지도(大學指掌地圖) 등 전후 35개의 그림으로 구성되어 있는 것으로 이는 중용과 대학의 근본원리를 도해 식으로 저술하여 설명하기 위해 만든 책으로 후에 이황의 성학십도가 만들어지는데 영향을 주었다.

2) 이황

이황(李滉, 1502~1571)은 조선 중기의 문신이며 유학자이다. 본관은 진보(眞寶). 자는 경호(景浩), 호는 퇴계(退溪), 시호는 문순(文純)이다. 문묘와 종묘에 배향되었다. 그는 이언적의 사상을 이어받은 영남학파의 중추적 학자이며 한국을 대표하는 성리학자이다.

(1) 교육목적

그의 교육목적은 경(敬)에 목표를 둔 수양이다. 그는 언제나 동(動)과 정(靜)에 삼가고 조심하며 반성하는 가운데 성인의 경지에 이르게 되는 실천적 수양을 중시한다.

(2) 궁리와 거경

경자 바위

그는 궁리(窮理, 지적인 행위), 거경(居敬, 행동적 실천)을 조화롭게 하는 가운데 경(敬)을 완성하는 지행합일을 중요시 하였다.

(3) 교육방법

교육방법으로는 입지(立志), 궁리(窮理), 경(敬), 숙독(熟讀), 심득(心得), 궁행(躬行) 등을 통해 공자가 상정한 성인의 경지에 이르는 유교의 실천적 교육방법을 행하였다.

(4) 성학십도(聖學十圖)

어린 선조대왕에게 성군(聖君)의 길을 밝히기 위해 10가지의 그림을 그려 지어 바친 것으로 제 1도에 태극도가 있는 것으로 유명하다.

3) 이이

이이

이이(李珥, 1537~1584)는 조선의 문신이자 성리학자이다. 본관은 덕수(德水), 자는 숙헌(叔獻), 호는 율곡(栗谷), 시호는 문성(文成)이다. 이언적, 이황, 김집, 송시열, 박세채와 함께 문묘와 종묘 배향을 동시에 이룬 6현 중 하나다.

① 이이의 교육목적은 성인(聖人)의 길과 일용(日用當行)의 길을 밝히는 것이다. 실천 방법으로 지행합일을 통한 점진적인 실천을 강조한다.

② 그는 아동교육, 민중교화, 국민교육, 군왕교육을 강조한다. 그의 중요한 저서는 다음과 같다.

- 소아수지(小兒須知): 소학학규로 아동교육에 관한 내용을 적고 있다.
- 학교모범(學校模範): 청소년의 교육지침을 적고 있다.

- 격몽요결(擊蒙要訣): 소학에 상응하는 유학의 입문서로, 유학을 공부하는 사람이 갖추어야 할 자세와 숙지해야 할 지침이 있는 어른을 위한 규범이다.
- 성학집요(聖學輯要): 선조에게 바친 제왕의 수양과 정사에 필요한 사항을 적은 군주교육에 관한 책이다.

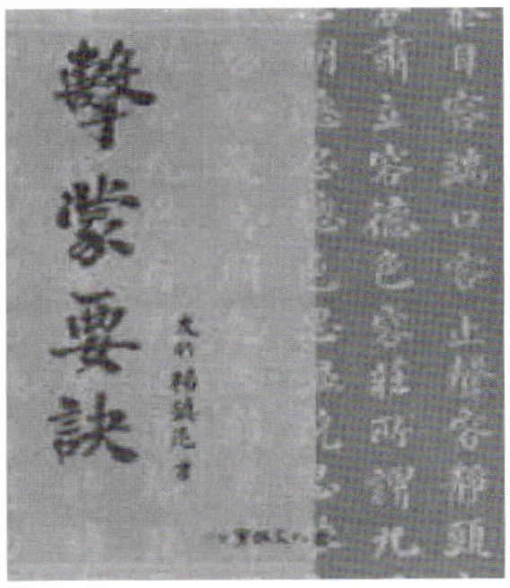

격몽요결

③ 그는 뜻을 세우는 입지(立地)와 실천적 교육인 성(誠)을 중시하였다.

4) 유형원

유형원

유형원(柳馨遠, 1622~1673)은 조선 중기의 실학자, 성리학자, 작가이다. 본관은 문화, 자는 덕부(德夫), 호는 반계(磻溪)이다. 한성 태생으로 벼슬을 하지 않고 전국의 명승지를 유람하며 학문에 일생을 바쳤다. 그의 사상을 요약하면 다음과 같다.

① 부패의 온상이 되었던 과거제도의 폐지, 단선형 학제, 공거제의 제안

- 향상과 방상은 초등교육기관으로 신분고하를 막론하고 입학을 허용하며 누구나 교육을 받는 것을 주장하였고, 관리양성의 목적이 있으며 신분에 관계없이 전액 국비로 교육받을 것을 주장하였다.
  - 공거제(貢擧制): 학교교육을 통하여 드러나는 개인의 덕행과 도예를 기준으로 인재를 선발할 것을 주장하였다.
  - 공거제의 절차: 태학에서 1년 이상 수학한 우수한 학생들을 대상으로 진사원으로 추천 → 진사원의 시험에 의하여 선발 → 선발된 학생을 진사원에서 1년간 관리수습 → 그 능력과 인격 등의 차등에 따라서 관직에 임명

② 신분과 직업의 세습을 타파하기를 주장하였으며, 교육의 기회균등을 말하였다.

③ 토지제도의 개혁

그의 저서인 『반계수록(磻溪隧錄)』을 통하여 사회개혁에 관한 사상과 토지개혁 및 사회 부조리의 부당함을 지적하였다.

5) 이익

이익

이익(李瀷, 1681~1763)은 조선시대 후기의 문신, 사상가, 철학자, 실학자, 교육자로 조선 영조 때의 남인(南人) 실학자이다. 자는 자신(自新), 호는 성호(星湖)이며, 본관은 여주이다.

그는 그 당시 부패했던 사회 정치적 모습 속에서 개혁해야 할 대상으로 당쟁의 폐단을 지목하였는데, 당쟁은 서로의 이해(利害) 때문에 생기기 때문에 그 폐단을 막을 수 있는 방안을 두 가지로 제시하였다. 첫째, 붕당의 근원이 과거제도에 있기 때문에, 문벌이나 당색 중심의 정치를 타파해야 한다는 것이다. 둘째, 관직만을 통해 부귀영화를 꾀하는 양반 귀족들의 생활 태도를 바꿔야 한다는 것이다. 그의 교육적이고 개혁적인 주장을 요약하면 다음과 같다.

① 민본(民本)사상과 사농합일(士農合一)로 과거제도의 폐지 및 노비제도의 폐지를 주장하였다.

② 그는 중국 중심의 세계관을 탈피하여 주체적인 역사의식을 인식하자고 주장했다.

③ 자기수양의 방법으로 항상 새로운 것을 생각하는 교육방법을 지향하였다.

④ 서민도 하급교육기관에서 단계적으로 진학하여 최종적으로 교육을 마치고 관직에 종사할 수 있는 교육제도를 구상하였다.

- 서민(庶民): 향학(鄕學) → 태학(太學) → 전강(殿講) → 사제(賜第)
- 사대부(士大夫): 사학(四學) → 태학(太學) → 전강(殿講) → 사제(賜第)

6) 홍대용

홍대용(洪大容, 1731~1783)은 조선 후기의 문신, 실학자이자 과학 사상가이다. 자는 덕보(德保), 호는 담헌(湛軒)이며, 본관은 남양(南陽)이다. 박지원, 박제가 등과 친분이 두터웠으며, 학풍은 유학보다도 군국과 경제장려에 치중하였다.

① 그의 책 『임하경론(林下經綸)』에서 행정구역을 개편하여 교육기관을 설립할 것을 제안하였다.

② 면에는 재(齋)를 두어 8세 이상의 아동은 신분을 가리지 않고 입학하게 하는 교육평등사상을 주장하였다.

③ 유형원의 영향으로 공거제(貢擧制)를 주장하였다.

7) 정약용

정약용(丁若鏞, 1762~1836)은 조선 후기의 문신이자 실학자이다. 본관은 나주, 자는 미용(美庸), 호는 다산(茶山), 당호는 여유당(與猶堂)이다. 그는 중농주의 실학자로서 토지의 무상 분배, 공동 노동과 공동 분배를 통하여 토지 불평등을 개선하고, 사회주의 토지 정책인 여전론과 정전론을 생각하였으며, 조선 실학을 집대성하였다. 그의 사상과 교육에 끼친 영향은 다음과 같다.

정약용

① 인간은 자기 수양에 의해 능력인이 되어야 하고 더불어, 국가와 사회를 위해서도 실용적인 사람이 되어야 한다.

② 오학론(五學論), 불가독설(不可讀說)의 교육개혁론을 주창하였다.

- 오학론: 오학론은 성리학, 훈고학, 문장학, 과거학, 술수학에 대한 논의로 비실용적인 경향을 비판하고 있다.
- 불가독설: 정약용은 아동에게 읽지 말아야 할 책 3권 천자둔(周興嗣), 사략(史略, 중국 역사책), 통감절요(通鑑節要)을 말했는데, 이것을 불가독설이라고 한다.

- 천자문은 책 속의 문자들이 체계적으로 배열되지 있지 않아서 문자적인 가치가 적어 학습하는데 비효과적이다.
- 사략은 중국 역사 학습서이지만 믿기 어려운 전설과 신화 등이 실려 있어서 신빙성이 없는 책이라고 했다.
- 통감절요는 중국의 역사서로 중국에서도 존재 가치가 희박하기에 읽지 말아야 한다고 말했다.

③ 교육의 내용

성리학 중심인 4서 3경만 경전으로 취급하는 풍조를 비판하고 10경의 학습을 주장했다.(10경: 대학(大學), 맹자(孟子), 논어(論語), 중용(中庸), 시(詩), 서(書), 예(禮), 역(易), 춘추(春秋), 주례(周禮))

④ 국학 강조

그는 국학을 강조하였는데 국사(삼국사기, 고려사, 동국통감, 국조보감, 동사집성)와 우리나라 선현들의 문집(반계수록, 서애집, 성호사설, 퇴계집, 율곡집, 이충무공전서)을 읽을 것을 주장하였다.

정약용의 거중기

Chapter 6

근대의 교육

1. 시대적 배경

조선은 오랫동안 중국과의 외교를 통하여 성리학과 종교 문화적인 여러 가지 문물들을 주고 받아왔지만, 조선 말기에 흥선대원군의 쇄국정책으로 문호를 개방하지 않고 있었다. 그러나 일본의 제국야욕을 통한 압력은 문호를 개방하지 않을 수 없는 상태에 이르게 된다.

1876년 일본과의 강화도조약으로 문호를 개방한 우리나라는 이어 구미 여러 나라와도 문호를 개방하였고, 자주적 근대화를 위한 방법으로 부국강병을 위해 노력하였다. 이 시기에 생겨진 근대식 학교가 원산학사(元山學舍, 1883), 통변학교(通辯學校), 육영공원(育英公院) 등이다. 원산학사는 외세에 대응하여 자력으로 세운 최초의 근대학교로서 서당을 개량한 것이다.

정부는 동학혁명과 갑신정변 이후의 개혁이념을 현실에 적용하여 정치, 경제, 사회, 교육 등에 걸쳐 개혁을 추진하여 1894년 갑오경장(甲午更張, 1894)을 발표한다. 교육기구였던 예조(禮曹)를 폐지하고 학무아문(學務衙門)으로 변경하고, 과거제도를 폐지한다. 또한 고종황제는 1895년 1월 7일 홍범 14조와 교육조서(教育詔書)를 발표하고, 근대식 교육을 통해 교육입국(教育立國)을 천명한다. 신교육은 과학적 지식과 학문과 실용을 추구하며, 3대 강령으로 덕양(德養), 체양(體養), 지양(智養)을 들고 있다.

1) 근대학교

(1) 원산학사

강화도 조약에 의해 개항하게 된 원산은 1880년 4월 일본인 거류지가 만들어지고, 일본 상인들의 상업 활동이 시작되었다. 덕원과 원산의 지방민들은 일본 상인의 침투에 대한 대응책을 세워야 할 것을 절감하며, 온건개화파 정현석과 협력하여 원산학사(元山學舍, 1883 → 원산학교)를 설립하게 된다.

원산의 학교들

원산학사는 외세에 대응하기 위해 우리의 힘으로 세운 최초의 근대학교로 외국의 신식학교를 모방한 것이 아니라 서당을 개량한 것이다.

공통과목으로 초기에는 산수, 격치(格致, 물리), 농업, 양잠, 채광 등을 교육시켰으며, 이후에 더 많은 과목인 외국어, 법률, 지리, 만국공법(萬國公法, 국제법) 등을 가르쳤다.

(2) 동문학

동문학(同文學, 1883~1886)은 근대적인 관학(官學)으로 일명 통변학교(通辯學校, government school, school for training interpreters)라고 한다. 외교 고문이었던 독일인 묄렌도르프(P. G. von Moellendorf)가 부임하면서 통상아문(通商衙門)의 부속기관으로 설립하였고, 영국인 헬리팩스(T. E. Halifax)가 영어를 가르쳤다.

(3) 육영공원

육영공원

육영공원(育英公院, 1886~1894)은 보빙대사(報聘大使)로 미국에 갔던 민영익의 제의로 설립되었다.

뉴욕의 유니온 신학교 학생들인 길모어(G. W. Gilmore), 벙커(D. A. Bunker), 헐버트(H. B. Hulbert)가 수업을 실시하였으며, 가르친 교과과정은 영어, 자연과학, 수학, 경제학, 지리 등이었다.

육영공원은 좌원(左院)과 우원(右院)으로 나누어,

좌원에는 젊은 현직 관리를 학생으로 받고, 우원에는 관직에 아직 나가지 않은 명문가 자제들을 입학시켰다. 학교 운영비용은 인천과 부산, 원산의 항구에서 받는 해관세로 충당되었다.

(4) 연무공원

연무공원(鍊武公院, 1888~1894)은 군대 강화를 위해 군사기술을 도입하여 군관을 기르고자 1888년 2월에 연무 공원을 설치했다. 교관은 1888년 4월에 도착한 미국 군사 교관단은 수석 교관 다이(William McEntyre Dye, 茶伊), 조교관 커민즈(E. H. Cummins), 리(J. G. Lee)와 주일 미국 영사관 소속의 닌스테드(F. J. H. Nienstead)로 구성되었다. 이는 후일에 갑오 교육개혁의 일환으로 신설된 사관학교로 발전되고, 이듬해 무관학교로 개편되어 대한제국의 군관양성기관으로 정착하였다.

2) 정부에 의한 근대학교

(1) 제도의 개혁

❶ 갑오개혁

갑오개혁(甲午改革)은 1894년 7월 27일부터 1895년 7월 6일까지 조선 정부에서 전개한 제도 개혁을 말한다. 1884년 갑신정변의 실패 후 망명했던 개화파들이 청일전쟁에 승리한 일본의 위세를 업고 돌아와 추진한 일본식 개혁으로서 갑오경장(甲午更張)이라고도 불렸다

갑오개혁은 갑신정변의 개화이념과 동학혁명의 개혁이념을 현실에 적용하여 정치, 경제, 사회, 교육 등에 걸쳐 근대적 체제를 만드는 법제를 발표한 것을 말한다.

- 교육기구의 개혁은 예조(禮曹)를 폐지하고 학무아문(學務衙門, 뒤에 학부(學部)로 개칭)을 설치하였다.
- 조선후기의 병폐였던 과거제도를 폐지하였다.

❷ 홍범 14조

1895년 1월 7일에 제정된 한국 최초의 근대적 헌법이다(1895. 1. 7). 11조: "널

리 자질이 있는 젊은이를 외국에 파견하여 학술과 기예(技藝)를 익히도록 한다(國中聰俊子弟 廣行派遣以傳習外國學術技藝).”

❸ 교육조서

고종황제

교육조서(教育詔書)는 1895년 2월 2일, 고종이 발표한 교육에 관련된 특별 조서를 말하는데, 교육입국조서라고도 한다. 중요 내용은 다음과 같다.

- 세계의 형세를 보건대 부강한 나라는 모두 백성의 지식수준이 발달하였으니, 지식을 깨우치는 것은 교육의 선미(善美)이고, 교육은 실로 국가를 보존하는 근본이다.
- 교육은 그 길이 있는 것이니 헛이름과 실용을 분별해서 실용에 힘쓰고, 독서나 습자로 옛사람의 찌꺼기나 줍고 시세에 어두워서는 안 된다.

① 오륜의 행실을 닦는 덕양(德養), ② 체력을 기르는 체양(體養), ③ 격물치지(格物致知)의 지양(智養)을 교육의 3대 강령으로 삼는다.

- 널리 학교를 세우고 인재를 기르겠다.

❹ 한성사범학교 관제 공포

1895년 4월 우리나라 최초의 현대식 학교법규인 한성학교 관제(官制)를 공포하였다.

(2) 관학 체제

❶ 소학교

소학교령(小學校令)은 1895년 7월 19일부로 처음 초등교육의 관제(官制)가 정하여졌다. 이것은 본령 4장 29조로 되어 있다. 1장은 소학교의 목적 및 종류 그리고 경비로 되어 있고, 2장은 소학교 편제 및 취학, 3장은 학교 설치 및 감독, 4장은 직원에 대하여 각각 규정하고 있다.

- 2조: 입학은 만 8~15세의 아동으로 심상과(尋常科) 3년, 고등과 2~3년 수업연한에 대해 다룬다.
- 3조: 설립방법에 따라 관립・사립 3조로 구분, 각각 심상・고등과로 나눈다.
- 5조: 심상과의 교과목은 수신・독서・작문・습자・산술 및 체조로 하되, 때에 따라 학부대신의 인가를 얻어 체조를 제하고, 한국지리・역사・도화(圖畵)・외국어 1과 혹은 여러 과를 가할 수 있다. 여아(女兒)를 위하여 재봉을 더 추가할 수 있다.

❷ 중학교

1899년 4월 4일에 공포된 중학교 관제에 의해 처음 중등교육에 대한 관제가 정하여졌다. 이 학규는 전문 17조로 되어있다.

- 1조: 실업에 종사하려는 사람에게 정덕(正德)・이용(利用)・후생(厚生)의 도를 가르치고, 중등교육의 보급을 도모할 것을 목적으로 한다.
- 2-3조: 수업연한은 7년으로 하되, 심상과 4년, 고등과 3년으로 한다.
- 4조: 학과와 정도는 학부대신이 따로 정한다.
- 5조: 직원은 학교장 1인, 교관(教官) 7인, 서기 1인으로 한다.

❸ 한성사범학교

1895년 4월에 발표한 한성사범학교 관제는 한국 최초의 근대식 학교 관제로 총 13조로 되어있다.

- 1조: 교관양성(教官養成)을 목적으로 한다.
- 2조-3조: 편제(編制)는 본과(本科)와 속성과(速成科)를 두되, 본과 2년, 속성과 6개월에 졸업시킨다.
- 4조-5조: 부속학교로 심상과(尋常科)와 고등과를 가진 소학교를 두되, 그 수업연한은 어느 것이나 3년으로 한다.
- 6조: 직원은 학교장 1인(奏任), 교관 2인 이하(奏任 혹은 判任), 부교관 1인(判任), 교원 3인 이하(判任) 및 서기 1인(判任)을 두며, 교관은 생도의 교육을 담당하고, 부교관은 이를 보좌하며, 교원은 부속 소학교 아동의 교육을 맡는다.

- 12조: 본과 · 속성과 및 부속 소학교의 학과와 정도는 학부대신이 이를 따로 정한다.

관제의 종류

일자	관제내용
1895년 4월 16일	한성사범학교 관제
1895년 5월 10일	외국어학교 관제
1895년 7월 2일	성균관 관제
1895년 7월 19일	소학교령
1895년 7월 23일	한성사범학교 규칙
1895년 8월 9일	성균관경학과 규칙
1895년 8월 12일	소학교 규칙대강
1896년 2월 20일	보조공립소학교규칙
1899년 3월 24일	의학교 관제
1899년 4월 4일	중학교 관제
1900년 6월 27일	외국어학교 규칙
1904년 6월 8일	농상공학교 관제

④ 그 외 관제에 따라 관립외국어학교(Royal Foreign Language School) 경성학교(京城醫學校, 1899), 상공학교(商工學校, 1904), 법관 양성소(1895) 등이 세워졌다.

3) 선교사에 의한 사학

1882년 미국과 수교를 한 후 조선은 기독교의 전도는 금하되, 개신교의 교육 및 의료사업은 허락하였다. 그런데 이는 서양문물을 도입하는 과정에서 개신교를 적극적으로 활용하기 위함이었다. 기독교 선교사들은 교육과 의료를 통해 선교의 방편으로 삼고 근대화를 이 땅에 심으려고 양의술을 소개, 영어 강습으로 시작된 개신교의 교육 사업은 중등교육기관의 설립으로 발전되었다.

(1) 광혜원

광혜원(廣惠院)은 1885년 2월 미국선교사 알렌(Allen, H. N.)의 건의를 받아들여 서울의 재동에 세운 최초의 근대식 병원이다. 1885년 2월 29일 광혜원이라는 명칭으로 설립되었으나, 3월 12일에 그 명칭이 제중원(濟衆院)으로 바뀌었다. 처음은 왕립병원이었으나 재정문제로 1904년에 세브란스(O. R. Severance)로부터 기금을 기증받아 확장하여 세브란스 의학전문학교가 되었다.

광혀원

(2) 배재학당

배재학당(培材學堂, 1885)은 감리교 선교사 아펜젤러(H. G. Appenzeller)에 의해 설립되었다. 배재학당이란 이름은 고종이 친히 교명을 하사하였으며, 우리나라 최조의 중등 교육기관이 되었다.

배재학당

(3) 이화학당

이화학당(梨花學堂, 1886)은 미국 북감리교회(北監理敎會) 여선교사 메리 스크랜턴이 서울 중구 정동에 설립했다. 이화학당 설립자인 스크랜튼은 윌리엄 스크랜턴의 어머니이다. 명성황후가 친히 '이화학당'이라는 이름을 지어 그 편액을 보내었으며, 한국 최초의 사립 여성 교육기관이 되었다.

이화학당

(4) 고아원

고아원(孤兒院, 孤兒學校, 1886)은 장로교 선교사 언더우드(H G. Underwood)가 세운 일종의 기숙학교이다. 이것은 장로교에서 세운 최초의 학교이며, 후에 경신학교(儆新學校)로 발전한다.

기독교계 사립학교

연도	학교명	교파	소재지
1885	광혜원(廣惠院)		서울
1885	배재학당(培材學堂)	감리회	서울
1886	이화학당(梨花學堂)	감리회	서울
1886	경신학교(儆新學校)	장로회	서울
1887	정신여학교(貞信女學校)	장로회	서울
1892	영화여학교(永化女學校)	감리회	인천
1894	광성학교(光成學校)	감리회	평양
1894	숭덕학교(崇德學校)	감리회	평양
1894	정의여학교(正義女學校)	감리회	평양
1895	일신여학교(日新女學校)	장로회	부산진
1896	정진학교(正進學校)	감리회	평양
1897	공옥학교(攻玉學校)	감리회	서울
1897	숭실학교(崇實學校)	장로회	평양
1897	신군학교(信軍學校)	감리회	서울
1898	배화여학교(培花女學校)	감리회	서울
1898	맹아학교(盲啞學校)	감리회	평양
1898	명신학교(明信學校)	장로회	재령
1901	장로회신학교(長老會神學校)	장로회	평양
1903	숭의여학교(崇義女學校)	장로회	평양
1903	원산여학교(元山女學校)	감리회	원산
1904	정명여학교(貞明女學校)	장로회	목포
1904	덕명학교(德明學校)	감리회	원산
1904	호수돈여학교(好壽敦女學校)	감리회	개성
1904	진성여학교(進誠女學校)	장로회	원산
1905	의창학교(懿昌學校)	감리회	해주
1906	영명학교(永明學校)	감리회	공주
1906	계성학교(啓聖學校)	장로회	대구
1906	신성학교(信聖學校)	장로회	선천
1906	보성여학교(保聖女學校)	장로회	선천
1906	의명학교(義明學校)	안식교	순안

(계속)

연도	학교명	교파	소재지
1906	한영서원(韓英書院)	감리회	개성
1906	미리흠학교(美理欽學校)	감리회	개성
1907	약현학교(藥峴學校)	천주교	서울
1907	수피아여학교(須彼亞女學校)	장로회	광주
1907	신명여학교(信明女學校)	장로회	대구
1907	기전여학교(紀全女學校)	장로회	전주
1908	신흥학교(新興學校)	장로회	전주
1908	창신학교(昌信學校)	장로회	마산
1909	의정학교(懿貞學校)	감리회	해주

4) 개화기의 민간사학

개화기의 민간사학은 주로 중등학교로서, 실학사상을 계승 발전하고, 개화사상에서 출발하였다. 그러나 일제의 야심에 찬 침략이 노골화되면서 민족의식 고취 및 국권회복 등을 목적으로 한 민족사학으로 발전되었다. 중요한 사학은 다음과 같다.

- 흥화학교(興化學校, 1895~1911, 설립자: 민영익)
- 점진학교(漸進學校, 1899, 설립자: 안창호)
- 보성전문학교(普成專門學校, 1905, 설립자: 이용익)
- 양정의숙(養正義塾, 1905, 설립자: 엄주익)
- 휘문의숙(徽文義塾)1906, 설립자: 민영휘)
- 오산학교(오산학교, 1907, 설립자: 이승훈)
- 대성학교(대성학교, 1908, 설립자: 안창호)

이 시기에 많은 민족사학이 설립되어 1908년에는 그 수가 5,000여 개에 이를 정도였다.

근대 사립학교의 공통된 교육정신을 보면, 국권회복을 위한 민족운동 지도자의 양성, 배일우국(排日憂國) 교과에 의한 민족의식 고취, 과외활동을 통한 애국사상의 함양, 교육실천을 통한 항일운동 등을 들 수 있다. 그러나 일제의 한국을 점령하려는 야심은 1905년 을사보호조약으로 드러나게 되었고, 1910년 한일합방이 되면서 국권은 일제로 기울게 되었다.

5) 교육구국운동

교육구국운동은 을사보호조약(1905)이후 합방(1910)에 이르기까지 애국 계몽가들이 국권회복을 위해 최우선 과제로 추진한 실력양성운동이었다. 애국 계몽가들은 수많은 정치, 사회, 교육단체들을 조직하여 교육구국운동을 전개하였다.

(1) 학회의 교육구국운동

① 국민교육회(國民教育會), 대한자강회(大韓自强會), 서북학회(西北學會), 보인학회(輔仁學會), 대한동인회(大韓同寅會), 대한협회(大韓協會) 등 50여 개의 단체가 구국운동을 전개하였다.

② 사립학교의 설립과 지원, 교원의 양성, 교과서의 편찬 등에 관여를 하며 활동하였다.

③ 이들 단체의 교육내용은 애국인의 양성과 신학문의 전수를 목적으로 조선어, 조선역사, 조선지리 등을 가르쳤다.

2. 근대 교육사상가

1) 남궁억

남궁억(南宮檍, 1863~1939)은 대한제국 조선왕조 말기의 교육자, 계몽운동가이며 일제 강점기의 독립 운동가이자 교육가로 호는 한서(翰西)이다. 1895년 12월 서재필이 귀국하자, 이후 귀국한 서재필(徐載弼), 유길준, 윤치호, 이승만 등과 개화운동을 펼쳤다. 그의 사상적 교육이념은 민족교육, 노작교육, 실천교육을 강조하여 한국역사 및 국어교육을 주로 강조하였다. 그의 저서로는 『동사략』, 『조선이야기』, 『조선어법』 등이 있다.

2) 이승훈

이승훈

이승훈(李昇薰, 1864~1930)의 호는 남강(南崗)으로 조선 말기와 일제강점기의 독립운동가, 교육자이다. 개신교인으로서 장로교회에 출석하였다. 105인 사건으로 인해 감옥으로 끌려가 10년형의 옥살이를 하였고, 신학을 공부해 목사가 되었다. 1919년 3.1 운동 때 민족대표 33인에 개신교 대표로 참가하였다. 국민교육의 사표(師表)를 양성할 목적으로 1907년 평안북도 정주에 오산학교(五山學校)를 세워 애국인을 육성할 것을 주장하였다.

3) 안창호

안창호

안창호(安昌浩, 1878~1938)는 대한제국의 교육개혁운동가 겸 애국계몽운동가이자 일제 강점기의 독립운동가, 교육자로 호는 도산(島山)이다. 실력양성론의 방법으로 그는 교육 입국론을 주장하였다. 교육이 곧 도탄과 식민통치에 빠진 한국을 독립시킬 수 있는 길이라고 확신하였다. 이와 같은 생각으로 1899년 평양에 점진학교, 1908년 대성학교를 건립하였다.

1913년 그는 자신이 세운 청년학우회를 기반으로 유길준의 흥사단을 재건하였데, 그것은 국내에서 그가 세웠던 청년학우회와 유길준의 흥사단의 취지를 계승한 것으로 민족운동의 간부를 양성하려는 목적에서 만든 훈련 단체다.

그의 교육사상은 무실역행(務實力行)인데, 무실(務實)이란 실(實)을 힘쓰자는 뜻이고, 실은 진실, 성실, 거짓이 없는 것을 말하며, 역행(力行)은 행(行)을 힘쓰자는 것이다.

Chapter 7

일제시대 교육

1910년 8월 일본은 우리나라를 강제로 합병시키고 식민통치를 전개해 나갔다. 일제는 이러한 식민통치에 내선일체(內鮮一體)를 외쳤지만 결국에는 우리 민족의 말살정책이었다. 이것은 그들의 교육정책에서도 잘 드러나 있다.

1. 제1차 조선교육령시기(1911.8~1922.2)

대체로 이 교육령은 한국인에게 일본어를 습득시키고, 되도록 적은 경비로 초보적인 실업교육에 치중하여 충성된 일본인을 만드는 데 주안점을 두고 있다. 이 교육령에 의하여 초등교육기관인 보통학교에서부터 근대적 고등교육기관인 전문학교에 이르기까지 학제가 마련되었다. 1916년에 기존 학교를 승격시켜 몇 개의 전문학교를 설립하였다

① 교육목적: 일제는 식민지 정책에 잘 순응하는 충량(忠良)한 국민을 만드는 우민화(愚民化)를 목적으로 하여 고등교육을 차단하고 낮은 수준의 초등교육 및 단순한 실업교육을 실시하였다.

② 교육연한: 각급학교의 교육연한을 단축하였다. 보통학교 4년, 고등보통학교 4년, 여자고등보통학교 3년, 실업학교 2~3년

③ 일본어를 강화하고 한국어를 조선어로, 일본어를 국어로 하여 조선어와 한문

을 제외한 모든 교과서를 일본어로 편찬하였다.

④ 외국어학교는 폐지하고, 사립학교규칙(1908)을 통해 학교의 설립을 통제함으로 인하여 철저한 일본식민지 정책을 펼쳐나갔다.

• 조선교육령 제1장 강령

조선총독부

제1조: 조선에 있어 조선인의 교육은 본령에 의한다.

제2조: 교육은 『교육에 관한 칙어』의 취지에 기초하여 충량한 국민을 기르는 본의로 한다.

제3조: 교육은 시세와 민도에 맞도록 이를 베푼다.

제4조: 교육은 이를 크게 나누어 보통교육, 실업교육 및 전문교육으로 한다.

제5조: 교육은 보통의 지식, 기능을 가르쳐 주고, 특히 국민된 성격의 함양함을 목적으로 한다.

제6조: 실업 교육은 농업, 상업, 공업에 관한 지식, 기능을 가르쳐주는 것을 목적으로 한다.

제7조: 전문 교육은 고등한 학술과 기예(技藝)를 가르치는 것을 목적으로 한다.

2. 제2차 조선교육령시기(1922.2~1938.3)

1922년 2월에는 교육령을 전면 개정하여 제2차 조선교육령을 공포하였다. 이 시기에는 1차 교육령을 개정하여 표면상 일본학제와 동일하게 함으로써 일본과 융화시키려고 하였다. 그러나 일본의 의도는 다른 곳에 있었고, 2차 교육령에 담긴 문화라는 교육정책에는 다른 목적이 있었다. 그러나 이것은 3·1 운동 후에 약간의 자극이 된 것에 불과하였다. 일본의 문화정치는 여기에서 그치지 않고, 학교 교정에 심어져 있는 무궁화를 뽑고 사쿠라(벚꽃)를 심도록 하는 데까지 뻗어나갔다. 이러한 문화정치는 전대(前代)의 무단정치보다 더 가혹한 통치방법이 되었다.

- 2차 교육령 주요내용
- 보통학교의 수업연한을 4년에서 6년으로, 고등보통학교는 4년에서 5년으로, 여자고등보통학교는 3년에서 4년(또는 5)으로 연장하였다.
- 일본어의 수업시수를 증가하면서 일본어 교육을 강화하였다. 새로 사범학교와 대학설치의 길을 마련하였다.
- 실업교육 · 전문교육 · 대학교육은 일본의 제도에 따랐다.
- 동일한 교육제도 · 교육기간을 확충함으로써 일본식 교육을 강화하여 한국민족 사상을 말살하려는 데 있었다.
- 새 교육령의 전체내용은 곧 일본어 습득에 있었다.
- 대학의 설치를 규정함으로써 한국에 대학교육의 문이 열린 것처럼 가장하였다.

3. 제3차 조선교육령시기(1938.3~1943.4)

일본의 끝없는 침략야욕으로 1933년 10월 국제 연맹에서 탈퇴하며 군국주의의 길을 걷게 되었다. 이어서 한국에 대해서도 교육을 통한 민족말살(民族抹殺)정책을 사용하게 되었다.

- 교명을 개칭하였다. 종래 보통학교를 심상소학교(尋常小學校), 고등보통학교를 중학교, 여자고등보통학교를 고등여학교라고 하였다.
- 교육내용: 일본어, 일본사, 수신, 체육 등의 교과가 강화되었다.
- 한국어를 쓰는 것을 금하였다. 각 학교의 조선어 교과목은 정과(正果)에서 수의과로 떨어졌다.
- 사립중학교 설립을 불허하였다.
- 기독교 계통 학교의 성경 과목을 폐지시켰다.

4. 제4차 조선교육령시기(1943.3~1945.8)

이 시기는 황국(皇國)의 도(道)에 따른 일본 황국신민화가 목적이었다. 4차 개정안의 주요내용을 보면 다음과 같다.

① 중등학교의 교육목적은 황국의 도에 입각하여 국민의 연성을 주안으로 한다.
② 전문학교의 교육목적 역시 고등한 학술, 기예(技藝)에 관한 교육을 실시하되, 국가 유용의 인물을 기르는 데 있다.

이시기에는 소학교를 초등학교로 바꾸게 되고 오직 황국신민화를 위한 교육을 자행했다.

종군위안부

1945년 5월 일본은 전시교육령(戰時教育令)을 공포하여 학교교육을 전쟁을 위한 교육으로 변경하여 각 학교에 전시에 긴절한 요무(要務)에 이바지하라고 전달하였다. 그리하여 1945년 7월 총독부 명령으로 각 학교는 학도대를 결성하게 되고 젊은 학생들은 학도병으로, 젊은 여성들은 종군위안부로 끌려가게 되었고, 정규교육보다 군사훈련에 더 치중했다.

5. 방정환의 교육사상

방정환(方定煥, 1899~1931)은 일제 강점기의 독립운동가, 아동문화운동가, 어린이 교육인, 사회운동가이며 어린이날의 창시자이다. 보성전문학교를 거쳐 일본 도요대학교 철학과에서 아동문학과 아동심리학을 공부했다. 아동문학 연구 단체인 색동회를 조직했다. '어린이'라는 말을 처음 쓰기 시작했고, 순수아동잡지 『어린이』를 창간했다.

방정환

• 방정환의 교육사상 요약

① 어린이는 스스로 성장하려는 내재적 가능성을 지닌 존재이다. 그렇기에 어린이의 성장, 발달을 방해하고 구속하는 모든 장애를 제거해야 한다.

② 지, 덕, 미의 조화를 중심으로 어린이 개인의 조화로운 성장과 민족의식을 고취시켜야 한다.

③ 어린이는 흥미의 원리(동화 구연, 동요, 동극), 직관의 원리(그림, 사진) 등을 이용하여 교육해야 한다.

④ 어린이의 세계는 성인의 세계와 다르며, 자유롭게 활동하게 해야 한다.

⑤ 어린이는 독립된 한 인격체이며, 기쁨 속에서 자라게 하며 존댓말을 써야 한다.

방정환의 교육사상은 이전의 교육사상가들과는 다르게 아동의 가치를 존중하는 것에서 그 의의를 찾을 수 있다.

Chapter 8

해방 후의 교육

1. 미군정기 교육(1945.9~1948.8)

이 시기에는 현대 한국교육의 기본적인 틀이 마련되었다는 점에서 한국교육사에서 중요한 시기라고 할 수 있다. 일본을 굴복시킨 미군은 38선 이남지역에 들어와 군정을 실시하였다. 미군은 미국 유학생 출신으로서 반공이념이 투철하고 민주주의적 성향을 지닌 한국인 교육인사들을 발탁하였는데, 이들이 당시 미군정 학무국 직원이나 한국교육위원회 및 조선교육심의회 위원으로 있으면서 교육의 초석 마련을 위해 많은 활동을 하였다.

① 한국교육위원회

미군정은 오천석의 추천으로 유억겸, 김성수 등으로 하는 한국교육위원회를 조직했다. 이는 교육문제 전반에 대한 심의 및 결정을 하였다. 이후 군정청 학무국 산하에 조선 교육심의회(1945.11.23)를 구성하였다.

② 교육이념제정

미군정의 교육자문기구인 조선교육심의회는 일제 강점에서 해방된 조선의 교육이념을 다음과 같이 제정하였다.

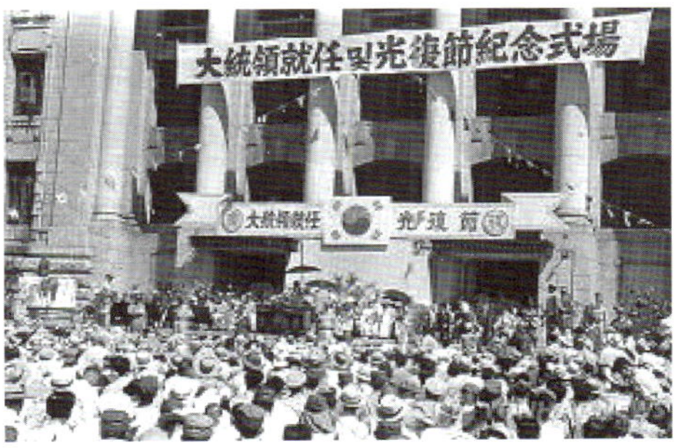

일제로부터 해방

"홍익인간의 건국이상에 기(基)하여 인격이 완전하고 애국정신이 투철한 민주국가의 공민을 양성함을 교육의 근본이념으로 함"

③ 초등교육은 공민, 국어, 지리, 역사, 산수, 이과, 음악, 체육 등으로 구성되었고 이후 습자, 도와, 요리가, 실과가 추가 되었다. 이후 공민, 역사, 지리를 사회생활로 통합하였다.

④ 중등교육은 공민, 국어, 지리, 역사, 물리, 생물, 화학, 가사, 재봉, 영어, 음악, 체육, 습자, 도화, 수예, 실업을 교과로 하고, 주 32시간에서 34시간을 수업하였다.

2. 학제 개혁

① 일제의 복선형 학제에서 단선형으로 바꾸었다. 학교를 학령전 교육, 초등교육, 중등교육, 고등교육, 특수교육의 5종류로 하였다. 교육연한은 미국의 학제를 모방하여 16년(6-3-3-4)과 유치원 교육 및 대학원 각 2년을 합하여 총 20년으로 하였다.

② 중등교육을 초급과 고급으로 나누고 전문학교를 대학에 흡수하였다. 학기는 1년에 2학기제로 하고, 1학기를 9월~2월로 2학기를 3월~8월로 미국학교 학기를 따랐고 남녀공학을 원칙으로 하였다.

③ 교육과정 및 교과서는 국어 및 국사 교육을 강화하고 교과서에 상용한자를 1,000자로 제한하며, 한글쓰기를 강조하고 기존의 한글을 세로와 가로쓰기의 혼용을 가로쓰기 원칙으로 바꾸었다.

④ 사범학교를 증설하여 초등교사와 중등교사를 양성하였다.

⑤ 문맹퇴치 및 의무교육을 실시하였다.

2부 참고문헌

고미숙(2006). **교육철학**. 서울: 문음사

가영희 외(2012). **교육학개론**. 서울: 동문사.

강기수(2014). **교육학개론**. 서울: 동문사.

김부식. **삼국사기**

김희수 외(2014). **교육학개론**. 서울: 동문사.

노영택(1979). **일제하 민중교육운동사**. 서울: 탐구당.

손인수(1987). **한국교육사**. 서울: 문음사.

신득렬(2003). **현대교육철학**. 서울: 학지사.

박의수 외(2013). **교육의 역사와 철학**. 서울: 동문사.

박의수 외(2017). **쉽게 쓴 교육의 역사와 철학**. 서울: 동문사.

신창호(2012). **교육철학 및 교육사**. 고양: 서현사.

오천석(1975). **한국신교육사(상)**. 서울: 광명출판사.

이만규(1988). **조선교육사**. 서울: 거름.

이성무(1976). **한국의 과거제도**. 서울: 한국일보사.

이승원(2011). **새로 쓴 교육의 이해**. 서울: 신정.

일연. **삼국유사**.

정석환(2016). **교육철학 및 교육사**. 서울: 동문사.

정호표(2002). **현대교육철학**. 서울: 교육과학사.

주영흠 외(2011). **교육철학 및 교육사**. 서울: 신정.

주영흠(2001). **서양교육사상사**. 서울: 양서원.

한기언(1980). **교육사학**. 서울: 세광공사.

Akinpelu, J.A.(1985). *Philosophy of Education.* London: Macmillan Publishers.

Gutek, G.L.(1988). *Philosophy and Ideological Perspectives on Education.* N.J: Prentice Hall.

Ornstein, A.C.(1977). *Foundation of Education.* Illinois: Rand Mcnally College Publishing Co.

Monroe, P.(1928). *A Brief Course in the History of Education.* New York: The Macmillan Company.

원시시대 사용된 돌칼

https://www.google.co.kr/search?biw=1164&bih=537&tbm=isch&sa=1&ei=eTtIWvr3Eceg8QW5lZWIB

g&q=%EB%8F%8C%EC%B9%BC&oq=%EB%8F%8C%EC%B9%BC&gs_l=psy-ab.3..0l2j0i24k1.349674.355979.0.356948.21.18.1.0.0.0.120.1310.12j2.16.0....0...1c.1j4.64.psy-ab..5.13.1146.0...88.w-l-lwX5Yds#imgrc=AkoeOFX7RrQOPM:

삼국유사
https://www.google.co.kr/search?biw=1164&bih=492&tbm=isch&sa=1&ei=lkVIWveLHc308AW6s4G4Cg&q=%EC%82%BC%EA%B5%AD%EC%9C%A0%EC%82%AC&oq=%EC%82%BC%EA%B5%AD%EC%9C%A0%EC%82%AC&gs_l=psy-ab.3..0l5j0i5i30k1j0i24k1l4.295063.296116.0.296866.5.5.0.0.0.0.160.530.0j4.4.0....0...1c.1j4.64.psy-ab..1.4.528....0.m1Qwr1yUaY4#imgrc=plmHG1Q0Fj1iSM:

단군왕검
https://www.google.co.kr/search?q=%EB%8B%A8%EA%B5%B0%EC%99%95%EA%B2%80&source=lnms&tbm=isch&sa=X&ved=0ahUKEwjAn7y41rnYAhUHmJQKHRzhD3kQ_AUICigB&biw=1164&bih=511#imgrc=_uVgk77yfHld_M:

성년식
https://www.google.co.kr/search?q=%EC%84%B1%EB%85%84%EC%8B%9D&source=lnms&tbm=isch&sa=X&ved=0ahUKEwjm8PPw3LnYAhUMbbwKHa9wDoUQ_AUICigB&biw=1164&bih=511#imgrc=lWQ1rUj1r6JGnM:

예기
https://www.google.co.kr/search?biw=1164&bih=492&tbm=isch&sa=1&ei=VU5IWoz2IITB0gTHvpX4Bw&q=%EC%98%88%EA%B8%B0&oq=%EC%98%88%EA%B8%B0&gs_l=psy-ab.3..0l3j0i24k1l7.305755.307025.0.307411.6.6.0.0.0.0.146.622.0j5.6.0....0...1c.1j4.64.psy-ab..0.5.621.0...90.KLvPc5VtdO0

경당
https://www.google.co.kr/search?q=%EA%B3%A0%EA%B5%AC%EB%A0%A4+%EA%B2%BD%EB%8B%B9&source=lnms&tbm=isch&sa=X&ved=0ahUKEwi3xZjb7bnYAhWJLpQKHbfBCHgQ_AUICigB&biw=1164&bih=511#imgrc=7ZRis69ikiyzaM:

백제의 유물
https://www.google.com/search?q=%EB%B0%B1%EC%A0%9C%EC%9D%98+%EC%9C%A0%EB%AC%BC&tbm=isch&source=lnms&sa=X&ved=0ahUKEwiDnfD26cTYAhUEiLwKHYZRD2gQ_AUICigB&biw=1164&bih=511&dpr=1.38

왕인
https://www.google.co.kr/search?biw=1164&bih=492&tbm=isch&sa=1&ei=oGZIWo-dH4nJ0AS8oavYCw&q=%EC%99%95%EC%9D%B8&oq=%EC%99%95%EC%9D%B8&gs_l=psy-ab.3..0l3j0i24k1j0l3j0i24k1l3.3004.3739.0.4306.5.5.0.0.0.0.162.563.0j4.4.0....0...1c.1j4.64.psy-ab..1.4.561...0i19k1.0.11_G3kH22oA

화랑도
https://www.google.co.kr/search?biw=1164&bih=467&tbm=isch&sa=1&ei=kH1IWq7LGIu50ASZxZGo

DA&q=%ED%99%94%EB%9E%91%EB%8F%84&oq=%ED%99%94%EB%9E%91%EB%8F%84&gs_l=psy-ab.3..0l5j0i24k1l4j0i5i30k1.68728.70266.0.71815.10.10.0.0.0.0.130.991.0j9.10.0....0...1c.1j4.64.psy-ab..1.8.884.0...85.k_lwtVFDpjI

진흥왕

https://www.google.co.kr/search?q=%EC%A7%84%ED%9D%A5%EC%99%95&source=lnms&tbm=isch&sa=X&ved=0ahUKEwjOl6Lot7rYAhUFppQKHWLlANMQ_AUICigB&biw=1164&bih=511#imgrc=uFWokSCczJz9xM:

성덕대왕신종

https://www.google.co.kr/search?q=%EC%82%BC%EA%B5%AD+%EC%9D%98+%EB%B5%88%EA%B5%90%EB%AF%B8%EC%88%A0&source=lnms&tbm=isch&sa=X&ved=0ahUKEwiyuN_X7LvYAhUBHJQKHcYTC6cQ_AUICigB&biw=1164&bih=511#imgrc=Sbe4fzk-zEcFsM:

신라향교

https://www.google.co.kr/search?biw=1164&bih=511&tbm=isch&sa=1&ei=4ThNWquVEJHs0AS3jJLYBQ&q=%EC%8B%A0%EB%9D%BC%EC%9D%98+%EA%B5%AD%ED%95%99&oq=%EC%8B%A0%EB%9D%BC%EC%9D%98+%EA%B5%AD%ED%95%99&gs_l=psy-ab.3..0i24k1.5832.11267.0.11662.14.12.1.1.1.0.133.1391.0j12.12.0....0...1c.1j4.64.psy-ab..0.4.380....0.T8_wbadeErU#imgrc=bT3kgdFFDKHVVM:

효경의 탁본

https://www.google.co.kr/search?q=%ED%9A%A8%EA%B2%BD&source=lnms&tbm=isch&sa=X&ved=0ahUKEwilvM-907zYAhXINpQKHWvwCG0Q_AUICigB&biw=1164&bih=511#imgrc=cwMwUiYqdTkRQM:

원효

https://www.google.co.kr/search?biw=1164&bih=511&tbm=isch&sa=1&ei=7U1NWvjwO8_M8wWjuZi4Cw&q=%EC%9B%90%ED%9A%A8&oq=%EC%9B%90%ED%9A%A8&gs_l=psy-ab.3..0l10.1318098.1320508.0.1321020.12.12.0.0.0.0.168.1032.0j8.9.0....0...1c.1j4.64.psy-ab..3.8.1029.0..0i24k1j0i30k1.94.ZGogbgTNwVI

설총

https://www.google.co.kr/search?biw=1164&bih=511&tbm=isch&sa=1&ei=F1NNWqm_NoGY0QSTr5-wDA&q=%EC%84%A4%EC%B4%9D&oq=%EC%84%A4%EC%B4%9D&gs_l=psy-ab.3..0j0i24k1l7j0i10i24k1.3474856.3479997.0.3480723.10.10.0.0.0.0.135.931.0j8.9.0....0...1c.1j4.64.psy-ab..1.8.928.0..0i7i30k1j0i13k1.89.sRP59J3GQfI

최치원

https://www.google.co.kr/search?biw=1164&bih=511&tbm=isch&sa=1&ei=F2dNWrSYAcTy8QWuxKSwBA&q=%EC%B5%9C%EC%B9%98%EC%9B%90&oq=%EC%B5%9C%EC%B9%98%EC%9B%90&gs_l=psy-ab.3..0l2j0i24k1l8.377830.380049.0.380470.13.13.0.0.0.0.154.1190.0j10.11.0....0...1c.1j4.64.psy-ab..2.10.1187.0...119.7Mzf65M1vcg

태조왕건
https://www.google.co.kr/search?biw=1164&bih=511&tbm=isch&sa=1&ei=lGhNWsSlE4SL8wWElo_QBw&q=%ED%83%9C%EC%A1%B0%EC%99%95%EA%B1%B4&oq=%ED%83%9C%EC%A1%B0%EC%99%95%EA%B1%B4&gs_l=psy-ab.3..0l10.1501943.1504627.0.1504861.14.14.0.0.0.0.122.1428.0j13.14.0....0...1c.1j4.64.psy-ab..0.13.1422.0..0i24k1.92.nbKunAZCya0#imgrc=GtZjexBA_fmVFM:

고려 국자감
https://www.google.co.kr/search?biw=1164&bih=511&tbm=isch&sa=1&ei=zJFPWublJIza8QWLhJ-QAQ&q=%EA%B3%A0%EB%A0%A4+%EA%B5%AD%EC%9E%90%EA%B0%90&oq=%EA%B3%A0%EB%A0%A4+%EA%B5%AD%EC%9E%90%EA%B0%90&gs_l=psy-ab.3..0.87032.87673.0.88673.5.5.0.0.0.0.135.561.2j3.5.0....0...1c.1j4.64.psy-ab..1.2.255...0i13k1j0i13i5i30k1.0.dUF3zcNv6pg#imgrc=BsQ-D3BQZIQtHM:

최충
https://www.google.co.kr/search?q=%EC%B5%9C%EC%B6%A9&source=lnms&tbm=isch&sa=X&ved=0ahUKEwjV0a6zhsLYAhUIzbwKHciyCjsQ_AUICigB&biw=1164&bih=511

반야심경
https://www.google.co.kr/search?q=%EB%B0%98%EC%95%BC%EC%8B%AC%EA%B2%BD&tbm=isch&source=lnms&sa=X&ved=0ahUKEwit367KgsPYAhXLl5QKHSeFCxwQ_AUICygC&biw=1164&bih=511&dpr=1.38

성리대전
https://www.google.co.kr/search?q=%EC%84%B1%EB%A6%AC%EB%8C%80%EC%A0%84&source=lnms&tbm=isch&sa=X&ved=0ahUKEwj-wLu2-sLYAhWKkpQKHSOUBKkQ_AUICigB&biw=1164&bih=511

이성계
https://www.google.co.kr/search?q=%EC%9D%B4%EC%84%B1%EA%B3%84&source=lnms&tbm=isch&sa=X&ved=0ahUKEwjLruaot8PYAhWENJQKHVZcC9gQ_AUICigB&biw=1164&bih=511

성균관의 위치
https://www.google.co.kr/search?q=%EC%84%B1%EA%B7%A0%EA%B4%80&source=lnms&tbm=isch&sa=X&ved=0ahUKEwjElfOKnsTYAhUEyLwKHXDJDWgQ_AUICigB&biw=1164&bih=511#imgrc=l7vUsr4rzwMzIM:

성균관의 구조
https://www.google.co.kr/search?biw=1164&bih=511&tbm=isch&sa=1&ei=dDlRWrafJMGF8gXf_KzgAg&q=%EC%84%B1%EA%B7%A0%EA%B4%80%EC%9D%98+%EA%B5%AC%EC%A1%B0&oq=%EC%84%B1%EA%B7%A0%EA%B4%80%EC%9D%98+%EA%B5%AC%EC%A1%B0&gs_l=psy-ab.3..0i24k1.592579.593453.0.593945.8.7.0.1.1.0.154.674.3j3.6.0....0...1c.1j4.64.psy-ab..3.5.488...0.0.A58iNSZuLMQ#imgrc=8FCncq9KYWqYAM:

복원된 성균관
https://www.google.co.kr/search?biw=1164&bih=511&tbm=isch&sa=1&ei=34pJWoOKOYO_0AS9yZegBQ&q=%EC%84%B1%EA%B7%A0%EA%B4%80&oq=%EC%84%B1%EA%B7%A0%EA%B4%80&gs_l=psy-ab.3..0l10.2126766.2128982.0.2130599.12.11.0.1.1.0.146.1114.2j8.11.0....0...1c.1j4.64.psy-ab..0.11.1118.0...91.cSlFWYRYBYA#imgrc=fWy17KIBGbFyMM:

명륜당
https://www.google.co.kr/search?biw=1164&bih=511&tbm=isch&sa=1&ei=xztRWo-IAcGg0gT_8I3IBQ&q=%EC%84%B1%EA%B7%A0%EA%B4%80%EC%9D%98+%EB%AA%85%EB%A5%9C%EB%8B%B9&oq=%EC%84%B1%EA%B7%A0%EA%B4%80%EC%9D%98+%EB%AA%85%EB%A5%9C%EB%8B%B9&gs_l=psy-ab.3...1455322.1460159.0.1460598.15.14.1.0.0.0.201.1618.4j9j1.14.0....0...1c.1j4.64.psy-ab..1.4.467...0i24k1j0i13k1.0.9XEK9AWRe2M

기장향교
https://www.google.co.kr/search?q=%ED%96%A5%EA%B5%90&source=lnms&tbm=isch&sa=X&ved=0ahUKEwj4iYPdtsTYAhXBp5QKHSMxBXkQ_AUICigB&biw=1164&bih=511#imgrc=BMOC-VHYZWOzgM:

향교의 제례예식
https://www.google.co.kr/search?q=%ED%96%A5%EA%B5%90%EC%9D%98-%EC%A0%9C%EB%A1%80%EC%8B%9D&source=lnms&tbm=isch&sa=X&ved=0ahUKEwjDvfjTusTYAhUT6bwKHaclCSsQ_AUICigB&biw=1164&bih=511#imgrc=a71wvBS0nBSSoM:

소수서원
https://www.google.co.kr/search?biw=1164&bih=511&tbm=isch&sa=1&ei=faVJWt6fOcKb0gSPz7vADA&q=%EC%86%8C%EC%88%98%EC%84%9C%EC%9B%90&oq=%EC%86%8C%EC%88%98%EC%84%9C%EC%9B%90&gs_l=psy-ab.3..0l3j0i24k1l6j0i5i30k1.4792.7265.0.7777.15.14.0.0.0.0.193.1418.0j11.12.0....0...1c.1j4.64.psy-ab..3.11.1412.0...128.Fg6sSQTXpSc#imgrc=NbA6XuJakaR9EM:

필암서원 구조
http://mahan.wonkwang.ac.kr/culture/2014/1/1/2/b.htm

서당(김홍도)
https://www.google.co.kr/search?q=%EC%84%9C%EB%8B%B9&source=lnms&tbm=isch&sa=X&ved=0ahUKEwjml8LZyrXYAhWDj5QKHd0NCrgQ_AUICigB&biw=1164&bih=537#imgrc=g_y6eOpwwtYTYM:

문중서당
https://www.google.co.kr/search?biw=1164&bih=511&tbm=isch&sa=1&ei=amERWrXrLoHa0gTN6rnQAg&q=%EB%AC%B8%EC%A4%91%EC%84%9C%EB%8B%B9&oq=%EB%AC%B8%EC%A4%91%EC%84%9C%EB%8B%B9&gs_l=psy-ab.3...3654822.3657915.0.3658254.17.15.0.0.0.0.147.1348.0j11.12.0....0...1c.1j4.64.psy-ab..6.8.1000.0..0j0i13k1j0i24k1.176.1_JeFtdYxlw#imgrc=3oIdEU4S-RR1IM:

과거시험
https://www.google.co.kr/search?biw=1164&bih=511&tbm=isch&sa=1&ei=ZXRRWqKWCoSY8QXVr5uADw&q=%EA%B3%BC%EC%A0%80%EC%A0%9C%EB%8F%84&oq=%EA%B3%BC%EC%A0%80%EC%A0%9C%EB%8F%84&gs_l=psy-ab.3..0i13k1.426859.429460.0.430042.13.13.0.0.0.0.142.1087.6j5.12.0....0...1c.1j4.64.psy-ab..2.8.809.0..0j0i24k1j0i10i24k1.74.LZv2oZGbjeM

경국대전
https://www.google.co.kr/search?biw=1164&bih=511&tbm=isch&sa=1&ei=ooBRWrb4H8708AWu3bP4CA&q=%EA%B2%BD%EA%B5%AD%EB%8C%80%EC%A0%84&oq=%EA%B2%BD%EA%B5%A

학교모범
https://www.google.co.kr/search?biw=1164&bih=511&tbm=isch&sa=1&ei=eoZRWpqaJ4iV0gTPoK1o&q=%ED%95%99%EA%B5%90%EB%AA%A8%EB%B2%94&oq=%ED%95%99%EA%B5%90%EB%AA%A8%EB%B2%94&gs_l=psy-ab.3..0i24k1.442048.445780.0.446329.14.13.0.0.0.0.153.1260.2j9.12.0....0...1c.1j4.64.psy-ab..3.9.1044.0..0.123.iSGP7WvPhFU#imgrc=N3bzWUAjzOBJ7M:

권근의 입학도설
https://www.google.co.kr/search?q=%EC%9E%85%ED%95%99%EB%8F%84%EC%84%A4&source=lnms&tbm=isch&sa=X&ved=0ahUKEwi7r8ix7MTYAhUCHpQKHfRcA3QQ_AUICigB&biw=1164&bih=511

박지원
https://www.google.com/search?biw=1164&bih=511&tbm=isch&sa=1&ei=0JdRWvixCoOe0gTCupKwBQ&q=%EB%B0%95%EC%A7%80%EC%9B%90%EC%9D%98+%EC%97%B4%ED%95%98%EC%9D%BC%EA%B8%B0&oq=%EB%B0%95%EC%A7%80%EC%9B%90%EC%9D%98+%EC%97%B4%ED%95%98%EC%9D%BC%EA%B8%B0&gs_l=psy-ab.3...2363.4996.0.5452.14.13.0.0.0.0.185.1196.0j9.9.0....0...1c.1j4.64.psy-ab..6.0.0....0.NWrb1WLY0ws#imgrc=IHw_0tA36rQkLM:

최제우
https://www.google.co.kr/search?q=%EC%B5%9C%EC%A0%9C%EC%9A%B0&source=lnms&tbm=isch&sa=X&ved=0ahUKEwjHtLGHkcXYAhVFbrwKHQ5iDYoQ_AUICigB&biw=1164&bih=511

경자바위
https://www.google.co.kr/search?biw=1164&bih=511&tbm=isch&sa=1&ei=iqNRWv3NOcmt8QW9wI2oBA&q=%EA%B2%BD%EC%9E%90%EB%B0%94%EC%9C%84&oq=%EA%B2%BD%EC%9E%90%EB%B0%94%EC%9C%84&gs_l=psy-ab.3...7563.14332.0.14792.23.21.2.0.0.0.185.2273.0j17.19.0....0...1c.1j4.64.psy-ab..3.14.1629.0..0j0i24k1j0i5i30k1j0i19k1j0i10i24k1.101.WCQGQvdoRtQ

율곡이이
https://www.google.co.kr/search?biw=1164&bih=511&tbm=isch&sa=1&ei=AqhJWpyYFYi70ATZ-YD4DA&q=%EC%9C%A8%EA%B3%A1%EC%9D%B4%EC%9D%B4&oq=%EC%9C%A8%EA%B3%A1%EC%9D%B4%EC%9D%B4&gs_l=psy-ab.3..0l3j0i24k1l7.14718061.14720997.0.14721778.14.13.0.1.1.0.171.1444.1j11.13.0....0...1c.1j4.64.psy-ab..1.12.1352.0...101.j-tr3RkBzyY#imgrc=z8vJjmHj77mJHM:

격몽요결

https://www.google.co.kr/search?biw=1164&bih=511&tbm=isch&sa=1&ei=mqNRWt79FsWE8wXhpYWwAg&q=%EA%B2%A9%EB%AA%BD%EC%9A%94%EA%B2%B0&oq=%EA%B2%A9%EB%AA%BD%EC%9A%94%EA%B2%B0&gs_l=psy-ab.3..0j0i24k1l9.5064052.5067058.0.5067413.15.13.0.2.2.0.258.1406.0j10j1.12.0....0...1c.1j4.64.psy-ab..1.12.1304.0...109.pOhH6kCNHfw

이익

https://www.google.co.kr/search?biw=1164&bih=511&tbm=isch&sa=1&ei=0rhRWsTyNMax0gSD16e4AQ&q=%EC%9D%B4%EC%9D%B5&oq=%EC%9D%B4%EC%9D%B5&gs_l=psy-ab.3..0l10.788284.789883.0.790265.8.8.0.0.0.0.136.804.0j7.8.0....0...1c.1j4.64.psy-ab..1.6.700.0...100.yfRUR_h_25c

정약용

https://www.google.co.kr/search?biw=1164&bih=511&tbm=isch&sa=1&ei=6btRWoi4OorM0gT32q7gBQ&q=%EC%A0%95%EC%95%BD%EC%9A%A9&oq=%EC%A0%95%EC%95%BD%EC%9A%A9&gs_l=psy-ab.3..0l10.1109549.1111391.0.1111770.11.11.0.0.0.0.152.1148.1j9.11.0....0...1c.1j4.64.psy-ab..0.10.1146.0...96.MeP2is_eCsw

정약용의 거중기

https://www.google.co.kr/search?biw=1164&bih=511&tbm=isch&sa=1&ei=hOFJWsa5M4LM0gT3so6wCg&q=%EA%B1%B0%EC%A4%91%EA%B8%B0&oq=%EA%B1%B0%EC%A4%91%EA%B8%B0&gs_l=psy-ab.3..0l5j0i30k1j0i24k1l4.676268.679325.0.680791.11.11.0.0.0.0.162.1138.0j9.10.0....0...1c.1j4.64.psy-ab..1.9.1135.0...97.ZXFHHkD1KNw#imgrc=mrWvkB4_HmA0eM:

원산의 학교들

https://www.google.co.kr/search?biw=1164&bih=511&tbm=isch&sa=1&ei=5NtRWpCLA8ar0AS5z6f4Bw&q=%EC%9B%90%EC%82%B0%ED%95%99%EA%B5%90&oq=%EC%9B%90%EC%82%B0%ED%95%99%EA%B5%90&gs_l=psy-ab.3...11183.11643.0.12153.3.3.0.0.0.0.111.305.1j2.3.0....0...1c.1j4.64.psy-ab..0.1.110...0j0i24k1.0.mWAV19efTX8#imgrc=RSx71Fq0Xcc4iM:

육영공원

https://www.google.co.kr/search?biw=1164&bih=511&tbm=isch&sa=1&ei=VQFSWvDCE8rns8QWD5LOABw&q=%EC%9C%A1%EC%98%81%EA%B3%B5%EC%9B%90&oq=%EC%9C%A1%EC%98%81%EA%B3%B5%EC%9B%90&gs_l=psy-ab.3..0j0i24k1l2.4821675.4824658.0.4825068.15.14.0.1.1.0.147.1377.2j10.13.0....0...1c.1j4.64.psy-ab..4.10.1024.0...91.bK2FO-_0sX8

고종황제

https://www.google.co.kr/search?q=%EA%B3%A0%EC%A2%85&source=lnms&tbm=isch&sa=X&ved=0ahUKEwjO57Xg3MXYAhXKXLwKHdg7CUcQ_AUICigB&biw=1164&bih=511

광혜원

https://www.google.co.kr/search?q=%EA%B4%91%ED%98%9C%EC%9B%90&source=lnms&tbm=isch&sa=X&ved=0ahUKEwjfp_WA7cXYAhUIVbwKHddXAwQQ_AUICigB&biw=1164&bih=511#imgrc=WZEsb9GW9FJROM:

배재학당

https://www.google.co.kr/search?q=%EB%B0%B0%EC%9E%AC%ED%95%99%EB%8B%B9&source=lnms&tbm=isch&sa=X&ved=0ahUKEwivlf2wqbbYAhUKppQKHVxaDEUQ_AUICigB&biw=1164&bih=511

이화학당

https://www.google.co.kr/search?q=%EC%9D%B4%ED%99%94%ED%95%99%EB%8B%B9&source=lnms&tbm=isch&sa=X&ved=0ahUKEwjQvNj-2MbYAhXLGZQKHVVyCWMQ_AUICigB&biw=1164&bih=511

이승훈

https://www.google.co.kr/search?q=%EC%9D%B4%EC%8A%B9%ED%9B%88&source=lnms&tbm=isch&sa=X&ved=0ahUKEwiMrPfo2MbYAhVKopQKHR6PCXUQ_AUICigB&biw=1164&bih=511#imgrc=V9f142bXRa6ATM:

안창호

https://www.google.co.kr/search?biw=1164&bih=511&tbm=isch&sa=1&ei=koNSWub-HcyY8QWJ14qoDw&q=%EC%95%88%EC%B0%BD%ED%98%B8&oq=%EC%95%88%EC%B0%BD%ED%98%B8&gs_l=psy-ab.3..0l10.62290.64160.0.64619.12.12.0.0.0.0.169.1181.0j9.10.0....0...1c.1j4.64.psy-ab..2.9.1175.0..0i24k1j0i5i30k1.130.hzSupwPWRTg#imgrc=QCsKa9-W9tBiBM:

조선총독부

https://www.google.co.kr/search?q=%EC%A1%B0%EC%84%A0%EC%B4%9D%EB%8F%85%EB%B6%80&source=lnms&tbm=isch&sa=X&ved=0ahUKEwjBlPKs3cbYAhVJTLwKHWVLDGwQ_AUICigB&biw=1164&bih=511#imgrc=MBGZ-JRVAgM-vM:

종군위안부

https://www.google.co.kr/search?biw=1164&bih=511&tbm=isch&sa=1&ei=IohSWvLYJ8Wi8QWoz42QAg&q=%EC%A2%85%EA%B5%B0%EC%9C%84%EC%95%88%EB%B6%80&oq=%EC%A2%85%EA%B5%B0%EC%9C%84%EC%95%88%EB%B6%80&gs_l=psy-ab.3..0l2.1868836.1872635.0.1873394.19.16.0.1.1.0.150.1560.1j12.14.0....0...1c.1j4.64.psy-ab..6.12.1352.0..0i24k1.133.4-ofmnsMZ0w#imgrc=JdMt0oUWuus2_M:

방정환

https://www.google.co.kr/search?biw=1164&bih=511&tbm=isch&sa=1&ei=dI9SWuPEMYG18QXwwYiIDQ&q=%EB%B0%A9%EC%A0%95%ED%99%98&oq=%EB%B0%A9%EC%A0%95%ED%99%98&gs_l=psy-ab.3..0j0i30k1l5j0i24k1l3j0i5i30k1.1314838.1318259.0.1318733.15.15.0.0.0.0.138.1621.0j14.15.0....0...1c.1j4.64.psy-ab..0.14.1616.0...101.vsqLbzl74qM#imgrc=7qd7QRJVGFqe6M:

일제로부터 해방

https://www.google.co.kr/search?biw=1164&bih=511&tbm=isch&sa=1&ei=IppSWryfHoSa0gTT0ZPoDA&q=%EC%9D%BC%EC%A0%9C%ED%95%B4%EB%B0%A9&oq=%EC%9D%BC%EC%A0%9C%ED%95%B4%EB%B0%A9&gs_l=psy-ab.3..0i24k1.18985.20066.0.21871.5.5.0.0.0.0.329.724.1j2j0j1.4.0....0...1c.1j4.64.psy-ab..2.2.474...0i13k1.0.TeTfOXuwt9k

Part 3

서양의 교육철학

Chapter 1

교육철학이란 무엇인가?

교육철학을 한 마디로 정의하기는 쉽지 않다. 19세기 독일의 헤르바르트가 대학에서 교육학을 하나의 학문으로서 강의하기 시작한 이래, 20세기에 들어서 교육학의 한 하위영역으로서 교육철학은 시작되었다. 따라서 교육철학의 역사는 일천하며, 그 짧은 세월동안 다양한 논의가 진행되어 왔기 때문이다. 지금까지 논의된 교육철학에 대한 정의는 크게 네 가지로 구분할 수 있다.

1. 철학적 이론의 연장

철학은 B.C. 6세기에 밀레토스 학파가 자연에 대해 논의하기 시작한 이래 다양한 이론을 전개해왔다. 그 중에 대표적인 이론은 관념론, 실재론, 프래그머티즘 등이 있다. 교육철학을 철학적 이론의 연장으로 이해하는 방식은 철학이론으로부터 교육과 관련된 내용이나 교육의 가정을 찾아내는 것이다. 즉, 철학적 이론이나 전제로부터 교육학적 주장이나 함의 또는 시사점을 이끌어 내는 것이다. 사실 철학자들의 본래적 관심은 주로 형이상학(또는 존재론)이나 지식 또는 가치에 관한 것이므로 교육이 그들의 일차적 관심이 아닌 경우가 더 많다고 보아야 할 것이다. 그렇지만 교육철학을 철학적 이론의 연장으로 이해하는 경우 철학자들이 교육에 대해 생각하고 말했을 법한 원리나 주장 또는 가정을 그들의 철학이론으로부터 도출하는 것이다. 역사상 대표적인 철학이론은 다음과 같다.

1) 관념론

관념론(Idealism)이란 우주를 형성하는 궁극적인 실재는 정신이나 관념이며, 인간의 참된 실재는 영혼 또는 신성에 있다고 보는 철학이론이다. 관념론의 대표는 고대 그리스의 플라톤이다. 플라톤 주장의 핵심은 참으로 존재하는 궁극적 실재는 이데아(Idea)라는 것이다. 이데아란 눈에 보이지 않는 관념의 세계이지만 그것이 실재이고, 눈에 보이는 현상세계는 실재가 아니다. 현상계는 빛에 의해서 잠깐 보이다가 보이지 않는 믿을 수 없는 가짜 실재 또는 실재의 그림자이다. 따라서 눈에 보이는 가시계가 아니라 눈에 보이지 않는 가지계(형상계 또는 이데아계)가 진짜 실재이다. 한편 인간의 경우에도 인간의 참된 실재는 육체가 아니라 영혼이라고 본다. 플라톤은 인간을 육체와 영혼이라는 이원론으로 파악하였다. 육체는 마치 가시계처럼 잠깐 있다가 사라지는, 그래서 믿을 수 없는 가짜 실재에 지나지 않는다. 인간의 영혼이야말로 불사하는 영원한 존재이며, 인간의 참된 실재이다. 따라서 『소크라테스의 변명』(29e)에서 소크라테스는 플라톤의 생각을 대변하며 외친다. "많은 돈을 자기의 것으로 만들까 하는 데에만 머리를 쓰고, 또 평판이나 지위에 대해서 마음을 쓰고, 사려나 진리에 대해서, 또 정신을 가장 훌륭하게 하는 데에는 생각도 않고 염려도 하지 않으니 부끄럽지 않은가?" 이런 외침은 인간의 본질이 육체가 아니라 영혼에 있다는 믿음이 밑바탕에 들어 있다. 따라서 인간은 자신의 진짜 모습인 영혼을 돌보아야 하는 것이다.

또한 관념론에 따르면, 진리는 감각적 경험으로 검증되는 것이 아니라 논리적 사유로 입증된다. 감각적 경험은 빛에 의해서 형성되는 가시계에서 가능한 것이므로 신뢰할 만한 지식을 제공하지 못한다. 플라톤에 따르면, 가시계에서 경험한 것은 그것을 정당화시켜 줄 타당한 근거를 제공하지 못하므로 의견(독사, doxa)의 수준에 머문다. 요컨대 플라톤은 감각을 지식의 원천으로 받아들이지 않는다. 지식(에피스테메, episteme)은 논리적 사유나 이성에 근거한 철학적 논증에 의해서 도출될 수 있다.

관념론에서 진리와 진리 아닌 것을 결정하는 기준은 정합설(coherence theory)이다. 정합설이란 한 가지 신념이나 사실이 진리가 되는 준거는 그것이 다른 신념이나 사실들과 모순되지 않으며, 한 체계 속에 논리정연하게 포함되는가에 달려 있다고 보는 이론이다. 예컨대, 삼각형에 관한 몇 가지 관념이 있다고 하자. 삼각형은 세 변을 가지고 있다. 삼각형은 세 각을 가지고 있다. 삼각형의 내각의 합은 180도이다 등등. 그런데 삼각형은 '중심으로부터 같은 거리에 있는 점들의 집합'이라는 관념이 있다면 이것은 다른 관념들과 모순되며, 삼각형이라는 관념 체계 속에 논리 정연하게 포함될 수 없다. 따라서 마지막 관념은 삼각형에 관한 진리로 인정할 수 없다.

따라서 관념론적 가정을 갖고 있는 사람이 교육을 할 때는 감각세계보다는 지성 계발에 마음을 쓸 것이다. 그런 교과로는 국·영·수 중심의 이론교과를 중시하고, 감각세계와 관련 깊은 자연과학은 소홀히 할 것이다.

2) 실재론

실재론(Realism)이란 우리의 의식이나 관념을 떠나 우리 밖에 객관적으로 실재가 존재한다고 믿는 이론이다. 우리는 우리 마음과는 별도로 독립적으로 존재하는 사물의 세계 속에 살고 있으며 따라서 우리는 이성이나 감각을 통하여 사물들에 대한 지식을 얻을 수 있다. 실재론의 대표자로는 아리스토텔레스가 있다.

아리스토텔레스에 따르면, 이 세상에 살아 있는 존재는 식물, 동물, 인간 세 가지이다. 이 세 생물은 자아 실현하는 방법이 각각 다르다. 일단 식물은 자리를 이동하지 못한 채 영양섭취를 하고, 섭생을 하여 꽃을 피우거나 열매를 맺어 자아실현 한다. 동물은 식물과는 달리 장소를 이동할 수 있다. 따라서 이곳저곳을 다니면서 짝을 만나 번식활동을 하고 어린 새끼들을 양육한다면 동물 수준에서 자아실현하는 것이다. 그런데 인간은 식물처럼 섭생도 하고 동물처럼 번식활동도 하지만 그것 이외에 인간만이 할 수 있는 지성의 활동을 할 때 자아실현을 하는 것이다.

아리스토텔레스는 세계를 형상(form)과 질료(matter)로 설명하였다. 즉, 세상의 모든 물질은 형상과 질료로 이루어졌으며, 실재를 만드는 동인은 네 가지라고 보았다. 질료인은 '무엇으로 만들어지는가', 형상인은 '무엇이 만들어지는가', 운동인은 '누가 그것을 만들었나', 그리고 목적인은 '무엇을 위해 만들어지고 있는가'에 관한 동인을 의미한다. 가령 '왜 건물이 있게 되었는가?'라는 질문에는 네 가지의 원인이 언급될 수 있다. 첫째, 질료가 있어야 한다. 모래, 나무, 철근, 벽돌 등이 그것이다. 이를 질료인이라 부른다. 둘째, 형상이 있어야 한다. 철근과 벽돌 등만으로 건물이 되는 것이 아니라 일정한 구조 또는 설계가 있어야 한다. 이를 형상인이라 부른다. 셋째, 재료와 청사진만으로 건물이 저절로 생겨나지 않는다. 일정한 재료를 주어진 구조에 맞추어 실지로 건물을 짓는 힘 또는 작용이 필요하다. 곧 건축가가 그것이다. 이를 운동인이라 부른다. 마지막으로, 집을 지을 때 일정한 목적 또는 의도가 있기 마련이다. 사무실인지, 가정주택인지, 공장인지, 학교인지를 결정해야 한다. 이를 결정하는 것은 목적인이라 부른다.

실재론에는 두 개의 작동원리가 있다. 하나는 독립성의 원리(principle of independence)로서 실재는 우리가 지각하든 지각하지 못하든 우리의 인식행위와는 관계없이 존재한다는 것이다. 말하자면 내가 장미를 알지 못해도 즉, 장미에 관한 인식이 없어도 세상에 장미는 존재한다는 것이다. 두 번째는 대응설의 원리이다. 이것은 실재론에서 진리를 판단하는 기준이다. 대응설(correspondence theory)이란 우리의 생각이나 인식이 실재한 사물들과 일치할 때 진리가 된다고 보는 이론이다. 예를 들어 내가 '지구는 평평하다'는 인식을 하고 있지만, 그것이 지구의 모습과 일치하지 않으므로 진리가 될 수 없다. 한편 뉴턴이 주장한 만유인력 이론은 실제로 우주에 중력이 작용하고 있는 것과 일치하므로 진리로 받아들일 수 있다.

실재론자들은 우리의 감각과 이성을 사용하여 객관적인 사물을 인식할 수 있다고 믿었다. 감각으로 감각적 경험과 감각적 자료를 얻으며, 그것을 우리의 마음이 체계적으로 정리하고 분류한다. 그리하여 실재주의자들의 인식론은 실재를 관찰하여 인식에 이른다는 입장을 취한다. 이 인식론을 '관객이론'(spectator theory)이라고 부른다. 인간의 인식과정에는 감각과 추상화가 포함되고 인간은 구경을 하면서 거친 자료들을 보다 정확하고 체계적인 방식으로 정리하고 분류하며 통합하는 과정을 거친다.

이와 같은 실재론을 가지고 있는 사람이 교육에 임했을 때 취할 수 있는 입장은 다음과 같다. 우선 아리스토텔레스는 모든 것이 잠재태에서 현실태로 나아간다는 목적론적 세계관을 지녔기 때문에 인간의 경우에도 잠재력을 계발하여 이성의 발달로 가는 것이 교육의 목적이 된다. 이성발달이라는 목적을 위해 지적 목적과 사물에 대한 감각능력을 기르고 자연적 탐구를 중시한다. 플라톤과 마찬가지로 실재론자도 교과를 분과주의로 택할 것이다. 교육방법에 있어서는 실물교수, 현장견학,

시청각 기구 사용 등 다양한 방법을 활용할 것이다.

3) 프래그머티즘

프래그머티즘(pragmatism) 또는 실용주의는 1870년대 미국에서 시작된 철학사조로서 퍼스, 제임스, 그리고 듀이에 의해서 발전되었다. 실용주의는 전통철학이 내세우는 궁극적인 관념의 세계 그리고 절대적 진리의 존재를 근본적으로 비격한다. 삶의 두드러진 특징은 변화이며 변화만이 실재한다고 믿는다.

실용주의자에 따르면, 인간은 경험으로 세계를 파악할 수 있다. 우리의 경험을 넘어서는 초자연적인 실재나 관념의 세계에 대해서는 아무 것도 파악할 수 없다. 따라서 선험적 개념과 절대적 진리를 거부한다. 실용주의자의 입장에서 진리는 문제 상황 속에서 적합성이나 유용성을 갖느냐의 여부에 따라 상대적으로 결정된다. 또는 우리의 경험을 통해 그 진술의 유용성이 밝혀질 수 있느냐에 따라 진리가 될 수 있다. 가치에 대해서도 실용주의 입장의 가치란 목적에 따라 달라질 수 있는 것이기 때문에 어떤 것이 가치 있는 것이라고 미리 규정지을 수 없다. 경험을 통해 실효성이 입증된 것만 가치 있는 것이라고 인정하므로 '도구주의'라 불린다.

실용주의 입장에 선 교육자는 경험중심 · 생활중심 · 아동중심교육과정에 치중할 것이고, 또 아동의 흥미와 욕구를 중시하며 민주주의 이념을 강조할 것이다.

2. 철학적 지식의 응용

교육철학이란 철학적 연구영역을 교육문제와 직접적으로 연관 짓거나, 철학적 방법을 사용하여 교육문제를 직접적으로 해결하는 데 철학적 연구 성과들을 적용하는 학문이라고 규정하는 방식이다. 철학의 전통적인 영역을 소개하면 다음과 같다.

1) 존재론

존재론(ontology)은 실지로 존재하는 것이 무엇이냐를 탐구하는 영역이다. 즉,

실재(reality) 또는 실지로 있는 것이 무엇이냐가 중심 주제이다. 우주의 실재를 다룰 때는 우주의 궁극적인 본질과 의미를 밝히려는 분야가 된다. 여기서 우주의 궁극적인 본질이란 모든 변화하는 세계의 배후에 변화하지 않는 실체를 말하며, 그런 것이 과연 존재하며 또한 그런 것은 무엇인가를 밝히려는 것이다. 이런 맥락에서 존재론을 형이상학(metaphysics)이라고도 부른다. 우주의 실체에 대해 어떤 사람들은 그것이 정신이나 관념이라는 관념론을 주장하고, 혹은 물질이나 자연이라는 유물론을 주장한다. 한편 인간의 실재를 다룰 때는 '인간은 어떤 존재인가'나, '인간의 참된 실체는 육체인가, 영혼인가'와 같은 문제를 다룬다.

2) 인식론

인식론(epistemology)의 어원적 의미는 '지식(episteme)에 관한 이론(logos)'이다. 즉, 지식이 무엇이며, 진리의 기준은 무엇인지를 밝히려는 분야이다. 참다운 앎이란 어떤 것이며 참다운 앎은 가능한지 아니면 참다운 앎에 도달하는 것은 불가능한지를 탐색한다. 또는 지식의 근거가 무엇인지를 다룬다. 이성적 사유로부터 도출한 것이 지식이 되는지, 아니면 감각적 경험으로부터 도출한 것이 지식이 되는 것인지에 따라 지식의 성격은 결정된다. 또는 지식은 절대적 기준이 있는 것인지, 아니면 지식은 시대적, 사회적 맥락에 따라 달라질 수 있는지를 검토한다.

3) 가치론

가치론(axiology)은 무엇이 가치로운가를 탐구하는 영역으로 윤리학(ethics)과 미학(aesthetics)의 두 영역으로 나눌 수 있다. 윤리학은 도덕철학이라고도 불리며, 좋은 것과 나쁜 것, 옳은 것과 그릇된 것, 정의로운 것과 부정(不正)한 것 등에 관심을 기울인다. 한편 미학이란 아름다운 것과 추한 것 등의 근거와 판단기준 등을 밝히려는 철학적 노력이다. 동시에 미학은 미적 경험, 즉 어떠한 미적 대상으로부터 어떠한 미적 가치를 가지게 되는지 그것의 특징적 성격을 해명 또는 분석해 내는 일로서, 그 기초 위에서 특히 미적 가치가 의식적으로 추구되는 예술 현상이 주된 탐구 대상이 되고 있다.

4) 논리학

논리학(logics)은 합리적이고 타당한 사고의 규칙을 밝히려는 분야이다. 또는 어떤 결론이 그에 도달하기까지의 사고과정이 타당한 것인가를 검토하는 여러 가지 규칙과 기준을 밝히는 분야이다. 논리학의 관심은 어떻게 해야만 오류에 빠지지 않고 올바른 사유를 진행할 수 있는가, 그리하여 진정한 지식을 얻기 위해서는 어떠한 법칙과 형식을 지켜야 하는가 하는 사유의 규범을 연구하는 데 있다. 논리에는 크게 귀납법과 연역법이 있다. 연역법은 보편적 원리에서 구체적·특수적 원리를 이끌어 내는 추리과정을 말한다. 귀납법은 개개의 구체적 사실에서 보편적인 원리나 법칙을 이끌어내는 추리과정이다.

연역법(삼단논법)	귀납법
모든 사람은 죽는다.	백조 1은 하얗다.
소크라테스는 사람이다.	백조 2는 하얗다.
그러므로 소크라테스는 죽는다.	백조 3은 하얗다.
	그러므로 모든 백조는 하얗다.

3. 교육개념의 분석

교육철학은 교육의 문제들의 의미를 분석하고 명료화하는 것이며, 철학의 내용이 아니라 방법을 교육에 적용하는 학문분야라고 이해하는 것이다. 이 입장은 그 이전에 교육에 관한 한 개인의 주관적인 신념을 연구하는 것이 교육철학이라고 보는 관점을 배격하며, 1950~1960년 이후 분석철학을 배경으로 하여 등장하였다. 교육철학이 하나의 학문이 되려면 개인의 주관적인 신념과 주장을 제거하고 사실적인 내용, 즉 언어와 논리의 세계를 다루어서 객관성을 유지해야 한다는 것이다. 그리하여 교육이론과 실제에서 다루어지는 교육에 관한 개념과 주장들의 명료하고 투명한 의미 분석, 논리적 가정과 함의에 대해 연구하는 것이 교육철학의 과제라고 보는 것이다.

4. 독립된 학문으로서의 교육철학

교육철학은 철학적 지식을 연장·적용하여 이론체계를 축적해가는, 말하자면 언제나 철학의 하위영역에 속한다고 보지 않고, 오히려 철학적 지식과 연구결과를 교육의 이론과 실천적 현상을 통해서 검증해 가는 독자적인 연구 분야로 보는 것이다. 즉, 교육철학은 철학적 지식과 연구결과를 활용하고 참조하지만, 그럼에도 불구하고 철학에서 다룰 수 없는 독특한 연구관심과 노력으로 주도적이며 자주적인 학문의 위치를 차지한다는 것이다. 그 중에 한 가지 방식은, 교육현상을 통해서 철학적 지식을 검증해 봄으로써 철학적 지식을 새롭게 주도하고 수정하여 철학적 이론체계가 미처 다루지 못한 양상을 보완할 수도 있다. 철학과 교육철학의 관심은 분명히 다르며, 철학과 교육철학의 목적도 다르기 때문에 교육철학만의 독자적 관심과 문제의식 그리고 독자적 이론체계를 세우는 것이 가능하다. 이런 경우 교육철학은 철학 이외에도 다양한 학문 등을 참조하여 교육이론과 실천에 관한 지식체계를 종합하는 학문이 될 수 있다. 요컨대 교육철학은 교육현상과 실제에 깊은 관심을 갖고, 그러한 것들의 배후에 있는 여러 가지 가정들을 탐구하고, 교육실제 및 현상에 대한 논의들을 철학적 사유를 통해 종합하고 체계화시키며, 교육이 무엇이고, 교육의 목적 및 방향이 어디로 가야 하는지를 탐구하는 학문이어야 한다.

교육철학을 하나의 독립된 학문으로 세우고자 하는 노력과 맞물리는 것 중에 한 가지는 실제적 교육철학이라는 새로운 연구경향이다. 즉, 교육철학이 그동안 이론적·추상적 논의에만 매달려 왔다는 점에 대해 반성하고, 교육이 당면한 문제나 교육현장에서 일어나는 문제를 철학적으로 논의하고 답변을 제시하는 일에 관심을 가져야 한다는 것이다. 따라서 교육철학은 각 사회의 교육현실에 들어 있는 교육현안에 관심을 기울이며, 그 문제를 철학적으로 탐구하는 것은 물론 그러한 문제에 대해 어느 정도 답변을 제시하는 실천적 학문이어야 한다는 것이다. 이런 맥락에서의 교육철학은 당시 사회의 중요한 관심사인 교육현실 문제를 철학적으로 논의하고, 그 답변을 제시하는 실천적 성격(praxis)에 중심을 둔다.

Chapter 2

플라톤과 교육

1. 플라톤의 생애와 사상

플라톤(Plato, B.C. 428~348)은 B.C. 5~4세기에 고대 그리스 아테네의 명문가정에서 태어났다. 당시 귀족의 자제들이 흔히 그랬던 것처럼 플라톤은 정치가의 꿈을 가졌다. 그러나 20세에 우연한 계기로 소크라테스를 만난 뒤 그의 삶은 달라졌다. 특히 소크라테스의 죽음은 그에게 충격을 주었다. 그의 스승 소크라테스는 B.C. 399년 아테네 법정에서 청소년 타락죄와 불경죄(또는 신성모독죄)라는 두 가지 죄목에 의해 고발당한 뒤 사형판결을 받았다. 그로 인해 그는 정치에 모종의 환멸을 느꼈고 정치가의 꿈을 버렸다. 그의 나이 28세 때 일이었다. 그 뒤 그는 이탈리아 등으로 여행을 떠나 시켈리아 참주에게 이상국가의 꿈을 실현해 보고자 했으나, 실패하고 돌아와 저술활동과 교육에 평생을 헌신하였다. 그가 아티네에 B.C. 387년에 설립한 아카데메이아는 529년 유스티니아누스 동로마 황제에 의해 폐쇄될 때까지 서양의 고등교육을 선도한 대표적 교육기관이었다. 한편 그의 저술에 특기할 만한 사실은, 그가 소크라테스의 교수법이었던 대화형식으로 글을 썼으며, 전체 35편의 대화편 중 몇 편을 제외하고는 소크라테스를 주인공으로 설정했다는 점이다. 그런 이유로 어디까지가 소크라테스의 사상이고, 어디서부터 플라톤의 사상인지를 구분하기가 어려운 것이 사실이다. 특히 소크라테스가 평생 동안 한 권의 저서도 남기지 않아서 그 어려움은 가중된다. 그리하여 흔히 플라톤이 소크라테스의 입을 빌어 자신의 사상을 표현하였다고 말한다. 즉, 소크라테스는 플라톤 사상의 대변자 역할을 하였다는 것이다.

1) 소크라테스와 플라톤

소크라테스와 플라톤의 사상을 명확히 분류하는 것이 어렵다 해도 두 철학자의 사상을 전혀 구분하지 않거나 동일시하는 것은 아니다. 전문가들은 플라톤의 저술 시점을 초기·중기·후기로 나누고 초기작품은 비교적 소크라테스의 영향권 아래에서 써진 작품이라고 추정하고 거기에 등장한 몇 가지 특징을 소크라테스의 사상이라 부른다. 중기·후기 작품은 소크라테스의 영향력에서 벗어나 플라톤 자신의 사상이 전개되었다고 추정한다. 초기 작품의 특징은 비교적 분량이 짧고, 대화 상대자의 주장에 모순이 있음을 드러내어 대화상대자를 혼란에 빠트리며 대화가 무결론으로 끝난다. 대화의 결론을 맺지 않고 끝나기 때문에 '무결론의 결론'이라 부르고, 대화상대자를 혼란에 빠트리기 때문에 희랍어로 길 없는 막다른 곳을 뜻하는 '아포리아'(길 없음, aporia)상태를 초래한다. 그리고 아포리아 상태에서 대화상대자가 '무지를 자각'하도록 촉구한다. 대화상대자는 자신이 무엇인가를 알고 있다고 생각하였다가 소크라테스와 대화하면서 자신의 무지를 깨닫고 탐구를 위해 길을 나서거나 아니면 소크라테스에 의해서 자신까지 혼란에 전염되었다고 생각하여 화를 내거나 또는 대중 앞에서 소크라테스에 의해 공격받았다고 여겨서 수치심과 적개심을 드러낸다.

소크라테스의 대화법은 대화 상대자의 무지를 드러내 진리로 나아가는 탐구를 촉구하는 좋은 방법이지만, 한편으로 대화 상대자의 수치심과 자존심에 상처를 입힐 수 있기 때문에 자칫 탐구를 부추기는 순기능보다 분노와 적개심으로 탐구로부터 멀어질 수 있는 역기능을 가진다. 그리하여 플라톤은 소크라테스의 대화법이 진정한 탐구로 이어지도록 중기작품 이후에는 무결론의 결론이라는 형식을 버리고, 또한 상대를 단순히 무지의 자각으로 이끄는 것 이상의 새로운 목표를 추구한다. 이때 등장한 것이 이데아(idea)라는 새로운 개념이다. 이 개념은 소크라테스의 초기 대화에서는 볼 수 없고 중기 이후에만 등장하므로 스승 소크라테스의 사상을 계승하는 과정에서 플라톤이 필연적으로 생각해낸 플라톤 특유의 개념이자 플라톤에게 가장 중요한 핵심개념이라고 할 수 있다.

2) 플라톤의 핵심사상

(1) 이데아

이데아(idea)란 원래 그리스어로 단순히 형태(form) 또는 외양(appearance)이라는 의미를 가진 소박한 단어였다. 어원은 '보다'(idein/look))라는 동사에서 왔고, 보이는 것, 즉 형태와 외양을 가졌다는 의미를 지닌 명사였다. 그런데 플라톤은 이 단어를 철학적으로 매우 특별하고도 심오한 개념으로 바꾸어 놓았다. 그에게 이데아란 아름다움 자체와 선 자체이며, 우주 만물의 진정한 실재였다. 각 사물의 구체적 모습은 우리가 눈으로 볼 수 있지만 각 사물의 진짜 모습인 이데아는 지성으로만 알 수 있고 눈으로 볼 수 있는 것은 아니다. 이데아란 '실재의 세계에서 변하지 않는 영원한 형식'이기 때문이다. 또는 가장 의미심장한 참된 무엇, 참으로 있는 것, 어떤 사물이 그 사물답게 해주는 주된 성질이나 특징이었다. 그것은 마치 현대적인 의미에서의 '본질', '법칙', '이상(理想)'과 같은 개념들이 가진 요소들을 모두 결합하고 있다고 말할 수 있다. '변화하는 겉모습이 아니라 그 이면에 들어 있는 실재의 요소', 그것이 이데아(Idea) 또는 형식(Form)이라는 것이다.

(2) 지식의 네 단계

플라톤의 이데아 개념은 플라톤이 지식을 네 단계로 설명하는 과정에서 잘 드러난다. 플라톤에 따르면, 지식은 가시계에서 시작하는 하위 단계(에이카시아 eikasia-피스티스 pistis)와 가지계(디아노이아 dianoia-노에시스 noesis)에 속하는 수준 높은 단계로 나눌 수 있다. 하위단계의 지각이란 사물의 그림자나 그 반영 또는 그 사물과 유사하게 생긴 영상들에 대한 지각을 말한다. 영상(에이카시아, eikasia/image)이란 언어, 소리, 색채, 형태 등의 수단에 의해서 사물이 감각이나 상상력에 비치는 대로 표현한 것이며, 이런 표현은 아무리 그 실제 사물에 직접 연결되어 있다 하더라도 사물과 동일한 것일 수 없다. 영상은 사물과 다르고, 또한 사물로부터 떨어져 있다는 점에서 최하위의 지각유형에 속한다.

그 다음 단계는 신념(pistis)이다. 이것은 그림자가 아니라 그림자를 만드는 실물에 대한 신념 또는 확신을 갖는 것이다. 신념의 대상은 우리 주위의 동물들과 식물들과 손으로 만든 모든 것이 해당된다. 이것은 허상 또는 허깨비가 아닌 실물이며,

또한 자신의 체험으로 이루어진 신념을 지닌다는 점 때문에 첫째 단계보다는 더 명료하고 참되며 보다 확실하다. 그러나 여전히 이 단계는 첫째 단계와 마찬가지로 의견(독사, doxa)에 속한다. 의견이란 진리성이나 불변성 가운데 어느 것도 보장받지 못하는 마음의 상태를 말한다. 의견이란 진일 수도 있고 위일 수도 있으며, 바뀔 수도 있고 사라져 없어져 버릴 수도 있다. 또한 의견이란 감각적 자극과 관련 있는 물질과 관계된 것으로서 이 물질은 일정하지 않고 복잡하며, 특수하기도 하고 또 상대적이기도 하다. 결국 의견이라는 것은 일정하지도 않고 복잡한 것으로서 감각 가능하거나 상상 가능한 복수의 대상물들로 구성되며, 둘째, 그 구성요인들의 특징은 특수한 입장에 따라 달라지며, 그 상대적 입장이 바뀜에 따라 그 특성 또한 달라진다.

세 번째 단계는 디아노이아(dianoia) 상태이다. 이것 역시 애초에는 사고, 지성, 이해라는 의미를 가진 평범하고 소박한 단어였으나 플라톤에 와서 매우 전문적인 의미를 갖게 되었다. 이 단계에서 마음은 여전히 감각 대상들을 향해 작용하고 있지만, 그 감각을 통해서 감각을 넘어서는 사유를 지향한다. 이 단계는 이전 단계의 의견들이 갖는 불확실성을 넘어 명료성과 진리성을 획득한다는 점에서 의견보다 상위에 속한다. 예를 들어 수학의 경우가 이 단계에 속한다. 수학은 감각 가능한 도형을 대상으로 하지만 수학이 설명하는 것은 어떤 특수한 도형이 아니라, 도형들이 영상화한 대상 그 자체이다. 즉, 여러 개의 다양한 특수적 도형이 아니라 그 도형들을 관통하는 도형 그 자체에 주목한다. 그리하여 수학은 대상들 그 자체, 즉 우리가 이데아 또는 형식이라고 부르는 것에 주목한다. 그러나 수학은 여전히 도형이나 숫자라는 감각적 부속물을 필요로 하고, 또한 다양한 가정 하에서 이론을 전개한다. 즉, 수학의 토대는 자신이 확실히 알지 못하는 많은 것을 가정한 채 진리를 향한 도정을 시작한다. 플라톤은 이점 때문에 수학이 최상위의 인식이 될 수 없다고 여겼다.

마지막 단계는 노에시스(noesis), 즉 진정한 의미의 지식(에피스테메, episteme) 단계이고 마음의 발달단계에서 최고의 단계이다. 이 단계는 가설이나 감각의 혼합이 없는 순수한 존재의 형식들이 그 대상을 이루고 있는 단계이다. 이 단계에 속하는 것은 변증법이다. 변증법(디아렉티케, dialektike)이라는 용어는 어원적으로는 '말을 통하게 함'으로써, 원래 질문과 응답이 오가는 토론의 과정을 뜻하였다. 이런 토론은 실제로 남들과 언어적인 토론을 통할 수도 있고, 혼자서 자신의 영혼 내부에서 자기 자신과의 대화를 통해 참된 관념에 도달하려고 노력하는 과정을 통할 수도 있다. 요컨대 플라톤은 진리의 발견으로 가장 잘 이끌어 주는 언어와 사고를 다루는 특별한 방식으로서 변증법이라는 말을 사용하였다. 변증법이 추구하는 세계가 바로 진정한 실재, 곧 이데아 세계이다. 변화하는 세계 이면의 실재, 그 실재를 움직이는 질서와 같은 원리 또는 법칙을 추구하는 것이다. 특히 플라톤은 변증법의 대상을 선의 이데아라고 말한다. 그렇다면 플라톤이 말하는 선(the Good)의 의미를 살펴볼 필요가 있다.

(3) 선의 이데아

플라톤은 선의 의미를 가시계와 가지계를 유비로 들어 설명한다. 가시적 대상들의 세계에서 태양은 모든 존재에게 영양분을 공급하여 그 모든 존재의 근원이 된다. 마찬가지로 지성의 영역에서는 선이 바로 모든 것의 근원이 된다. 선이 있어야 지성이 존재하는 것이다. 선하지 않은 것, 우리 삶과 무관하고, 우리 삶을 유해하게 하는 것은 지성으로서 의미가 없다는 뜻이다. 그처럼 지식의 객체들에게 선이란 진리의 근원일 뿐 아니라 그들의 존재와 본질의 근원이기도 하다. 그리하여 플라톤에게 선이란 모든 영혼이 추구하는 어떤 것, 이것 때문에 영혼이 하고 있는 모든 것을 하게 되는 무엇이다. 네틀쉽은 선에 대해 이렇게 요약하고 있다.

> 영혼이 변증법적 추진력에 의해서 감각적 영상들의 세계를 관통하여 가지적 관련들로 이루어진 연쇄 전체를 섭렵해 나갈 때 영혼이 도달하게 되는 가지계의 끝, 다시 말해서 지식의 전체 구조가 의지하고 있다고 여겨지는 절대적 제1원리, 이것이 바로 선이다.

그리하여 선은 절대적 원리이며, 모든 지식의 원인이자, 세상의 목적이고, 개개의 사물들이 전체의 목적을 실현해 가는 가운데 목적을 실현하도록 해주는 이성이다. 플라톤에게 철학은 인간으로 하여금 잡다한 외양들의 혼돈 속에서 이 선의 윤곽과 의미를 찾아내도록 가르쳐 주는 유일한 학문이다.

2. 『국가론』은 어떤 책인가?

플라톤은 B.C. 380년경 폴리테이아(그리스어로 *Politeia*/영어로는 *the Republic*)라는 제목의 책을 출간하였다. 흔히 『국가』, 『정체(政體)』, 『국가론』으로 번역된다. 이 책은 플라톤의 저서를 대표하는 주 저서로서, 소크라테스 주도의 대화체로 되어 있다. 그의 대화 상대자로 다양한 아테네인이 등장하는데, 그중에 플라톤의 형제들인 글라우콘과 아데이만토스가 주된 역할을 한다. 내용은 정치이론이지만 동시에 정의(正義) 또는 올바름이라는 주제를 다룬다. 그중에서도 핵심 되는 내용은 철인(哲人) 왕과 수호자들이 다스리는 이상 사회와 정의로운 사람이 불의한 사람보다 더 행복한지 따지는 부분이다.

그런데 교육에서 플라톤의 『국가론』을 다루는 이유는 무엇인가? 『국가론』은 얼핏 보면 이상 국가를 세우는 데 관심을 갖는 정치철학서로 보인다. 그러나 『국가론』은 교육에 관한 끈덕진 논의를 담고 있는 교육학 저서이기도 하다. 그 이유는 국가를 구성하는 존재는 결국 인간 개개인이기 때문에 인간의 본성과 그 삶을 깊이 있게 다루는 『국가론』이 교육과 무관할 수 없기 때문이다. 특히 『국가론』의 핵심적 질문은 "최선의 사람은 어떤 삶을 사는 사람이며, 그는 어떤 훈련을 받아야 하고, 어떤 자질을 갖추어야 하는가?"이다. 이 부분은 교육의 목적과 교육의 과정을 모두 망라하고 있다. 동시에 이 책은 한 개인에게 국가라는 공동체의 의미가 무엇인지도 고려하고 있다. 이런 점 때문에 교육에서는 오래전부터 『국가론』에 지대한 관심과 연구를 아끼지 않고 있다. 18세기 교육사상가인 루소도 『에밀』(제1부)에서 플라톤의 『국가론』은 표제만 보고 판단하는 사람들이 생각하는 것처럼 정치에 관한 것을 다룬 책이 아니라 '지금까지 써진 교육론 중에서 가장 훌륭한 것'이라고 평가한 바 있다.

『국가론』은 정의(正義) 또는 올바름이 무엇인지를 화제로 삼으며 시작한다. 다양한 정의(定義)가 등장하지만, 대화자들의 주된 관심은 왜 인간은 정의로워야 하는지, 정의는 물질적 보상이나 행복이 주어지지 않을 때에도 가치로운 것인지를 정당화하는 일에 집중된다. 소크라테스는 이 요청을 받고 정의 또는 올바름이 불의보다 더 행복한 삶을 이끌고, 정의가 받게 되는 보답과 불의가 받게 되는 벌을 말해

주며, 정의를 삶의 목표로 삼자고 당부하며 대화는 끝난다. 이 과정에서 정의를 사회와 개인의 차원으로 나누어 그 의미를 따진다.

구체적으로 사회와 개인에서의 정의라는 주제로 들어가기 전에, 『국가론』을 통하여 플라톤이라는 사상가의 혁신성을 엿볼 수 있게 해 주는 몇 가지 특징은 다음과 같다. 소크라테스는 작품 속에서 이것을 '세 개의 파도'라고 부르는 데 그 이유는 세 개의 생각이 현실과 상당히 동떨어져 있어 사람들에게 웃음거리가 될 수 있는 그러나 넘어서야 할 파도 같은 새로운 제안임을 암시한다.

첫 번째 파도는 남자와 여자가 동일한 교육을 받고 동일한 공적 기능에 참여해야 한다는 점을 보여주는 일이다. 여성들도 남성들과 동등한 능력을 가졌으므로 같은 일을 해야 한다고 주장하는 것이다. 더구나 여자들도 체육관에서 옷을 벗고 체력단련을 해야 한다고 말한다. 두 번째 파도는 최상위 계급의 사람들은 현재와 같은 가정생활을 폐지하고, 그 대신 하나의 가정을 형성하도록 해야 한다는 것을 밝히는 일이다. 최상위 계급은 현재와 같은 남녀가 일대일로 이루어진 가정생활을 폐지하고, 처자(妻子)를 공유하고 또한 우생학적 관점에서 성생활을 조정할 필요가 있다고 제안한다. 즉, 국가가 수호자 계급의 출산과 양육을 통제하는 것이다. 수호자들에게 가정과 재산을 허락하지 않는 이유는 그들에게 도덕적 타락의 빌미를 제공하지 않기 위한 것이다. 수호자 계급은 재산과 가정 그리고 처자까지도 공유하는 일종의 독특한 공산주의 체제를 제안한다. 이것이 독특한 이유는 플라톤의 공산주의는 일반적 의미의 공산주의와는 다르기 때문이다. 후자는 빈곤이라는 죄악을 해결하고자 하는 데 목표가 있다면, 플라톤의 공산주의는 국가 속의 최상위 계급에만 적용되는 공산주의이기 때문이다. 마지막 세 번째 파도는 사회의 구원은 철학의 통치에 의해서 가능하다는 점을 밝히는 일이다. 이것이 바로 철인왕의 사상이다. 플라톤은 이것이 다른 파도보다 더 거센 파도가 될 것이라고 생각한다.

1) 사회에서의 정의

플라톤이 『국가론』에서 세운 이상 국가에는 국가를 구성하는 데 꼭 필요한 오로지 세 가지 계급만 존재한다. 통치자, 수호자(보조자, 방위자, 전사), 생산자가 그것이다. 통치자란 수호자 계급 중에서 국가를 위해 가장 유익하게 통치를 할 수 있다고 판단되어 선발된 사람들로서 국가를 통치하는 사람을 말한다. 수호자란 국가의 재산과 영토를 지키고 침략자에 맞서서 싸우는 역할을 맡으며 군인계급에 속한다. 마지막으로 생산자는 국민들의 의 · 식 · 주에 필요한 물건을 만드는 사람들이다. 각각의 계급의 결정은 가문이나 태생에 따르지 않고 개인이 지닌 역량과 성취에 토대를 둔다. 즉, 모든 사람은 부모의 신분과 상관없이 자신의 인격과 능력에 알맞은 지위와 기능을 갖게 된다.

그리고 각각의 계급에게는 나름의 덕이 필요하다. 통치자에게는 지혜의 덕이, 방위자에게는 용기의 덕이, 생산자에게는 절제의 덕이 필요하다. 통치자들이 갖추어야 할 지혜란 전체로서의 공동체의 선에 관한 지식을 말한다. 통치자는 공동체 전체에게 최대의 이익을 낳게끔 깊은 사색과 탁월한 사려분별을 할 줄 알아야 한다. 다음으로 방위자는 주로 국가의 안위를 지켜야 하므로 용기의 덕을 지녀야 한다. 그런데 여기서 용기란 단순히 전쟁터에서의 용맹이 아니라 어떤 상황에서든지 두려워해야 할 것과 그렇지 않은 것에 관한 올바른 의견을 견지하는 것까지 포괄하는 넓은 의미의 것이다. 즉, 용기란 무엇을 두려워해야 하고 무엇을 두려워하지 말아야 하는지에 대해 법이 승인한 올바른 소신을 어떤 경우에도 보전할 수 있는 능력을 말한다. 마지막으로, 생산자는 절제의 덕이 필요한데, 특정 쾌락과 욕구를 억제함으로써 맛보게 되는 일종의 질서를 말한다. 그리고 절제란 국가에서나 개인에게서나 더 나은 부분과 더 못한 부분 가운데 어느 쪽이 통치할 것이냐에 대한 합의, 즉 양자 간의 자연스러운 협화음을 의미한다. 따라서 절제는 치자와 피치자 모두에게 공통적으로 있어야 한다.

그렇다면 정의는 무엇인가? 정의란 플라톤이 의미하는 바에 따르면, 개인이 자신의 의무에 집중할 수 있는 힘을 가리킨다. 각자가 자신의 일을 하고 남들의 일을 간섭하지 않는 것, 그래서 사회가 질서정연하게 돌아가는 것이다. 때로 정의는 비록 덕목들 중의 하나로 언급되기도 하고, 정의라고 딱 꼬집어 말할 수 있는 특수한 행위들로 표현되기도 하지만, 플라톤에 따르면 이것은 정확한 정의의 본질은 아니다. 정의란 주로 여러 덕목들이 조화를 이룬 상태, 그리하여 아무런 걸림과 부조화가 없는 상태를 말한다. 한편 정의와 반대되는 것은 자신의 할 일은 도외시하고 남들의 일에 간섭하는 것이다. 결국 국가가 정의롭다는 것 또는 올바르다는 것은 국가를 구성하는 세 계급이 저마다 제 할 일을 하는 것이다. 즉, 사회의 세 가지 기능인 사려분별의 기능 또는 통치 기능, 방어적 및 행정적 기능, 생산적 기능을 통치자, 방위자, 생산자가 각각 맡고, 또한 각 계급이 요구하는 바에 따라 절제 있고, 용기 있으며, 지혜로운 습관과 마음 자세를 갖는 것을 말한다.

2) 개인에서의 정의

개인의 측면에서 정의롭다는 것은 어떤 의미인가? 달리 표현하여 정의로운 인간, 올바른 인간은 어떤 삶을 사는 사람인가? 『국가론』은 이 문제에 대해 심도 깊게 다루고 있다. 심지어 '『국가론』 전체는 인간의 본성을 심리학적으로 해석하려는 하나의 시도'라는 평가를 받을 정도이다.

플라톤에 따르면 인간의 본성은 욕구, 기개, 이성 세 가지로 되어 있다. 욕구란 만족이나 쾌락과 밀접한 관련이 있는 성욕, 허기, 갈증, 소망과 바람 등을 느끼는 것을 말하며, 본성 중 가장 큰 부분을 차지한다. 둘째로 기개(thymos)란 분노, 격정, 분개 등을 느끼는 것을 말하며, 욕구와 함께 혼의 비이성적 부분을 차지한다. 기개(氣槪)의 사전적 정의는 '활기찬 기상과 굳은 절개'이지만, 플라톤이 의미하는 바는 이보다 범위가 훨씬 넓다. 우선 기개란, 인간 속의 호전적 요소를 가리키는 것으로서, 사람을 공격에 저항하도록 만들기도 하고 공격적으로 만들기도 하는 요소이다. 때로 자신이 불의를 당하거나 당했다고 생각하는 경우에 끓어오르는 분노와 분개가 그중 한 예에 속한다. 그리하여 기개는 '정복할 수 없는' 그 무엇이며, 인간으로 하여금 어떤 일도 두려워하지 않고 쉽게 물러서지 않도록 만드는 것이다. 둘째, 인간으로 하여금 불의를 보면 참지 못하도록 만들고 한편 자신이 잘못을 저지르고 있다고 느낄 때에는 수치심을 갖도록 만드는 것도 기개에 속한다. 또한 기개는 인간을 경쟁적이고 야심적인 사람으로 만드는 요소이기도 하다. 마지막으로, 이성은 인간의 본성 중 유일하게 이성적 부분에 속한다. 이성이란 합리적으로 사고하고 판단하며 진리와 미와 선을 사랑하고 배움에 대한 무제한의 갈망을 갖는 부분이다. 플라톤은 이성이 인간의 영혼 중 가장 신성하고 고귀한 본성에 속한다고 생각하였다.

이런 세 가지 요소와 올바른 인간의 모습은 어떻게 관련될까? 인간의 영혼 중 가장 고귀하고 신성한 이성이 나머지 두 요소인 기개와 욕구를 지배할 때 건강하고 올바른 인간이 된다. 기개는 이성의 보조자가 되어 외부의 적에 맞서 혼 전체와 몸을 보호하는 역할을 해야 한다. 그리고 기개의 도움을 받아 이성은 개개인의 혼의 대부분을 차지하며 쾌락과 재물에 대해 만족할 줄 모르는 욕망을 가진 욕구부분을 감시하고 제어하는 역할을 해야 한다. 플라톤은 「파이드로스」(246d)에서 이런 세 가지 요소를 한 명의 마부와 그가 이끄는 두 마리 말로 비유했다. 즉, 인생은 마치 고귀한 태생의 마부가 천상의 속성을 가진 한 마리 말과, 야생마적 속성을 가진 다른 말을 이끄는 것과 같다는 것이다. 첫 번째 말은 기개이고, 두 번째 말은 욕망을 의미한다. 기개는 날개를 달고 끝없이 하늘을 향하지만, 욕구는 날개를 잃어 버려 끝없이 땅으로 추락하려고 한다는 것이다. 마부는 이 두 마리 말을 적절히 조율하면서 결국 자신의 본성에 속하는 고귀한 천상의 나라로 돌아가는 것이 마부의 할 일이라고 말하고 있다.

3) 철인왕의 교육

『국가론』은 생산자, 방위자, 통치자 세 계급으로 구성된 이상 국가에서 국가를 지배할 수호자(방위자와 통치자를 모두 포괄함) 계급의 교육을 다루고 있다. 국가의 필요와 욕구를 채워 줄 생산자 계급이 무슨 교육을 받아야 한다는 이야기는 특별히 찾을 수 없기 때문에, 플라톤은 생산자들에게는 직업상의 훈련 외에는 별도의 교육이 필요하지 않다고 여긴 것 같다. 따라서 『국가론』에서 언급되는 교육은 생산자를 제외한 지배 계급, 즉 방위자와 통치자를 포함한 수호자 계급의 교육을 의미한다.

이들은 초등교육과 고등교육을 순차대로 받는다. 우선 초등교육은 시가(詩歌)교육과 체육으로 이루어진다. 시가에는 시인들이 쓴 신과 영웅에 관한 허구의 이야기들뿐만 아니라 넓은 의미의 연주와 노래 그리고 조형예술까지 포함된다. 이 모든 것들을 다 합하여 '무시케(mousike)' 교육이라 부른다. 이때 시나 예술의 선정 기준은 아이들의 영혼으로 하여금 될 수 있는 한 고귀하고 참된 신과 영웅을 닮을 수 있는 것이어야 한다. 그리하여 플라톤은 당시 선하지도 않고 악행을 저지르는 신으로 묘사한 신화를 다룬 내용들이 교육적으로 나쁜 영향을 준다고 하여 매우 날카롭게 비판하였다. 그리고 시에 동반되는 음악도 어린 아이에게 우아함과 좋은 성격을 제공해 줄 리듬과 선법으로 선정해야 한다. 결국 무시케 교육이란 가장 넓은 의미에서의 눈과 귀의 교육을 말한다. 이것은 눈과 귀에 훌륭한 작품들을 제시함으로써 이루어지고, 이러한 작품들은 영혼에게 세계의 아름다움을 해석해주고, 영혼으로 하여금 스스로 그 아름다움을 발견할 수 있도록 해준다.

그런가 하면 체육교과는 신체훈련을 통하여 건강과 체력을 증진시켜 줄 뿐만 아니라 기개라는 심리적 요소도 도야 한다. 체육은 경쟁심과 인내심, 침착성을 고무하여, 약한 의지력, 방탕성, 신경질적인 성향을 바로 잡아 주고, 야만적이고 호전적인 충동을 완화시켜 지성적인 용기를 개발시켜준다. 그러나 체육도 마냥 유익한 것은 아니다. 그것도 지나치면 오히려 자만심과 오만함에 빠져 지성과 멀어지고 감각이 둔해지는 해악을 가져올 수 있기 때문이다. 그러나 적절한 체육은 음악으로 인하여 자칫 나약하고 들뜬 욕망으로 변질되기 쉬운 영혼을 바로잡아 준다. 즉, 신체훈련을 통하여 '기개'의 요소를 발달시켜서 영혼에 균형과 진정한 조화로움을 제공한다. 이처럼 음악과 체육은 서로 다른 종류의 속성을 가진 양육에 의해서 한 영혼을 균형 있게 길러갈 수 있다.

이제 수호자를 위한 초기교육은 마친 셈이다. 초기 교육은 주로 가시계에 속하는 수준에 그치므로 나라를 이끌어 갈 수호자들에게는 철학적 본성을 기르기에 합당한 상위의 교육이 시작되어야 한다. 그리하여 고등교육 과정으로서 두 단계가 기다리고 있다. 그중 첫 번째 단계는 방위자 계급까지 공부를 하는 수학 또는 과학과정이고, 마지막 단계는 온전히 통치자를 위한 철학과정이다. 수호자들은 20세에서 30세까지 10년간 산수, 기하학, 천문학, 음악을 공부한다. 이런 교과들이 실제적으로 응용되고 실용적으로 유용하게 쓰일 수도 있지만 플라톤의 관심은 다른 데 있었다. 이런 수학교과를 통하여 영혼으로 하여금 눈으로 볼 수 없고, 변화하지 않는 무엇과 관계를 맺게 하고 감각을 넘어 보편적인 이데아에 주의를 기울이게 하는 것이다. 수학공부는 인간의 마음을 명민하게 하고 추상적 사고를 자극하여 영혼을 진리 속으로 입문시키는 구실을 한다. 이후 30세부터 35세 정도까지는 변증법 공부를 한다. 그러나 변증법에 대해 플라톤은 어디서도 정확히 정의내리지 않아서 플라톤의 몇 가지 언급으로 미루어 그 의미를 추론해 볼 수밖에 없다. 변증법이란 수학이나 과학처럼 보편적인 지식들의 체계에 속하면서, 가설의 영역에서 벗어나 전체로서의 진리를 보도록 끊임없이 노력하게 해주는 힘 또는 능력을 길러주는 학문을 말한다. 또는 변증법이 참된 사고의 방법 또는 사유의 논리에 대한 교육적 활동이므로 플라톤은 아마도 학생들로 하여금 '무엇이든 자기가 당면한 주제에 대해서 자기 자신 또는 타인의 마음으로부터 가장 진실된 사고를 끄집어 낼 수 있게 해주는' 교과라고 생각한 것 같다.

변증법 교육까지 받은 수호자는 이후 15년간 실무에서 정치가로서의 수련을 쌓는다. 그 뒤 50세가 되면 정식으로 철학자 반열에 이르고 국가의 통치자로서 활동한다. 여기서 플라톤의 유명한 사상인 철인왕(philosopher-king)과 만나게 된다. 철인왕이란 철학자가 나라를 통치해야 하거나, 현재의 통치자들이 철인이 되기 전에는 국가들의 고통은 종식되지 않으므로 철학자가 국가를 통치해야 한다는 것이다.

3. 플라톤의 형이상학

플라톤의 형이상학은 가시계와 가지계의 이원론으로 구성되어 있다. 가시계는 현상계(現象界, phenomena)라고도 하며, 가지계는 형상계(形相界, noumena)라고도 한다. 여기서 현상계란 어원적으로 빛에 의해 드러난 세계라는 의미이고, 형상계란 감각의 도움 없이 마음 또는 정신에 의해 생각한 것을 의미한다.

플라톤이 이 두 세계를 상정하게 된 것은 그 이전의 사상가들의 영향이라고 봐야 할 것이다. 그중에 피타고라스, 파르메니데스, 헤라클레이토스 등이 있다. 피타고라스는 우주의 근본 원리를 수로 표현할 수 있다고 보았다. 수에는 법칙이 있는 것처럼, 우주에도 수의 원리로 표현할 수 있는 법칙이 있다. 또한 피타고라스는 영혼의 불멸을 믿고 영혼의 정화를 위해서 수를 연구해야 한다고 믿었다. 플라톤도 이런 사상의 영향을 받아 영혼불멸설을 받아들였고, 그것이 그의 형이상학의 중요한 한 축을 형성하게 되었다.

한편 플라톤에게 영향을 끼친 또 다른 철학자는 헤라클레이토스(Herakleitos)이다. 이 철학자는 "너는 같은 강물에 두 번 발을 담글 수 없다"는 말을 하였다고 전해진다. 즉, 모든 것은 변화하므로 고정된 상태에 머물지 않으며, 흩어졌다 또 다시 모이고, 합쳐졌다 떨어지며, 다가왔다 멀어진다는 것이다. 이와 같은 헤라클레이토스의 변화의 사상은 현상계라는 세계의 특성을 지각하도록 도와주었다.

그러나 플라톤은 이렇게 변화하는 세계 너머 변화하지 않는 세계에 대한 믿음을 가졌다. 그런 믿음을 제공한 철학자는 파르메니데스(Parmenides)이다. 그에 따르면, 있음은 언제나 있는 것이지 새로 생겨나는 것도 과거에 있었던 것도 아니다. '있지 않다'라는 것은 말할 수도 없고 사유할 수도 없다. 즉, 파르메니데스는 변화하는 가운데 변화에 관계없이 참으로 존재하는 것의 존재를 주장하였다.

이렇게 다른 사상가들의 입장을 섭렵하면서, 플라톤은 헤라클레이토스로부터 변화하는 현상계를, 영원한 수의 세계를 논하는 피타고라스와 언제나 있음을 주장하는 파르메니데스로부터는 변화하지 않고 영원히 존재하는 형상계를 자신의 세계 속에 정립하였다. 나아가 이 구분을 발전시켜 플라톤은 현상계를 감각에 의해서 알 수 있는 세계이며 빛에 의해서 드러나는 가시계로, 형상계를 감각이 아니라 정신이나 사유에 의해서 알 수 있는 가지계로 표현하였다.

그리고 두 세계를 서로 유비관계로 표현하면 그림과 같다. 가시계에서 모든 것의 근원은 태양이다. 태양이 빛을 발하여 그 빛으로부터 만물이 생성되기 때문이다. 그리고 가시계에서 빛을 통해서 사물을 인식할 수 있게 해주는 것은 우리의 감각기관인 눈이다. 태양, 빛 그리고 우리에게 감각기관인 눈이 없다면 가시계는 작동되지 않는다. 마찬가지로 가지계에서는 선의 이데아가 모든 만물의 궁극적인 원인이다. 선이란 모든 것의 원인이고 본질이며 세계의 절대 원리이다. 여기서 진리와 존재의 빛을 제공하는 이데아가 나오고 그것을 우리는 이성을 통해 인식한다. 따라서 가지계에서는 선의 이데아, 이데아, 이성이 없다면 가지계가 작동되지 않는다.

그런데 이 두 세계 중 플라톤의 관심은 형상계(가지계)에 있었다. 빛이나 감관을 통해서 있다가 없고, 없다가 생기는 그런 세계가 아니라, 시공간을 초월하는 정신적인 세계, 변하지 않고 확실히 존재하는 세계, 그 세계가 플라톤에게는 진실로 존재하는 세계였다. 이 세계에서 얻은 것만이 진리이며 믿을 수 있고 확실한 근거를 갖는 지식(episteme)이 될 수 있다. 한편 현상계에서 얻은 인식의 결과는 믿을 수도 없고 정당한 근거도 없어 의견(doxa)에 머문다. 플라톤의 교육의 목적은 가시계가 존재의 전부가 아니라는 점, 가시계는 있는 듯 하지만 사실은 가지계의 모방품에 불과하다는 점, 가지계에서 진리를 위한 끝없는 사닥다리를 타고 올라가 최고의 진리를 찾아가도록 연마해야 한다는 점, 그리고 가지계에서만이 실재에 관한 진리를 캐낼 수 있으며, 선의 이데아를 탐구할 수 있다고 믿었다.

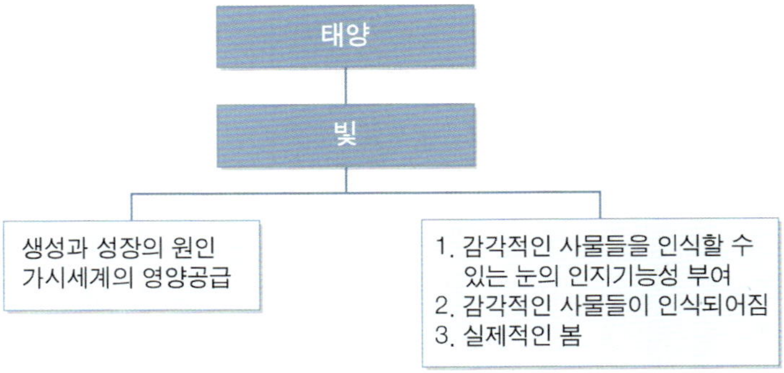

가시계의 작동원리

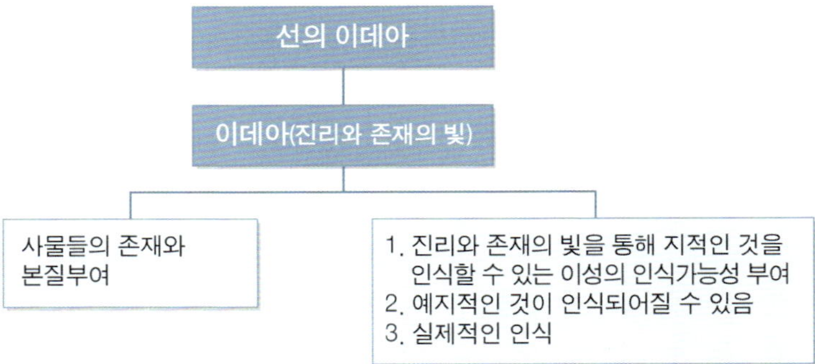

가지계의 작동원리

4. 플라톤의 인식론

플라톤은 『국가론』에서 철인왕이 어떤 교육을 받아야 하는가의 문제에 대해 그들이 배워야 할 가장 중요한 교과목은 선(善)이라고 주장하며, 이를 설명하기 위하여 태양의 비유, 선분의 비유, 동굴의 비유라는 세 가지 비유를 든다. 이 비유들은 플라톤의 인식론과 깊은 관련을 가지므로 간단히 소개하고자 한다.

우선 태양의 비유는 선을 가장 많이 닮은 것이 이 세상에 있다면 그것은 태양이라는 것이다. 우리는 눈을 가지고 빛을 통해서 사물을 본다. 그러나 그 일은 빛의 원천인 태양이 존재하지 않는다면 가능하지 않다. 눈은 태양과 가장 흡사하지만 태양은 아니다. 가령 우리가 시각을 가진 눈이 있더라도 어둠 속에 있다면 우리의 시각은 소용이 없으며 단지 낮에 태양이 비추는 사물을 바라볼 때 시각이 있음을 느낀다. 이처럼 빛과 시각이 태양을 닮았지만 태양이 아니며, 오로지 태양이 존재할 때만 빛과 시각은 제 기능을 다 한다. 마찬가지로 지성의 측면에서 우리의 영혼이 진리와 실재가 비추는 것에 머물면 우리의 영혼에 지성이 있는 것처럼 보이지만, 가시계에 머물면 지성이 없는 것처럼 보인다. 이렇게 인식될 수 있는 것에 진리를 부여하고 인식능력을 부여하는 것이 선 그 자체, 즉 선의 이데아이다. 지식과 진리는 둘 다 선을 닮았지만, 선 자체 또는 선의 이데아는 아니다. 선의 이데아는 지식과 진리 그 이상을 말한다.

둘째, 선분의 비유란 우리가 인식할 수 있는 모든 것을 선분으로 비유한 것이다. 하나의 선분(線分) 위에 가시적인 부류와 지성에 의해 알 수 있는 부류가 있다. 가시적인 부류는 다시 이등분하여 아래에 그림자나 온갖 영상 등이 있다. 그리고 두 번째 가시적인 영역에는 모상들의 실물, 우리 주변의 동물들, 식물들, 손으로 만든 모든 것이 포함된다. 그 다음 나머지 이등분에는 지성에 의해 알 수 있는 세계를 나타낸다. 그중 첫 번째는 실물을 모상으로 사용하며 가설에서 출발해 종결을 향해 탐구하는 것이다. 가령 눈에 보이는 도형들을 사용해 도형 그 자체에 대해 탐구하는 것이다. 한편 나머지 이등분에는 다른 것의 도움을 받지 않고 문답법의 힘에 의해 포착하는 대상이 포함된다. 여기서는 토론이 다른 것의 도움을 받지 않고 그것과 연결되어 있는 것을 붙들고 종결을 향해 가는 것이다. 이것을 그림으로 표현하면 다음과 같다.

가시적인 부류							지성에 의해서 알 수 있는 부류	
A	영상	D	실물	C	도형	E	토론	B

셋째, 동굴의 비유란 『국가론』 7권에 나오는 가장 유명한 비유이다. 동굴 속에는 어려서부터 다리와 목이 쇠사슬로 묶여 있어 언제나 한 자리에 머물며 앞만 바라보는 사람들이 살고 있다. 동굴의 입구는 빛을 향해 열려 있고, 사람들 멀리 불빛

이 있어 그들을 비추고 있으며, 불과 수감자들 사이에 길이 하나 있고, 그 길을 따라 나지막한 담이 쌓여 있다. 그 담 위로 사람들은 각종 물건들을 운반하고 있다. 그러면 그 물건의 형상이 벽에 비친다. 동굴 속의 사람들은 벽에 비친 그림자들이 그림자인줄 모르고 사물들이 실재라고 믿는다.

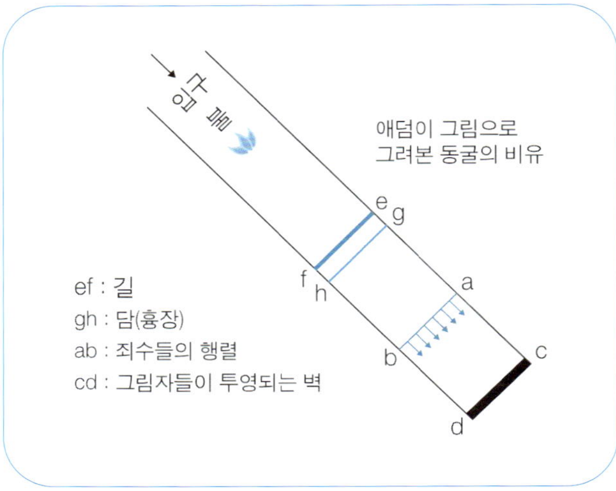

동굴의 비유

그런데 그들 중 하나가 쇠사슬에서 풀려나 갑자기 일어서서 동굴을 빠져나왔다. 그는 처음에는 적응하지 못하였지만 서서히 빛에 적응하여 물에 비친 그림자와 실물 자체 그리고 마침내 실물을 볼 수 있게 해주는 근원인 태양을 보았다. 그제서야 그는 태양이 가시적인 세계 안에 있는 모든 것을 관장하고 동굴 속 모든 것의 원인이 된다는 것도 알아차리게 되었다. 그는 자기가 깨달은 것을 전혀 모르고 동굴에서 그림자에 집중하며 서로 경쟁하는 동료들이 불쌍하다고 여겨 동굴로 돌아온다. 그러나 어둠에 익숙하지 않아 동굴에 적응하지 못하자 동료들은 그를 비웃으며 위쪽으로 데리고 올라가는 자는 잡아 죽일 것이라고 벼른다. 여기까지가 동굴의 비유이다.

이 동굴의 비유를 통해서 플라톤은 가시계를 감옥으로, 그 속의 불빛은 태양의 힘에 비유했다. 그리고 동굴 밖으로 나가 사물을 관찰하는 것은 지성에 의해 알 수 있는 가지계로 비유했다. 그중에서도 물에 비친 그림자와 실물을 거쳐 태양이 모든 것의 근원임을 차례대로 파악해 가는 것을 지성에 의해 알 수 있는 세계에서도 마지막 목적지인 선의 이데아로 향하는 여행으로 묘사했다. 이 선의 이데아는 우리가 노력을 기울여야만 겨우 볼 수 있는 목적지이다. 일단 이것을 보게 되면 그것이 온갖 올바른 것과 아름다운 것의 원인이 되며, 지성에 의해 알 수 있는 세계에서도 스스로 주인이 되어 진리와 지성을 창조한다는 결론을 내리게 된다.

플라톤은 이 세 가지 비유를 통해서 우리의 인식대상은 감각의 세계뿐만 아니라 지성의 세계이므로 감각의 세계로부터 출발해서 진정한 실재인 지성의 세계를 향해 가야 한다는 점을 말해준다. 감각의 세계는 그 기저에서 그것을 가능하게 해주는 지성의 세계를 전제로 한다. 따라서 공부순서는 감각의 세계를 통해서 지성의 세계로 가려는 노력을 기울여야 한다.

그리고 인간의 인식은 상기 또는 회상에 의해 이루어진다. 우리의 영혼은 불멸한데다 태어나기 전에는 형상의 세계에 머물렀기 때문에 모든 것의 원천인 이데아를 알고 있었다. 그런데 현세에 태어날 때 새 육체를 입으면서 출산하므로 그 충격으로 모든 것을 잊어버리게 된다. 그러므로 어린 아이들은 무불통지의 영혼을 가지고 있으면서도 아무 것도 모르는 천진난만함을 갖는다. 이때 주변의 어른이나 교사는 아이에게 질문을 던져서 망각에서 벗어나 예전에 알고 있던 것을 상기하도록 해주면 된다. 이것이 곧 학습이다. 플라톤에게 학습이란 새로운 지식을 밖에서부터 안으로 집어넣는 것도 아니요, 감각적 인상을 통하여 경험으로 알게 되는 것이 아니다. 그에게 학습이란 영혼이 육체라는 감옥 속에 들어오기 전에 이미 알고 있었던 것, 즉 형상을 현상계에 있는 여러 가지 사물들을 경험하면서 그것의 도움으로 이성의 능력에 의하여 상기하는 것이다. 즉, 학습이란 경험을 통해서 직접적으로 오는 것이 아니라 경험을 통하여 자신이 알고 있던 형상을 상기해 내는 것이다.

소크라테스의 교육 방법으로 알려진 산파술도 상기설과 같은 맥락 위에 있다. 산파란 여성이 출산할 때 아이를 받아주는 직업을 이르는데, 산파술이란 교육하는 과정에서 산파가 아이를 받듯이 교사가 아이를 가르치는 기법을 말한다. 그렇다면 산파와 교사는 어떤 유비관계를 갖는가? 산파는 산모가 아이를 낳도록 도와줄 뿐 직접 출산하지는 않는다. 산모가 산파의 도움을 받아 아이를 낳는 산고를 겪어야 하듯이 교사도 아이가 학습하는 것을 도와줄 뿐 학습자가 스스로의 사고와 노력을 통하여 학습해야 한다. 그 대가로 산모에게는 아이라는 보배가 결과로 주어지고,

학습자에게는 지식이나 진리라는 결과가 주어진다. 산모든 학습자든 스스로 산고를 겪고 스스로 사고하지 않는 한 아무런 결과도 보장할 수 없다. 그리고 산모든 학습자든 그들의 결과물은 내면에서 나오며 밖으로부터 주어지는 것이 아니다. 이렇게 학습은 안으로부터 나오는 것이라는 생각, 즉 학습은 상기나 회상에 의한다는 생각은 한편 플라톤의 인간관과도 연결된다. 즉, 플라톤에게 인간이란 내면에 진리의 원천을 가지고 있고, 그 원천으로부터 진리를 이끄는 작업이 바로 학습이 된다는 것이다.

5. 이상주의와 교육

플라톤의 교육론을 쓴 네틀쉽의 서문에는 이런 글귀가 있다. "교육이론이란 다른 많은 것에 대한 이론들이 그렇듯이 플라톤과 함께 시작된다. 교직에 종사하는 사람들이 자신이 하고 있는 일에 대하여 검토하고자 할 때 이보다 더 좋은 입문서는 찾기 어렵다."

왜 플라톤은 교육이론의 대표자이며 그가 교직의 의미에 대해 어떤 시사를 주기에 이런 평가가 가능했나? 교사가 교직에 임할 때 통상적으로 그는 자신이 하는 일에 의미를 부여한다. 그런데 그 의미가 다른 의미와 충돌할 때 또는 자신이 부여한 의미가 자신이 처한 조건 하에서 무의미해질 때 그 교사는 보다 심도 깊게 교육에 대한 철학적 가정과 믿음을 검토하게 될 것이다. 플라톤은 이런 검토에서 자신의 일의 방향과 의미를 찾게 해주는 데 좋은 입문서가 될 수 있다.

플라톤은 우선 이상주의 관점에서 이상 국가와 이상적 인간형인 철인정치를 논하고 있다. 이상 국가는 지상의 어디에도 있을 수 없는 '본'의 성격을 갖는 나라를 말하고 있다. 더구나 처자 및 남편의 공유 그리고 통치자들의 사유재산 불인정 등 현실적으로 실현할 수 없는 조항도 들어 있다. 통치자는 세상의 명예나 물욕을 초월해 있어야 한다. 그는 지성의 화신이어야 한다. 현실적으로 이런 사람의 출현을 기대하기는 어렵다. 그러나 현실이 비록 이상과 다르다고 해도, 또 그 이상이 현실로부터 다다르기 어려운 위치에 있다 해도 이상은 나름대로 의미를 가지고 있다.

이상은 우리가 어떤 현실 속에 살고 있는지, 또 보다 나은 세상을 위해 어디로 향해 가야 하는지를 가리켜 주는 잣대이자 지표가 될 수 있다. 철인왕의 교육도 동일한 맥락에서 바라보아야 한다. 지난한 과정을 거쳐 형성된 철인은 현실에서 만나기 어려운 인간형일 수 있지만, 그 이상형을 기준으로 현실적 교육도 현재의 수준을 가늠하고 조정할 필요가 있다.

둘째, 플라톤에게 교육이란 가시계로부터 가지계로 영혼을 전향 또는 비약시키는 일이었다. 플라톤이 보기에 인식의 수준은 가시계의 영상과 실물이 세상의 실재라고 여기고 거기에 골몰한 상태와, 지성에 의해 알 수 있는 수학과 변증법의 세계로 나가는 상태가 있다. 동굴의 비유를 설명하자면, 동굴 속의 죄수들은 가시계를 진정한 실재라고 믿었고, 가지계를 보고 돌아온 동료의 말을 믿지 않았다. 심지어 가지계로 데려가려는 자는 잡아 죽이려고하며 강한 거부를 보였다. 그러나 플라톤이 보기에 지성에 의해 알 수 있는 세계에서만이 진리와 지성이 가능하고 진정한 실재를 보는 일도 가능하다. 따라서 교육은 지성의 세계가 가시계의 원인임을 깨닫고 가지계로 모든 사람의 영혼을 돌리게 하는 일이라고 여겼다. 플라톤에게 영혼의 성장이란 바로 가시계로부터 시작하여 눈으로 볼 수 없지만, 지성에 의하여 알 수 있는 세계로 나아가는 것이었고, 다시 그 세계로부터 내려가서 가시계에 머문 사람들에게 가지계로의 비약을 촉구하는 것이었다.

셋째, 플라톤은 개인과 국가 또는 공동체의 관계에 깊은 관심을 가졌다. 『국가론』은 인간의 삶과 그 영혼 또는 그 본성에 관한 책이고 그 속에서의 핵심적인 질문은, 최선의 사람은 어떤 삶을 사는 사람인가 하는 것이지만 그 책의 제목을 『국가론』이라는 이름으로 붙인 이유는, 플라톤이 보기에 인간적 삶의 한 가지 주된 사실은 잘 조직된 공동체 속에서의 삶이라야 좋은 삶이 될 수 있다는 점이었다. 다시 말해 "어떤 삶이 최선의 삶인가?"라는 질문은 "인간의 사회조직 중에서 최상의 조직은 어떤 것인가?"라는 질문과 분리될 수 없는 질문이었다. 그리고 그 대답은 최선의 삶이든, 최상의 조직이든 지성이 지배해야 올바른 상태, 즉 정의로운 상태에 있다는 것이다. 플라톤에게 이상 국가는 이성적 인간의 확대판이다.

마지막으로, 플라톤은 최선의 인간이 배워야 할 가장 중요한 내용은 선의 이데아, 즉 좋음의 이데아, 좋음 자체라고 말한다. 여기서 좋음의 이데아란 인식되는 것들에 진리를 제공하고 인식하는 자에게 그 힘을 주는 것이다. 이데아가 인식과 진리의 원인이라면, 좋음의 이데아란 다른 이데아들이 이데아이도록 해주고, 이데아로 인식될 수 있게 해주는 근거기반이라는 말이다.

그렇다면 선, 즉 좋음은 무엇인가? 선이란 아름다운 것이고, 균형 속에 있는 것이다. 또한 선은 세상의 목적인이며, 사물들 속에 내재하는 이성, 곧 개개의 사물들이 전체의 목적을 실현해 가는 가운데 목적을 실현하도록 해주는 이성을 말하는 것이다. 선은 완전한 형식으로든 불완전한 형식으로든 모든 지식의 원인이며, 존재를 잃지 않는 영원한 창조력이다. 한 마디로 선은 질서 정연한 가지적 세계를 연결짓고 그것들을 전체로서의 진리로 바라보게 해주는 것이다. 따라서 인간 삶의 목적도, 다양한 분야의 학문도, 각양각색의 예술 활동도, 그러나 무엇보다도 개별화되고 시시하고 단편적인 우리 나날의 일상도 바로 선을 향한 것이 아니라면 우리에게 그 모든 것은 무슨 의미란 말인가?

Chapter 3

루소와 교육

1. 계몽주의와 자연주의

1) 계몽주의

18세기 사상적 흐름에는 크게 계몽주의(Enlightenment)와 자연주의(Naturalistic Movement)가 있다. 이 두 가지는 서로 많은 공통점을 가지고 있어서 서로 혼동되기도 하지만 근본적인 차이도 있다. 루소는 초기에는 계몽주의자들과 교류하며 계몽주의자적 정신에 흡입되지만, 나중에는 그들과 불화하면서 존점 사상에 있어서도 다른 노선을 갔다. 그것이 자연주의이다. 이 절에서는 우선 계몽주의의 배경과 특징을 살필 것이다.

우선 계몽주의가 나온 배경을 살펴보려면 18세기 프랑스 상황을 언급하지 않을 수 없다. 당시 프랑스에서는 교회가 모든 권력을 장악하여 사상과 행동에 가장 억압적인 영향력을 행사하고 있었다. 군주들은 교회의 권위에 도전하는 자들을 처형하거나 엄한 고문을 하여 자신들의 방종함을 보상하였다. 귀족들은 형식적인 정교(orthodoxy)에 충성을 다함으로써 그와 유사한 면죄부를 샀다. 정통 교회의 주권은 일체 개인적인 판단을 억압함으로써 획득되었다. 귀족이 교회와 국가를 지지한 것은 부당한 특권과 타락한 생활로 말미암아 가능했다.

이런 상황에 대해 프랑스의 문인들은 반항하였다. 그들은 교회와 국가와 사회의 계급제도와 절대주의적 전제정치에 대해 반항하였고, 나아가 사상에 있어서 미신과 무지에 반항하였고, 도덕에 있어서 위선에 반항하였다. 이들은 이성에 대한 완전한 신뢰를 근본원리로 삼아 전통적으로 내려온 악폐와 모든 형태의 압제에 반대하였다. 특히 국가와 교회제도 자체를 공격하였다. 이들에게 인간의 행복은 오직 이성을 통해서만 가능하였다. 이렇게 계몽운동의 목적은 전통과 권위라는 이유로 인간이성을 억압하고, 인간감정을 통제하며 사상에 대해 절대주의적 주권을 행사하는 정치·종교적 기존질서에 대항하는 것이었다. 그리하여 계몽주의는 개인의 이성, 국가의 정의, 종교적 신앙에 있어서의 관용, 정치의 자유, 그리고 인간의 권리에 대한 절대적 신뢰를 강조하였다. 또한 사상의 자유, 양심의 자유, 이성의 능력은 계몽주의를 특징짓는 표어이고 열쇠였다.

그러나 계몽운동은 자신들의 입장을 모두에게 적용시키지는 않았다. 이들은 대단히 귀족주의적이어서 하층계급에 대해서는 자신들의 입장을 예외로 하였다. 즉, 하층계급은 이성적 능력을 가지고 있지 못하며, 교육받을 수도 없고, 거의 미개상태를 벗어나지 못한 존재로 여기고, 따라서 그들에게 종교는 타당한 기능을 가진다고 보았다. 그러니까 계몽주의자들은 악정과 폭정에 압도된 대중을 위해서는 아무런 고려도 하지 않았다. 그들은 사상의 전제주의와 억압에 반대하였으나, 소수의 사회적, 정치적 특권에 참여함으로써 이익을 얻으려고 열망하였다. 그것은 소수의 특권을 지지해야만 하는 다수에게는 불의였고 이기심이었으며 모순이었다.

그리하여 초기의 지적 운동은 이기적 무관심과, 회의주의, 그리고 과장된 형식주의에 빠지고 말았다. 확실히 이 운동은 합리주의를 추구했으나, 그것이 지닌 인위성 때문에 자연스런 삶의 방식에서 멀어졌고, 사해동포주의를 주장하느라, 모든 국민적이며 애국적인 감정을 경시하였다. 또한 식자계급들은 오만한 지혜 때문에 탁월한 인간인 체 했고, 단순성을 비속하다고, 자연스러움을 비합리적이라며 배척하였다. 이런 운동의 지도자로 볼테르(Voltaire, 1694~1778)를 들 수 있다. 18세기 후반에 이르러 사람들은 이러한 계몽주의적 형식주의에 지쳐 루소의 지도하에 새로운 목적으로 향해 갔다.

2) 자연주의

계몽주의가 '이성의 지배'를 모토로 삼아 사상과 신앙의 형식주의에 반동을 걸었으나, 이성의 지배는 그것이 표적으로 삼았던 전통과 권위의 지배 못지않게 압제적이었다. 그러자 계몽주의가 신봉하였던 유물론적 감각이나 이성 역시 언제나 믿을만하거나 오류가 없는 것이 아니라는 생각이 서서히 힘을 얻어갔다. 더구나 감정이야말로 우리들 본성의 진정한 표현이고, 이성의 이기적인 계산에 반대되며, 바른 행위의 안내로서 따라야 할 것으로 여겨졌다. 계몽주의가 지적 귀족주의를 형성하였다면, 후반의 사상운동은 국민대중의 향상을 기대하였다.

이런 운동은 감정을 중시하고, 또한 민중에 대한 깊은 동정을 중시하였는데, 바로 루소가 그 대표자였다. 루소는 개인적 감정에 이끌리고, 대중의 운명에 대한 동정심에 이끌려 당시의 심한 사회적 불평등에 대해 가장 격렬하게 반항하였다. 루소는 낡은 이성의 법칙 대신 자연, 평민, 그리고 삶에서 본성의 선함을 이룰 능력에 대한 신념의 복음을 전파하였다. 그리하여 "볼테르는 다른 사람들이 생각한 것을 말해서 인기를 차지했다면, 루소는 다른 사람이 느낀 것을 가장 완벽히 표현하여 인기를 누렸다"는 흥미로운 비교가 있을 정도이다.

루소의 지도하에 18세기 후반기 과제는 인간성에 대한 새로운 신념을 발달시키고, 삶의 새로운 이상을 구현하고, 사회에 새로운 정신을 불어 넣고, 인간성 속에 종교적 토대를 세우는 것이었다. 낡은 정교(orthodoxy) 신봉의 시대와 새로운 자연주의를 비교해 볼 때 둘 사이에는 엄청난 차이가 있다. 구시대에는 신의 힘을 믿고, 신의 의지에 복종하고, 그에 대해 은사를 바랐다면, 자연주의 시대에는 동포에 대한 사랑, 인간성에 대한 요지부동의 신념, 정의를 향한 끈질긴 추구, 진보에의 확고한 열망, 보상이 무엇이든 남들이 이루기를 바라는 관대한 만족, 이런 것들이 자연주의의 원천이었다.

합리주의와 자연주의 운동의 차이점은 각각의 대표자인 볼테르와 루소의 종교관에서도 확인할 수 있다. 볼테르에 따르면, 종교는 환상이며, 성직자의 기만이다. 이처럼 계몽주의자들이 무신론적이고 종교에 회의주의적 태도를 보였다면, 자연주의자들은 이런 관점에 반대하고 자연종교적 입장을 내세웠다. 이것은 기독교의 도덕성을 받아들이지만, 그 속에 들어 있는 초자연적 요소는 완전히 배제한 것이었다. 또한 신이 우주를 창조했다는 점을 인정하지만 우주질서에 관여하지 않고, 우주는 자체의 법칙에 따라 움직인다고 보는 것이다. 이것을 이신론(理神論, deism)이라고 한다. 자연주의자인 루소도 이신론을 지지하였다. 『에밀』 4부에 나오는 '사쿠아 신부의 고백'에는 이런 이신론적 입장이 잘 표현되어 있다. 신부는 종교가 인간경험에 중요하기 때문에 인간사회의 불가결한 요소라고 믿는다. 그리고 자신의 세 가지 신조를 말해주는데 첫째, 어떤 의지를 가진 존재가 물질세계를 움직이며, 둘째, 신의 영지(英智)는 세계의 운동에 일정한 질서를 부여하고 있으며, 셋째, 인간에게는 행동의 자유가 있고, 따라서 인간의 정신은 물질과는 다른 본질을 가진다는 것이다. 오늘날 교육학의 고전이 된 『에밀』이 1762년 출판 당시 당국의 금지처분을 받은 이유도 바로 이런 이신론적 입장 때문이었다. 이신론은 구교와 신교 그 어디서도 수용되지 않는 이단적인 입장이었던 것이다.

또한 계몽주의자와 루소는 이상적인 사회를 구상하는 시각에서도 차이를 보였다. 볼테르와 그의 동료들은 종교를 배제하고 민중의 권리를 인정하지 않고 대중에 대해서는 냉정함을 유지하였다. 엄격한 법칙의 준수로 도덕성을 유지하는 지적인 사회를 이상적 사회라 여겼다. 이성이 사상을 안내하고, 유물론이 도덕의 규범이며 이기심이 행동의 원리라고 여겼다. 그리고 무엇보다도 인류는 이성의 계발로 무한한 진보를 이룰 수 있다고 믿었다. 한편 루소는 문명을 일종의 저주라고 여기면서 볼테르적 사회관에 반대하였다. 루소는 생애를 통해서 민주주의적 신념을 준수했다. 즉, 평민에 대한 동정과 개인의 가치에 대한 신뢰 그것을 가장 소중하게 여겼다.

계몽주의와 자연주의 비교

계몽주의	자연주의
대표자: 볼테르	대표자:루소
지적	감정적
귀족적	민주적
계급이나 개인의 발전	사회의 개혁을 목적으로 함

3) 루소의 핵심사상

(1) 성선설

루소는 『에밀』 서두를 이렇게 시작하고 있다.

> "신이 만물을 창조할 때에는 모든 것이 선하지만, 인간의 손에 건네지면 모두가 타락한다."

이 서문은 루소의 성선설을 보여주는 대표적인 문장이다. 루소는 인간의 본성을 근본적으로 선하다고 믿었고, 그 믿음에 대해서는 변함이 없었다. 인간 본성의 선함에 대한 믿음은 『에밀』의 서두뿐만 아니라 작품전체에 흐르는 근본적인 가정이기도 하다. 그의 믿음이 하나의 가정(假定)이라는 말은 그것이 과학적인 분석이나 실험의 결과로 증명된 것이 아니라는 의미이다.

그런데 루소가 인간의 본성을 선하다고 믿었다고 말할 수 있는 근거는 무엇인가? 그것은 무엇보다도 그가 인간의 본성 속에 양심과 동정심이 있다고 말하기 때문이다. 루소는 『에밀』에서 양심에 대해 이렇게 말한다.

> 인간의 정신 밑바닥에는 정의와 미덕의 천성적인 원리가 존재하며, 우리 자신의 준칙이 어떻든 우리는 이 원리에 입각하여 자신의 행동과 타인의 행동을 좋다든가 나쁘다고 판단한다. 이 원리에 나는 양심이라는 이름을 붙이는 것이다.

이렇게 양심은 모든 것의 판단기준이 되어 우리가 자신의 행동과 타인의 행동을 판단하게 도와준다. 그리고 양심에 의해서 우리는 무엇을 추구하고 무엇을 하지 말아야 할지 알게 된다. 따라서 양심이란 우리 정신 밑바닥에서 정의와 미덕의 원리로 작용하는 어떤 것이다.

그런데 루소는 이 양심을 우리가 선천적으로 갖게 되는 감정이라고 설명한다. 여기서 선천적이라는 말은 그것이 바깥으로부터 오지 않고 우리의 내부에 본래 주어져서 존재한다는 것을 의미한다. 루소의 이 말은 양심이 후천적인 습관에 의해 생긴다고 하는 입장과는 대조된다. 사실 루소 이전에 몇몇 사상가들은 양심을 후천적인 습관으로 설명하였다. 예컨대, 몽테뉴(1533~1592)는 『수상록』(1권 23장 습관에 대하여)에서 "양심이란 자연의 소산이라고 말하지만 실은 습관의 소산이다. 사람들은 주위에서 인정되고 받아들여지는 의견과 풍습에 대해 경외심을 품고 있기 때문에 그것들로부터 벗어나면 후회하게 되고, 그것들을 지키면 만족감을 느끼게 된다."고 생각했다. 또한 유물론자인 엘베시우스(1715~1771)도 "인간의 정신 속에 있는 것은, 모두 경험에서 얻어지는 것이며, 무슨 일에 대해서나 우리는 획득한 관념에 의거하여 판단하고 있다." 이렇게 양심을 후천적으로 형성되는 것으로 주장하는 입장에 대하여 루소는 단호하게 비판한다.

이는 루소가 『에밀』 전체를 통하여 교육에 대해 취하는 입장과 같은 맥락이기도 하다. 즉, 루소는 당시 18세기 프랑스 교육철학의 흐름인 습관의 형성으로서의 교육이라는 입장에 반기를 들고, '자연을 따르는 교육'이라는 입장의 선두주자를 자처하였다. 로크(또는 몽테뉴)와 같은 경험론이나, 엘베시우스와 같은 유물론적 입장을 따를 때, 인간의 존엄성은 다른 더 큰 권위에 의해서 무참하게 산산 조각나고 조작되며 왜곡될 가능성이 크기 때문이다.

또한 동정심 역시 루소는 양심과 마찬가지로 선천적인 감정이라고 믿었다. 그의 표현에 의하면, 동정심은 자연의 질서에 따라 사람의 마음을 움직이는 최초의 상대적 감정이다. 이 말은 동정심은 선천적으로 인간에게 주어져 있으며, 이제까지 나를 향해 안쪽으로 향하는 자애심으로 마음이 움직였다면, 처음으로 바깥의 다른 사람을 향해 움직이는 감정이 동정심이라는 의미이다. 인간에게는 자신은 비록 고통을 겪고 있지 않을지라도 고통을 겪고 있는 타인을 보면 그 고통을 자신도 겪을지 모른다고 생각하여 상상력을 발휘하여 자신도 괴로워하는 동정심이 있다는 것이다. 물론 동정심은 아무렇게나 발현되지는 않는다. 루소에 따르면 동정심은 다음 세 가지 준칙을 따라 발현된다. 첫째, 인간은 자기보다 행복한 사람의 입장에 놓고 생각하기 어려우며, 자기보다 불쌍한 사람의 입장에 자신을 놓고 생각할 수 있을 뿐이다. 둘째, 사람은 오직, 자신도 면할 수 없으리라고 생각되는 타인의 불행만을 동정한다. 셋째, 타인의 불행에 대하여 우리가 느끼는 동정은, 그 불행의 크고 작음에 비례하지 않고, 우리가 그 불행으로 괴로워하고 있는 사람에 대해 베푸는 감정에 비례한다.

루소의 성선설이 중요한 이유는 이런 입장이 기독교적 사고의 원천인 원죄의 사상을 거부하기 때문이다. 원죄(original sin)란 태초의 인간인 아담과 하와가 하느님(신)과의 약속을 어기게 되어 그 죄가 아담과 하와의 자손에게까지 이어진다는 기독교에서 말하는 죄를 뜻한다. 따라서 서양 기독교 사상은 인간의 본성을 악하다고 보았다. 그런데 루소는 그 생각에 정면으로 도전한 것이다. 루소는 이로 인해 『에밀』 출판 당시 분서처분을 받고 본인 자신은 망명하는 신세가 되었다.

인간본성에 대해 루소와 대비적인 위치에 있는 사람은 토마스 홉스(Thomas Hobbes, 1588~1679)이다. 그는 『리바이어던(*Leviathan*)』 제13장에서 인간의 자연 상태를 설명하면서, 인간에게는 자기보존이라는 강력한 욕구가 있어서 분쟁이 발생한다고 말한다. 분쟁의 원인은 경쟁, 불신, 공명심 세 가지로 요약할 수 있다. 설명컨대, 인간은 경쟁 때문에 이익확보를 위한 약탈자가 되고, 불신 때문에 안전보장을 위한 침략자가 되며 공명심 때문에 명예수호를 위한 공격자가 된다.

이런 상황을 기술한 뒤 홉스는 다음과 같이 결론 맺는다.

> 인간은 그들 모두를 위압하는 공통의 권력이 존재하지 않는 곳에서는 전쟁상태에 들어가게 된다는 것이다. 이 전쟁은 만인에 대한 만인의 전쟁이다. … 전쟁상태에서 벌어지는 모든 일은 만인이 만인에 대해 적(敵)인 상태, 즉 자기 자신의 힘과 노력 이외에는 어떠한 안전대책도 존재하지 않는 상태에서도 똑같이 발생할 수 있다. … 이러한 상태에서는 … 끊임없는 공포와 생사의 갈림길에서 인간의 삶은 고독하고, 가난하고, 험악하고, 잔인하고, 그리고 짧다. … 아메리카 곳곳에서 많은 야만족들이 오늘날에도 여전히 국가가 없는 상태에서, 잔인한 삶을 살아가고 있다.

그리고 '만인이 만인에 대하여 전쟁을 하는 상황'(bellum ominum contra omnes)에서는 그 어떠한 것도 부당한 것이 될 수 없다고 말한다. 즉, 자연 상태에서는 정(正)과 사(邪)의 관념이라든지 정의와 불의의 구별도 존재하지 않는다. 공통의 권력이 없는 곳에는 법도 존재하지 않고, 법이 없는 곳에는 불의도 존재하지 않는다. 말하자면, 정의나 불의는 사회생활에서 관계있는 개념이지 고립적으로 존재하는 인간들과는 관계가 없다는 것이다. 이런 상태에서 벗어나 인간은 가장 큰 관심사인 자기보존을 위하여 국가와 계약을 맺는다. 국가는 개인의 자기보존과 방어를 맡고 대신 개인은 자신의 자연권의 일부를 포기하고 그것을 국가에게 양도하는 것이다. 이렇게 해서 국가가 탄생한다.

그런데 홉스는 국가의 통치자를 상징적으로 나타내기 위해 리바이어던(Leviathan)이란 용어를 사용했다. 이 용어의 출처는 「구약 욥기」 41장이다. 거기에서 리바이어던은 무적의 힘을 가진 바다동물의 이름으로 등장한다. 이 동물은 지상의 그 누구도 대적할 수 없는 강력한 힘을 가진 존재일 뿐 아니라 혼란과 무질서를 상징한다.

그러나 홉스는 이 용어를 차용할 뿐 실지로 그가 구상한 국가의 모습은 성서에 나오는 리바이어던의 모습과 다르다. 홉스가 그리는 국가는 통치와 질서를 보장할 수 있는 막강한 힘의 소유자이며, 인간의 교만함을 누르고 그들을 복종시킬 수 있는 존재였기 때문이다.

(2) 소극적 교육

『에밀』에서 루소는 소극적 교육을 제2부에서 언급하는 데, 거기서 그는 '초기의 교육은 철저하게 소극적이어야 한다. 그것은 미덕이나 진리를 가르치는 것이 아니고, 악덕으로부터 마음을, 오류로부터 정신을 보호해 주는 일이다.'라고 한다. 또 『보몽에게 보내는 편지』에서는 조기에 정신을 계발해 아이에게 인간의 의무에 대한 인식을 심어 주는 것을 목표로 하는 교육을 '적극적인 교육'이라고 부르며, 우리가 인식을 갖기 전에 우리 인식의 도구인 기관들을 발달시키기 위해서 감관의 훈련을 통해 이성을 준비시키는 교육을 '소극적인 교육'이라고 설명한다.

이런 설명이 있지만 소극적 교육(negative education)의 개념을 이해하기는 쉽지 않다. 루소가 보기에 2세에서 12세 아이의 발달단계의 특징은 아직 이성이 발달하지 않아서 도덕적 개념이나 사회적 관계의 관념을 잘 이해할 수 없다. 그래서 무엇이 선이고 무엇이 악인지 판단하기 어렵다. 그런데 어른들은 아이들에게 악이 생겨나는 것을 막기 위하여 일찍부터 선을 길러 주려고 서두르게 된다. 아이들은 이성의 빛을 보지 못한 상태에서 선을 선으로 볼 수 없다.

그래서 루소가 제안하는 바는 우선 도덕이라든가 사회적 관념을 나타내는 말을 되도록 사용하지 않는 것이다. 둘째, 아이가 인간의 변덕에 의존하거나 어른의 권위에 의존하도록 가르치지 말고 오직 자연이 인간에게 가하는 가혹한 속박과 필연에 따르도록 가르치는 것이다. 이를 소위 '필연성의 원칙'에 따른다고 한다. 이것은 어른이 굳이 길게 도덕적 설교를 늘어놓거나 어른의 권위를 이용하여 아이가 그 권위에 복종하는 법을 배우게 하거나 눈치를 보며 비위를 맞추는 것이 아니다. 아이에게 사물의 필연성을 통해 소극적 교육을 하는 예시로 루소는 가구를 부수고 창문을 깨는 아이의 이야기를 한다.

> 손에 잡히는 것은 무엇이든지 부숴버리는 아이가 있다. 그럴 때 당신은 화를 내면 안 된다. 그가 부숴 버릴 우려가 있는 것은 그의 손이 닿지 않는 곳에 두는 것이 좋다. 그가 사용하던 가구를 부숴버렸다면 그에게 다른 가구를 주지 말라. 그 가구가 없어짐으로 해서 생기는 불편을 그에게 느끼도록 해주어야 한다. 아이가 방의 창을 깨뜨렸다. 아이가 감기에 걸리지 않을까 염려하지 말고, 낮이고 밤이고 아이의 방에 바람이 불어오도록 내버려 두는 것이 좋다. 그에게 도덕적 훈계를 하지 말고, 그가 불편함을 맛보게 하는 게 좋다. 그런 다음 아무 말도 하지 말고 유리창을 새로 끼워라. 그런데도 그가 또 유리창을 깰 때는 방법을 바꾸라. 냉정하게 화내지 말고, 이렇게 말하라. '이 유리창은 내 것이다. 내가 애써 갈아 끼웠다. 그래서 나는 유리창이 깨지는 것을 원하지 않는다.'고. 그리고는 아이를 창이 없는 어두컴컴한 곳에 가두어야 한다. 이 새로운 조치에 대해 아이가 고함을 지르며 날뛰더라도 아무도 귀 기울이지 않는다. 그러다가 아이는 태도를 누그러뜨리며 교사에게 용서를 구한다.

이 예시는 아이에게 결코 벌을 벌로서 주지 말고 나쁜 행동에 대한 자연적인 결과로서 벌이 주어져야 한다는 것을 보여준다. 아이가 유리창을 깨면 그것에 대해 훈계를 하거나 그것에 대해 벌을 주지 않고 유리창을 깸으로써 발생하는 좋지 않은 결과를 그의 머리 안에 넣어주는 것이다. 마찬가지로 거짓말을 하면 거짓말에 대해 잔소리를 늘어놓거나 그에 대해 벌을 주어서는 안 된다. 벌을 주는 대신, 거짓말을 함으로써 발생하는 모든 좋지 않은 결과를 아이의 머리 안에 넣어주는 것이다.

그렇다고 루소가 이 나이의 아이에게 도덕적 교훈을 아예 가르치지 않는 것은 아니다. 아이에게 어울리는 유일한 도덕성의 교훈은 '누구에게도 결코 해를 끼쳐서는 안 된다'는 것이다. 이 교훈은 소극적 성격을 가졌지만, 아이에게 주지 않을 수 없는 교훈이다. 만일 그렇게 하지 않으면, 아이 자신에게도 다른 사람에게도 해를 미칠 수 있고, 특히 나쁜 습관을 몸에 붙여 나중에 도저히 교정할 수 없게 될 수도 있기 때문이다. 그러나 이 교훈조차 한 발짝 씩 되도록 천천히 밟아 나가야 한다.

루소는 소극적 교육을 말하는 대목에 와서 가장 중대하고 유익한 교육 전체의 규칙이라면서 이렇게 말한다. "그것은 시간을 아끼는 것이 아니라 낭비하라는 것이다." 아이의 정신이 모든 능력을 한꺼번에 갖추지 못하므로 아이가 정신을 사용해서 뭔가 하지 않도록 할 필요가 있다. 아이의 정신이 눈을 뜨기 전에는 이성의 빛을 인식할 수 없기 때문이다. 아이에게 이성으로 접근하는 대신 아이에게 육체의 기관과 감관을 발달시키고 힘을 길러주는 것이 좋다. 정리하면, 소극적 교육이란 아이에게 미덕이나 진리를 직접적으로 가르치는 것이 아니라, 다만 악과 오류로부터 보호하고, 굳이 도덕성을 가르치려 할 때에는 시간을 낭비하면서 천천히 아이의 천성에 맞게 접근하는 것이다. 그 사이에 아이는 감관을 발달시키고 그를 통해 이성을 준비하는 것이다.

(3) 자기애

1723년 네덜란드 출신이자 영국 의사인 맨더빌(B. Mandeville, 1670~1733)은 『꿀벌의 우화』라는 책을 출판하였다. 이 우화집은 '악덕이 사라지면 잘 살던 사회가 무너진다'는 특유의 명제를 처음으로 등장시켰고, '개인의 탐욕이 있어야 사회가 제대로 돌아갈 수 있다'는 내용을 담았다. 그것을 요약해 보면 다음과 같다.

> '그 옛날 벌의 왕국이 있었지/왕과 귀족은 사치를 일삼고/ … 판결은 뇌물로 결정됐다네/어느 날 … 벌들은 뉘우쳤지/ … 정직하게 살다 보니/재판도, 군인과 요리사며 일자리까지 모두 없어지고 말았지/ … 벌들은 굶어죽었다네'

이 책은 출판 당시 내용의 혁신성으로 화제를 모았다. 당시 영국 사회를 지배하던 중세 기독교 도덕은 금욕과 이타심을 미덕으로 삼았는데, 이를 위선이라 비판하며 사람의 이기적인 본성에 의미를 부여했기 때문이다. 더구나 악덕이라는 욕심이야말로 경제를 살리는 원동력이며, 사치는 생산을 늘리고 일자리를 만들어주어 잘 살게 만든다고 주장하여 도덕가들을 격분시켰다. 그러나 이 작품의 영향력은 지대하여 이후 아담 스미스(1723~1790)의 자유경제주의의 확립에 도움을 주었다. 무엇보다도 그의 영향력은 18세기 사회에서 자기애에 대한 관념에 관심을 갖도록 도왔다는 점이다. 이후 칸트도 자기애를 일반적으로 인간의 자기보존의 충동에서 출발하여 자기 자신의 이익과 안위를 구하는 마음의 경향으로 정의한 뒤 다음과 같이 언급한다. "대다수의 사람들은 가장 사랑하는 자기를 노력의 유일한 기준으로서 응시하며, 사적인 이익을 주축으로 하여 모든 것을 그 주위로 회전시키고자 한다." 그러나 자기애는 이기심과 동일시되어서는 안 되며, 그것 자체가 비난받아야만 할 것도 아니라고 보았다.

이처럼 18세기에 자기애 또는 자기보존은 인간에게 유일한 동기로 받아들여졌는데, 그런 자기애가 도덕적 성격과 어떤 관련이 있는가에 대한 문제는 학자들의 중요한 관심주제가 되었다. 18세기의 대표적 사상가인 루소도 예외는 아니다. 루소는 『에밀』에서 자기애를 여러 번 언급하고 있다.

> 인간에게 있어서 유일한 자연적인 감정은 자기애, 다시 말하면 넓은 의미에서의 자존심이다. 이 자존심이라는 것은 그 자체로서 또는 우리들에게 관계하는 한에 있어서는 좋은 것이고 유익한 것이다. 그리고 그것은 필연적으로 타인과의 관계를 갖고 있지 않기 때문에 근본적으로 타인에 대해서는 좋지도 않고 나쁘지도 않은 것이다.

> 정념의 근원은 자연이다. 자연적으로 생겨나는 우리의 정념은 극히 제한되어 있다. 그것이 우리의 자유의 수단이 되고, 우리를 보존시키게 된다. 우리를 억압하고 파멸시키는 정념은 모두 다른 데에서 온다. 자연은 그러한 정념을 우리에게 주지 않는다. 자연의 뜻을 무시하고 우리가 그것을 우리의 것으로 만든다. 우리 정념의 근원, 다른 모든 정념의 시작이며 근원인 것, 인간과 함께 태어나 인간이 살아가는 한 인간을 떠나는 일이 결코 없을 단 하나의 정념, 그것은 자기애(自己愛)이다.

> 자기애는 언제나 좋은 것으로, 언제나 자연의 질서에 부합된다. 사람은 누구나 특히 자기를 보존하지 않으면 안 되므로, 무엇보다 유의하지 않으면 안 되는 것, 가장 소중한 것은, 당연히, 이 자기 보존에 끊임없이 마음을 쓰는 일이다 … 우리는 자기를 보존하기 위해 자신을 사랑하지 않으면 안 된다. 어떤 것보다도 한층 자신을 사랑하지 않으면 안 된다. 그리고, 이러한 감정의 직접적인 결과로서, 우리는 우리 몸을 보호해 주는 것을 사랑한다. 아이들은 모두 유모에게 집착한다. … 어떤 개인의 쾌적한 생활을 도와주는 것은, 그 사람의 마음을 끈다. 해로운 것은 혐오를 느끼게 한다. … 우리는 자기에게 도움이 되는 것을 추구하고, 자기에게 이익을 주는 사람을 사랑한다. 또 우리는 자기에게 해가 되는 것을 피하고, 자기에게 해를 주려 하는 사람을 미워한다. 아이의 최초의 감정은 자기 자신을 사랑하는 것이다. 그리고 두 번째 감정은, 이 최초의 감정으로부터 생겨나는 데, 자기 가까이 있는 사람들을 사랑하는 것이다.

이처럼 루소에게 '자기애는 언제나 좋은 것으로서 자연의 질서에 부합되며 우리의 정념의 근원이고, 다른 모든 정념의 시작이며 근원으로서 우리를 결코 떠나는 일이 없는 단 하나의 정념'이었다. 말하자면 루소는 자기애를 언제나 좋은 것이며 자연의 질서에 부합되는 것으로서 우리를 평생 떠나지 않는 유일한 정념이라고 말한다. 그에게 자기애는 결코 부정적인 의미로 표현되지 않는다.

더구나 인간의 자기애는 동물의 자기애와 달리 성장해감에 따라 변천해 간다고 주장한다. 이것은 『에밀』에서 자연의 의미를 설명하는 부분에 잘 나타난다.

> 우리는 감각적인 존재로 태어난다. 그리고 태어나면서부터 우리들은 주위 환경으로부터 여러모로 영향을 받는다. 우리가 우리 자신의 감각을 의식하게 되자마자, 그 감각을 만들어 내는 사물을 추구하거나 피하게 된다. 처음에는 그것이 유쾌한 감각이거나 불쾌한 감각이기 때문에, 다음에는 그것이 우리에게 맞거나 맞지 않기 때문에, 마지막에는 이성이 우리에게 주는 행복과 선(善)에 대한 관념에 기초하여 내리는 판단 때문에 그것을 추구하거나 피하거나 한다. 이 성향(性向)은, 우리의 이성이 발달하고 지식이 늘어감에 따라 점점 확대되고 확고해져 간다. 그러나 그것은 우리의 습관에 의해 방해되고, 우리의 편견에 의해 다소 변질된다. 그 변화되기 전의 성향을, 나는 우리 안에 있는 자연[본성]이라고 부르는 것이다.

여기서 루소는 자연이란 '인간에게 원래 주어진 성향'이라고 정의한다. 인간은 원래 뭔가를 추구하거나 피하는 성향을 갖고 있다. 그런데 그 성향은 기준이 고정되어 있지 않다. 처음에는 유쾌한 감각이거나 불쾌한 감각이기 때문에, 다음에는 그것이 우리에게 적합하거나 부적당하기 때문에, 마지막에는 이성이 주는 행복 내지는 완전성을 위한 판단 하에서 뭔가를 추구하거나 피하게 된다. 그러니까 성향으로서의 자연은 늘 뭔가를 추구하거나 피하지만, 그 기준은 변한다는 것이다. 처음에는 감각적 쾌를 따르고 불쾌를 피하며, 다음에는 의식이 판단하기에 우리에게 적합한 사물(또는 환경)을 선택하거나 부적합한 사물을 회피하며, 마지막으로 이성에 따라 행복과 완전성을 따른다는 것이다.

이는 인간의 자기애가 동물처럼 처음에는 육체적 자기보존에 머물다가, 성장해감에 따라 이성의 안내를 받아 자신의 행복을 추구하고 또한 다른 사람을 향한 동정심으로 바뀐다는 것이다. 이런 성향은 인간에게만 있는 독특한 자기애의 양상이다. 자기애가 오직 육체적인 보존의 단계를 넘어 삶에서 의식적인 선택을 하여 자기보존에 유리한 것을 선택하고, 나아가 이성의 도움을 받아 나를 행복하게 해주고 다른 사람에 공감하는 동정심으로 확대해 가는 것이다. 자기애가 나를 향한 정념이었다면, 동정심은 다른 사람을 향한 정념이다. 이런 동정심은 인간 내면에 주어진 자연의 질서를 따르는 것이기 때문이다.

그러나 자기애(amour de soi)는 언제든지 이기심(amour-propre)으로 변모할 수 있는 위험성을 가지고 있다. 루소는 이점에 유의하며 두 개념을 힘주어 비교한다.

> 자기애는 자신의 일만 문제 삼으므로, 자신의 진짜 욕구만 충족되면 만족하는 반면, 이기심은 항상 자신을 남들과 비교해 보기 때문에, 만족하는 일이 결코 없고, 또 만족될 수도 없다. 왜냐하면 이 감정은, 다른 누구보다도 자신을 사랑하면서, 다른 사람에 대해서도 그 자신보다 자기를 사랑해 줄 것을 요구하기 때문이다. 이것은 불가능한 일이다. 이리하여, 온화한 애정에 넘친 정념은 자기애로부터 생겨나고, 증오에 넘치고 초조해지기 쉬운 정념은 이기심으로부터 생겨난다.

이 부분에 따르면, 자기애는 자기의 존재를 보존하는 것을 궁극관심으로 하는 자연적 감정으로서 진정한 욕구만 충족되면 만족한다. 한편 이기심은 남들과 늘 비교하고 만족하지 못한다. 인간은 매순간 자기 외의 존재를 느끼면서 동시에 자신을 느낀다. 그때 다른 사람의 존재 속에서도 자신이 삶의 중심에 놓여 있기를 원하게 되면 이때부터 자기애는 이기심으로 바뀐 것이다. 그리하여 이기심은 자기집착, 허영, 자존심, 질투, 시기의 개념과 연결된다. 이것은 자기를 사랑하면서 다른 사람도 그 자신보다 자신을 사랑해 줄 것을 요구하므로 결코 만족될 수 없다. 투소는 아동의 양육에서 이기심 있는 아이로 기르지 않도록 양육의 태도에서 특별히 주의하라고 조언한다.

2. 『에밀』은 어떤 책인가?

1) 주제

『에밀』은 루소가 1762년 출판한 교육소설이다. 원제는 "에밀, 또는 교육에 관하여"(*Émile ou De l'éducation*)이다. 표지에서 보는 것처럼 작가는 제네바 시민 장 자크 루소로 되어 있다. 주요 등장인물은 에밀(Emile)과 가정교사 장 자크(Jean Jacques)이다. 나중에 5부에 가서 에밀의 배우자가 될 소피(Sophie)라는 제3의 인물도 등장한다.

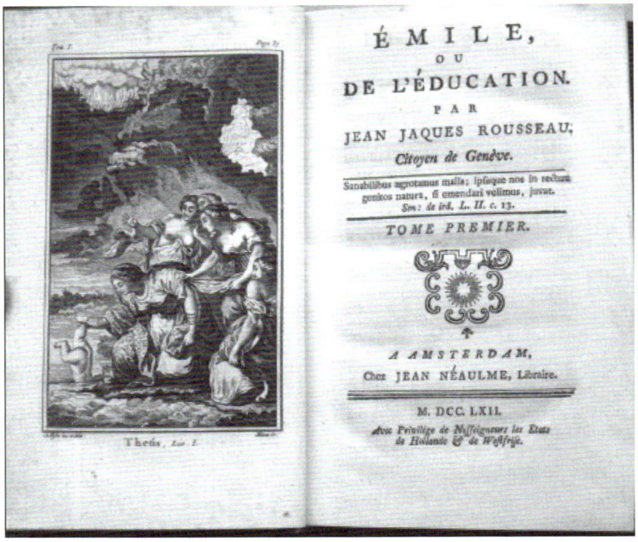
ÉMILE,
OU
DE L'ÉDUCATION.
PAR
JEAN JAQUES ROUSSEAU,
Citoyen de Genève.
Sanabilibus ægrotamus malis; ipsaque nos in rectum genitos natura, si emendari velimus, juvat.
Sen: de irâ, L. II. c. 13.
TOME PREMIER.
A AMSTERDAM,
Chez JEAN NÉAULME, Libraire.
M. DCC. LXII.
Avec Privilége de Nosseigneurs les Etats de Hollande & de Westfrise.

『에밀』 제1부 표지

여기서 에밀은 루소의 소년시절의 인물이고, 가정교사는 성인으로서의 장 자크라고 볼 수 있다.

『에밀』은 소설과 저술의 두 가지 성격이 종합된 형식을 취하고 있다. 여기에는 몇 가지 이점이 있다. 저자는 자신이 원하는 배경을 만들어 내고 계획된 환경에서 등장인물을 살아가게 할 수 있다. 또한 배경을 구상함으로써 루소는 교육에 대한 자신의 생각을 보다 명확하게 표현할 수도 있었다. 그러나 이러한 형식에 장점만 있는 것은 아니다. 우선 『에밀』을 소설로 보기에는 너무 학술적이고, 논저로 보기에는 지나치게 환상적 이야기에 가깝다는 평가를 받는다. 둘째, 당시나 오늘날 많은 사람들은 가정교사가 거의 25년이라는 긴 세월을 한 소년의 교육에 매달리는 것이 『에밀』에서 표현된 교육론의 핵심이라고 여겨 루소의 교육을 너무 현실에 맞지 않는 황당한 이론이라고 평가했다.

그러나 루소가 왜 이런 형식을 취했는지 짐작해 볼 수 있다. 루소는 원칙적으로 공교육에 반대하지 않는다. 그러나 그가 보기에 당시의 국가는 미래 시민의 교육을 하기에는 적합하지 않아 보였다. 당시 유럽의 국가들은 너무 규모가 큰 데다 사회는 자연으로부터 너무 멀리 떨어져 나왔고 그런 이유로 변형되어야 할 필요가 있었다. 이상적 교육은 이상적 환경에서 가능한데, 당시 사회에서는 그가 바라는 사회를 찾을 수 없었다. 그래서 그는 바람직한 환경에서 교육이 행해진다면 교육의 모습이 어떠하겠냐 하는 것을 보여주기 위해서 소설이라는 인위적 장치를 사용한 것이다. 따라서 우리가 『에밀』을 읽을 때는 『에밀』에 나와 있는 내용을 너무 액면 그대로 받아들일 필요는 없을 것이다.

루소의 『에밀』은 18세기 프랑스의 교육사상에서 개인주의적이고, 문명비판적이며, 계몽주의적이고, 자연주의적 속성을 모두 갖고 있는 작품이다. 개인주의적이라 함은 에밀을 사회로부터 격리시켜 한 명의 교사(가정교사)가 완전한 도덕적 인간으로 길러가는 과정을 택하기 때문이다. 이는 대다수 사람들에게 공통되는 일반적인 공공교육을 거부하고 가정교육을 택하고 있다는 의미이다. 문명 비판적이라 함은, 문명을 대하는 루소의 태도가 날카로운 비판적 자세를 취하기 때문이다. 루소는 이미 『학문예술론』이나 『인간불평등기원론』에서 문명사회를 비판하였다. 인간의 문명을 이루는 학문과 예술은 헛된 호기심의 산물이며, 그로 인해 사치와 풍속의 타락이 생겼으며 미덕으로부터 멀어졌다고 주장하였다. 또는 사유재산이 생기면서 노예제도와 위계관계가 생겨나 인간이 부자유하게 되었다고 주장하였다. 따라서 루소는 당시 사회가 사치와 부도덕함에 빠져서 덕 있는 삶으로부터 멀어져 있으며, 사유재산을 가졌음에도 불구하고 노예와 종속상태로 신음하고 있다고 생각하였다. 『에밀』에서도 그 기조는 계속되어, 에밀을 타락한 사회로부터 분리하여 전원으로 데리고 가서 양육시키고 있다.

또한 『에밀』은 계몽주의적 요소도 가지고 있다. 계몽주의라 함은 인간의 이성을 등불 삼아 사고하는 개인의 건전한 상식에 비추어 보아 정당화할 수 없는 것이면 어느 것이든지 받아들이지 않는 운동을 말한다. 『에밀』의 여러 군데서 이성을 중시하는 계몽주의적 태도가 나타난다. 그중 가장 대표적인 대목은 이것이다.

> "그가 사회생활의 소용돌이 속에 휩쓸려 있어도, 정념에 의해서, 또는 사람들의 편견에 의해서 질질 끌려 다니지만 않으면 그것으로 된다. 자신의 눈으로 보고 자신의 마음으로 느끼게 하며, 자기 자신의 이성의 권위 외의 어떤 권위에도 지배되지 않게 하라."

한편 『에밀』의 자연주의적 속성은 루소가 이성보다 양심을 더 우위에 있다고 인정하기 때문이다. 이성은 불확실하며 믿을 수 없는 것이며 우리를 속이기도 하지만, 양심은 그렇지 않다며 이성보다 양심을 중요시한다. 이처럼 이성이 아니라 감정에 속하는 양심을 이성보다 우선한다는 것은 『에밀』이 감정을 우선시하는 낭만주의적 속성을 지니고 있음을 말해준다.

루소가 『에밀』을 쓴 의도는 그의 사상체계와 관련지어 생각하지 않으면 안 된다. 그는 이미 『학문예술론』과 『인간불평등 기원론』을 통해 인간의 탐욕으로 인한 노예 상태를 고발하였다. 문명세계는 타락할 만큼 타락으로 치닫고 있다고 진단했다. 루소는 거기서 벗어나기 위한 방법으로서 사회의 변화가 필요하다고 생각했고, 그것은 교육을 통해서 올 수 있다고 믿었던 것 같다. 그리하여 교육에 관한 논저 『에밀』이 등장한다. 그는 『고백록』(제8권)에서 『에밀』을 쓰기 위해 20년의 사색과 3년 동안의 고된 작업이 있었다고 말한다.

한편 개인적인 이유도 있다. 루소는 생애동안 한 번도 정규교육을 받지 않았으며 28세 때 두 아이의 가정교사를 했는데 완전히 실패하였다. 교육의 부재(不在)와 교육의 실패를 맛본 것이다. 또한 그가 『고백록』에서 밝히고 있듯이 자신과 테레즈 사이에 낳은 5명의 아이를 모두 양육원에 보낸 사건이 있었다. 이러한 일련의 사건들이 루소로 하여금 속죄하는 마음을 담아 다분히 이상적 교육을 꿈꿀 수 있게 했다고 생각할 수 있다.

2) 에밀의 양육과정

『에밀』은 전 5권으로 구성되어 있다. 5부가 여성교육에 관한 것이므로 에밀의 교육은 전부 네 시기로 나누어져 있다. 첫째 시기는 출생 시부터 2세에 이르는 유아기이다. 이 시기는 모든 면에서 동물과 다름없다. 아동은 미분화된 감정의 상태에 있으며 자아를 의식하지 못한다. 둘째 시기는 2세에서 12세에 이르는 아동기이다. 이시기의 아동은 야만인의 수준에 다다랐으며 원시인의 삶에 비유할 수 있다. 셋째 시기는 12세에서 15세에 이르는 소년기이다. 이 시기는 체력이 왕성해지고 지력이 출현하게 되어 자신의 행위를 결과에 비추어 조정할 수 있다. 자족의 시기라고 부른다. 넷째 시기는 15세에서 결혼적령기인 25세에 이르는 청년기이다. 이 시기는 성충동이 일어나고 사회적 행위가 가능하며 도덕적 원칙에 따라 행동할 수 있다.

(1) 유아기(0세~2세)

루소는 1권에서 유아에게 교육을 시작하면서 인간에게 교육의 필요성을 설명한다. 태어난 유아는 무력하고 우매한데 이런 상태는 태어날 때 지니지 못한 능력 탓이다. 우리에게 태어날 때부터 주어지지 않은 것, 어른이 되었을 대 필요한 모든 것을 교육은 제공한다. 이 교육의 근원이 자연과 인간과 사물이다. 우리의 능력과 기관의 내적 성장은 자연의 교육이고, 이 성장을 어떻게 이용할 것인지를 가르쳐 주는 것은 인간의 교육이다. 그리고 우리가 환경의 경험에 의해 얻는 것은 사물의 교육이다. 이 자연의 교육은 우리의 힘으로는 어떻게 할 수가 없기 때문에 사물의 교육과 인간의 교육은 자연의 교육에 일치시키지 않을 수 없다.

이어서 루소는 자연이란 '인간에게 원래 주어진 성향(또는 경향)'이라고 정의한다. 그런데 그 성향은 기준이 고정되어 있지 않다. 처음에는 유쾌한 감각이거나 불쾌한 감각이기 때문에, 다음에는 그것이 우리에게 적합하거나 부적당하기 때문에, 마지막에는 이성이 주는 행복 내지는 완전성을 위한 판단 하에서 뭔가를 추구하거나 피하게 된다.

여기서 인간에게 원래 주어진 성향인 자연은 자기애 또는 자기보존이라고 볼 수 있다. 이것이 축이 되어 인간은 끊임없이 뭔가를 추구하거나 피하게 되는데, 이 성향이 올바로 작동하면 인간은 올바로 판단하고 또 성장해서는 이성이 발달하여 자신을 행복하게 하는 미덕을 추구하게 된다. 그러나 이 성향은 우리의 편견, 권위, 사회적 여건, 선례 등에 의해서 변질되기 쉽다. 이렇게 후천적으로 왜곡되기 전에 우리에게 주어진 성향을 루소는 '자연'이라 부른다. 이 구절을 통해 볼 때 자연이란 우리에게 원래 주어진 것이요, 선한 것이며, 제대로 작동되면 우리를 행복하고 덕 있게 하는 것이다. 따라서 우리가 교육할 때 모든 것을 이 자연적인 성향과 조화시키지 않으면 안 된다.

유아기의 아기는 손발을 자유롭게 해주어 신체가 잘 자라도록 해주는 것이 중요하다. 그리고 계절, 풍토, 불순한 기후 속에서도 튼튼하게 자라도록 신체를 강인하게 훈련시킬 필요가 있다.

(2) 아동기(2세~12세)

이 시기는 말을 할 줄 아는 시기이다. 동시에 체력도 많이 자라 자기 자신을 의식하기 시작한다. 이제 독립적인 인간으로서 삶을 시작하지만 아직은 약해서 도움이 필요한 단계이다. 이때 아이는 사물에 의존할 수도 있고, 인간에게 의존할 수도 있지만, 되도록 사물에 의존하게 해야 한다. 이것은 도덕성과 무관하고 자유를 침해당하지도 않고 악을 낳을 일도 없다. 이에 반해 인간에게 의존하면 위계에 따라야 하고 그것에 저항하며 성질이 나빠지기도 한다.

루소가 이시기에 특히 강조하는 것은 소극적 교육이다. 이것은 미덕이나 진리를 가르치는 것이 아니고, 악덕과 오류로부터 마음과 정신을 보호해 주는 것이다. 이 시기의 아이는 아직 이성(理性)이 발달하지 않아서 도덕적 존재라든가 사회적 관계의 관념을 가지는 것이 불가능하다. 말을 할 때에도 '복종', '의무', '명령' 등의 말을 되도록 사용하지 말아야 한다. 그러나 말로 도덕적 교훈을 가르치게 되면 아이들은 충분히 이해되지 않은 채 납득한 척하고, 다만 상을 받고 벌을 피하기 위해 얼버무리거나 거짓말하도록 가르치게 된다. 따라서 아이가 싫어하는 일을 납득시키려고 이치를 설명해서는 안 된다. 소극적 교육을 설명하면서 루소는 과감하게 이렇게 선언한다.

> 이것은 가장 중대하고 유익한 교육 전체의 규칙이다. 그것은 시간을 아끼라는 것이 아니고 낭비하라는 것이다.

그리하여 이 시기는 아이의 육체와 기관, 감관에 힘을 길러 주는 감각교육에 치중하는 것이 좋다. 아이는 먼 들판으로 나가 마음대로 뛰고 달리고 큰 소리를 질러야 한다. 자연 속에서 지각하고 기억하며 추리하는 능력을 갖춘다. 이렇게 되면 아이는 힘과 욕망의 평형상태를 느끼며 행복해진다. 또한 감각 경험의 이성을 쌓아서 지적 이성의 기초를 세우게 된다. 이 시기야말로 자신의 손과 발 그리고 눈을 활용해 자신의 이성을 이용하는 방법을 가르칠 수 있다.

아이에게 자유를 주되 방종을 허용해서는 안 된다. 그 경계가 불분명할 때 쓸 수 있는 성공 가능성이 큰 방법은 아이에게 '잘 규제된 자유'를 제공하는 것이다. 이것은 자유를 제공하되 범위를 한정시켜 자유를 제공하는 것이다. 이것은 아이 편에서 보면 자신이 주인인 것처럼 여기게 하면서, 어른 편에서 보면 내가 주인이 되는 것이다. 그러면 아이는 자유가 허용된다고 느껴 만족할 것이다. 그리고 어느 정도 방종으로 흐르지 않도록 보호막을 쳐두는 셈이 된다.

이 시기에 아이들은 이성이 발달하지 않아서 되도록 도덕적 교훈을 가르치지 않아야 하지만, 그렇다고 루소가 이 나이의 아이에게 도덕적 교훈을 전혀 가르치지 않는 것은 아니다. 아이에게 어울리는 유일한 도덕적 교훈은 '누구에게도 결코 해를 끼쳐서는 안 된다'는 것이다. 이 교훈은 소극적 성격을 가졌지만, 아이에게 주지 않을 수 없는 교훈이다. 만일 그렇게 하지 않으면, 아이 자신과 다른 사람에게도 해를 미칠 수 있고, 특히 나쁜 습관을 몸에 붙여 나중에 도저히 교정할 수 없게 될 수도 있기 때문이다. 그러나 이 교훈조차 한 발짝 씩 되도록 천천히 밟아 나가야 한다.

루소는 우화를 이용한 도덕수업에 반대한다. 이 시기에 사람들은 우화를 통해 도덕적 교훈을 가르치는 것을 좋아하지만 루소가 보기에 그것은 좋은 방법이 아니다. 아이들은 우화를 이해하지 못하고 우화로부터 의도했던 도덕적 교훈이 아니라 엉뚱한 것만 배우기 때문이다. 루소는 우화뿐 아니라 에밀이 12세가 되기 전까지 어떤 책도 제공하지 않는다.

(3) 소년기(12~15세)

아이는 이성이 발달하는 시기에 도달했다. 아이의 능력은 커져서 관심이 바깥으로 향한다. 대지와 태양을 연구하고 지적 세계를 탐구한다. 아동기에 익힌 감각은 관념으로 바뀌어 지적 세계에 진입한다. 자연세계에 호기심을 갖게 하되 서둘러 답을 주지 말고 스스로 풀어 보게 하는 것이 좋다. 아이가 틀리게 이해하고 있다 해도 바로 잘못을 정정해 주지 말고 그냥 놔 두어 스스로 잘못을 알아 정정할 때까지 기다려야 한다. 계절의 변화, 자석의 원리, 공전과 자전 등은 도구를 이용하여 실험한다. 이렇게 스스로 배우면 아이는 남에게 배워서 안 것보다 명료하고 확실한 관념을 갖게 되는 이점이 있다.

이 시기에 가르칠 내용의 선정 기준은 유용성이다. "그것이 어디에 쓸모가 있습니까?"가 기준이 되어 내용을 선정하는 공식이 되어야 한다. 즉, 아이가 흥미를 느끼고 자기에게 스스로 좋다고 생각하는 것을 가르쳐야 한다. 아직 윤리적인 것이나 인습적인 내용을 가르칠 필요가 없다.

아이에게 드디어 책을 읽게 허용한다. 아이가 접하게 될 최초의 책은 1719년 영국 소설가 디포(Daniel Defoe, 1660~1731)가 쓴 『로빈슨 크루소』이다. 이것은 주인공이 섬에 홀로 남게 되어 동료의 도움을 빌리지 않고 살아남아 자신을 보존하는 데 성공하는 이야기를 담고 있다. 무인도에 버려진 로빈슨 크루소는 좌절하지 않고 묵묵히 오두막을 짓고, 곡식을 재배해 빵을 만들고, 야생염소를 길러 고기와 젖을 얻었다. 심지어 앵무새를 길들여 말동무로 삼았고 보리로 엿기름을 짜 맥주를 즐길 정도였다. 이처럼 역경 속에서도 의지와 용기로 황무지를 신천지로 바꿔 놓는 기쁨을 맛보았다. 이 책은 이렇게 자신을 고립된 위치에 놓고 자기의 필요에 따라 사물의 참된 의미를 판단하게 하는데 도움을 준다.

이 시기에 중요한 것은 아이가 다른 사람의 생각을 그대로 받아들이지 않고 자신의 입장에서 스스로 평가하도록 하는 것이다. 여기서 다른 사람의 생각은 세속의 편견에 해당되므로, 에밀은 자신의 이성을 사용하며 타인의 이성에 의존하지 않도록 훈련시켜야 한다. 이런 식으로 에밀은 의존성이 아니라 독립적 인간으로 성장하게 된다. 또한 이 시기에 아이는 독립적인 생활을 위해서 직업을 선택하고 그것을 위해 준비하게 될 것이다. 에밀의 경우 목공업을 택해 노동의 순수성을 배우게 된다.

(4) 청년기(15~25세)

이제까지 오로지 자신에게만 속했던 단순한 삶은 사회적 관계의 경험, 사교생활, 역사공부 등을 통하여 새로운 단계에 이른다. 자기애라는 정념은 동정심으로 바뀐다. 자기애는 자연이 준 가장 기본적인 정념인데, 이것이 시기가 되면 다른 사람을 향한 관심으로 바뀌는 것이다. 다른 사람이 고통 받고 괴로워 할 때 그것을 자신의 것으로 상상하면서 나도 고통을 받는 것이 동정심이다. 루소는 이러한 동정심도 당연히 자연의 질서에 따라 인간에게 부여된 정념이라고 보고 있다.

그러나 다른 사람의 삶과 비교하면서 인간은 동정심만 갖는 것이 아니라 시기와 질투의 감정을 갖기도 한다. 이것을 루소는 자기애와 상반된 개념인 이기심이라고 표현하였다. 이것은 선망과 탐욕으로 치달을 수도 있고, 심하면 잔혹하고 악의 있는 정념으로 흐를 수도 있다.

이 시기에 에밀은 종교와 도덕교육을 받는다. 루소의 입장은 자연종교라고 부르는데, 이것은 기독교의 도덕성을 받아들이지만, 그 속에 들어 있는 초자연적 요소는 완전히 배제한 것이다. 또한 신이 우주를 창조했다는 점을 인정하지만 우주질서에 관여하지 않고, 우주는 자체의 법칙에 따라 움직인다고 본다. 이것을 이신론(理神論, deism)이라고 한다. 자연주의자인 루소도 이신론을 지지하였다. 『에밀』 4부에 나오는 '사부아 신부의 고백'에는 이런 이신론적 입장이 잘 표현되어 있다.

종교적 주제에 이어 성(性)과 사랑의 주제가 나온다. 성에 관해서라면 숨기거나 억제하여 괜한 상상력을 발동시켜서는 안 된다. 가정교사는 아이와 대화 속에서 사랑에 관하여, 여성에 관하여, 쾌락에 관하여 이야기 해준다. 그리하여 아이도 교사와 마음을 열고 모든 것을 털어 놓을 수 있는 유대를 맺어야 한다. 루소는 성에 관해서도 자연이 부여해준 자연스런 욕망으로 받아들인다. 자연이 부여한 성을 억제하는 것은 어리석은 일이지만, 그렇다고 성의 순결을 훼손하는 것은 바람직하지 않다고 보았다.

이어서 장자크는 에밀을 위해서 배우자를 찾아 나선다. 『에밀』 5부는 여성교육을 다룬다. 루소는 남자와 여자는 평등하다고 말하면서도 두 성간에는 비교할 수 없을 만큼 차이가 있다고 말한다. 가령 여성은 남성을 기쁘게 하기 위하여 창조된 존재로 표현한다. 여성의 초기 교육의 목적도 아름다움을 증가시키는 것이다. 남자아이의 체력 증가라는 목적과는 대비된다. 여자아이들은 읽고 쓰는 법을 배우는 것이 도움이 되지 않는다. 그들이 먼저 배워야 할 것은 산수이다. 산수는 유익하고 틀리기 쉽기 때문에 연습할 필요가 있다. 여성은 항상 남성에게 복종해야 하며, 여성에게 가장 필요한 것은 온유함이다. 여성에게도 이성이 있지만 그것은 현실적인 이성으로서 주어진 목적에는 쉽게 도달해도 스스로 그 목적을 발견하지는 못한다. 루소가 그리는 여성의 삶은 자신의 양심과 대중의 견해를 조화롭게 따라야 한다.

그 두 가지가 상반될 때에만 양심을 따를 필요가 있다. 여성은 남성의 부정(不正)에 복종하는 것을 배워야 한다. 다시 말해 루소는 여성을 남성의 반려자로서 동등한 지위를 인정하면서도 여성은 남성에게 복종해야 하고 남성의 지배를 받아야 하는 존재로 그리고 있다.

3. 자연주의와 교육

1) 자연의 의미

루소는 자연주의 교육사상을 대표하는 교육사상가이며, 그의 교육을 한 마디로 요약하면 '자연을 따르는 교육'이다. 『에밀』에서 루소는 '자연에 따라 살라'고 충고하고 교육에서 '자연의 순서를 따르라'고 명령한다. 그러나 루소가 말하는 '자연'의 의미는 불분명하다. 루소는 『에밀』을 출판하기 전에 『인간불평등기원론』과 『사회계약론』에서 가공적인 인류의 자연 상태를 자유롭고 평화로우며 행복하게 묘사한다. 그런데 사회생활을 시작한 이후 사유재산이 생기면서 사람 간에 위계가 생기자 인간은 자유를 잃고 사슬에 매인 노예처럼 부자유해졌으며, 고통과 신음 속에 살게 되었다. 부유해지고 풍요로와졌지만 인간은 오히려 부자유해진 것이다. 루소는 이렇게 자연상태를 자유롭고 행복하게 묘사하고, 사회 상태를 부자유하고 고통스럽게 묘사하면서 사회가 일궈온 문명사회를 비판한다. 이에 대해 볼테르는 루소에게 "당신의 저서를 읽으면 인간은 네 발로 걸어 다니고 싶어질 것"이라며 비아냥거렸다. 루소는 그런 볼테르의 반응에 대해 자신의 의도는 "인류가 다시 네발로 걸어 다니는 생활로 되돌아가자는 것이 아니며 그렇게 할 수도 없다"라고 해명한다. 이 일화가 말해주는 바는 볼테르가 반응한 것처럼 루소가 의미하는 자연의 의미를 파악하기가 쉽지 않다는 것이다. 실지로 루소는 자연의 의미를 매우 광범위하게 사용하고 있다. 우선 루소의 사상을 이해하는 데 중요한 핵심개념인 '자연'의 의미를 살펴보기로 하자. 자연에는 크게 세 가지의 의미가 있다.

(1) 자연이란 주어진 천성과 같은 의미이다. 즉, 개인에게 주어진 성향과 능력을 의미한다. 우리가 태어날 때 주어진 성향(여기서는 자기애, 또는 자기보존)이 사회적 편견과 전통, 선례 등에 의해 왜곡되기 전에 그것을 루소는 '자연'이라고 부른다. 이런 의미에서의 자연을 우리는 어떻게 바꿀 수가 없다. 교육을 할 때 이 자연은 언제나 기준이 되어 인간에 의한 교육과 사물에 의한 교육의 보조를 받아야 한다.

그런데 우리에게 주어진 성향 중에는 육체적 기관의 발달과 관련된 것도 있다. 따라서 자연에 따른 교육은 자주 아동의 선천적 성향의 자발적 발달을 의미하기도 한다. 이것을 현대 심리학자들은 '성숙'이라 부른다. 그때 자연에 따른 교육은 되도록 인간의 인위적 개입을 적게 하는 방식으로 흘러간다. 즉, 자연에 따른 교육은 인위적 인간의 노력을 최소화하거나 교육을 불필요하게 보는 것이다. 그러나 루소는 이런 오해에 대해 단호하게 경고한다. "교육이 없다면 상황은 더 나빠질 것이다. 현 상태에서 사람이 출생 때부터 혼자 남겨진다면 그는 다른 사람보다 더 괴물이 될 것이다. 내가 자연인을 훈련시키기를 원한다고 할 때, 나는 그를 야만인으로 만들거나 그를 다시 숲으로 보내려는 것이 아니다. 사회적 삶의 소용돌이에 살면서 그가 인간의 열정과 편견에 의해 자신을 빼앗기지 않는 것으로 충분하다. 그로 하여금 자신의 눈으로 보고 자신의 가슴으로 느끼고, 오직 자신의 이성 이외는 어떤 것도 자신을 지배하지 않게 하라. 에밀은 사막으로 추방당해야 할 야만인이 아니라, 도시에 살아야 하는 야만인이다"라며 교육의 필요성을 강조한다.

(2) 자연에 따른 두 번째 의미는 인위성과 반대되는 것이다. 루소는 첫 번째 논고인 『학문예술론』에서 학문과 예술을 포함한 문명을 비판하면서 반사회적 태도를 취한다. 즉, 사회는 자연스런 것이 아니라 인위적 산물의 결과이다. 또한 루소에게 자연스런 것은 선한 것이고, 인위적인 것은 악한 것이다. 이 경우에 자연과 사회는 서로 반대되는 개념이다. 따라서 사회 편에서 보았을 때 자연에는 부정적 의미가 들어 있다. 가령 자연에 따른 교육과 소극적 교육은 아무런 교육을 하지 않는다는 의미가 아니라 단지 사회가 행하는 방식과 다르게, 어떤 의미에서는 반대적인 교육을 한다는 의미이다.

그렇다고 루소가 에밀을 교육시켜 그를 반사회적 인물로 만들려는 것은 아니다. 에밀 교육의 궁극적인 목적은 자연을 따르는 교육과 사회적 훈련을 융합하는 것이다. 그 두 가지 교육이 갈등을 일으키면, 학생은 교육을 잘 받지 못하고 결코 자신과 편한 상태가 되지 못한다. 반대로 두 가지 교육이 조화를 이룰 수 있다면 그는 곧장 자기 목표에 이르고 자신과 편해지고 잘 교육받은 상태가 될 것이다.

(3) 루소의 자연에 들어 있는 세 번째 의미는 신성한 우주적 원리이다. 이런 의미는 헬레니즘 시기의 스토아 사상에서 물려받은 것이며 더 거슬러 올라가면 고대 그리스의 플라톤으로부터 이어받은 것이다. 여기서 자연은 우주의 신성한 섭리와 같은 말이다. 따라서 자연에 따라 사는 것은 우주의 합리적 원리에 따라 사는 것이고 또한 이성에 따라 사는 것이다. 내면의 양심을 따르는 것도 자연을 따르는 것이다.

스토아적 우주관에서는 신성한 의지가 우주를 운행하고 자연에 생명을 부여한다. 신성한 지성이 회전하는 천체와, 우리에게 빛을 제공하는 태양과 나 자신에게만 존재하지 않고 풀을 뜯는 양이나, 날아가는 새나, 떨어지는 돌멩이, 심지어 바람에 흩날리는 나뭇잎에도 존재한다. 이와 같은 세계관에서는 우주의 궁극적 원리가 정신적 속성을 갖듯이 인간 본성도 정신적 속성을 가지고 있다. 따라서 인간은 단순히 육체만 가진 동물과 다른 삶을 살아간다. 인간은 성장해가면서 의지와 이성을 작동시켜 미덕을 추구하고 행복을 느낀다.

2) 자연인

루소가 추구하는 이상적인 인간상은 자연인(natural man)이다. 그런데 자연인의 의미는 루소의 사상적 전개에 따라 달라진다. 루소의 초기 작품인 『불평등기원론』에서 자연인이란 원시적 야만인을 의미했다. 루소는, 사실과 모순되게, 이런 자연인을 어떤 방해도 없이 자유롭게 자신의 본성을 발달시키는 존재로서 고상하고 멋진 존재로 묘사하였다. 그런데 어느 날 누군가가 땅 한 뙈기를 줄로 긋고 "이것은 내 땅이다."를 외친 순간부터 세상에는 사유재산이라는 개념이 도입되고 그와 함께 문명사회가 들어선다. 이 시점부터 인간은 점점 노예의 상태로 내려앉기 시작한다. 루소의 자연인도 몰락을 맞이한다. 이 경우 구원은 자연으로 돌아가는 것뿐이다. 이렇게 루소는 자연인을 이상적으로 묘사했고, 이 점은 홉스의 자연 상태의 인간과 명백한 대조를 보인다. 홉스는 자연 상태의 인간을 "고독하고 가난하고, 더럽고 잔인하고 땅딸막하다."고 묘사했다.

그런데 『에밀』과 『사회계약론』에 와서 루소는 사회에 대한 태도를 바꾸었다. 이

제 자연적 야만인의 생활이 이상적이라는 믿음을 포기하고, 도덕적, 정치적 평등을 누리면서 사회에서 조화롭게 살아가는 도덕적 자유인을 이상으로 추구한다. 도덕적 자유인이란 개인이 진정으로 자기 자신의 주인이 되는 상태를 말하며, 이성과 양심에 귀를 기울여 본능적 욕구를 적절하게 억제하면서도 자유와 행복을 느끼는 상태이다. 요컨대, 루소가 말하는 자연인이란 야만인이 되어 네 발로 기어 다니거나, 또는 밀림 속의 과거로 되돌아가는 것이 아니라, 사회 속에 살면서도 사회의 편견이나 전통과 권위의 구속에 얽매이지 않고 삶을 주체적으로 이끌어 가는 도덕적 자유인 상태를 가리킨다. 『에밀』의 다음 구절은 루소가 추구하는 자연인의 모습을 잘 보여 준다.

> 그러나 내가 자연의 인간을 만들고 싶다고 해서 그를 미개인으로 만들어, 깊은 숲 속으로 되돌려 보내려는 것이 아님을 명심하라. 그가 사회생활의 소용돌이 속에 휩쓸려 있어도, 정념에 의해서, 또는 사람들의 편견에 의해서 질질 끌려 다니지만 않으면 그것으로 된다. 자신의 눈으로 보고 자신의 마음으로 느끼게 하며, 자기 자신의 이성의 권위 외의 어떤 권위에도 지배되지 않게 하라.

3) 자연주의교육

(1) 합자연의 원리

루소의 교육원리는 자연을 따르는 교육, 곧 합자연(合自然)의 교육이다. 여기서 자연이란 아동의 본성과 발달단계, 그리고 아동의 개인적 성향, 성별 모두를 포함한다. 우선 아동의 본성이란 인간이 원래 가지고 있는 본성을 의미한다. 루소는 이것이 무엇인지 명확하게 표현하지 않았지만, 아마도 다른 동물과는 달리 인간에게만 주어지는 인간다운 본성을 의미한다고 보아야 한다. 가령 모든 동물에게 주어지는 자기애의 성향과 인간의 자기애의 성향은 다른 점이 많다. 인간은 어려서는 동물처럼 육체적 자기보존을 하다가 성장함에 따라 육체보다 더 넓은 세계가 자기보존과 관련 있음을 파악하고 그 세계를 소중히 여긴다. 또한 덕을 추구하는 것이 행복을 가져온다고 느껴 덕 있는 사람이 되고자 한다. 이런 차이는 동물과는 달리 인간에게 이성이 발달하기 때문이다. 따라서 인간의 본성에 따른 교육으로 인간다움을 발달시켜야 한다. 다음은 발달단계에 따른 교육인데, 이것은 연령에 따른 교육이다.

아동은 연령에 따라 기관의 발달정도가 달라서 나름의 완성과 성숙의 과정을 거치므로 각 시기마다 그것을 고려하지 않으면 교육은 성과를 거둘 수 없다. 루소는, 『에밀』에서 유아기, 아동기, 소년기, 청년기 네 시기로 나누어 각각 신체교육, 감각교육, 과학교육, 종교·도덕교육 순서로 나아간다. 그리고 루소는 아동의 성별에 따라 교육의 모습도 달라져야 한다고 생각하였다. '남자와 여자는 성격이나 기질이 동일하지도 않고 동일해서도 안 된다는 것이 밝혀지고 나면, 남녀가 동일한 교육을 받아서는 안 된다는 것은 필연적으로 따라 나온다. 마지막으로, 아동 개개인마다 가진 성향과 관심, 재능을 고려할 필요가 있다.

(2) 식물성장 모델의 선구자

루소는 교육사를 통해 볼 때 코페르니쿠스적 전환을 이루었다고 평가할 수 있다. 그는 교육의 관점을 바깥에서 안쪽으로 돌려놓았기 때문이다. 교육은 오랫동안 기성세대가 아직 미성숙한 세대에게 어른의 관점에서 중요하다고 여기는 것을 전달하거나 주입하는 것이었다. 또는 아직 완성되지 못한 어린이를 석고 조각을 만들듯이 완전하게 조형하는 과정이었다. 이렇게 교육은 바깥에서 무엇인가를 전달·주입·조형하는 것이었다.

그러나 루소는 과감히 이런 교육의 개념을 바꾸었다. 루소에게 교육은 살아 있는 식물처럼 식물의 내면에 주어진 자연에 따라 길러가는 것이었다. 식물은 주어진 본성에 따라 싹을 틔우고 줄기를 내며 꽃을 피운다. 그런 과정은 발달단계를 따라 단계마다 차곡차곡 전개된다. 이런 관점에서 교육은 시간을 낭비하며 서두르지 않고 기다려야 한다. 그리하여 루소의 교육은 식물 성장모델과 유사하다고 말할 수 있다. 이것을 '기르는 교육'이라 부른다. 이와 대비되는 것은 공장모델이다. 이것은 재료를 죽은 것으로 여기고 공장에서 공장장 마음대로 원하는 것을 만드는 것이다. 전통교육은 공장모델과 닮은 점이 있다. 이것을 '만드는 교육'이라고도 부른다.

(3) 사물중심교육

루소는 이전 세대인 17세기 실학주의에서 사물과 경험을 강조하는 사물중심교육을 더욱 극대화시켰다. 그리하여 에밀을 양육하는 과정에서 사물은 매우 여러 번 강조된다. 아이는 사춘기까지 사물에만 의존해야 하며, 사물은 훈련의 수단이고 기본능력을 키우는 공부의 대상이다. 특히 에밀의 초기 교육은 인간에의 의존을 막고 사물에만 의존하게 함으로써 자율성을 기르는 것을 강조한다. 이것은 전통적 문화로부터 탈피하고 과학적 법칙을 진정한 실재로 받아들이는 계몽주의 사상을 드러낸다. 한편 언어에 대해서는 대조적 태도를 보인다. "나는 언어적 설명이 싫다. 사물! 사물! 아무리 자주 반복해도 지나치지 않다. 우리는 언어를 너무 많이 강조한다. 아이들에게 떠들어대고 아이들은 우리 하는 말을 따라한다. 그래서 나는 아이가 듣는 말을 되도록 적게 하되 또렷하게 반복하고, 말은 아이에게 보일 수 있는 사물만 언급하겠다. 아이들은 자기들의 사실적 감각적 복지에 영향을 끼치는 사물에 대해서 생각할 수 있지만, 도덕적 판단을 요하는 추상적 사고는 하지 못하는 것 같다." 그리하여 에밀에게 12세가 되도록 책을 읽히지 않는다. 루소가 보기에 책은 어린아이에게 재앙이다. 아이들은 언어의 의미도 모른 채 어른들이 요구하는 내용을 읽고 거기서 엉뚱한 내용을 배운다. 우화를 통해 공부하는 것도 반대한다. 아이들은 저자의 진정한 의도를 파악하기 어려워서 우화를 엉뚱하게 파악할 가능성이 있기 때문이다. 루소가 책을 금지시키는 제일 중요한 이유는 그것이 다른 사람의 경험이기 때문이다. 루소는 자신의 눈으로 보고 자신의 마음으로 느끼고 자기 자신의 이성 이외의 어떤 권위에도 지배되지 않는 인간을 길러내고자 하기 때문이다.

Chapter 4

듀이와 교육

1. 듀이의 생애와 사상

존 듀이(John Dewey, 1859~1952)는 미국 동북쪽에 있는 뉴잉글랜드에 속하는 버몬트 주의 벌링턴에서 태어났다. 이 도시는 청교도적, 복음주의적 분위기가 감싸고 있었다. 어린 듀이는 갑갑한 분위기를 벗어나 형제들과 야외를 뛰어 다니며 대부분의 어린 시절을 보냈다. 산을 오르고 호수에서 노를 젓고 낚시를 하고 여러 가지 동물을 관찰했다. 이런 어린 시절의 환경은 뒷날 존 듀이의 교육이론 형성에 큰 역할을 했다.

그에 반해서 학교는 재미가 없고 교과서는 지루하였다. 아름다운 자연을 탐험하는 기쁨을 맛보고 자연과 직결된 생산과 생활에 의하여 참된 공부를 할 수 있었던 존 듀이는 소년시절에 대한 향수를 그의 학교 교육론에서 이론화했다.

듀이가 대학생일 무렵 그가 입학한 버몬트대학에서는 영국에서 도입된 진화론을 둘러싼 다양한 문제에 대한 논쟁이 있었다. 합동토의시간에는 진화론이 주제로 선택되기도 하였다. 왜냐하면 19세기 후반에 급속하게 발전된 과학과 기술은 전통적인 신앙체계와 충돌을 일으켜 과학과 종교의 충돌을 어떻게 해결하느냐가 긴급한 과제가 되었고, 진화론 논쟁은 이 충돌의 최전선에 있었기 때문이다. 듀이는 이 시기에 철학적 관심이 싹텄다고 말한다.

듀이는 대학을 졸업한 후 잠시 중·고등학교 교사를 하다가 그만둔 후 다시 존스 홉킨스대학에 들어가 철학을 전공한다. 그의 박사학위 논문 제목은 『칸트의 심리학』이다. 듀이는 특별히 헤겔의 관념론에 매료되었다. 헤겔의 사상에는 개인과 사회의 관계가 밀접히 관련되어 있다. 헤겔에 따르면, 개인이 정신생활을 형성하려면 사회가 가진 문화적 제도들에 의존한다. 듀이는 개인의 관념과 지적 태도는 사회적 환경에 근본적으로 제약받는다는 점에 깊은 인상을 받았다. 또한 헤겔은 연속과 모순의 작용을 강조한다. 이점은 듀이가 이후에 헤겔과 거리를 두게 되는 배경이 되기도 한다.

이후 듀이는 철학과 전임강사로서 직업경력을 시작한다. 미시간대학에서 듀이는 논리학, 윤리학, 심리학을 강의했다. 그는 독일 관념론이 주장하는 것처럼, 인간은 본질적으로 타고난 이성이나 정신이라는 것을 선천적으로 소유하는 것이 아니라, 스스로의 경험을 밀고 나아가는 과정에서 점점 지성을 발달시키고, 나아가 그 지성을 도구로 새로운 경험에 대처한다는 지성도구주의를 전개한다. 이때 윌리엄 제임스의 『심리학 원리』는 듀이가 독일 관념론의 제약을 벗어나는 데 가장 큰 역할을 했다. 1894년 듀이는 시카고대학으로 직장을 옮기고, 거기서 철학과 교육학을 강의하기 시작하였다. 또한 듀이를 책임자로 하여 대학부속 초등학교를 설치한다. 이 학교는 실험학교로 이름지어졌고, 일반적으로는 듀이학교로 불렸다. 듀이의 의도는 물리학에 실험실이 필요한 것처럼, 교육에도 다양한 실험을 해 볼 실험실이 있어야 한다는 것이었다. 이 학교는 7년간 유지되어 운영되었다. 『학교와 사회』(1899)는 실험학교에 기부금을 모으기 위해 했던 3회에 걸친 그의 강연을 기초로 출판되었다. 1916년에는 듀이의 대표작인 『민주주의와 교육』이 출판되었다. 그 뒤 듀이는 일본, 중국 등을 방문하고 강연과 저술을 계속하였다. 후반의 대표적 저서는 74세(1934)에 쓴 『경험으로서의 예술』, 『경험과 교육』(78세, 1938)이 있다. 92세를 일기로 1952년 뉴욕에서 사망하였다.

1) 실험학교

19세기말 20세기 초 유럽과 미국에서는 이른바 신교육운동(New Education Movement)이라는 교육개혁운동이 전개되었다. 전통적 교육의 문제를 비판하고 새로운 대안으로서 신교육운동이 일어난 것이다. 그중에 영국의 세실 레디(Cecil Reddie)가 1889년 설립한 애버츠호움(Abbotsholme), 독일에서의 '개혁교육학'의 선구자가 된 리이츠(Lietz)에 의해 세워진 전원 기숙사학교 등이 있다. 미국에서 전개된 진보주의 운동은 20세기의 신교육운동의 일환으로 이루어졌으며, 1896년 존듀이의 시카고대학 실험학교는 진보주의 학교의 실천적 원형을 이룬다.

듀이는 1896년 시카고대학에 부임하면서 진보적인 교육개혁을 시작한다. 그곳에서 듀이와 뜻을 같이하는 교사와 학부모들의 지원을 얻어 시카고대학 부설학교를 짓고 그 학교를 실험학교라고 불렀다. 이 학교는 7년간 유지·운영되었으며 미국 교육사상 가장 흥미로운 실험적 시도로서 평가받는다. 또한 듀이는 실험학교의 구체적인 실천과 그 가능성의 경험을 반영하여 1897년 『나의 교육신조』, 1899년 『학교와 사회』, 1902년 『아동과 교육과정』에 진보적인 교육이념과 원리를 밝히고 있다. 이후 1916년 발표된 『민주주의와 교육』에서도 진보주의 교육운동의 다양한 갈래들을 단일한 이론 속에 조화시키고 통일성과 방향성을 부여하여 새로운 활력을 불어넣었다. 이로써 미국의 공사립 초·중등학교와 대학은 진보주의 교육을 채택하였고, 마침내 미국교육의 대명사가 될 정도였다.

그러나 1920년대와 1930년대에 걸쳐 진보주의 교육을 표방하는 다양한 실천들에 대해 듀이는 실망과 우려를 표했으며, 그러한 문제의식을 1938년에 발표된 『경험과 교육』에 표명하였다. 즉, 진보주의 학교들은 전통적인 학교 교육의 문제점을 어느 정도 해체하는 데 성공하였지만, 그에 대한 대안으로 새로운 교육이념, 내용, 방법적 원리를 정립하는 데 실패하였음을 통렬하게 지적하였다.

듀이는 1894년 시카고대학에 부임한 뒤 실험학교를 설립·운영하면서 그의 철학과 연계된 교육의 이론적·실천적 모색을 시도한다. 이론이란 구체적 실천을 통해 발전시키고 수정·검증하는 과정을 통해 완성된다고 생각한 듀이는 철학도 자연과학처럼 실험실이 필요하다고 여겼다. 그 속에서 인간, 지식, 가치의 주제를 탐구하는 철학적 실험이 이루어지고, 그것을 통해서 인간의 지적·도덕적 형성이 가능하다고 여겼다.

이런 입장을 가진 듀이의 뜻을 따라 지식인, 학부모, 교사들이 동참하여 드디어 시카고대학 실험학교는 1896년 문을 열었다. 처음에는 학생 16명과 교사 2명이 일반 가정집을 빌어 시작했는데, 1898년 학교 건물로 이전할 무렵에는 학생 82명에 교사진이 16명이나 될 정도로 규모가 커졌다. 교실에는 1층에 조리실, 의류직물작업실, 목공작업실이 있고, 가운데는 도서실이 있으며, 2층에는 과학실험실, 음악실,

미술실이 있고, 가운데는 박물관과 전시실이 있다.

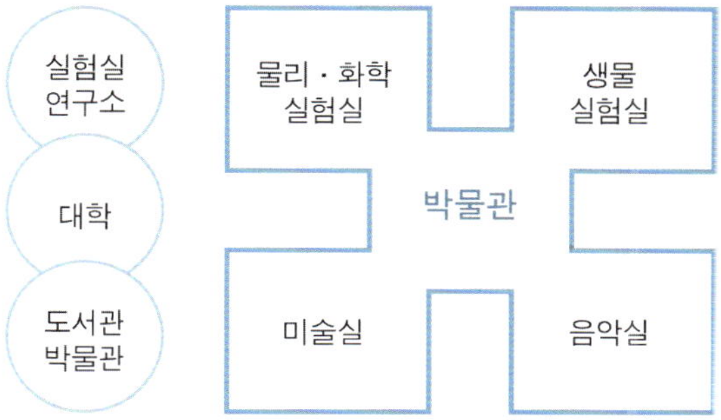

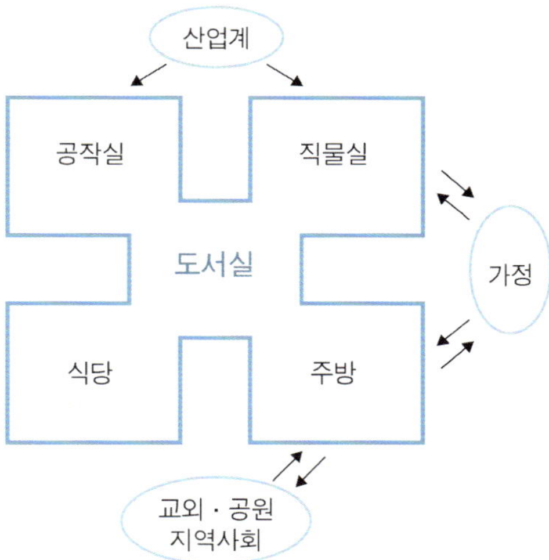

듀이가 실험학교를 구상하면서 몰두했던 문제의식은 다음과 같다.

(1) 아동이 학교에 다니면서 제 자신을 위해서 가치 있는 일을 하면서도, 가정과 이웃 생활에서 열심히 하는 놀이와 노작활동에서 발견하는 것과 동일한 흥미를 발견하도록 해야 한다. 즉, 아동 경험의 통합이 이루어져야 한다.

(2) 역사, 과학, 예능 교과에 아동 자신의 삶에 긍정적인 가치와 진정한 의의를 갖게 해주는 교육 자료를 도입하기 위해서는 무엇을 어떻게 해야 하는가?

(3) 기초능력과 같은 상징적인 분과 수업을 후속되는 학습에 적극적으로 연관된

일상적인 경험과 작업으로 전환할 수 있는가?

이런 문제의식 하에서 실험학교는 설립되었고 운영되었다.

이렇게 탄생한 듀이 실험학교의 가장 주된 특징은 전통적 교과가 아니라 아동의 자발적 관심과 흥미를 교육의 본질적 가치의 원천으로 삼은 점이다. 이것을 아동 흥미 발달의 원리라 부를 수 있다. 즉, 아동에게 본성적으로 내재해 있는 호기심과 활동적 작업에의 적극적 관심 등을 의미 있게 성장하도록 상호작용의 조건을 탐구하였다. 전통적 교과가 아동의 현재 필요와 관심과는 무관하게 가르치고 배워지던 방식과는 대조되는 측면이라고 할 수 있다. 듀이는 흥미의 어원이 inter-esse, 즉 '사이에 있음'이라는 뜻에 주목하고, 흥미란 자아와 대상세계가 하나로 되어 나아가는 일련의 통일적 활동이라고 보았다. 즉, 흥미란 자아와 대상이 일체가 되는 활동으로서, 대상 세계의 에너지와 조화로운 통합을 이루기 위해 마음을 기울여 사유하고 탐구하는 지적 노력이다.

그리고 듀이의 실험학교는 나이에 따른 학년별 집단편성을 하였다. 그 구분은 다음과 같다.

(1) 1단계(4~8세): 놀이 중심의 직접적 신체활동
(2) 2단계(8~10세): 도구 활용작업을 통한 간접적 학습활동
(3) 3단계(10~13세): 본격적인 지적 탐구활동

실험학교의 두 번째 특징은 전통적인 교과중심 교육과정에서 벗어나 협동과 지성적 의사소통을 필요로 하는 공동작업을 중심으로 학교교육과정을 구성한 점이다. 공동작업 속에는 정원가꾸기, 요리, 직물작업, 목공활동, 연극 등 다양한 활동이 포함된다.

실험학교에서는 공동작업 활동을 위한 준거로서 다음 세 가지 기준을 꼽았다. 첫째, 의식주와 같이 인간의 기본적인 삶의 필요를 위한 기본적 활동이다. 둘째, 단순한 활동이다. 아동의 능력 범위 안에서 계속적 성장을 가능케 하는 단순한 활동이어야 한다. 셋째, 사회적 관계를 내포한 활동이다. 아동이 관심과 흥미를 갖는 것뿐만 아니라 사회적 상황과 관계가 포함되어야 한다. 즉, 정원가꾸기를 할 때 식물

의 성장에 관한 사실들, 토양과 빛, 공기, 물의 역할 등에 관한 과학적 이해의 능력을 성장시킬 수 있을 뿐 아니라, 인류역사에서 농업과 원예가 차지하는 사회적 의미에 대해서도 배울 수 있어야 한다.

실험학교의 세 번째 특징은 단순반복과 직접적 주입 위주의 전통적 교수-방법을 탈피하여 도구적 기능을 간접적 교수-학습방법으로 채택하여 가르친다. 간접적 교수-학습 방법이란 아동이 직접 흥미를 느끼는 대상과 관련 지으면서 도구적 기능의 학습이 이루어지는 교육상황을 의미한다. 가령 아동에게 독・서・산과 같은 기본기능을 가르칠 때 단순히 반복시켜서 그 기능을 학습시키지 않고, 그 기능을 배운 결과 그에 동반되는 새로운 지적 의미와 느낌을 중시하고, 그르 인해 자신이 필요로 하는 활동을 잘 수행할 수 있다는 기대감 속에서 가르치는 것이다. 이렇게 하면 아동은 보다 능동적으로 그 기능을 익히게 된다.

네 번째 특징으로 실험학교는 공간구성을 사회적 삶과 유기적 통합을 이루더 배치한다는 점이다. 위 그림에서 보듯이 실험학교는 공동작업 중심으로 하기에 적합하게 구조가 이루어져 있다. 건물 1층의 사방 네 모퉁이에는 각각 의식주와 연계된 공동작업 공간이 배치되었다. 그리고 그 사방을 연결하는 가운데는 도서실을 두어 모든 이론적 자원들이 실제적 활동에 방향성을 제공하도록 고려하였다. 그리고 학교 밖의 자연환경과도 유기적으로 연결되도록 하였다. 마찬가지로 건물 2층의 구조도 과학, 예술활동을 위한 공간을 네 모퉁이에 배치하고, 다시 중앙에는 박물관과 전시실을 두어 교과활동과 외부적 연계성을 고려하였다. 이처럼 듀이는 학교가 사회적 삶과 단절됨이 없이 각 부분들이 유기적으로 통합되도록 구성하였다.

2) 교육의 정의: 경험의 계속적 재구성

듀이는 교육을 '경험의 계속적 재구성'이라고 정의했고, 교육의 목적은 경험을 더 성장시키는 것 이외의 다른 것이 아니라고 했으며, 교육은 경험의, 경험에 의한, 경험을 위한 것이라고 했다. 이처럼 듀이사상에서 경험이 차지하는 비중은 막대하다. 그러나 듀이가 의미하는 경험은 많은 경우에 오해되어 왔다. 이러한 경향의 대표적인 것을 다음의 네 가지로 요약할 수 있다.

(1) 존듀이의 경험에 대한 오해와 이해

첫째, 경험의 개념을 상식적인 의미 그대로 이해하는 것이다. 물론 듀이가 의미하는 경험은 상식적인 의미를 절대로 배제하고 있지 않다. 듀이는 경험을 어디에서나 '행한다'거나 '겪는다'는 일상적이고 상식적인 의미를 담고 있는 것으로 설명한다. 그러나 듀이는 상식적인 의미에서의 경험뿐만 아니라 고도의 이론적 형식, 고매한 도덕적 원리, 고상한 심미적 경지, 경건한 종교적 묵상에 이르는 경지 역시 경험 속에 포함시키고 있다. 듀이의 경험은 우리가 일상적으로 행하고 겪는 모든 것, 즉 우리가 삶을 영위하면서 하는 모든 것을 말한다. 따라서 듀이가 경험을 강조한다고 해서 그의 이론이 상식적인 이론이라고 일축할 수는 없다.

둘째, 경험에 의한 교육은 체계적인 사고를 불가능하게 만든다는 것이다. 이런 비판을 하는 사람들은 교육적으로 지식, 이론, 혹은 사고의 능력을 중시한다. 그리고 사고는 오직 체계적인 지식 혹은 이론에 관계하고 있을 경우에만 가능한 것이라고 믿고, 듀이의 경험은 이론적 사고와는 거리가 멀다고 여기는 것이다. 심지어 듀이가 반성적 사고를 강조한다는 것을 알면서도, 그것은 구체적인 문제의식을 전제로 한다는 점에서 여전히 듀이의 경험이 사고의 발달과 거리가 있다고 생각한다. 그러나 듀이의 반성적 사고는 문제사태를 상정한 '문제해결의 과정' 또는 '과학적 사고'라고도 불린다. 즉, 듀이에게 인간은 문제사태에서 사고를 하게 되고 그 사고는 인간의 문제를 해결하는 데 구체적, 실천적으로 도움을 준다. 듀이에게 이론적 사고와 비이론적 사고는 다만 조직의 치밀성만 다른 뿐 동일한 사고 절차를 따르는 사고과정이라는 점에서는 다를 바가 없다. 따라서 듀이의 경험이 체계적인 사고의 개발을 불가능하게 한다는 판단은 듀이의 경험에 대한 오해 중 하나이다.

셋째, 듀이의 경험을 인식의 원천으로 이해하는 것이다. 그러나 듀이는 인식의 주체는 객관적으로 존재하는 대상의 특질을 수용하기만 하는 존재가 아니라고 생각한다. 전통적인 경험론에서는 인식의 주체와 객체가 서로 분리되어 있고, 인식의 주체는 감각작용의 과정에서 나타나는 것만을 수용하기만 한다. 그러면 이성은 그것을 검토하고 조직하고 체계화하면서 실재를 인식한다고 보았다. 그러나 듀이에 따르면, 경험의 과정이란 그런 일방적인 과정이 아니고 인식의 주체는 객체와의 교섭을 통해 대상에 작용하여 그 대상을 변화시키고 그 결과를 의식하거나 인식하며 자신의 인식의 기제와 내용도 변화시켜간다. 그러므로 경험의 내용은 수동적으로 받아들인 내용이 아니라 대상과의 상호작용의 결과로 얻어진 의미의 전체이다.

또한 듀이는 경험을 지식의 원천으로서만이 아니라 인간의 의식적 활동이 관계하는 모든 것의 설명원리로 생각하였다. 인식론에서는 지식을 획득하는 원천과 그 것의 확실성에 대한 근거에 관심을 갖는다. 그러나 듀이의 관심은 그것을 넘어서 경험의 내용만이 아니라, 그 내용이 지식 이외의 인간 활동이나 삶의 상황과 어떤 관계에 있으며, 인간은 그것과 더불어 어떤 성장을 하느냐에도 관심을 두고 있다. 즉, 듀이는 전통적 철학자들이 인식론적 관심의 대상으로만 삼고 있던 경험의 개념을 삶의 전반적 관심사와 문제에 적용시키고자 하였다.

넷째, 경험은 현재에 이루어지는 것이므로 경험을 중시하는 교육은 자연히 전통을 경시한다는 생각이다. 그러나 듀이는 경험이 현재 것이라고 하여 반드시 전통과 분리되어야 한다고 생각하지는 않았다. 그는 오히려 전통에 들어있는 개인적 속성과 사회적 속성을 동시에 강조하였다. 이것은 전통에 입문하려면 기존의 의미와 규칙의 체제에 순응하는 것만을 뜻하는 것이 아니라 공동체를 성립시키는 의미의 체제를 획득하고, 이미 전통에 입문되어 있는 사람들과의 상호작용을 통하여 인간적 존재로 성장하는 것을 의미했다. 따라서 경험은 전통을 경시한다기보다 전통의 의미를 현재적 삶의 조건 속에서 향유하는 것이다.

(2) 교육의 정의: 경험의 계속적 재구성

듀이는 교육에서 경험이 차지하는 중요성을 강조하면서 교육은 '경험의 계속적 재구성'이라고 정의하였다. 이것은 듀이가 추구하는 진보적 교육이 전통적 교육에서 행해지는 방식과 다르다는 점을 전제로 한다. 듀이에 따르면, 전통적 교육에서도 학생들은 모종의 경험을 가졌다. 그런데 그 경험은 본질적으로 위로부터, 혹은 밖으로부터 무엇을 부과하는 것을 특징으로 하였다. 즉, 성장해 가고 있는 세대에게 성인의 기준과 내용 그리고 방법을 부과하는 것이다. 그것들은 어린 학습자가 이미 지니고 있는 경험으로써는 도저히 도달할 수 없는 수준의 것이다. 그래서 결과적으로 억지로 부과할 수밖에 없다. 그러나 새교육에서는 위로부터의 부과와는 대립되는 아동 개성의 표현과 계발, 외부로부터 주어지는 훈련에 대립되는 자유로운 활동, 교과서와 교사로부터의 학습과는 대조되는 경험을 통한 학습, 낱낱으로 분리된 기술과 기법을 연습에 의해 습득하는 것과 대조되는 직접적이고 산 개력을 가진 기술의 습득, 먼 미래를 위한 준비와 대립되는 현재의 생활에서 주어지는 기회에 대한 최대의 활용, 정태적인 목적과 내용에 대립되는 변화하는 세계와의 친숙 등을 중시한다.

(3) 경험의 의미

듀이는 인간이 자신과 자신을 둘러싸고 있는 환경에 의한 상호작용에 의해 세계를 알게 된다고 믿었다. 그리하여 자신과 환경의 상호작용의 결과가 경험이라고 정의한다. 즉, 경험이란 살아있는 유기체가 자신의 주변에 있는 환경 또는 세계와의 상호작용을 통해 얻어지는 것이다. 가령 아장아장 걷는 어린아이가 불이라는 것을 본적이 없다가 불의 속성을 모르고 만짐으로써 아이는 화상을 입고, 그 과정에서 아이는 '불은 뜨겁다'라는 경험을 하게 된다. 아이라는 유기체는 불이라는 환경과 만나서 '불은 뜨겁다'는 경험을 하는 것이다.

그런데 여기서 유기체는 살아있는 존재이므로 유기체마다 갖고 있는 내적인 조건은 다르다. 내적인 조건이란 유기체가 갖고 있는 필요, 욕구, 목적이나 능력을 말한다. 한편 유기체 주변의 세계나 환경은 현재 아이가 가지고 노는 딸랑이일 수도 있고, 눈앞의 대화 상대자일 수도 있고, 읽고 있는 책이 될 수도 있으며 수행하고 있는 실험의 재료가 될 수도 있다.

듀이는 경험의 의미를 전통적 교육과 진보주의 교육의 차이를 통해서 설명한다. 전통적 교육은 아동에게 무엇인가 일어나기를 바라고 수업을 제공했으나 오직 환경의 제공에만 치중하고, 수업을 받는 아동의 내적 조건에는 관심을 기울이지 않아 상호작용의 결과인 경험이 일어나기가 어려웠다. 한편 진보주의교육은 유기체와 환경의 상호작용으로 인해 경험이 일어난다는 점에 주목하여, 유기체의 내적 조건, 즉 개인의 필요와 욕구, 목적이나 능력도 환경을 제공하는 것만큼 중요하게 고려하였다. 가령 어린아이의 경우 배고픈 상태에서 젖을 먹고자 하는 필요나, 졸릴 때 잠들고 싶은 욕구가 아이의 내적 조건이라면, 그 아이를 대하는 어머니의 육아에 대한 이전 경험이나 육아 전문가의 경험담은 객관적 조건에 해당한다. 경험이란 아이의 욕구나 필요라는 내적 조건과, 외부적 조건인 어머니의 육아경험이 만나서 일어나게 된다. 듀이에 따르면 새교육에서는 전통적인 교육과는 달리 학습자의 내적 조건과 환경 두 가지를 동시에 고려하고 똑같이 중시하였다. 이 점으로 인해 새교육에서는 학습자에게 의미 있는 경험이 일어날 수 있는 발판을 제공하였다.

(4) 경험의 조건

그러나 교육이 경험의 계속적 재구성이라고 해서, 모든 경험이 다 같이 교육적이라는 것을 의미하지는 않는다. 경험과 교육은 동일한 범주의 개념이 아니다. 왜냐하면 어떤 경험은 비교육적이기도 하기 때문이다. 여기서 비교육적이라는 말은 어떤 경험이 후속 경험의 성장을 저지하거나 왜곡시키는 결과를 가져오는 것을 말한다. 또는 후속되는 경험의 성질을 변화시켜 그 경험이 해야 할 기능을 할 수 없도록 만들어 버린다. 또 어떤 경험들은 서로 관련성이 없어서 서로 연결도 되지 않기도 하고, 심지어는 분산되고 균열되며 중심을 잃게 만들기도 한다.

따라서 교육을 경험에 기초하여 운영되도록 하기 위해서는 경험에 관한 이론이 필요하다. 진보주의교육에서는 경험과 관련하여 두 가지 기준을 세우고 있다. 첫째는 계속성의 원리이고 둘째는 상호작용의 원리이다. 계속성의 원리란 교육적인 경험과 그렇지 못한 경험을 분별하는 기준이다. 모든 경험은 먼저 있었던 경험으로부터 무엇인가를 받아들이는 동시에 뒤에 오는 경험의 질을 어떤 방식으로 바꾸어 놓는다. 그러므로 이후의 경험을 성장시키는 경험이 좋은 경험이라고 판단할 수 있다. 이는 미래의 경험에 좋은 영향을 끼칠 수 있는 현재의 경험을 제공하는 것이 교육에서 중요한 관건이 된다는 의미이기도 하다. 두 번째 상호작용의 원리란 경험의 두 요소, 즉 객관적 조건과 내부적 조건이 상호작용하여 경험이 이루어지는 것을 말한다. 이 원리는 그동안 전통적 교육에서 소홀히 했던 학습자의 내부적 조건에 대하여 이미 객관적 조건에 부과했던 것과 동등한 권리를 부여한다는 의미가 있다. 이 원리는 경험이 지닌 교육적 힘과 그것의 교육적 기능과 관련시켜 설명하기 위한 제2의 주된 원리이다.

요컨대, 계속성의 원리와 상호작용의 원리는 서로 분리될 수 없는 성질의 것이다. 둘은 서로 저지하고 또한 결합한다. 그리하여 이를 경험의 종과 횡이라고 부를 수 있다. 즉, 계속성의 원리로 인하여 선행한 사태로부터 후속하는 사태로 무엇인가가 넘겨진다. 그리고 상호작용의 원리로 인하여 개체가 한 사태에서 다음 사태로 옮겨감에 따라서 인간의 환경은 확대되기도 하고 수축되기도 한다. 한 사태에서 배운 지식이나 기능은 후속되는 사태를 이해하고 이를 능률적으로 다루는 데에 도구가 된다. 이런 과정은 삶과 배움이 계속되는 한 지속된다. 그리고 중요한 점은 계속성과 상호작용이 서로 능동적으로 결합되어 있을 때 경험의 교육적 의의와 가치는 상승한다는 점이다.

3) 핵심개념

(1) 반성적 사고

듀이의 형이상학적 체계는 폐쇄되어 있는 세계관이 아니라 개방되어 있다. 그리고 전통적 철학과는 달리 듀이가 주장하는 실재는 인간과 환경이 상호작용하는 가운데 비로소 형성되며, 실재는 '경험'하는 바의 총화이다. 이런 세계관에 부응하는 개념이 바로 지성이다. 지성이란 사물의 궁극적 원인이나 본래적으로 형성된 것이 아니라 새롭게 재형성되는 어떤 것이다. 지성이란 상당히 짧은 시간에 상당한 정도로 삶의 생리적, 물리적 조건들을 혁신시켜 온 관찰, 실험, 그리고 반성적 추리의 위대하고 항상 발전하는 방법을 간단하게 지칭한 것이다. 이러한 지성개념은 계속적인 진보를 전제로 하며, 과학적 사고 방법에서 비롯된다. 즉, 지성은 전통적 철학에서 주장하는 선험적인 이성과는 달리, 관찰과 실험과 반성적 사고를 강조하는 과학적 사고방법의 개념이다.

그렇다면 반성적 사고로서의 지성은 어떤 것인가? 듀이는 반성적 사고의 특징에 대해 다음과 같이 말한다. "우수한 사고 방법이란 반성적 사고(reflective thinking) 작용을 뜻한다. 반성적 사고란 정신 속에서 사고의 문제를 발견하고 그 문제를 중시하고 그 문제를 연속적으로 사고하는 것이다."

그리고 반성적 사고의 단계는 여섯 단계로 구분한다. 첫째 단계는 문제가 발생한 상황이다. 그 뒤 문제를 파악하고, 문제를 해결하기 위하여 모종의 이론적 가설을 세우고, 가설을 실제적으로 사용하기 위하여 정신적으로 숙고하고, 그 뒤 행위를 통해 검증하고, 마지막으로 미래에 대한 전망을 하면 종결된다. 이런 단계는 결코 고정되어 있을 필요는 없으며, 때로는 중첩, 생략 등의 절차로 진행할 수도 있다.

문제상황 → 문제의 파악 → 가설의 설정 → 가설의 숙고 → 가설의 검증 → 미래에 대한 전망 그렇다면 반성적 사고의 가치는 무엇일까? 듀이에 따르면 반성적 사고는 곤란한 상황을 통제하기 위한 수단이며, 또한 후속경험의 직접적 의미를 풍부하게 해주는 수단이다. 요컨대 반성적 사고는 지성의 힘이며 인간행동의 가능성을 제시해주는 이점이 있다. 이를 보다 구체적으로 말하면 반성적 사고는 우리의 사고를 상투적이고 맹목적인 행위로부터 지성적 행위로 전환시켜 주며, 또한 우리에게 창의성과 조직적인 준비성을 가능하게 해준다. 그리고 과거 사람들에게 잘 알려지지 않았던 사물의 의미를 이해하도록 해준다. 예컨대 반성적 사고로 인하여 프톨레미나 코페르니쿠스에게는 알려지지 않았던 하늘의 일식과 월식의 원인을 알 수 있게 된 것이다.

(2) 성장

듀이에게 교육은 경험의 계속적 재구성이며 또한 경험의 성장이다. 말하자면 성장이란 경험이 재구성된다는 의미이다. 여기서 재구성된다는 말은 한 개체가 살아오면서 획득한 경험을 새로운 삶에 대면하여 다시 변화시키고, 조직하고 통합하면서 사물을 관찰할 때나, 지식 혹은 신념을 이해하고 비판할 때, 무엇을 조작하고 창조할 때 더욱 능률적이고 깊고 넓게 적용되는 새로운 힘으로 작용할 수 있게 된다는 의미이다.

따라서 듀이에게 교육의 목적은 경험이 성장하는 데 있다. 이것은 성장하는 주체의 의지와 관심에 맞게, 그 주체가 지닌 현재까지의 경험적 조건에 비추어 유의미하게 설정된 목표를 전제로 한다. 교육에서의 목표가 성장을 의한 교육적 목표가 되려면 그 과정을 초월한, 외부로부터 주어지는 것이 아니라 학습자에게 맞춘 목표여야 한다는 점은 필연적 조건이기 때문이다.

성장의 일차적 조건은 미성숙이다. 즉, 인간이 미성숙한 상태에서 발달할 수 있다는 의미이다. 그런데 듀이는 미성숙성을 일반적으로 생각하는 것보다 더 깊이 있게 해석한다. 그러니까 미성숙(immaturity)이라는 말에서 접두사 '미'(im)는 단순한 공백이나 결핍 등의 소극성을 의미하는 것이 아니라 적극성을 지닌 무엇을 의미한다고 생각한다. 즉, 미성숙이란 나중에 존재하게 될 힘의 부재를 지칭하는 것이 아니라 적극적으로 현재 존재하는 힘, 곧 발달할 역량을 표현하는 것으로 해석한다. 이런 맥락에서 듀이에게 미성숙이란 성장가능성을 의미한다.

그리고 미성숙의 두 가지 주요한 특질은 의뢰심과 유연성이다. 갓 태어난 아기들은 얼마간 신체적으로 자기를 가누고 스스로 살아갈 힘이 없다. 아기들은 전적으로 무력한 셈이다. 그런데 어린 아기들의 철저한 무력함은 오히려 그것을 보상해주는 힘이 될 수 있다. 한편 동물의 새끼들은 태어나자마자 물리적 조건에 상당히 잘 적응하여 다른 존재들과 그렇게 밀접하게 얽혀 살아가지 않는다. 동물의 새끼들은 사회적 재능이 없기 때문에 신체적 재능을 갖추고 태어나는 셈이다. 반면에 인간의 아기들은 사회적 능력이 있기 때문에 신체적으로 무력하면서도 잘 지낼 수 있다. 어린아이들은 주변 사람들과 교감하고 공감하며 감응하는 유연하고 민감한 능력이 있다. 즉, 그들은 주변에 의존하면서 어른의 보호 하에서 자라난다. 이런 점에서 아기들의 의뢰심이란 약점이라기보다 일종의 능력을 뜻하며 상호의존성을 내포한다. 그리고 아기들은 동물의 새끼에 비하여 훨씬 더 많은 수효의 본능적 성향을 갖고 태어난다. 그럼에도 불구하고 태어난 즉시 상태를 비교해보면 인간의 아기들은 동물의 새끼에 비하여 형편없이 무능력하다. 왜냐하면 그 본능들 그대로는 거의 의미가 없으며, 본능적 반응을 활용하기 위해서는 학습하지 않으면 안 되기 때문이다. 사실 시간이 가면서 인간의 아기들은 환경과의 상호작용을 통하여 적응과 조절을 거친다. 이렇게 하여 아기들은 환경에 유연하게 대처할 수 있게 된다.

2. 『민주주의와 교육』은 어떤 책인가?

1) 주제

『민주주의와 교육』은 1916년 그의 나이 56세에 출판한 듀이의 철학과 교육론을 대표하는 책이다. 말하자면 미국사회가 추구하는 민주주의 이념에 부합하는 교육적 가치정립을 위한 저서라고 할 수 있다. 따라서 듀이는 민주사회에 깃들어 있는 여러 이념을 명시하고 이들을 교육의 여러 문제에 응용하고자 하였다. 이러한 관점에서 공교육의 개념과 목적과 방법을 제안하고, 민주적 삶의 조건 형성 이전의 지식과 가치에 관한 전통철학의 이론과 실제를 비판한다. 모두 26장으로 이루어져 있다.

2) 저술 배경

듀이는 인종차별과 소수인종문제로 시끄러운 미국사회에서 이 책을 썼다. 미국은 그 당시 교육보급률도 낮았고 진정한 민주주의 국가도 아니었다. 부유한 상업적, 산업적 소수가 권력을 거머쥐었고 사회적 유동성의 상승을 통제하였다. 교육제도는 경쟁적 윤리를 받아들이고 거기에다 보통사람들을 복종시켰다. 『민주주의와 교육』에서 듀이는 이렇게 말한다.

> "20세기의 초에 교육은 거의 완전히 의미가 없다. 그것은 노예의 훈련이다. 덕과 도덕적 인격이라는 목표는 위로부터 부과되고, 또한 의심스럽고 공허한 형이상학을 토대로 하여 만들어졌다. 교육과정은 완전히 생명 없는 정보의 총체로 이루어졌다. 아이들은 폭행되고 마음과 몸은 추상으로서 분리되었고 신체는 억압되었다. 모든 것은, 거대한 언어 공식으로 마음에다가 쑤셔 넣으면서 그것을 지식이라 가장하지만, 진정한 내용도 없고 권위를 내세운 교사가 부과하고, 그것이 원래 개발될 때의 경험적 맥락은 제거된 상태이다. 이처럼 전통적 교육은 학습자가 다른 이의 마음과 의지에 의존하는 것에 토대를 둔다. 이런 환경 하에서 어떻게 어린이가 모든 이들에게 좋은 삶의 가능성을 확장하는 데 헌신하는 민주주의의 건설적 구성원으로서 참여할 수 있을까?"

『민주주의와 교육』은 이런 도전적 질문에 대한 대답을 제공한 책이다. 그의 사상을 정리하면 다음과 같다. 모든 민주교육의 토대는 과학적이어야 한다. 학교는 언제나 사회적 실험실이어야 한다. 거기서 아이는 이미 받아들여진 전통이라는 실용적 검사를 통해 검증하는 법을 배워야 한다. 축적된 사회의 지식은 민주적으로 작동되어야 한다. 학교는 아동에게서 현안들을 해결할 능력을 개발시켜야 하고, 실험적 방법에 따라 행위의 미래 계획을 검증해야 한다. 이런 사상을 포함한 『민주주의와 교육』은 미국전역에서 교육적 관심의 중심이 되었고 넓은 토론과 얼마간 격한 반발을 자아내기도 했다.

3) 핵심주장

『민주주의와 교육』에서 다루는 내용은 상당히 광범위하여 여기서는 듀이가 민주주의와 교육에 관해 언급된 핵심주장만으로 한정하여 논의하고자 한다. 듀이에게 민주주의는 하나의 이상적 사회생활의 양식이다. 민주주의에 대해서 가장 이상적으로 규정해 놓은 책이 바로 『민주주의와 교육』이다. 여기서 듀이는 "민주주의는 정치의 형식 이상의 것이다. 그것은 사회적 생활양식, 즉 교섭적 경험의 결합양식"이라고 규정하고 있다. 민주주의란 특정한 정치형태의 의미를 넘어서 경험을 공유하며 살아가는 사회적 삶의 방식이라는 것이다. 그리고 교육이란 사회공동체의 필요를 위하여 사회적 삶에의 참여를 통하여 이루어지며, 따라서 교육은 그 집단에서의 삶의 질에 따라 달라진다. 민주적 공동체는 다양한 개인적 관심과 다른 집단과의 자유로운 상호작용이 이루어짐으로써 개인과 사회의 계속적인 성장과 진보를 이루게 된다. 반대로 전체주의적 사회는 특정한 소수의 이해 관심이 전체 사회의 모든 활동을 지배하고 집단들 간에 서로 단절되어 있기 때문에 한정된 가치와 기존 질서의 유지를 위한 교육을 한다.

그리하여 듀이는 어떤 사회가 민주주의 사회인지를 확인하는 기준으로서 두 가지를 제시한다. 첫째, 보다 많고 보다 다양한 공통된 흥미를 구성원들이 발달시키는 것과, 둘째, 어느 한 쪽이 다른 쪽을 지배해서는 안 되며, 각각의 다른 경험이 모두 존중받는 평등한 관계로 맺어져야 한다는 점이다. 즉, 개인들의 다양한 관심이 사회 구성원들과 자유롭고 평등하게 상호교류가 이루어져야 한다는 점이다. 이런 민주적 사회가 갖는 조건, 즉 다양한 관심과 능력을 갖는 개인의 차이가 존중되고 경험을 공유하는 과정에서 비판적 지성과 사회적 관심이 성장한다는 점에서, 진정한 인간성과 민주주의를 실현하는 교육은 필연적으로 연관되어 있다. 따라서 진보적 학교가 민주적인 탐구공동체를 이룰 때 학생들은 자신의 삶에서 지성적 의식을 깨우고 경험의 지평을 넓혀가는 습관을 형성하며, 궁극적으로 잘 교육받은 지성적 개인들이 사회의 구조적 모순과 갈등을 점진적으로 개선하여 민주적 사회로의 변혁을 실현할 수 있다고 여겼다.

3. 실용주의와 교육

프래그머티즘(Pragmatism)이란 19세기 후반 미국을 중심으로 발달한 철학사조이다. 프래그머티즘이라는 용어의 형성에는 이 학파의 주요 철학자인 퍼스(Charles Peirce, 1839~1914)와 제임스(William James, 1842~1910)의 역할이 컸다. 퍼스는 1878년 발표된 글 속에서 그리스어로 '행동'을 의미하는 프라그마(pragma πρᾶγμα)라는 표현을 썼고, 자신의 철학적 입장을 프래그머티즘이라 명명하였다. 즉, 퍼스는 프래그머티즘이란 타당한 지식이 오직 행위의 결과에서 나온다는 관점을 취하는 것임을 표명한 것이다. 그러나 정작 '프래그머티즘'이라는 용어가 세상에 알려진 것은 제임스가 *Pragmatism:A New Name for Old Ways of Thinking*이라는 책을 1907년 출판한 이후라고 전해진다.

그런 까닭에 퍼스와 제임스로 시작된 프래그머티즘은 행동을 중시한다. 듀이에게도 행동(act) 또는 활동(activity)은 핵심 단어이다. 그는 그것이 인간의 주된 특성이라고 보았다. 인간은 삶의 연속성을 유지하려고 지속적으로 활동한다. 그에게 삶이란 도전의 연속이었고 이런 관점은 당시 산업발달의 추세로도 확인되었다. 그 변화 속에서 사실 아무 것도 확실하지도 예견할 수도 없었다. 그렇다고 문명의 진보에 대해 걱정하지도 않았다. 반대로 그는 기계는 받아들여야 한다고 생각하였다. 기계는 도구이고, 그것으로 노예 같은 반복에서 벗어나고, 의미 있고 창조적 활동을 즐기게 해준다고 여겼다. 그리고 교육도 이런 변화하는 사회와 조화를 이루어야 한다고 생각하였다. 학교 역시 수동적으로 수업을 받으며 앉아 있는 장소가 아니라 실험실로 여겼다. 아직 알려지지 않은 사실들을 탐색하고 실험을 통해 배워야 한다고 여겼다.

1) 형이상학

철학사조로서의 프래그머티즘이 가정하는 형이상학적 체계는 전통적 철학의 그것과 대조된다. 전통적 철학이 궁극적 실재에 대해 탐구하고 무엇인가를 찾고자 했다면 프래그머티즘에서는 궁극적인 실재는 없다고 본다. 절대적인 것도, 궁극적인 것도, 불변하는 것도 거부한다. 삶 자체가 변화의 연속이며 변화만이 실재한다고 본다. 실재란 고정된 것이 아니며 인간의 경험에 따라 변화해 간다.

프래그머티즘이 이런 관점을 갖게 된 배경은 당시에 발표되거나 주목을 받은 과학적 사고에 영향을 받은 바 크다. 우선 1859년 발표된 다윈의 『종의 기원』에 나타난 진화론적 사고와, 1915년 발표된 아이슈타인의 상대성 이론이 그중에서도 큰 영향을 미쳤다. 종은 고정되어 있지 않으며, 환경과 상호작용하면서 꾸준히 변화된다는 관점과, 뉴턴 식 사고에서 모든 것이 고정되고 영원할 줄 알았던 절대치가 아인슈타인 식 사고에서는 절대적이지도 않고 변수가 될 수 있다는 변화가 프래그머티즘적 사고를 탄생시킨 것이다.

특히 듀이는 전통적 형이상학의 이원론, 가령 마음과 신체, 주체와 객체, 현상계와 형상계 등의 이분법에 반대한다. 그래서 듀이는 마음, 지능, 흥미, 관심, 형식도야설 같은 추상적 개념을 비판하였다. 전통적 교육에서는 이런 용어들이 실체로서 존재하는 것처럼 믿고 가르친다. 가령 마음이란 어딘가 우리 몸에 자리를 틀고 들어앉은 분리된 실체가 아니다. 우리는 언제나 사람들에게 반응하면서 전체로서 개입할 뿐이다. 우리가 문제를 과학적으로 해결해 감에 따라 우리는 지적으로 행동하고 그렇게 참여한다. 우리는 행동에 주의를 기울이고 통제를 한다.

따라서 듀이는 학교에서의 활동은 과학적 탐구를 토대로 해야 한다고 믿었다. 그러면 강요와 압박은 사라지고, 외적 동기도 불필요하게 될 것이라고 믿었다. 이렇게 하면 그리스로부터 물려받은, 일과 여가라는 이원론도 사라지게 될 것이라고 여겼다. 그런 사고는 듀이가 보기에 민주주의의 가장 큰 적이기 때문이다. 듀이가 보기에 그 어느 것도 처음부터 자유교과나 비자유교과로 정해진 것은 없다. 문제를 풀게 도와주는 것이라면 잠재적으로 자유교과요, 어떤 특정계급의 전유물이 아니다. 반대로 창조적 활동을 방해하는 것, 예컨대 전통적 인문교육과정이 그러한데, 그런 것은 잠재적으로 비자유교과라고 할 수 있다.

2) 인식론

프래그머티즘에서는 진리와 지식의 성격에 대해 선험적 개념과 절대적 진리를 거부한다. 진리는 고정되거나 불변하는 것이 아니라 행위의 결과에 의해서 검증되거나 확인된다고 본다. 진리는 오직 인간 경험 속에 있다고 본 것이다. 이 점에서 프래그머티즘에서는 아리스토텔레스적 대응설(correspondence theory)에 반대한다. 대응설에 따르면, 우리의 경험은 외적, 객관적 실재와 대응할 때 진리가 된다. 프래그머티즘에서는 이런 관점을 거꾸로 뒤집어서, 오히려 외적 세계가 우리의 경험에 대응할 때 진리가 된다고 여겼다. 즉, 인간의 경험은 언제나 순간적으로 일어나며 진리를 내포하고 있다. 인간의 경험에 내포된 진리는, 분명코 플라톤의 '정의'처럼 구체화된 관념이 아니라 문자 그대로 경험의 증명이다. 요컨대 프래그머티즘에서는 추상적 진리 같은 것은 없다고 보고, 오직 진리를 만들고, 검증을 거치는 구체적 실례만 존재할 수 있다고 본다.

그리하여 프래그머티즘은 어떤 관념이 추상적으로 진리일 수 없고, 그 관념이 우리 삶에 미치는 영향에 관심이 있다. 이런 점에서 프래그머티즘은 '도구주의'라고 부른다. 도구주의란 그 자체로 목적을 갖고 있는 것이 아니라 현실생활의 어려움을 해결한다는 의미이다. 말하자면 프래그머티즘은 지식을 그 자체로 가치롭다고 보기보다 그 지식이 삶의 경험에서 도구로 쓰일 때만 가치롭다고 평가된다는 의미이다. 이런 맥락에서 프래그머티즘의 진리 기준은 유용성에 있다.

3) 가치론

프래그머티즘에서 가치에 대한 입장은 인식론에서처럼 상대적 입장을 취한다. 윤리적, 도덕적 규범은 영원불변하지 않으며, 문화나 사회의 변화에 따라 다르다고 본다. 그렇다면 교육을 할 때 가치를 가르치는 것은 불가능한가하는 의문이 생긴다. 이에 대해 듀이의 답변은 이렇다.

듀이는 가치의 문제도 민주주의적이고 과학적 이론에서 답을 찾는다. 전통적 형이상학은 위로부터 부과된 외적 가치체계를 옹호했는데, 듀이는 이것을 거부한다. 듀이는 도덕성은 적합한 규칙을 관찰하면서 사회적 맥락 속에서 배울 수 있다고 주장한다. 교사는 협동적 학습자로서, 단순히 정보를 제공하는 것이 아니라 문제적 상황을 탐구함에 의해서 아동이 민주적 참여의 가치를 배우도록 돕는 역할을 해야 한다. 그리고 진정한 민주적 사회에서 교육은 성, 종교, 종족, 사회계층과 무관하게 모두를 위해 제공되도록 국가에 의해 통제되어야 한다고 믿었다.

듀이는 가치라는 용어가 하나의 추상이라고 생각한다. 그러므로 가치화 과정은 과학적 방법을 통해 구체적으로 성취된다고 보았다. 학습은 대안적 행위과정 사이에 선택이 필요할 때 일어난다. 우리는 특별한 행위방식을 기대하면서 가설을 세우는 데 개입한다. 진정한 도덕은 유연해야 하고, 깨어있어야 하고 창조적으로 새로운 도전에 반응해야 생긴다. 이런 특성을 아이에게 전달하는 것이 교육에서 최상의 목표라고 보았다.

Chapter 5

미국의 4대 교육철학

19세기말과 20세기 초에 유럽과 영미지역은 전통교육의 교과중심교육을 비판하고 아동중심교육으로 방향을 선회하였다. 이렇게 등장한 20세기의 현대 교육사조는 다른 이름으로 신교육사상이라 불리고 있는데 여기에는 전원 기숙사학교, 노작학교 그리고 아동중심교육을 모두 포함한다. 한편 미국의 경우 20세기에 들어 신교육사상의 일환으로 진보주의 교육이 전개된다. 진보주의는 1918년 진보주의 교육강령 발표를 기점으로 진보주의 교육사상을 지지하고 보급함으로써 교육개혁운동을 전개하면서 약 30년간 국내와 국외로 확산되어갔다. 그러자 이어서 진보주의 교육사조에 반대하거나 보완을 요구하는 일련의 교육사조가 등장하는데, 그것이 본질주의, 항존주의, 재건주의이다. 이 네 가지를 합쳐서 20세기 미국의 4대 교육철학이라 부른다. 이하에서는 진보주의부터 시작하여 각각의 교육사조를 고찰할 것이다.

1. 진보주의와 교육

1) 진보주의의 배경

미국에서 전통적 교육에 대한 반발은 이미 1870년대 파커(F.W. Parker)의 교육개혁운동으로부터 시작되어 이것이 듀이에 의해 수정되고 형식화되었고, 1918년 듀이와 킬패트릭(W. Kilpatrick)의 신봉자들이 모여 진보주의 교육협회를 발족하면서 본격화되었다. 이 협회발족 시에 참여한 학자는 차일즈(J. L. Childs), 카운츠(G. Counts) 등이다. 따라서 진보주의는 그 영향력이 나타난 것보다 무려 30여 년 앞서 시작된 것이다. 이후 진보주의 교육운동은 1955년 진보주의 교육협회 해산, 1957년 소련의 인공위성 발사로 많은 비난과 시련을 겪었다.

진보주의는 실용주의 철학의 영향을 받아 모든 것이 고정되어 있거나 영원하다기보다는 변화가 실재의 본질이라는 점을 받아들인다. 따라서 교육은 항상 발달과정에 있고, 교육자는 항상 사회의 새로운 변화와 새로운 지식에 따라 교육의 방법과 정책을 수정해야 한다고 여겼다.

2) 진보주의 교육원리

첫째, 교육은 생활에의 준비가 아니라 생활 그 자체이다. 지혜로운 삶은 경험의 해석과 재구성을 포함해야 한다. 어린아이는 나이에 맞는 학습상황을 가져야 하며, 장차 성인이 되었을 때 겪게 될 경험으로 안내되어야 한다.

둘째, 학습은 어린이의 흥미와 직접 관련되어야 한다. 진보주의자들은 '전인적 어린이'(whole child)라는 개념을 주장한다. 이에 따라 킬패트릭(Kilpatrick)은 학습의 과정이 주로 어린아이에 의해서 결정되는 아동중심학교를 주장한다. 그에 따르면, 아이들은 무엇이든지 자신의 흥미와 관련되는 것을 자연스럽게 배우는 성향이 있으며, 자신이 느끼는 문제를 풀려는 경향이 있다. 또한 아이들은 위로부터 부과되는 것은 무엇이든지 거부하는 경향이 있다. 그러므로 아이들은 어른 입장에서 배워야 할 것 같은 것을 배우는 것이 아니라, 아이 입장에서 배울 필요가 있고 배우고 싶은 것을 배워야 한다. 어린이는 성인입장에서 생각하는 삶의 기준을 따를 것이 아니라, 자신이 배우는 것과 자신의 삶이 어떤 관련을 가졌는지 볼 수 있어야 한다. 이러한 주장은 어린이가 아직 중요한 의도가 무엇인지 결정할 수 있을 만큼 충분히 성숙하지 못한 경우에도 어린이가 느끼는 모든 충동을 따르도록 허용되어야 한다는 의미는 아니다. 또한 어린이가 학습과정을 결정하는 데 많은 역할을 한다고 해서 어린이가 학습과정의 최종결정자라는 의미도 아니다. 어린이는 교사의 안내와 지도가 필요하다. 그렇게 되면 어린이는 교과의 논리적 내용을 배워감에 따라 자신의 개인적 흥미를 계속적으로 재구성하는 경험을 하게 된다.

말하자면 진보적 교사는 어린이의 머릿속에 정보를 주입함으로써가 아니라 성장이 가능하도록 환경을 통제함으로써 학생들의 성장에 영향을 준다. 여기서 말하는 성장이란 "삶을 살아가는 데 있어서 지력이 증가"했거나 "환경에 지적으로 적응"했다는 의미이다. 듀이는 교사에게 어린이의 활동이 나날이 성장의 최고점을 향해 나아갈 수 있는 조건을 제시하라고 당부한다.

셋째, 문제해결을 통한 학습이 교재를 배우는 것보다 우선해야 한다. 진보주의자들은 학습을 지식의 수용으로 보는 것에 반대한다. 또한 지식을 교사가 학생의 마음속에 부과하는 추상적 실체로 보는 것도 반대한다. 그들에 따르면, 지식은 경험을 처리하는 도구이다. 만일 지식이 의미 있으려면, 그것으로 무언가를 할 수 있어야 한다. 그러므로 지식은 경험과 결합되어야 한다. 이와 관련하여 듀이는 이렇게 말한다. "우리가 무언가를 찾고자 한다면 우리는 무언가를 해야 한다. 이것이 실험실 방법의 학습이며 모든 교육이 배워야 할 학습형태이다."

그러므로 추상적 지식에 대한 탐구는 활동적인 교육경험으로 전환되어야 한다. 학생이 사회적, 정치적 이념을 진정으로 이해하기 위해서는 교실자체가 살아있는 사회적 민주주의의 실험실이 되어야 한다. 경험과 실험은 진보주의 학습방법의 핵심 개념이다. 듀이는 전통적 교과내용을 거부한 것이 아니다. 오히려 전통적 교과내용이 상당부분 유지되어야 한다고 주장한다. 다만 그가 말하고 싶었던 점은 교과가 환경에 따라 인간이 하는 바의 관점에서 계속적으로 변해야 한다는 것이다. 요컨대, 교육은 교사나 교과서로부터만 얻은 정보의 모음과정에 한정되어서는 안 된다. 교육은 이전 지식의 획득이 아니라 새로운 발견에 비추어서 계속적으로 재구성되는 것이다. 그러므로 문제해결은 단순히 기능적 지식을 찾는 것이 아니라 교재와 영속적으로 씨름하는 것으로 보아야 한다. 그러므로 교육과정은 교사에 의해 사전에 계획된 대강의 윤곽일 뿐이며 실제적 내용은 매주 교실에서 교사와 학생 간에 상호협력을 통해 조직되어야 한다.

킬패트릭은 어린이는 이론적 수준에서 추상적 원리를 파악하는 대신에 특별한 주제나 상황을 공부해야 한다고 제안한다. 학생은 배우고자 하는 자연적인 호기심에서 생겨나는 과제나 교사의 지도하에 교실의 다른 친구들과 협동하는 가운데 의미를 찾게 되는 과제에 참여해야 한다.

넷째, 교사의 역할은 지시하는 것이 아니라 권고하는 것이다. 어린이의 필요나 욕구가 그들이 배우는 내용을 결정하기 때문에 아이들은 자신의 발달을 계획하도록 허용되어야 하며, 교사는 그와 관련된 학습을 안내해야 한다. 교사는 아이들이 난관에 처할 때마다 지식과 경험으로 아이들을 도와야 한다. 교사는 결과의 방향을 지시하지 않고, 상호 만족스러운 목적을 달성하기 위하여 아이들과 협력해야 한다. 그리하여 교사는 분명히 현재 상황을 분석할 수 있는 우수하고 풍부한 경험을 가진 자이다. 교사는 무대 장치자, 안내자, 행정실무자로서 중요한 인물이지, 아동을 배제하여 권위를 행사하는 자가 아니다.

다섯째, 학교는 경쟁보다는 협동을 격려해야 한다. 인간은 본성상 사회적 동물이며 인간의 최대 만족은 타인과의 관계에서 나온다. 진보주의자들은 사랑과 공동협력이 경쟁이나 개인적 성공보다는 교육에 적합하다고 주장한다. 그리하여 경험의 재구성으로서의 교육은 사회적 환경에서 인간본성의 재구성으로 이끈다. 진보주의자들도 경쟁이 모종의 효과가 있다는 것을 부정하지 않는다. 그런 경쟁이 개인적 성공을 가져온다면 서로 경쟁해야 한다는 것도 인정한다. 그럼에도 불구하고 협동이 인간본성의 생물학적, 사회적 사실에는 경쟁보다 더 적합하다고 주장한다. 엄격한 개인주의는 오직 그것이 일반적 선에 도움이 될 때만 허용해야 한다.

여섯째, 민주주의만이 진정한 성장조건인 사상이나 인간성의 자유로운 상호작용을 격려하고 허용한다. 이상적인 민주주의는 공유된 경험으로서, 듀이의 표현대로, 민주주의는 정치체제 그 이상이며 상호협동적인 생활이나 공유된 경험의 형태를 의미한다. 그리하여 민주주의, 성장, 교육은 상호 연결된다. 민주주의를 가르치기 위하여 학교는 그 자체가 민주적이어야 한다. 그러나 학교는 새로운 사회적 질서의 강령을 학생들에게 교화시켜서는 안 된다. 특정한 사회적, 정치적 행동의 프로그램을 가르치는 것은 권위주의를 채택하는 것이 된다. 진보주의는 특별히 그런 것을 거부한다.

3) 킬패트릭(W. Kilpatrick, 1871~1965)

킬패트릭은 진보주의 교육에서 가장 영향력 있는 인물이다. 그는 1909년 진보주의 교육의 중심지인 뉴욕의 콜롬비아대학교 사범대학에 대학원 조교로 있었고

1912년 박사를 받은 뒤 은퇴할 때까지 교육학 교수를 지냈다. 1914년과 1916년 사이에 두 권의 책을 냈는데, 『몬테소리 교육체제 재 고찰』, 『프뢰벨의 유치원 원리를 비판적으로 고찰함』이 그것이다. 그의 입장은 프래그머티즘적 접근에 트대를 두었고, 프뢰벨과 몬테소리가 지식을 미리 고정된 것으로 본다는 점을 비판하였다. 킬패트릭은 고도로 독창적인 교육사상가라기보다는 주로 실험주의와 듀이의 사상을 전달한 사람이라고 할 수 있다. 그중에 1918년에 나온 『구안법(*Project Method*)』이 가장 유명하다. 이 책에서 킬패트릭은 의도적 활동(purposeful activity)이라는 퍼스(C. S. Peirce)의 개념을 사용하여 유럽의 교육사상이 미리 고정된 지식, 틀에 박힌 무관한 요소들을 구획화시킨 교과중심교육이라면서 비판하였다. 그 대안으로서 학습은 의도적 활동과 연관되어 조직화되어야 하며 학교에서는 이런 것이 하나의 프로젝트, 즉 구안이 되어야 한다고 주장하였다. 구안이란 광범위하고 실제 삶과 닮은 통합적 주제이다. 『구안법』이란 책은 대단히 성공적이어서 전세계적으로 널리 알려졌다.

구안에는 네 가지가 있다. 첫째, 구성적, 창조적 구안이다. 이것은 보트를 만들거나 편지를 쓰거나 등의 어떤 계획을 구체적으로 이루는 것을 말한다. 둘째, 감상 또는 즐거움을 위한 구안이다. 이것은 음악을 듣거나 그림을 감상하는 것 등이다. 셋째, 문제구안이다. 이것은 지적인 문제를 해결하려는 목적이 있다. '비는 왜 오는가?'라든지 '도시에는 왜 인구가 집중되는가?'와 같은 것을 탐구하는 것이다. 넷째, 연습 또는 특정한 학습구안이다. 이것은 기술이나 특정한 학습이 목적이다. 글씨쓰기 연습이라든지 자전거타기 연습이 포함된다.

4) 진보주의 교육에 대한 비판

진보주의교육은 1920~1930년대 미국교육을 주도하였지만 이미 1920년대부터 협회 내부에서는 결속력이 부족하였다. 비록 진보주의 교육이 존듀이의 이론에 토대를 두고 있었지만, 그들은 교육에서 아동중심으로 이끌어가야 하는지, 아니면 사회중심으로 이끌어 가야 하는지에 대해 방향설정을 하지 못하고 혼란 속에 있었다. 그 배경에는 진보주의를 선도하던 두 명의 사상이 거리가 있었기 때문이다. 그 두 명이란 러그(H. Rugg)와 카운츠(G. Counts)이다. 러그는 1928년 『아동중심의 학교(*Child-Centered School*)』를 출판했는데, 여기서 그는 진보주의 운동의 한 극단을 보여주었다. 즉, 그는 진보주의 교육의 일곱 가지 목적을 성취하고자 노력했다. 그것은 다음과 같다.

(1) 자연스럽게 발달할 자유.
(2) 흥미가 모든 활동의 동기가 되어야 함.
(3) 교사는 과제를 지도하는 사람이 아니라 안내자이다.
(4) 아동발달을 과학적으로 연구해야 한다.
(5) 아동의 신체적 발달에 영향 미치는 모든 것에 더 큰 관심을 가져야 한다.
(6) 학교와 가정은 아동이 생활에 필요로 하는 것을 충족시키기 위해 긴밀히 협조해야 한다.
(7) 진보주의 학교는 교육운동에서 중심지가 되어야 한다.

그러나 이러한 관점은 듀이를 포함한 다른 진보주의자들에 의해서 비판을 받았다. 진보주의 교육을 오로지 아동중심의 교육으로 이끄는 것은 너무 일방적이고, 그것은 사회적 도덕성의 함양으로 균형을 잡을 필요가 있었기 때문이다. 그중에서 대표적인 목소리를 낸 사람은 카운츠(G. Counts)였는데, 그는 미국학교체제가 오로지 부유한 중류층에 의해 지배되는 것과, 다문화가정이나, 종족이나 다른 측면에서 소수자 집단에게 적절한 교육을 제공하지 못함에 대해 몹시 우려했다.

이러한 관점은 어린이 중심교육과 동일시된 진보주의에 대한 반발을 보여준다. 아닌 게 아니라 진보주의자들은 자신의 교육이 아동중심임을 강조하여 "우리는 교과가 아니라 아동을 가르친다"(we teach children, not subjects)라는 표현으로도 유명하다. 그런데 아동 중심 교육이 아동에게 영합하는 교육으로 인식되어 진보주의는 아동에게만 지나치게 관심을 쏟고 그들이 배워야 할 교과목에는 무관심하다는 비난을 피할 수 없었다. 이런 비난은 1957년 소련이 최초의 인공위성 스푸트니크를 발사한 후에 최고조에 달했다. 미국 편에서 보았을 때 소련은 비민주적이고 독재적이므로 늘 비효율적 교육체제를 가질 것이라 여겼는데 어떻게 그런 나라에서 미국보다 먼저 인공위성을 쏘아 올릴 수 있는가? 이것은 미국 교육의 실패가 아닌가? 미국에서 해온 아동중심의 진보주의 교육의 문제가 아닌가? 아동에게 영합한 진보주의 교육의 문제가 아닌가? 이런 비난이 빗발쳤던 것이다. 따라서 진보주의 교육은 미국에서 쇠퇴의 길에 접어든다.

2. 본질주의와 교육

1) 본질주의의 배경

진보주의가 나온 이후 본질주의는 진보주의 교육이론에 대한 보완 차원에서 시작되었다. 본질주의는 진보주의에 대한 전면적 부정을 하지 않고 특정한 측면에서만 반대를 하였다. 본질주의자들은 사려 깊게 교육받은 인간이면 누구나 알아야 할 어떤 본질적인 요소들이 있다고 주장하고, 극단적인 듀이 추종자와는 달리 듀이의 인식론을 부정하지도 않는다. 본질주의자들은 (a) 교재내용의 재검토 (b)학교 교육내용 중에서 본질적인 것과 비본질적인 것의 구분 (c)교실에서의 교사의 권위 재설정에 주된 노력을 기울였다.

본질주의자들은 1930년대 초기에 배글리(W. C. Bagley), 브리그스(T. Briggs), 브리드(F. Breed) 등이 주축이 되어 일어났다. 이들은 1938년 미국교육발전을 위한 본질주의자 위원회를 결성하였다. 본질주의자들은 진보주의자들이 소홀히 여겼다고 생각한 교과를 학습과정에서 다시 중심으로 돌려놓아야 한다고 주장하였다.

2) 본질주의자의 기본원리

(1) 학습은 본질상 힘든 훈련과정과 내키지 않는 노력을 내포한다. 본질주의자들은 훈련(discipline)의 중요성을 강조한다. 본질주의자들도 진보주의자들과 마찬가지로 교과에 대한 흥미가 학습에 대한 노력을 크게 증진시킨다는 점에 동의한다. 그러나 학습자들에게 처음부터 수준 높고 지속적인 흥미가 나타나는 것은 아님을 인정한다. 그러한 흥미는 학습자에게 처음에는 별로 매력적이지 않은 훈련을 통해 일어난다. 즉, 흥미는 훈련을 쌓음으로써 생겨난다.

(2) 교육의 주도권은 학생에게 있는 것이 아니라 교사에게 있다. 교사의 역할은

성인 세계와 어린이의 세계를 연결하는 것이다. 교사는 특히 이런 임무를 위해 준비한 사람이고 따라서 학생들 자신보다 학생들의 성장을 안내할 자격을 더 잘 갖춘 사람이다. 이에 대한 캔델(L. Kandel)의 입장은 다음 글에 나타난다.

> 본질주의자들도 학습에서 학습자의 능력, 흥미 그리고 의도에 기초하지 않으면 성공할 수 없다는 점을 진보주의자만큼이나 잘 알고 있다. 그러나 그런 흥미와 의도는 교사의 기술에 의해 만들어져야 한다고 믿는다. 교사는 소위 교과라고 하는 논리적 조직의 숙달자이며 교육적 발달의 과정을 이해하는 사람이기 때문이다.

그리하여 본질주의자에게 교사는 진보주의자에 비해 더 큰 권위를 가진다.

(3) 교육과정의 핵심은 규정된 교과를 자기 것으로 동화하는 데 있다. 본질주의자는 교육이 개인으로 하여금 그의 가능성을 실현하도록 하는 것이라는 점에 대해 동의하지만, 그러한 실현은 개인과는 독립된 세계에서 일어나야 한다고 믿는다. 즉, 그 세계의 법칙에 개인은 순종해야만 한다. 어린이가 학교에 다니는 목적은 이런 세계를 있는 그대로 알게 하고, 그것을 자의대로 해석하지 않게 하는 것이다. 또 어린이는 내키는 대로 아무렇게나 그런 지식을 받아들여서도 안 된다. 교과는 교과의 논리적 순서에 맞게 어린이에게 제시되어야 한다. 본질주의자는 개인적 경험보다 사회적 유산으로서 인류의 경험을 강조한다. 이러한 유산은 환경과 맞부딪친 수백만 사람의 경험을 압축해 놓은 것이다. 이러한 지혜는 많은 사람에 의해 역사에 의해 검증된 것이므로 어린이의 검증되지 않은 경험보다 더 신뢰할 만하다.

(4) 학교는 정신적 훈련을 위한 전통적 방법을 유지해야 한다. 진보주의 교육에서 주장하는 문제해결 학습에 이점이 있는 것은 사실이지만, 그것을 학습의 전 과정에 적용하기는 어렵다. 많은 지식은 추상적이고 구체적인 문제로 분해될 수 없기 때문이다. 또한 진보주의 교육에서 주장하는 '행함에 의한 학습'(learning by doing)이 일정한 환경에서 어떤 어린이에게는 적절할 수 있으나 그것을 일반화시키기는 어렵다. 아이들은 오히려 본질적인 개념을 자신들의 심리적, 지적 수준에 맞게 배울 필요가 있다.

본질주의와 진보주의의 비교

본질주의	진보주의
아동의 노력과 훈련 중시	아동의 흥미, 자유중시
훈련 뒤에 생기는 흥미 중시	개인의 경험 중시
교육의 주도권은 교사에게 있음. 아동에게는 교사의 체계적 지도와 감독이 필요하다.	교사는 학생의 안내자 역할을 한다
교과의 논리적 조직 따름.	교과의 심리적 조직 따름.
교과의 철저한 이수부과	행함으로써 배움(learning by doing) 아동의 독립심, 비판력, 협동정신 함양 중시 문제해결 학습 중시

3. 항존주의와 교육

진보주의가 변화와 새로움을 강조한다면, 항존주의자들은 절대적 원리에 대한 충성을 요구한다. 항존주의자들은 중대한 사회적 격변에도 불구하고 영속성이 변화보다는 참된 실재라고 말한다. 또한 영속성이 보다 바람직한 이상이라고 여긴다. 점점 불안과 불확실성이 증대되는 세상에서 확고한 교육목적이나 안정된 교육적 행위보다 더 이로운 것은 없다고 한다.

1) 항존주의의 기본원리

(1) 환경의 차이에도 불구하고 인간본성은 어디서나 동일하다. 따라서 교육은 누구에게나 동일해야 한다. 항존주의의 대표 학자인 허친스는 이렇게 말한다.

> 시민이나 국민의 기능은 사회에 따라 다를 수 있지만 인간의 기능은 모든 시대와 모든 사회에 동일하다. 그것은 인간의 본성에서 나오기 때문이다. 교육체제의 목적도 모든 시대와 모든 사회에 동일하다. 그것은 인간을 인간으로서 향상시키는 것이다.

또 다른 대표학자인 아들러는 이렇게 표현한다.

> 만일 인간이 합리적인 동물이라면, 역사를 가로질러 인간본성에 영속성이 있다면, 모든 건전한 교육체제 속에는 문화와 시대와 무관하게 어떤 영속성이 있어야 한다.

지식 역시 모든 곳에서 동일하다. 만일 그렇지 않았다면 학식 있는 사람들이 어떤 것에 대해 의견일치를 보일 수 없었을 것이다. 물론 의견이란 다른 법이다. 따라서 지식의 획득은 쉽지 않고 어떤 어린이들은 그것을 받아들이기를 거부한다. 또한 몇몇 어린이는 남들보다 배우는데 느리다. 그러나 우리는 그들에게 더 많은 시간을 쏟으면 되는 것이다. 아이들을 지적 성취를 기준으로 하지 않고 학년에 따라 진급시키는 것은 평등에 대한 잘못된 관념을 조장시키는 것은 아닌가 하고 항존주의자들은 묻는다. 같은 연령대의 다른 아이들과 동일한 시험에 합격해서 진급하게 되면 좀 더 자존감이 커지지 않겠는가?

(2) 합리성은 인간의 최고의 속성이기 때문에 이성을 사용하여 본능을 심사숙고해서 선택된 목적과 부합하도록 해야 한다. 인간은 자유로운 존재이지만 이성을 계발하고 욕망을 통제하는 것을 배워야 한다. 어린이가 배우는 데 뒤처질 때 교사는 불행한 환경이나 불행한 심리학적 습관을 비난하는 쪽으로 쉽게 기울어져서는 안 된다. 오히려 교사의 임무는 모든 학생에게 동일한 학습에의 지적인 접근을 통해서 이런 장애를 극복하게 하는 것이다. 어린이가 긴장을 풀게 하여 진정한 자아를 표현한다는 근거로 방임적인 태도를 취하거나 어린이가 자신의 교육적 경험을 결정하도록 놔두어서도 안 된다. 어린이가 원하는 것이 그 아이가 꼭 배워야 하는 경험은 아니기 때문이다.

(3) 교육의 과업은 영원한 진리에 대한 지식을 전달하는 데 있다. 그리하여 허친스는 유명하지만 비난받기 쉬운 추론을 전개한다.

> 교육은 교수를 포함한다. 교수는 지식을 함의한다. 지식은 진리이다. 진리는 어디에서나 동일하다. 그리하여 교육은 어디에서나 동일해야 한다.

교육이란 개인을 현재의 세계에 적응시키는 것이 아니라 진리의 세계에 적응시키는 것이다. 진리에의 적응이 학습의 목적이다.

(4) 교육은 생활의 모방이 아니라 생활에의 준비이다. 학교는 결코 실제생활과

동일한 상황일 수 없다. 그래서도 안 된다. 학교는 어린이가 문화적 유산 중 최고 수준의 성취에 익숙해지도록 인위적 환경을 조성해야 한다. 어린이는 이런 유산의 가치를 깨닫고 가능하면 자신의 노력으로 문화적 업적을 발전시켜야 한다.

(5) 학생은 세계의 영속성에 익숙하게 될 기본교과를 배워야 한다. 그는 현재 중요해 보이는 공부를 하는 데 급급해서는 안 되며, 특정한 시기에 매력적으로 보이는 과목만을 배워서도 안 된다. 그는 영어, 언어, 역사, 수학, 자연과학, 철학, 미술을 배워야 한다. 그 이유에 대해 아들러는 다음과 같이 밝힌다.

> 이성적 동물의 기본교육은 그의 합리적인 능력의 훈련과 지성의 계발에 있다. 이러한 훈련은 교양교육, 읽기, 듣기, 쓰기, 말하기, 그리고 사고하기를 통하서 이루어진다. 인간은 이성적 동물인 동시에 사회적 동물이며 지성적 삶은 오직 의사소통을 통하 존재할 수 있는 공동체 속에서 가능하기 때문이다. 형식적 훈련을 의미하는 읽기, 쓰기, 셈하기는 자유교육 또는 일반교육의 핵심이다.

교육이 지적으로 건전하다면 직업교육, 산업교육 그리고 이와 유사한 형태의 교육이 포함될 수는 있다. 그러나 학교는 직업훈련을 위해 존재하는 것은 아니다. 이런 것은 담당분야의 전문가들에게 맡겨야 한다. 학교는 사회적 개혁을 위해 존재해서도 안 된다. 민주주의는 국민이 올바로 교육받아서 가능한 것이지, 그들이 사회적 변화를 위해 주장하도록 교육되었기 때문이 아니다.

(6) 학생들은 문학, 철학, 역사, 과학과 같이 여러 세대에 걸친 사람들이 위대한 동경과 성취를 담아낸 위대한 작품을 공부해야 한다. 과거의 메시지는 결코 시대에 뒤처진 것이 아니다. 그것을 공부해야만 학생은 자신의 흥미를 추구하거나 현대의 유행에 빠짐으로써 얻을 수 있는 어떤 것보다 중요한 진리를 배울 수 있다. 아들러는 그의 관점을 다음과 같이 훌륭하게 요약한다.

> 만일 과학적 지식과 마찬가지로 철학적 지혜가 있다면, 그것이 시대에 따라 변함없는 통찰과 관념으로 이루어져 있다면, 과학적 지식조차 풍부한 개념과 상대적으로 일관된 방법을 가지고 있다면, 철학뿐 아니라 문학의 위대한 저서가 인류의 영속적인 도덕적 문제를 다루고 도덕적 갈등에 빠진 인간의 보편적 신념을 표현하고 있다면, 그렇다면 현대

> 는 말할 것도 없고 고대와 중세의 위대한 저서는 지식과 지혜의 보고(寶庫)이고, 매 새로운 세대가 입문해야만 하는 문화의 전통이다. 이런 저서를 읽는 것은 옛것에 대한 탐닉에 그 목적이 있는 것이 아니다. 고고학적, 문헌학적 취향 때문도 아니다. 위대한 저서는 그것이 써진 시대와 마찬가지로 오늘날에도 동시대의 작품이기 때문에 읽혀져야 한다. 그런 책들이 다루는 문제와 거기서 제시하는 사상은 영속적이고, 끝이 없는 진보의 법칙에 종속되지 않기 때문이다.

요약컨대, 항존주의자들은 대부분의 미국 청년들이 지적 문제들을 다루는 훈련이 되지 못했다고 지적한다. 교사들은 대개 그런 문제들에 무관심하고 너무 빨리 포기하기 때문이다. 학생들이 배우고자 하는 것에 맞추어 가르치기가 훨씬 쉬운 법이다. 그러나 학생들이 배워야 할 것을 피상적인 취향에 맡겨버린다면 학생이 진정한 재능을 개발하지 못하게 막는 셈이 될 수도 있다. 자기실현은 자기훈련을 요구하며 자기훈련은 오직 외적 훈련을 통해서만 이루어진다. 문학, 예술, 정치, 종교와 같은 고도의 훈련은 모든 이에게 잠재되어 있지만, 고된 노력과 훈련 없이는 발현되지 않는다. 훈련도 시키지 않고 어린이를 과소평가하기는 너무나 쉽다. 왜 이러한 영역에서 모든 이들을 왕으로 만들지 않는가? 이것은 지적인 평범함을 추구하거나, 개인적 자유와 그런 평범함을 동일시하는 것보다 훨씬 가치 있는 일이다.

진보주의와 항존주의의 비교

진보주의	항존주의
변화중시	영속성 중시
진리의 상대성	진리의 영원성
경험의 중요성 강조	인간의 지성, 합리성, 정신의 중요성 강조

2) 본질주의와 항존주의의 비교

(1) 본질주의는 항존주의처럼 전적으로 지적(intellectual) 교육만을 강조하지 않는다. 왜냐하면 본질주의는 어떤 영원한 진리보다는 물리적이고 사회적 환경에 개인이 적응하는 것에 관심을 갖기 때문이다.

(2) 본질주의는 진보주의자들이 교육적 방법으로 제시한 긍정적 측면을 기꺼이

받아들이기 때문이다.

(3) 항존주의는 과거의 위대한 성취를 인간의 보편적 통찰의 영원한 표현으로 존중하는 반면에 본질주의자는 현재의 문제를 다루는 데 지식의 원천으로만 받아들인다.

3) 항존주의 교육에 대한 비판

항존주의는 지성의 귀족주의를 추구한다고 하여 비판받았다. 그리고 오로지 위대한 저서(the Great Books)라는 고전적 전통을 가르치는 것으로 교육내용을 한정시키는 것은 불합리하다는 비판도 받았다. 그들은 비록 오늘날 어린이들이 특정한 지적 재능이 부족한 것은 맞지만, 그럼에도 불구하고 그들이 좋은 시민과 생산적 노동자가 되었음을 인정하지 않는다. 어린이들을 유명대학의 학생들에게 제공함직한 엄격한 학문적 훈련을 똑같이 제공하는 것은 아이들의 개인차를 무시하고 개인적 성장마저 손상시키는 것이다. 사실 항존주의자들의 프로그램은 학교에서 얻을 수 있는 학문적 자질만큼이나 가치로운 다른 특성의 개발을 지연시킬 수도 있다. 지성은 인간성의 오로지 한 면에 불과하다. 비록 합리적 행위가 인간 진보에 필요불가결하더라도, 정의적 측면과 독특한 개인적 측면도 그것 못지않게 중요하다.

4. 재건주의와 교육

1) 재건주의 교육의 배경

1920년대 진보주의 운동이 일어났을 때 그 속에는 교육의 사회적 역할에 대한 관점에 차이가 드러났다. 카운츠(W. Counts)나 러그(H. Rugg)는 학교가 새롭고 더욱 평등한 사회창조를 위해 주도적인 역할을 해야 한다고 주장하였다. 한편 킬패트릭과 차일즈는 카운츠나 러그의 주장에는 동조하지 않고, 교육을 통한 사회적 발전이라는 일반적 목적을 강조하는 쪽으로 나갔다. 그런데 1950년대 이르러 진보주의 교육운동이 추진력을 잃게 되자, 그 후속 시도는 듀이철학을 사회적으로 헌신하는 교육이론으로 확정시킨 것이다. 브라멜드(T. Brameld)는 사회적 재건주의의 이론적 기초를 세웠고 재건주의 교육원리를 다음과 같이 제시하였다.

2) 재건주의 교육원리

(1) 교육은 문화의 기본적 가치를 실현시키는 새로운 사회질서의 창조에 헌신해야 하며, 동시에 현대세계의 사회적, 경제적 세력과 조화를 이루어야 한다. 재건주의자는 스스로 위기의 시대의 철학이라고 주장하며 다른 교육이론에서는 듣기 어려운 긴급성에 호소한다. 그들에 따르면 오늘의 문명은 스스로 파멸할 가능성에 직면하고 있다. 그러므로 교육은 인간의 마음속에 심오한 변화를 유도하고 그렇게 함으로써 파멸보다는 창조를 위해 거대한 기술적 힘이 사용되도록 해야 한다.

(2) 새로운 사회는 참다운 민주주의 사회이어야 한다. 이상적인 사회는 민주주의 사회이므로 그것은 민주적으로 실현되어야 한다. 새로운 질서의 구조, 목적, 정책은 대중의 여론에 의해 승인되어야 하며, 민중의 전적인 지지에 의해 실행되어야 한다. 민중의 마음속에 일어나는 혁명은 정치가에 의해서 초래되는 어떤 변화보다 근본적이고 지속적이다.

(3) 어린이, 학교, 교육은 사회적, 문화적 풍토에 의해서 확고하게 조건 지어진다. 재건주의 대표자인 브라멜드에 따르면, 진보주의는 개인적 자유를 지나치게 강조하고, 우리가 사회적 환경의 지배를 받는 점에 대해서는 과소평가했다. 즉, 개인이 자아 실현하는 길을 찾는 데 몰두하느라 진보주의는 사회의 영향력을 간과한 측면이 있다. 그러나 문명화된 생활은 대개 집단적 삶이므로 사회는 학교에서 중요한 역할을 한다. 브라멜드는 계속해서 다음과 같이 말한다.

> 우리는 삶을 위해 집단이 필요하다는 것을 인정해야 한다. 우리는 집단을 냉소적으로 비난해서도 안 되고 집단의 행동을 불가피하다며 수동적으로 받아들여서도 안 된다. 오히려 건전한 진단을 통해서 집단의 갈망을 해소해주고 집단의 비도덕성을 축소시키며, 그들의 인간적 잠재력을 발현하도록 돕는 사회적, 교육적 프로그램을 수립할 것을 목표로 삼아야 한다.

따라서 교육은 사회적 자아실현이 되고, 이를 통해서 개인은 자신 본성의 사회적 측면을 개발시킬 뿐만 아니라 사회적 계획에 어떻게 참여하는지도 배우게 된다.

(4) 교사는 재건주의자의 해법이 타당하고 시급하다는 점을 민주적 절차에 따라 신중하게 학생들에게 확신시켜야 한다. 브라멜드가 말하는 '변호할 수 있는 편파성'의 원리에 따라 교사는 학생들로 하여금 자신의 관점에 대한 찬반 양쪽의 증거를 자유롭게 검토하도록 허용해야 하며, 교사는 대안도 공정하게 제시한다. 또한 교사는 학생들로 하여금 그들의 생각을 변호하도록 허용해야 한다.

(5) 교육의 목적이나 수단은 현 문화적 위기의 요구를 충족하고, 행동과학의 발견과 일치하도록 철저히 개조되어야 한다. 행동과학의 중요성은 인간이 가장 강하게 믿는 가치들을 발견하도록 도와준다는 데 있다. 이에 대해 브라멜드는 다음과 같이 말한다.

> 행동과학은 역사상 처음으로 감정적, 낭만적, 신비적, 또는 독단적 이유 때문이 아니라 우리가 비교문화적, 심지어 보편적 가치에 대해 배운 것에 기초하여 인간의 목적을 형성하는 것이 가능함을 증명하기 시작했다. 이런 어려운 분야의 연구는 오직 시작단계이기는 하지만, 그것은 이미 이런 가치를 객관적으로 기술하고 또 대부분의 인간이 그것을 대안적 가치보다 더 선호한다는 점을 증명할 수 있을 만큼 발전하고 있다.

우리는 교육과정, 내용, 방법, 행정 구조를 새롭게 바라보아야 한다. 그리고 이런 것들이 합리적이고 과학적으로 도출된 인간본성의 통합적 원리에 맞게 재구성되어야 한다. 우리는 교육과정의 과목과 세부내용을 일련의 지식구성요소로서 다루기보다는 통합적으로 관련되도록 구성해야 한다.

3) 브라멜드(T. Brameld, 1904~1987)

브라멜드는 재건주의를 대표하는 학자이다. 그에 따르면 현대사회는 위기의 시대이다. 여기서 문화의 위기란 현대문화의 병폐를 말하는데, 가령 생활, 교육, 건강 수준이 사회와 국가에 따라 너무 불균형을 이루는 일, 인구의 폭발적 증가와 기아

문제, 대지, 수질, 식품, 공기의 오염문제, 국가 간의 증오심과 적대감, 인종간의 긴장과 파괴행위, 전제적 정치체제, 도덕감각의 붕괴와 매춘화, 과학의 폭발적 증가 등이 그것이다. 그런데 이전에 나타난 진보주의, 본질주의, 항존주의는 현대의 문화적 위기를 극복하기에는 부족하다고 여겨 브라멜드는 이상의 교육철학들의 장단점을 취사선택하여 현대적 위기를 극복해야 한다고 주장했다. 브라멜드의 핵심사상은 민주적 세계문화건설이다. 그리고 이런 세계문화건설에 가장 강력한 힘은 교육의 힘이라고 믿었다. 즉, 교육은 문화재건의 실행자라는 것이다. 브라멜드는 교육의 중요성은 교사교육의 중요성으로 이어진다고 믿었다. 그리하여 교사양성기간을 7년으로 늘리고 교사의 전문성을 더욱 높여야 한다고 믿었다. 최초 2년간은 인간문제 중심의 일반 교양교육을 쌓고, 다음의 4년간은 교육학을 중심으로 하는 행동과학, 정서적 영역과 윤리교육을 받는다. 마지막 1년간은 교육실습을 통해 이제까지 배운 바를 적용해 본다.

Chapter 6

현대철학과 교육

1. 실존주의

1) 실존주의의 배경

실존주의는 19세기와 20세기의 역사적 상황 속에서 출현하였다. 즉, 19세기의 실증주의에 대한 비판과 도전이라는 명분과, 20세기의 양차 세계대전이 실존주의 형성에 지대한 영향을 미쳤다. 실증주의(Positivism)는 19세기에 등장한 하나의 철학사조로서 경험적 사실만을 지식의 원천으로서 인정하고, 사실의 배후에 상정되는 초경험적, 초감각적 실재를 부정하며, 경험의 근거를 지니지 않는 개념의 사용을 배척하는 입장을 취한다. 그런 입장을 가진 대표적 사상가는 오귀스트 콩트(Auguste Comte, 1798~1857)로서 그의 『실증철학강의』(1830~1842)에 따르면 인간의 인식 상태는 신학적 단계, 형이상학적 단계, 과학적 단계로 발전해간다. 첫 번째, 신학적 단계란 모든 현상의 기원을 신이나 초자연력에게로 귀착시키는 특징을 가지며, 모든 존재의 제1원인이 있다고 보고 그것을 찾는 데 몰두한다. 두 번째, 형이상학적 단계의 인간정신은 사회에 일정한 영향력을 행사하고 있는 형이상학적 철학에 의거해서 사회현상을 설명하려고 한다. 가령 루소를 비롯한 18세기의 프랑스의 계몽철학자들은 자연 상태의 인간이라는 추상적 개념으로 구체제(앙시앙 레짐, ancien régime)를 혁명적으로 파괴할 것을 주장하였다. 마지막으로, 실증적 단계에서 인간은 자연과학의 실험, 관찰, 비교의 방법을 사용하여 여러 현상들 간의 규칙적 관계를 확인하고 그렇게 함으로써 여러 가지 법칙들을 발견하게 된다. 이 세 가지 단계는 진화적으로 진행되는데, 이것이 뜻하는 바는 각 단계는 뛰어넘을 수 없고 각 단계는 다음 단계의 조건을 형성한다는 의미이다.

그런데 실존주의에서는 이와 같은 실증주의적 입장, 즉 사회도 자연과학과 같은 방법으로 연구할 수 있다는 실증적 방법에 대하여 비판한다. 인간 사회를 구성하는 개인을 과학적 연구로 접근해서는 인간 개인의 독자성이나 주체적 존재성 또는 현실의 자각적 존재로서의 인간적 실존을 드러낼 수 없기 때문이다. 따라서 실존철학에서는 과학적 연구와는 달리 개인의 독자성, 주체성, 단독자로서의 자각적 존재의 특성을 드러낼 수 있는 현상학적 방법을 선호한다.

한편 두 번의 세계대전과 스페인 내전의 발발도 실존주의운동에 영향을 끼쳤다. 인간을 이성적이라고 생각했던 유럽은 두 차례 세계대전을 겪으면서 허무감과 좌절감을 느끼지 않을 수 없었다. 그 결과 인간의 이성, 역사의 진화적 발전, 신의 권능에 대한 근본적인 회의가 생겨났다. 전쟁의 체험, 수용소에 갇혀 있던 사람들의 고발 및 증언 앞에서 허무와 절망을 철학적, 문학적 고찰의 출발점으로 삼지 않을 수 없었다. 모든 것이 무의미하다는 절망감을 지성으로 극복하고 논리화하는 과정에서 실존철학이 생겨났다.

2) 실존주의의 핵심개념

(1) 실존

실존이라는 말은 원래 철학용어로서 어떤 것의 본질이 그것의 일반적 본성을 의미하는 데 비하여 그것이 개별자로서 존재하는 것을 의미한다. 즉, 본질은 그것의 일반성, 추상성과 같은 의미이며 그에 대비되는 개념으로서 개별자, 즉 자신의 행위와 운명을 결정지어 나가는 현실적, 구체적, 개체적인 현실존재를 실존이라고 표현한다. 가령 본질이란 인간 일반의 특성인 '인간은 사회적 동물이다'와 같은 명제에 드러나는 인간의 일반적 본질을 의미하고, 인간의 일반적 본질과는 다른 개개의 인간의 실존, 특히 타자와 대치할 수 없는 자기 독자의 특성은 실존이라고 말할 수 있다.

실존의 개념은 인간의 정체성을 찾는 과정과 밀접하게 연결되어 있다. 중세 이

전까지 '인간이란 어떤 존재인가?', '나는 누구인가?', '나는 인식과 행위의 주체인가?'와 같은 질문에서 나는 나가 아니었다. 신의 창조물로서 나의 주인은 나를 만든 신이었다. 나를 나로 여기기 시작한 것은 근대의 산물이다. 17세기 데카르트는 '생각하는 나'가 나의 주인이고 '의심하고 있는 나'가 있음을 선언한다. 즉, 의심하고 있는 내가 있어서 내가 나의 존재를 확인할 수 있다는 것이다. 그것이 그 유명한 코기토 명제(나는 생각한다. 고로 나는 존재한다, cogito ergo sum)이다. 그런데 이것은 19세기 프로이트에 와서 도전을 받는다. 의식하는 내가 아니라 무의식(이드, id)인 그것이 나의 주인이라는 것이다. 이것을 실존주의자 사르트르는 다시 반박한다. 인간은 결정된 존재가 아니라 결정되지 않은 무한한 자유의 존재, 가능적 존재라고 주장한 것이다. 이것이 사르트르가 말하는 실존이다.

그리하여 실존주의가 가정하는 바는 어떤 천성도 처음부터 주어진 채로 존재하지 않는 인간관이다. 또는 인간은 어떤 불변의 본질을 가지고 세상에 태어나는 것도 아니다. 인간은 본질적인 것이 없는 무(無)로서 세상에 던져졌을 뿐이다. 따라서 인간은 자유의사와 선택에 따라서 자신의 본질을 창조해가는 존재이다. 인간은 가능적 존재로서 물론 한계가 있음에도 불구하고 주체적인 선택과 결단, 실천행위를 통하여 자신의 운명을 결정해 갈 수 있는 자유의 존재, 실존의 존재이다. 따라서 인간은 자신의 행동과 결과에 따른 책임도 져야 한다. 따라서 자유, 선택, 주체적 결단, 행동, 참여, 책임 등은 실존철학의 중심적인 개념이다.

실존주의자들은 크게 두 종류로 분류할 수 있다. 사르트르처럼 신을 믿지 않는 무신론적 실존주의에는 사르트르 외에 하이데거, 니체가 있고, 신을 믿는 유신론적 실존주의에는 키에르케고르, 야스퍼스 그리고 부버 등이 있다.

(2) 실존주의의 명제

❶ 실존은 본질에 앞선다.

20세기 중반에 등장한 실존철학은 전통적 철학의 형이상학과는 다른 관점을 취한다. 전통철학이 우주의 궁극적 존재나 궁극적 실재를 찾는 데 몰두하고, 그것을 객관적 입장에서 탐색하였다면, 실존철학은 인간의 현실적인 삶과 존재의 문제를 주관적 입장에서 다루었다고 말할 수 있다. 특히 인간을 보는 관점에서 차이가 나는데, 전통철학에서는 인간의 본질이 고정되어 있다. 즉, 인간의 본질은 절대적이고 객관적인 것으로 주어져 있다고 여겼다. 가령 아리스토텔레스는 인간의 본질은 이성이라고 규정하였다. 그가 '인간은 이성적 동물'이라고 말한 것은 이성의 존재가 다른 생물체, 즉 식물, 동물에게는 없고 오로지 인간에게만 있다는 의미이다. 따라서 다른 존재에게 없는 인간만의 특성인 이성이 인간에게 주어진 본성이라고 말한 것이다. 한편 실존철학에서는 내가 태어나기도 전에 미리 규정된, 또는 미리 결정된 불변의 본질이 있음을 부정한다.

실존주의의 대표인 사르트르는 '실존은 본질에 앞선다.'는 명제로 실존철학을 정의했다. 이 말의 해석 방식은 '앞선다'의 의미에 따라 두 가지가 있다. 우선 '앞선다'를 '중요하다'의 의미로 해석할 수 있다. 그렇게 되면 실존이 본질보다 중요하다가 된다. 인간존재는 미리 짜여진 일반적이고 추상적이며 초자연적인 질서나 규칙에 얽매일 수 없는 존재이며, 세상에 내던져진 존재로서 스스로를 자신의 책임하에서 형성해가는 존재라는 의미로 읽을 수 있다.

두 번째로 이 명제를 시간적 순서로 읽을 수도 있다. 실존이 시간상 본질에 앞서고 그 뒤에 본질이 주어진다고 보는 것이다. 가령, 우리의 눈앞에 필통이 있다고 생각해보자. 그 필통은 허깨비, 또는 그림자 또는 관념이나 추상적 존재로서가 아니라 우리 눈앞에 구체적으로 존재한다. 이렇게 실제로 존재하는 것 그것이 실존이다. 그런데 이 필통은 이렇게 실존하기 전에 이미 누군가의 의도에 의해서 만들어졌다. 주황색 가죽 재료와 열고 닫는 지퍼를 재료로 하여 조그만 필통을 만들기 위해 박음질을 했다. 말하자면 이 필통을 만든 사람은 이 물건이 필통에 쓰일 것이라는 목적을 가지고 이 물건을 만들어냈다. 그러니까 이 필통은 우리의 눈앞에 실물로서 존재하기 전에, 즉 실존하기 전에 이 필통의 제작자의 의도에 의해 필통이 되었다. 제작자의 의도, 이 물건은 필통이 되어야 한다는 의도가 먼저 있었고, 그 뒤에 필통이 이 세상에 태어나 우리의 눈앞에 필통으로서 실존하게 된 것이다. 이 경우 필통은 제작자의 의도가 먼저 있고, 그 뒤에 이 물건이 필통으로서 세상에 태어나는 것이다. 이때 제작자의 의도, 즉 '이 물건은 필통이 되어야 한다.'는 것이 이 물건의 본질이 된다. 이 물건은 필통으로서 기능해야 한다는 것이다. 정리해보면 이 경우 이 물건의 본질은 태어나기 전에 정해지고, 제작자의 의도대로 필통이 되어 세상에 나오게 된다. 이것의 순서는 본질(이 물건은 필통이 되어야 한다)이 먼저 있고 그 뒤 실존(세상에 태어남)이 오게 된다.

그런데 인간의 경우도 이 필통의 경우와 동일한가? 인간을 만드신 창조주가 있다는 기독교적 입장에서는 인간도 필통과 다르지 않았다. 제작자가 어떤 의도를 가지고 만드느냐에 따라서 물건의 본질은 결정된다. 마찬가지 방식으로 인간에게도 제작자, 창조자가 있다면 인간의 본질은 창조자의 마음속에 이미 결정되어 있다고 보아야 한다. 피조물 마음대로 자신의 본질, 자신의 기능, 자신의 역할을 바꾸어서는 안 된다. 제작자의 의도대로 필통으로 만들어진 물건은 필통이라는 본질(의도, 목적)에 맞게 세상을 살아가야 한다. 한편 인간에게 인간을 만든 창조자가 존재하지 않는다면 어떻게 달라질까 생각해보자. 물건의 경우라면 언제나 물건을 만든 제작자의 의도가 있고 그 뒤 물건이 세상에 그 의도대로 탄생해서 그 의도에 맞게 살아갈 운명을 갖는다. 그러나 인간에게 인간을 창조한 신이 없다면, 제작자의 의도 없이 인간이 세상에 탄생하는 것이라면 상황은 달라진다. 더 이상 인간에게는 창조자의 의도는 없게 된다. 인간은 그저 이 세상에 던져질 뿐 제작자의 의도대로 태어나는 것이 아니다. 따라서 사르트르는 이렇게 말한다. "만약 신이 존재하지 않는다면, 모든 것이 허용될 것이다. 이것이야말로 실존주의의 출발점이다."

여기서 실존철학의 "던져진 존재"라는 표현이 나온다. 실존철학에 따르면, 인간은 이 세상에 존재하는 물건의 경우와는 다르게 태어난다. 물건은 모두 제작자의 의도가 그 물건의 본질을 규정하지만 인간은 그 누구의 의도 없이 이 세상에 태어나는 것이다. 그리하여 세상에 아무런 의도 없이 던져지는 존재, 인간존재의 피투성(被投性)을 강조한다. 이렇게 세상에 던져진 존재는 태어난 이후 자신의 삶의 의도를 선택, 결정해간다. 이것이 그 사람의 본질, 의도가 된다. 다른 사람에 의해서 내가 태어나기도 전에 결정되거나 규정되는 어떤 일반적 본질이 아니라, 구체적인 개인이 태어난 이후 만들어가는 선택과 결단의 과정이 삶이 되는 것이다.

플라톤의 관점은 필통의 제작자의 경우와 일치한다. 제화공이 신발을 만들 때 그가 만들려고 하는 신발의 본질은 신발을 만들기 이전에 그의 마음속에 자리잡고 있다. 제화공의 마음속에 있던 의도, 계획, 관념 이것이 신발의 본질을 이룬다. 플라톤의 표현대로 한다면 신발의 이데아를 이룬다. 그리하여 언제나 이데아는 먼저 존재하고 그것에 토대하여 세상의 사물은 존재하게 된다. 즉, 이데아가 현실에 존재하는 사물의 원천이고 실재이다. 그것으로부터 나온 사물은 모방품이고 그림자가 되는 것이다. 따라서 플라톤의 철학에서 순서는 제화공의 의도가 먼저 있고, 그것에 토대하여 구체적인 신발이 탄생하게 된다. 제화공의 의도는 신발의 본질이고 이데아이며 관념이다. 여기에 기초하여 구두는 세상에 나오고 곧 세상에 존재(실존)하게 된다. 즉, 플라톤의 철학에서 '본질은 실존에 앞선다.'이다. 이 순서를 사르트르는 바꾼 것이다. 그것이 실존철학의 주된 명제인 '실존이 본질에 앞선다.'이다.

❷ 주체성이 진리다

키에르케고르(S. Kierkegaard, 1813~1855)는 19세기 헤겔의 관념철학이 풍미하던 시절에 덴마크에서 태어난 철학자이다. 그 당시 기독교는 관념의 수준에서만 이해되었으므로 사람됨에 어떠한 변화도 가져오지 못하고 단지 죽은 교리로 변질되어 있었다. 이런 상황에서 키에르케고르는 기독교의 교리를 관념상으로만 알고 있을 뿐이면서 스스로를 기독교인이라고 생각하는 그런 착각으로부터 사람들을 구원하는 일이 자신의 사명이라고 생각했다.

그에게 인간은 무한과 유한, 영원과 시간이라는 서로 모순된 두 가지 속성을 동시에 가진 이중적 존재이다. 즉, 인간의 실존은 무한과 유한, 영원과 시간의 종합으로 규정된다. 실존하는 개인은 유한과 시간의 제약을 떨쳐버리는 것이 아니라 그대로 안은 채 자신을 영원불변의 진리에 관련 지으려는 속성을 가진다. 이렇게 실존의 양상이 변화되는 과정은 곧 개인의 '삶의 태도'가 변화되는 과정이요 그의 자아가 변화되는 과정이다. 이 변화는 3단계로 발전하는 데 그것이 실존의 3단계, 심미적 단계, 윤리적 단계, 종교적 단계이다.

첫 번째, 심미적 단계에서는 보다 나은 삶의 가능성에 대한 성찰이 없이 즉각적인 현재에 매몰된 삶을 산다. 이 단계에서 올라서면 윤리적 단계가 있다. 이 두 번째 단계에서는 세상에서 널리 인정되는 윤리적 규범, 보편적인 인간성을 자신의 가능성으로 선택하는 삶의 태도를 갖게 된다. 이 단계를 극복하고 다음 단계로 올라서면 그것이 종교적 단계이다. 이 단계에서는 인간으로서는 도달 불가능한 신의 뜻, 신적 가능성을 자아의 목표로 삼는 삶의 태도를 취하게 된다. 이 세 단계는 자아 발달의 위계적 순서를 나타내기도 하지만, 한 개인의 삶이 구체적 상황에서 동시에 공존한다고도 볼 수 있다.

그런데 기독교인이라면 어떤 삶의 태도를 취하여야 하나? 기독교인이라면 심미적, 윤리적 단계를 극복하고 '신 앞에 선 단독자'가 되어 신과 마주해야 한다. 그리고 내 자신의 주체적 결단을 통해 신(예수)과 나의 관계를 정립해야 한다. 즉, 신 앞에 마주 서서 내 삶에서 신이 존재한다고 믿고 선택한다면 내 삶에는 신이 진리가 되는 것이다. 이것이 "주체성이 곧 진리이다"는 말의 의미가 된다. 이것은 신과 나의 관계는 객관적이며 보편적인 관계가 아닌 주관적이며 특수한 관계라는 것이다. 즉, 예수와 홀로 대면한 사람은 '종의 모습'으로 구현된 신의 사랑에 대해 스스로 죄인임을 인정하고 사죄의 은총을 구할 것인가, 아니면 자신의 죄를 부정하고 은총을 거부할 것인가. 다시 말해, 신앙이냐 상심이냐를 결정해야 한다. 이 상황에서 두려움과 떨림이 있고, 이 속에서만 진정한 자아, 진정한 실존으로 새롭게 태어날 수 있다. 신과 마주해서 자신의 선택과 결단이 요청되는 상황에서 신을 선택하고 신의 사랑을 믿기로 하면 자아변화는 일어나기 시작하는 것이다.

실존철학의 명제에 따르면, 모든 인식은 인식주체인 개인의 신념과 관점, 경험과 지식을 통해 세계를 선택적으로 해석한 결과이다. 따라서 진리는 상대적이며 주관적이라고 할 수 있다.

3) 실존주의와 교육

실존주의가 추구하는 교육목적은 자유롭고 주체적이며 창조적인 인간의 형성에 있다. 실존주의 입장에서 교육은 개인의 자유의사에 따른 선택과 판단으로 자신의 생활과 운명을 결정짓고 그에 대해 책임을 지는 자아 실현적 인간의 형성을 도모하는 것이기 때문이다. 이런 실존주의적 교육과 관계 깊은 사상가는 부버(M. Buber)와 볼노우(Otto F. Bollnow)가 있다.

(1) 부버(Martin Buber, 1878~1965)의 교육사상

① 부버의 생애

부버는 1878년 오스트리아 빈에서 태어났다. 어린 시절 그의 부모는 이혼하게 되어 조부모 집에서 자랐다. 그의 조부모는 박식한 유대인으로서 부버는 풍부한 정신적 기반을 쌓았으며 이것이 그의 사상적 기반을 이루었다. 어린 시절의 부버는 아버지를 따라 하시디즘(Hasidism)운동에 참여하였다. 하시디즘이란 유대교의 경건주의적 신비운동이다. 이것은 하나님을 즐거운 마음으로 경배하고 이웃에 대한 사랑의 실천을 통해 하나님을 만나는 것, 이것이 부버가 이해한 하시디즘 정신이었다. 1923년 프랑크푸르트대학의 교수가 되어 유대교와 종교사에 관련된 강의를 하였으며, 같은 해에 그의 대표적 저서인 『나와 너(*Ich und Du*)』를 출간하였다. 1925년에는 성경번역에 착수하였다. 나치의 박해에 정신적 저항을 하다가 1938년 이스라엘로 돌아와 헤브라이대학의 교수가 되었다. 은퇴 후에도 왕성한 활동을 하다가 1965년 87세의 나이로 타계하여 예루살렘의 한 묘역에 안치되었다.

❷ 만남의 철학

부버의 교육사상을 이해하기 위해서는 그의 생애에 일어난 몇 가지 에피소드를 소개할 필요가 있다. 그가 만남의 의미에 주목하게 된 이유는 그의 어린 시절의 경험과 무관하지 않기 때문이다. 어린 부버는 일찍부터 한 존재와 다른 존재와의 관계에 관심이 많았다. 부버가 세 살 무렵 그의 부모는 이혼하게 되어 어린 부버는 할아버지의 집에서 성장하였다. 그는 늘 다른 곳에 사는 어머니를 그리워하였는데 어느 날 옆집에 사는 어린 소녀가 부버에게 말하였다. "너의 어머니는 돌아오지 않아." 이 말은 어린 부버의 가슴에 깊은 상실과 상처를 남겼다.

부버는 또 소년기에 일어난 독특한 경험을 전한다. 할아버지 집에는 말 축사가 있었는데 그곳에서 하루는 말의 갈기를 두드려 주었다. 그때 말은 부버에게 온몸으로 반응하였고, 부버 역시 강한 교감을 느끼며 그 순간을 기억하였다. 그러나 그 독특한 경험은 이후 여러 차례 시도에도 불구하고 다시 일어나지는 않았다. 이런 몇 가지 경험은 부버에게 만남의 의미에 관심을 갖게 하는 계기가 되었다.

이후 부버는 자신의 철학을 '만남의 철학'으로 정리하였다. 그의 만남의 철학이 가장 잘 드러난 저서는 『나와 너(*Ich und Du*)』이다. 부버에 의하면 인간이 세계에 대하여 가질 수 있는 두 가지의 주요한 태도는 나-너의 관계와 나-그것의 관계이다. 전자가 인격적 만남의 관계라면, 후자는 사물세계의 관계이다. 따라서 어떤 관계를 형성하느냐에 따라 인간의 삶의 양상도 달라진다. 즉, 인간이 세계에 대하여 취하는 이중적 태도의 양태에 따라 세계도 인간에게 이중적으로 된다. 이러한 인간의 이중적 태도는 두 개의 근원어로 표현되는데, 이것은 나-너라고 하는 근원어와 나-그것이라고 하는 근원어로 표현된다.

나-그것의 세계는 경험과 인식과 이용의 대상이 되는 세계이다. 사람이 세계를 경험한다고 말할 때, 그것은 사람이 세계를 객체로서 소유하고 이용한다는 것을 뜻한다. 이때의 세계는 경험의 대상으로서의 어떤 것일 뿐 경험하는 주체와 적극적이고 직접적인 관계에 있지 않다. 이처럼 방관자, 관찰자, 조정자로서 세계와 관계하는 자는 나-그것의 나이다.

한편 나-너의 세계는 경험의 대상이 아니다. 여기서의 너는 여러 가지 성질로 분해할 수 없는 전존재이다. 따라서 사람은 나-너의 관계에서 서로 전존재를 기울여 참인격으로 관계한다. 이러한 관계는 직접적이며 상호적이요 근원적이다. 이러한 나-너의 관계에 들어서는 것이 곧 나와 너의 만남이다. 이처럼 세계와 상호관계하는 자는 나-너의 나이다.

나-그것의 관계는 인식론적 관계이고 나-너의 관계는 실존적 관계이다. 전자는 내가 인간을 인식하되 인간의 사회적 역할과 특징에 의하여 분석하는 '거기 있는 사람'이다. 즉, 그것은 인간 자신에 관한 문제가 아니라 인간의 사회적 역할과 특징에 관한 문제로서 나의 면전에 있는 그의 외부 모양에 한정되어 만난다. 반면에 후자는 '인간은 무엇인가?'라는 물음을 존재론적으로 묻는다.

부버의 관점은 인간존재란 고립된 상태에 존재할 때는 참으로 존재한다고 말하기 어렵고 반드시 관계를 통해 그 존재의 의미가 드러난다는 것이다. 즉, 인간이란 관계를 통해 그의 참다운 존재의 의미를 창조해나가는 존재이다.

③ 부버의 교육사상

부버는 만남의 사상을 교육에서 교사와 학생의 관계에도 확대 적용한다. 부버의 만남의 사상을 교사와 학생의 관계에 적용할 때 다음의 특징으로 나타난다.

첫째, 상호인격적 친교의 관계이다. 교사와 학생 둘 다 활동하는 인격체로서 서로 만나는 관계이다. 이 말은 교사가 학생을 수단으로서가 아니라 목적으로서 대한다는 의미이다. 만일 교사가 학생을 수단시하였을 때 교사-학생의 관계는 나-그것의 관계로 전락하고 만다. 즉, 친교 없는 관계는 나-그것의 관계로 비인간화되는 것이다.

둘째, 구도적 동반자 관계이다. 교사와 학생의 관계는 우열적 상하관계가 아니라 진리와 삶 앞에 서 있는 동등한 구도자의 관계이다. 이것이 부버가 말하는 우정의 관계이다. 진리와 삶 앞에서 교사와 학생은 서로 고정된 역할을 갖지 않고 다만 인간 대 인간으로서 삶의 구원을 추구한다. 교사는 구도자적 자세를 가지고 진리와 삶에 관해 고뇌하는 학생들의 구도적 대열에 동참하여 동반자로서 함께 고뇌하며 서로 일깨움을 주고받음으로써 진리의 공동체가 된다. 그러기 위해서 진정한 교사라면 항상 행동적으로 인격적 모범을 보여야 한다.

셋째, 상호 포용적 관계이다. 교사와 학생은 서로 자신의 정체성을 지니면서 동시에 자신을 상대방에게 비이기적으로 주며, 또 주는 것 안에서 자신의 삶의 실현을 이루는 관계이다. 교사가 학생을 사랑으로 포용하면 다시 학생은 교사에 대한 사랑의 포용을 갖게 된다. 그러기에 교사는 학생에게 무한한 아가페적 사랑을 베풀어야 한다.

넷째, 상호 개방적 신뢰의 관계이다. 교사와 학생은 신뢰의 분위기 속에서 서로의 삶 앞에 자기 자신을 드러내 주어야 한다. 즉, 교사는 학생에게 신뢰를 깨우쳐 줄 수 있어야 한다. 그런데 학생의 신뢰를 얻어내려면 교사는 개방적 태도를 지녀야 한다. 교사가 먼저 학생에게 자신을 드러내어 보여야 비로소 상대방도 그를 믿고 자신을 드러내어 보이기 때문이다.

다섯째, 상호개성의 조화적 관계이다. 교사와 학생은 각각 자유로운 개성적 존재로서 서로 만남을 통해서 창조활동이 이루어진다. 교사는 학생들의 독자적인 타자성을 인정하며 진리에 대한 자신의 관점을 그들에게 강요하지 않아야 한다. 교사가 학생들의 독특한 특성과 독립적 인격을 보장할 때 교사와 학생의 대화적 관계가 성립하기 때문이다.

마지막으로, 대화적 관계이다. 교사와 학생은 대화를 통하여 서로의 인격을 상승시키는 관계이다. 부버는 인간이 단독자로서는 불완전하고, 고립된 존재는 인간이 아니라는 점을 역설하면서 만남의 중요성을 강조한 실존철학자이다. 인간의 만남이란 대화가 있다는 의미이고 대화 속에서 인격의 성장은 가능해진다. 대화 속에서 내가 만나는 인격은 나의 경험의 대상이나 이용의 대상이 아니라 인격적 주체로서 인식된다. 따라서 대화적 관계가 바로 나-너의 관계이다.

이상의 여섯 가지 특징은 결국 교사와 학생의 관계는 나-너의 관계를 달리 표현한 것에 불과하다. 즉, 이 관계야말로 만남의 의미를 구체적으로 표현한 것이기 때문이다. 나-너의 관계가 바로 만남의 관계이며 이것이 오늘날 현대 교육에서 문제가 되고 있는 비인간화 현상을 극복할 수 있는 방안이기도 하다.

(2) 볼노우의 교육사상

볼노우(O. F. Bollnow, 1903~1991)는 실존철학과 교육을 관련지은 교육사상가이다. 그는 전통적 교육관을 기계적 교육관과 유기적 교육관으로 나누었다. 기계적 교육관은 목수가 그의 계획과 설계에 따라서 연장을 사용하여 설계도에서 의도했던 물건을 만드는 것처럼 교육자도 속으로 의도했던 목적과 독표에 따라 인간을 형성해 나가는 것을 교육이라고 본다. 이때의 교육은 일종의 '만드는 작용'을 한다. 반면에 유기적 교육관은 인간을 마음대로 만들 수 있는 존재로 보지 않고, 더구나 인간을 외부의 의도대로 바꿀 수 있는 존재라고 여기지 않는다. 인간은 내면에 내재하는 고유한 법칙에 따라서 안으로부터 계발되어 내면적, 본질적으로 발전해가는 것을 교육이라고 본다. 이러한 교육관에서 교육자는 식물을 재배하는 정원사에 비유된다. 따라서 교육은 '기르는 작용'을 한다.

이와 같이 기계적 교육관은 교육을 적극적 형성작용으로 여기며, 유기적 교육관은 교육을 식물성장 과정처럼 소극적 보호작용으로 본다. 그러나 이러한 차이에도 불구하고 이 두 교육관은 방법적으로 인간이 꾸준히 지속적으로 계획하여 성장을 꿈꾼다는 공통점을 갖는다. 즉, 전통적 교육에서 기계적 교육관을 취하든, 유기적 교육관을 취하든 교육을 지속적인 발전, 성장, 점진적인 개선이라는 입장에서 교육이 가능하다고 본 점은 공통된 부분이다. 전통적 교육관은 인간의 지속적 성장 가능성, 연속적 형성의 가능성을 가정한다. 그러나 이러한 교육관이 갖는 문제점은 교육의 단속적 형식을 무시한다는 점과 교사와 학생간의 상호관계 형성이 그다지 강조되지 않는다는 점이다.

실존주의 교육철학에서는 전통적 교육관이 소홀히 하는 교육의 단속성과 상호작용 형성의 관점을 강조한다. 인간은 지속적으로 성장하는 측면뿐만 아니라 일회적, 단속적 성장을 한다. 삶에서 예기치 않게 발생하는 위기, 만남, 충고, 모험, 각성 등을 통해 인간은 그동안 꾸준히 성장한 것보다 훨씬 강하고도 극적으로 변화하고 성장할 수 있다. 이러한 것들을 단속적 형식을 가능하게 하는 계기라고 부른다. 볼노우의 실존주의 교육철학은 전통적 교육관에서 중시하지 않은 인간의 극적, 비약적 성장을 가능하게 하는 단속적 형식을 강조함으로써 전통적 교육의 한계를 보완하였다.

4) 실존주의의 공헌과 한계점

실존주의 교육은 삶의 부조리나 실존적 긴장, 즉 불안을 중시한다. 이것은 진정한 인간교육은 삶의 좋은 측면뿐만이 아니라 삶의 불합리한 측면, 즉 삶의 어두운 측면까지 포함한 전체로서의 인간교육으로 파악한다는 점이다. 대부분의 현대교육은 인간의 어두운 측면에 대해 회피하고 감추려고 한다. 그러나 실존주의자들은 진정한 교육이란 감추지 않는 교육이라고 믿는다. 물론 인간의 적나라한 모습을 중심으로 거기에 초점을 맞추는 것이라기보다는 학생들로 하여금 좋은 것이나 나쁜 것, 삶의 부조리한 것, 악한 측면까지 포함된 인간교육으로 파악하게 한다는 점이다. 그렇게 함으로써 학생들로 하여금 인간실존을 다양하게 탐구하도록 도와줄 수 있다. 그것이 삶에서 이해할 수 없는 부조리한 측면에 직면했을 때 문제를 해결할 수 있는 방법이기도 하다.

정리컨대, 실존주의교육은 첫째, 교육현장에서 교육의 비연속적 형성가능성에 주목하였다는 것, 둘째, 보편화, 집단화, 획일화하는 현대교육의 경향을 인간의 개성과 주체성을 최대한 존중하는 교육으로 전향시킨 점, 셋째, 학생 개개인의 개성을 존중하여 다양한 교육과정을 제공하려는 노력을 했다는 점, 학생의 책임, 선택, 개성 등을 강조함으로써 인간중심 교육을 보다 강조했다는 점, 마지막으로, 삶의 밝은 측면뿐만 아니라 어두운 측면까지 교육의 영역으로 끌어 들여 보다 진솔한 삶의 교육으로 만들었다는 점이다.

그러나 실존주의는 현실적으로 취약성을 가지고 있다. 인간형성의 비약적 성장을 가능하게 하는 단속적 형식인 만남, 위기, 충고, 모험 등을 인위적으로 제공하기 어렵다는 점이다. 이런 요소들은 의도한다고 해서 일어나기도 어려우며 또 위험요소를 가지고 있어서 함부로 학습자에게 인위적으로 제공하기도 어렵다. 실존적 체험을 한다는 명분으로 학습자에게 부정적 효과가 있을 수 있는 다양한 경험을 제공하는 것은 학습자의 인권침해를 가져오기 때문이다.

2. 분석철학

1) 비트겐슈타인의 생애와 분석철학의 배경

분석철학은 20세기에 시작되어 유럽과 미국에서 가장 강력한 사조로 등장한 철학의 한 유파이다. 대표자로는 '철학의 혁명'을 주도했다고 평가되는 비트겐슈타인(L. Wittgenstein, 1889~1951)이 있다.

비트겐슈타인은 19세기 자연과학의 성공에 압도된 철학의 역할을 언어에서 찾았다. 17세기 데카르트 이후 철학은 자연 과학화되어 철학의 고유한 영역을 잃어가고 있었다. 이에 대해서 물리학이나 생물학 등 자연과학은 모두 경험적으로 포착되는 세계의 어느 한 부분을 탐구하는 1차 학문이라면, 철학은 이들 1차 학문들의 논리적, 개념적 체계에 대한 이해를 목적으로 하는 2차 학문이라는 새로운 인식이 생겨났다. 1차 학문들의 논리적, 개념적 체계는 언어로 구성되어 있으므로 2차 학문으로서의 철학은 1차 학문들의 진술체계, 즉 언어체계에 대한 분석이 핵심내용을 이룬다. 철학에서 이러한 변화의 혁명을 이끈 사람이 바로 비트겐슈타인이다. 1921년에 출판된 『논리철학논고』에서 그는 "철학의 모든 것은 언어비판이다"라고 선언하였으며, 이 선언이야말로 철학의 새로운 자기 이해였고, 분석철학을 집약적으로 잘 표현한 말이다.

분석철학을 이끈 비트겐슈타인은 1889년 오스트리아 태생으로서 영국으로 건너가 캠브리지대학 교수였던 러셀(B. Russell)아래서 수학하였다. 1916년 제1차 세계대전 당시에는 오스트리아 군대에 지원하여 최전방 조종사로 활약했다. 종전되자 오스트리아 초등학교 교사로 재직했다. 1921년에는 『논리철학논고(*Tractatus Logico-philosophicus)*』를 출간하고, 1939년에는 캠브리지 교수로 재직하기도 하였다. 1947년 교수직을 사임하고 집필에만 전념하다가 1951년 영국에서 사망하였다.

1953년 유고작으로 『철학적 탐구(*Philosophical Investigations*)』를 출간하였다.

비트겐슈타인의 사상은 출간된 두 권의 내용이 상당히 달라서 전기이론과 후기이론으로 나누어진다. 전기이론은 초기의 작품인 『논리철학논고』를 바탕으로 '언어그림이론'이라 부르고, 후기이론은 『철학적 탐구』를 바탕으로 '의미의 사용이론'이라고 부른다. 이렇게 서로 다른 사상으로 인하여 후계자들은 서로 다른 방향으로 그 사상을 이어갔다. 전기이론을 이어간 것은 비엔나학파라 불리는 논리실증주의였고, 후기이론을 이어간 것은 일상언어학파라 불린다.

비트겐슈타인은 20세기 이전의 철학에 대해 철학적 문제를 일으키는 원인을 '말할 수 있는 것'과 '말할 수 없는 것'을 혼동했기 때문이라고 진단한다. 말할 수 있는 것이란 의미가 있는 명제이며, 세계를 묘사하는 명제로서 자연과학의 명제가 이에 속한다. 예를 들면 '꽃은 피어 있다.'라는 명제는 꽃이 피어 있다는 사실을 묘사하는 그림이고, 실지로 꽃이 피어 있다는 사실이 확인되면 그 명제는 참이 된다. 한편 무의미한 명제에는 항진명제(tautology)나 항위명제(contradiction)가 속한다. 항진명제란 합성명제의 진릿값이 항상 참인 경우인데, 예를 들면 '꽃은 피어 있거나 피어 있지 않다'라는 명제가 이에 속한다. 항위명제는 모순명제와 동의어이며, 예를 들면 '꽃은 피어 있다. 그리고 꽃은 피어 있지 않다'와 같은 명제가 이에 속한다. 이와 같이 항진명제나 항위명제는 무의미한 명제인데, 이런 명제들은 말해주는 바가 없기 때문이다.

비트겐슈타인에 따르면, 철학의 명제는 거짓은 아니지만, 참과 거짓을 가려내 줄 세계를 가지지 않는다는 특징을 갖는다. 따라서 철학의 명제는 의미를 가지지 않는 넌센스(nonsense)에 속한다. 여기서 넌센스란 '말할 수 있는 것'과 '말할 수 없는 것'을 엄밀하게 구분하지 않고 '말할 수 없는 것'을 말하는 명제를 의미한다. 흔히 넌센스는 헛소리나 엉뚱한 말을 의미하지만 비트겐슈타인이 말하는 넌센스는 그런 일상법적 의미와 다르다. 그가 말하는 넌센스는 헛소리도 엉뚱한 말도 아니다. '말할 수 없는 것'은 세계 안에 있는 사실들로부터 부여받은 센스(sense)가 적용되는 범위를 벗어났다는 의미이다. 그런데 논리실증주의자들은 '말할 수 없는 것'을 말하는 것이 헛소리나 엉뚱한 말이라고 생각했다.

한편 비트겐슈타인이 '말할 수 없는 것'과 '말할 수 있는 것'의 구분을 강조한 이유는 '사실의 영역'과 '가치의 영역' 간의 구분을 강조하기 위한 것이다. 이 둘은 엄연히 다른데 지금까지의 철학은 이 두 가지를 혼동한 결과 '말할 수 없는 것'의 위상을 존중하지 않고, 그것을 '말할 수 있는 것'으로 격하시키는 잘못을 저질러왔다.

비트겐슈타인에 따르면, 이 세계는 가치의 세계와 사실의 세계로 이루어져 있다. 가치의 세계는 말할 수 없는 것이며, 그 자체로 자율성을 확보한 세계이다. 반면에 사실의 세계는 말할 수 있는 것이며, 그 자체로 타당성을 확보한 세계이다. 사실 말할 수 없는 것은 가치 없는 것이 아니라, 오히려 삶을 가치롭게 만드는 것이며, 우리의 삶에서 중요한 모든 것이다. 비트겐슈타인은 '말할 수 있는 것'을 통하여 '말할 수 없는 것'을 보여주는 일 또는 전달하는 일이 자신의 과제라고 여겼다.

이렇게 비트겐슈타인이 말할 수 있는 것과 말할 수 없는 것을 구분한 이유는 가치의 영역을 사실의 영역으로부터 보호하여 양자 사이에 절대적인 선을 그어놓으려는 데 있었다. 세계 안에 있는 사실들은 우연히 그렇게 된 것인 반면에, 세계의 밖에 있는 가치는 우연적인 것이 아니라 필연적인 것이며 따라서 그것은 세계 안에 자리를 차지할 수 없다. 가령, 신, 윤리적·심미적 가치, 삶의 의미 등은 세계 속의 사실을 가리키지 않는다. 진위 여부도 따질 수 없다. 언어와 세계의 한계를 넘어서 있기 때문이다. 가장 대표적인 예가 '신은 존재한다'와 같은 명제이다. 이런 명제는 진위여부를 따질 수도 없고, 사실로 확인하기도 어렵다. 그러나 삶의 의미 속에 신은 대단히 중요하며 언어의 한계 속에서 판단하기 어렵다.

비트겐슈타인의 관심은 윤리학이나 '보다 높은 것'을 '말할 수 있는 것'의 바깥으로 밀어냄으로써 가치의 영역을 독자적인 영역으로 확보해 두고자 하는 데 있었다. 그에게 윤리학은 본성상 사실과 무관한 것이며, 어떠한 명제로도 설명될 수 없는 것이었다. 그는 가치의 세계를 삶과 별도로 어떤 완성된 실체로서 삶 저 너머에 있다고 가정한다.

요컨대, 비트겐슈타인이 보기에 이전철학자들의 문제는 말할 수 있는 것과 말할 수 없는 것을 구분하지 않고, 말할 수 없는 것을 말할 수 있는 것으로 간주함으로써 철학적 문제를 일으켰다. 말할 수 있는 것은 자연과학의 명제이며, 말할 수 없는 것은 형이상학적 명제이다. 여기서 비트겐슈타인의 유명한 경제 '말할 수 없는 것에 대해 침묵하라'가 등장한다.

(1) 비트겐슈타인의 초기이론

비트겐슈타인의 초기이론은 언어그림이론이라고 부른다. 그의 표현에 의하면, 언어와 세계는 대응한다. 다시 말해 언어가 세계를 묘사한다. 언어는 명제들로 구성되어 있으며, 세계는 사태들로 구성되어 있다. 즉, 명제와 사태는 대응한다. 결국 언어는 세계를 묘사하는 그림의 역할을 한다. 언어의 기능은 세계를 묘사하는 데 있다는 것이다. 이런 입장은 비트겐슈타인의 초기 저서인 『논리-철학 논고』에 나타난다. 이 책의 핵심 주장은 인간은 어차피 언어를 사용하여 세상을 이해할 수밖에 없다는 것이다. 그리하여 말할 수 없는 것을 말할 수 있는 것을 통하여 전달할 수 있다고 믿었다. 말할 수 없는 것은 우리 삶에서 중요한 모든 것이며, 삶을 가치롭게 만드는 것이다.

비트겐슈타인의 초기 입장은 논리실증주의에 의해서 계승된다. 논리실증주의는 형이상학을 과학의 미숙한 단계로 간주하고, 어떤 명제의 진실성은 과학적 방법에 의해서 실증되거나 논리적 방법에 의하여 명료화되어야 한다고 주장하였다. 그것이 논리실증주의의 '검증의 원리'이다. 이 원리에 따라 논리실증주의가 보기에 형이상학의 명제들은 진위를 검증할 방법이 없으므로 의미 없는 명제가 된다. 명제란 사실의 논리적 그림이며, 그것이 묘사하는 사실에 의해서 의미를 부여받는다. 그런데 형이상적 명제는 그것이 묘사하는 사실을 가지지 않으며, 이 때문에 말할 수 없는 것이며, 따라서 침묵해야 한다.

이처럼 비트겐슈타인의 초기이론과 논리실증주의는 공통점을 갖는다. 다시 말해, 그 둘 사이의 공통점은 말할 수 있는 것과 말할 수 없는 것 사이에 분명한 구분을 했다는 것이다. 그러나 둘 사이에는 차이점도 존재한다. 논리실증주의자들에게 중요한 것은 말할 수 있는 것뿐이며, '말할 수 없는 것'은 없어도 되는 것인 반면에, 비트겐슈타인에게 '말할 수 없는 것'은 삶에서 중요한 모든 것이다. 이 차이는 결코 사소한 차이가 아니다.

(2) 비트겐슈타인의 후기이론

비트겐슈타인은 전기저작인 『논고』에서 언어의 의미는 그것의 지시대상에 있다고 주장하였다. 즉, 언어는 지시대상과 관련하여 의미를 가진다는 것이다. 이것을 '지시설'이라고 부른다. 그러나 비트겐슈타인은 얼마 뒤에 전기에 표현한 자신의 관점을 수정한다. 언어가 지시대상과 관련하여 의미를 가진다는 관점은 오류라고 수정한 것이다. 언어는 어떤 대상을 지시하기도 하지만, 지시 이외에 다양한 용도가 있다는 것이다. 가령 언어는 명령하기, 보고하기, 추측하기, 부탁하기, 감사하기, 저주하기, 인사하기, 기도하기 등 다양한 용도가 있다.

그리하여 비트겐슈타인은 언어의 용도는 다양함을 인정하였다. 그런데도 전기에서는 언어를 인간행위 또는 주변 여건이나 맥락과 무관하게 독립적으로 성립한다고 보았다. 그러나 언어는 항상 주위 환경과 여건 속에서 의미를 가진다. 말하자면 언어는 인간의 행위와 별도로 논의될 수 없다. 그리하여 인간은 언어를 배우면서 언어에 뒤얽혀 있는 활동을 하는데, 이것을 언어게임(language game)이라고 부른다. 이러한 사상의 변화는 비트겐슈타인의 후기 저작인 『철학연구(*Philosophical Investigations*)』에 잘 나타난다. 여기서는 전기 저작에서 강조한 '의미', '무의미', '넌센스'의 구분은 더 이상 중요하지 않다.

비트겐슈타인의 후기 이론은 '용도설'이라고 부른다. 언어의 용도를 중시하기 때문이다. 언어는 사실 그 자체로서는 죽은 것과 마찬가지이지만, 그것에 생명을 불어 넣는 것은 용도(사용, use/관습, Gebrauch)이다. 그리고 기호나 언어의 의미는 사전에 이미 결정되어 있는 것이 아니라 언어사용자가 그것을 어떤 의미로 사용하는가에 따라 결정된다.

그런데 언어는 언어 사용자가 제멋대로 사용하지 않고 언어 공동체의 공적 성격을 반영한다. 언어를 임의로 사용하면 의사소통이 되지 않을뿐더러 언어를 사용하는 사람에게 도움을 주지 못한다. 또한 언어는 언제든지 변용될 가능성이 있다. 언어는 고정된 것이 아니라 시대적 흐름과 가치관을 반영하기 때문이다.

비트겐슈타인이 이러한 언어와 언어게임을 통하여 조명하고 싶었던 것은 바로 인간의 삶이었다. 인간의 삶은 제멋대로 또는 아무렇게나 되어 있는 것이 아니라 규칙과 관습을 배경으로 공적(公的) 성격을 띠는 것이다. 즉, 삶에는 나름대로 기준이 들어 있다. 이것을 비트겐슈타인은 '삶의 형식'(Forms of life)이라고 부른다. 삶의 형식은 공적인 개념체계를 바탕으로 이루어지는 우리의 삶의 모습을 통해 타당한 방식으로 보여줄 수 있는 삶의 기준이다. 삶의 형식은 삶을 사는 가운데 삶의 의미를 반추해보고 그것의 이면의 가정을 질문할 때 비로소 존재한다.

인간은 언어를 말하면서 언어게임을 하는 것이고, 그 행위를 제멋대로 하지 않고 일종의 규칙을 따른다. 즉, 언어게임 자체가 공적 세계를 이루는 삶의 형식의 일부이다. 그리고 삶의 형식은 어디에 숨겨 있거나 감추어져 있는 것이 아니라 언어게임을 하는 과정에서 표현된다. 즉, 삶의 형식은 언어게임에 의하여 표현되는 것이다.

요컨대 비트겐슈타인의 문제의식은 '말할 수 없는 것'을 합리적이고 타당한 방식으로 보여주는 것에 있었다. 그리하여 그는 언어의 용도에 몰두하였고, 언어를 통하여 드러나는 삶의 형식을 드러내고자 하였다. 삶의 형식이란 우리에게 고정적으로 주어진 형이상학적 실체가 아니라서, 삶을 살고 있는 우리 모두가 각자의 삶을 통하여 확립해야 할 삶의 가치 또는 삶의 의의이다. 『논고』에서는 말할 수 없는 것을 말함으로써 말할 수 없는 것을 보여주고자 했지만, 세계와 삶의 본질은 따로 있다고 여겼다. 하지만 후기의 『철학연구』에서는 세계와 삶의 본질이 따로 존재하는 것이 아니라 삶 속에 있으며 그것이 삶의 형식이다. 그리고 언어는 삶의 형식을 표현한다.

2) 논리실증주의

현대 실증주의는 논리실증주의자들로부터 시작되었다. 사실 실증주의라는 명칭은 19세기 프랑스의 철학자 오귀스트 콩트(A. Comte)로부터 나왔다. 콩트에 따르면, 인간의 사고는 신학적 단계, 형이상학적 단계, 실증적 또는 과학적 단계로 전개된다. 그는 오직 과학의 발견만이 실증적(즉 확실한)이라고 말한다. 이전의 단계에서 모든 것을 통솔하려던 신학과 형이상학은 지식의 근거로서 신뢰할 수 없기 때문에 포기되어야 한다. 논리실증주의들은 많은 점에 있어서 콩트와 의견을 같이하지만, 논리실증주의자들은 역사나 사회과학보다는 논리, 언어, 물리학에 더 깊은 관심을 갖고 있다.

논리실증주의는 두 가지 핵심이론을 제시한다. 첫째, 모든 참된 지식은 과학적이거나 논리수학적이다. 신학이나 형이상학과 같은 것을 지식이라고 주장하는 것은 단지 신념의 진술일 뿐이며, 그것들은 사실에 의해 검증될 수 없다. 논리실증주의는 검증의 원리, 즉 진술의 진위여부는 경험과 관찰을 통해 객관적으로 입증되어야 하며 그렇지 못한 진술은 무의미하다고 말한다. 그런데 신학이나 형이상학은 검증의 원리에 의해 검증될 수 없는 영역이다.

사실 그동안 과학과 철학이 하는 일은 늘 구분되어왔다. 과학은 사실(fact)을 묻고, 철학은 가치(value)에 대해 묻은 것이다. 가치에 대한 질문은 검증의 원리에 의해 답변할 수 없기 때문에 이것을 논리실증주의에서는 무의미하다고 표현한다. 경험과 관찰로 입증할 수 없기 때문이다. 그들에 따르면, 가치를 다루는 규범적 진술이나, 형이상학적 진술은 모두 무의미한 진술이다. 가령 '남을 위해 봉사하는 삶은 가치로운 삶이다'라는 규범적 진술이나, '신은 존재한다.'와 같은 형이상학적 진술이 그 예이다. 한편 '지구는 둥글다', '이것은 꽃이다'와 같은 문장은 경험과 관찰에 의해 입증할 수 있기 때문에 의미 있는 진술이다. 또한 '총각은 미혼의 성인남자다'도 논리적 진술이기 때문에 참된 지식에 속한다.

둘째, 모든 과학은 공통적인 방법을 사용한다. 즉, 사실을 관찰하고, 사실을 서로 관련시키는 일반화를 제시하고, 이들 일반화를 설명하는 이론을 구성하며, 모든 일반화와 이론을 경험적으로 검증한다. 이런 점에서 실증주의는 '과학주의'라고 부른다. 형이상학이나 전통철학은 가치의 문제를 다루었기 때문에 의미 없는 진술을 다루어왔다. 한편 과학은 의미 있는 진술을 다루었다. 철학이 검증할 수 없는 의미 없는 진술을 다루느라 비생산적인 과정을 겪고 있는 동안, 자연과학은 방법론과 지식체계에서 비약적 성공을 거두었다. 그리하여 실증주의에서는 철학과 과학의 차이점을 부각시키며 철학이 발전하려면 과학적 방법론과 지식을 도입해야 한다고 주장하기에 이른다. 즉, 철학을 비롯한 모든 학문은 과학을 학문의 전형으로 삼아야 한다는 것이다.

3) 분석철학과 교육

분석철학은 실증주의를 토대로 하여 성립하였다. 실증주의의 확신은 가치나 궁극적 가치의 문제는 검증될 수 없는 것이며, 학문의 대상이 되기는 어렵다는 것이다. 분석철학은 실증주의의 신념을 토대로 가치나 궁극적 가치의 문제를 다루지 않고, 언어의 개념을 명료하게 분석하고 그 논리적 관계를 밝힘으로써 개념적·논리적 혼란으로 빚어지는 문제들을 해결하는 일만이 철학의 과제이자 범위라고 여겼다. 언어의 개념이나 논리를 분석해야 가치중립적이 될 수 있다고 여긴 것이다.

분석적 교육철학은 1950년대와 1960년대 사이에 영국과 미국 등지에서 분석철학을 교육에 적용시킨 20세기 교육철학의 한 가지 유형이다. 이런 활동을 한 학자로는 셰플러(I. Sheffler), 오코너(D. J. O'Corner), 윌슨(J. Wilson), 피터스(R.S. Peters), 허스트(P. H. Hirst) 등이 있다. 이들은 교육이론에서 사용되는 주요용어들의 개념분석을 주로 자신들의 역할로 여겼으며, 나아가 교육이론의 논리적 가정과 그 정당화를 밝히는 데 주력하였다. 예컨대 그들은 교육에서 많이 언급되는 교육, 교수, 학습, 위교, 지식, 도덕성, 자유, 평등, 벌 등과 같은 개념을 분석하였다. 이런 개념들을 분석함으로써 교육이론과 실제에서 벌어질 수 있는 불분명한 문제를 줄이거나 혼란을 줄일 수 있다고 보았다.

(1) 교육철학의 전개과정

분석적 교육철학자들은 그 이전의 교육철학자들이 하듯이 역사에서 중요한 사람의 이론을 교육에 적용한 내용을 교육철학으로 여기지 않았다. 또한 철학의 이론을 가져다가 교육에 적용한 뒤 철학적 지식체계로부터 교육목적이나 내용, 방법을 규정하는 원리를 찾지도 않았다. 이렇게 하는 것은 진정한 의미의 교육철학으로 볼 수 없다고 여겼기 때문이다. 즉, 20세기 초반까지 교육철학을 하는 방식은 위대한 사람의 교육관을 연구하거나, 교육실천에 관한 개인이나 집단의 견해와 신념을 찾아내거나, 또는 철학적 지식과 이론을 교육의 이론과 실제에 적용하는 것이었다. 그러나 분석적 교육철학의 입장에서 보면 그런 방식은 독립적이고 객관적인 학문으로서의 교육철학에 포함시킬 수 없다. 중요한 사람의 이론을 교육에 적용하는 것은 주관적, 실천적 교육관이지 객관적, 추상적, 이론적, 일반적 학문의 속성으로서는 적합하지 않기 때문이다. 또한 철학적 지식과 실천을 교육에 적용하는 철학적 지식의 연장으로서의 교육철학도 독립적 학문으로서의 교육철학으로 보기에는 부적절하다. 결국 분석철학자들의 주장의 핵심은 이전까지의 교육철학은 교육에 관한 주관적인 신념을 주장하거나 이를 연구하는 것이거나 혹은 철학적 지식과 실천을 교육의 이론과 실천에 확장시킨 것에 불과했다는 것이다. 그러나 교육학이 하나의 학문이라면 교육학의 한 탐구영역으로서의 교육철학도 학문이어야 한다. 그리고 학문의 특성인 보편적으로 제기되는 문제들을 보다 포괄적인 이론으로써 설명할 수 있어야 한다.

따라서 교육철학은 두 가지 맥락으로 나뉠 수 있다. 하나는 교육관으로서의 교육철학으로서 이것은 교육을 어떻게 할 것인가의 문제에 대한 구체적인 신념체계를 다루거나, 교육에 관한 주관적인 견해를 피력하는 방식이다. 이런 방식은 구체적, 실제적, 특수적 특성을 지닌다. 한편 학문으로서의 교육철학은 교육관이 갖는 특수성과 주관성을 뛰어넘어 그들 속에 보편적으로 제기되는 문제들을 보다 포괄적인 이론으로써 설명하는 방식을 말한다. 이런 방식은 객관적, 이론적, 추상적, 일반적 특성을 지닌다.

학문의 일차적인 목적과 기능은 학문이 탐구하는 대상세계를 보편적이고 일반적으로 기술하고, 설명할 수 있는 이론체계 또는 지식체계를 구축하는 것이다. 예컨대 물리학은 물질세계를 구성하는 모든 요소들의 성질과 구조를 밝힐 수 있는 일반적인 법칙의 발견과 구축을 목표로 한다. 마찬가지로 철학은 삶과 존재의 의미를 설명해 줄 수 있는 보편적 원리의 규명을 목표로 한다. 또한 교육철학은 교육현상의 의미를 일반적이고 보편적으로 설명해 줄 수 있는 지식체계와 이론체계를 구축하는 것을 목표로 한다.

이처럼 교육철학은 20세기 중반 약 1960년대에 이르러 독자적인 학문으로서 대두되었다. 그 이전에는 위대한 사상가들의 교육관을 지칭하거나 그런 것을 연구하는 일, 또는 교육에다가 철학적 지식을 적용하는 철학적 지식의 연장을 교육철학이라고 불렀다. 그러나 1960년대 이후의 교육철학은 하나의 객관적 학문으로 발전시키기 위해 교육적 개념분석에 주력하는 방향으로 변화한다. 이것이 바로 분석적 교육철학인데, 교육적 개념을 분석하기 때문에 그런 이름이 붙었다.

(2) 분석적 교육철학

분석적 교육철학자들은 객관적인 학문으로서의 연구방법론과 이론체계를 갖는 교육철학을 정립하기 위해서 교육에 대한 개인적인 신념과 주관적인 주장을 교육철학에서 제거하여야 한다고 믿었다. 신념과 가치는 객관성이나 보편타당성이 없기 때문이다. 즉, 교육철학이 객관적 학문이 되는 길은 가치를 주장할 것이 아니라 사실을 다루어야 한다고 생각한 것이다. 그렇다면 교육철학이 다루어야 할 사실의 세계는 무엇이 될까? 분석적 교육철학자들은 그것을 언어와 논리의 세계에서 찾았다. 교육을 둘러싸고 전개되는 이론이나 논의에서 사용되는 언어의 의미를 명백히 분석하여 객관적 의미를 명료화하는 일과, 각 진술들의 논리적 관련을 분석하여 일관성과 타당성을 분석하는 일이 교육철학이 다루어야 할 언어와 논리의 세계였다. 이 두 세계는 그동안 많은 문제점을 지녀왔기 때문이다. 교육을 둘러싸고 전개되는 수많은 이론과 주장의 난립과 대립이 존재해 왔다. 언어의 의미가 분명하게 규명되지 않아 개념적이고 논리적인 혼란이 빚어진 결과이다. 따라서 분석철학자들이 보기에 교육철학의 할 일은 언어와 논리의 세계를 명료화시켜 현재 언어와 논리의 세계가 지닌 문제점을 해소하거나 줄여 가는 것이었다.

실지로 분석적 교육철학은 교육학에서 사용되는 여러 개념들의 의미를 보다 분명하게 규명하였고, 교육에 관한 사고나 판단을 보다 명료하고 논리적으로 검토하는 역할을 하였다. 그리하여 교육철학을 하나의 독립적이고 객관적인 학문분야로 성립시켰다는 평가를 받는다.

그러나 분석적 교육철학은 이후 비판을 받고 퇴조한다. 분석철학의 기본입장은 개념과 논리의 분석을 통해 보편적인 의미나 타당성을 밝힐 수 있으며, 그를 통해 객관적이고 가치중립적인 교육철학적 지식체계를 구축할 수 있다는 것이었는데, 이는 잘못된 가정에 입각한 것이라는 비판을 받은 것이다. 그 비판적 입장에 따르면, 인간의 언어를 분석하는 작업은 가치중립적일 수 없으며, 사회나 시대와 문화를 초월하여 이루어질 수 없는 것이다. 인간이 사용하는 언어나 논리에는 사람들의 가치가 들어 있게 마련이다. 따라서 언어의 의미나 규칙을 보편적인 것이라 주장하는 것은 가치중립적인 관점이 아니다. 곧 가치부하설에 입각하여 분석적 교육철학은 비판을 받았다. 가치부하설이란 인간의 인식과 지식은 인간이 지닌 관심과 동기, 신념과 가치관, 언어와 개념, 지식과 이론, 선행경험 등에 기초하여 세계를 이해하며 탐구한 결과로서 만들어지고 구성된다고 본다. 따라서 지식과 신념의 형성을 포함한 모든 의미부여행위에서 가치선택의 개입을 피할 수 없으며, 모종의 선택된 가치를 토대로 해서만 의미 있는 인식과 행위가 가능하다고 보는 것이다.

분석적 교육철학이 퇴조한 또 다른 이유는 교육철학의 문제가 언어와 개념의 문제에 국한되지 않는다는 점에 있었다. 아무리 언어와 개념이 명료화된다 해도 교육철학의 문제가 종결되는 것은 아니다. 교육철학의 문제는 교육실천의 영역이 큰 비중을 차지하는 반면, 분석적 교육철학의 공헌은 다분히 이론적 영역에 한정되었기 때문이다. 따라서 분석적 교육철학은 1970년대 후반 이후 그 영향력이 감소되었다.

(3) 피터스(R. S. Peters)의 분석적 교육철학

피터스는 『윤리학과 교육』에서 제1장을 교육의 개념적 기준으로 시작하고 있다. 교육을 정의하는 일은 여러 가지 용도를 포괄하는 하나의 공식을 찾아내는 것이 아니다. 소크라테스가 경신, 용기, 절제, 정의와 같은 윤리학적 개념들을 정의하고자 하였으나 실패한 이유는 그런 개념들이 사용되는 용도를 포괄하는 하나의 공식을 찾으려고 했기 때문이다. 비트겐슈타인이 20세기 중엽에 철학의 혁명을 일으킨 것은 언어에 대한 새로운 생각 때문이다. 그의 주장에 따르면, 일상 언어는 여러 용도가 하나의 정의로 포괄되지 않으며, 상이한 용도 사이의 관계는 가족 구성원 사이의 관계처럼 닮은 점과 다른 점을 갖는다.

피터스가 보기에 이것은 교육이라는 개념에도 똑같이 적용된다. 즉, 교육이라는 개념을 정의하는 것도 사람들이 교육이라는 말을 어떤 용도로 쓰고 있는지를 따져봄으로써 접근할 수 있다. 그런데 교육이라는 용어는 사물의 이름처럼 지시대상을 갖지 않는다. 교육은 어떤 활동이지 무엇인가 구체적인 지시대상이 있는 것이 아니다. 그렇다고 그 활동이라는 것이 뭔가 특정한 활동도 아니다. 교육은 학교에서도 할 수 있고, 도서관에서도 할 수 있고, 혼자 들어 앉아 할 수도 있다. 갈하자면 교육은 어떤 특별한 활동이나 과정을 지칭하는 것이 아니라 활동이나 과정이 갖추어야 하는 기준을 명시하는 것이다.

❶ 교육의 세 가지 기준

가. 교육의 규범적 기준

교육은 교도(reform)처럼 무엇인가 가치 있는 것이 성취되어야 한다는 기준을 그 속에 가지고 있다. 교도는 한 때 나락에 빠졌다가 그전 수준으로 되돌아온다는 뜻을 가지고 있는 것에 반해, 교육은 무엇인가 가치 있는 것이 도덕적으로 온당한 방법으로 의도적으로 전달되고 있거나 전달되었다는 것을 함의한다. 그러므로 누군가가 교육을 받았는데 가치 있는 방향으로 달라진 것이 없다고 말하거나, 아이를 가르쳤는데 아무런 가치 있는 것도 가르쳐주지 않았다고 말하는 것은 논리적 모순이다. 교육은 무엇인가 가치 있는 것을 추구하는 활동이라는 점, 이것이 교육이라는 말 속에 반드시 들어 있는 기준이다. 이것을 교육의 규범적 기준이라고 부른다.

그리고 교육이라는 말에는 무엇인가 가치 있는 것이 전달되거나 촉진된다는 뜻이 들어 있기 때문에 교육은 라일(G. Ryle)이 말한 성취어(achievement word)에 속한다. 성취어란 무엇인가를 성공적으로 수행한 결과를 나타낸다. '발견하다'와 '승리하다', '결론맺다', '이해하다'가 이 범주에 속한다. 따라서 교육이 이루어졌다면 비단 어떤 일을 성취하는 것만 아니라 '가치 있는 것'을 성취한다는 의미가 들어 있다.

그러나 교육은 성취어일 뿐만 아니라 라일이 말한 과업어(task word)의 속성도 가지고 있다. 교육은 결과적으로 성공했다는 의미도 있지만, 한편 성공하기 위한 방향으로 노력한다는 뜻도 포함하고 있기 때문이다. 따라서 교육은 성취어이면서 동시에 과업어이다.

또한 교육이 가치로운 것을 전달하거나 전달하는 과정을 의미한다고 할 때 여기서 가치라는 것은 교육이라는 개념 속에 붙박혀 있는 바람직한 정신상태를 의도적으로 실현하는 것을 의미한다. 이것은 교육이 가치를 추구하되 교육에 붙박혀 있는 내재적 가치를 추구하는 활동이라는 의미이다. 가령 개인의 잠재능력의 발달이나 지력과 인격의 발달 등은 내재적 목적을 갖는 것인 반면에 교육을 통해서 가정 경제발전을 도모한다든지, 일자리를 얻도록 도와준다든지 하는 것은 교육의 외재적 목적을 추구하는 것이다. 피터스에 따르면 교육은 직업훈련과 달라서 언제나 내재적 목적을 갖는다. 따라서 교육의 목적을 묻는 것은 무엇인가 성취할 가치가 있는 것에 관하여 명확한 인식을 가지게 하고 그것에 집중하게 하는 한 가지 방법이지, 교육의 결과로서의 교육 외적인 산물이 무엇인가를 묻는 것이 아니다. 따라서 교육의 목적은 언제나 내재적 가치를 묻는 것이며, 만일 교육을 통해서 외재적 가치를 추구하는 경우라면 그때는 교육보다 훈련이라는 말이 더 적합하다.

나. 교육의 인지적 기준

교육의 규범적 기준이란 교육이 무엇인가 가치로운 것을 추구하는 활동이라는 점에서 도덕적 요건이 포함된다는 의미였다. 그러나 교육은 도덕적 요건 이외에 성취적 측면으로서 인지적 기준도 충족시켜야 한다. 즉, 교육을 한 결과 교육받은 사람이 갖추어야 할 지식은 무기력한 지식이어서는 안 된다. 이 말에는 두 가지 의미가 포함되어 있다. 첫째, 그 지식은 서로 유리되어 있는 것이 아니라 전체적으로 사물을 보는 안목을 이루어야 한다는 것이다. 역사에 관하여 이것저것 많이 알고 있어서 시험에서 정답을 할 수 있다고 해도 자기 주위의 건물이나 제도를 역사적인 안목으로 볼 수 없다면 그 사람을 교육받은 사람이라고 부르기는 어렵다. 교육이라는 말 속에는 지식을 통하여 안목이 달라진다는 의미가 포함되어 있기 때문이다. 또한 교육받은 사람의 지식은 어떤 사고의 형식 안에 들어와 있다는 데서 당연히 따라오는 헌신의 자세도 포함된다. 즉, 사고의 형식 안에 들어와 있다는 것은 사물을 보는 나름의 사정 기준을 이해하고 소중히 여긴다는 의미이다. 이러한 헌신이 없을 때 사고의 형식이란 무의미해진다. 외적인 지식만을 가지고 이러한 헌신의 마음이 없는 사람을 우리는 교육받은 사람이라고 부르지 않는다.

그런데 교육받은 사람이 폭넓은 안목을 형성하지 않고 제한된 기술이나 사고방식을 기르는 데 머물렀다면 그는 오히려 훈련받은 마음을 가졌다고 말해야 한다. 훈련이란 폭넓은 신념체계를 다루는 것과 무관하게 일정한 행동준칙에 따라 일관성 있는 반응을 하는 것을 의미한다. 가령 성교육이 인체의 기능, 인간관계 및 사회제도에 관한 일련의 복합적 신념으로 미성년자들을 입문시키는 것이라면, 성 훈련은 훨씬 제한된 영역에서 성교에 관한 여러 가지 기술을 가르쳐 주는 것을 의미한다. 요약컨대 훈련이란 특수한 목적이나 기능을 위하여, 또는 특수한 사고방식이나 실천의 규범에 맞게 사용될 것을 전제로 하여 기술이나 능력이 습득되는 것을 의미한다. 한편 '교육은 전인을 기른다'는 말처럼 교육은 어떤 전문화된 기술이나 활동이나 사고방식을 가르치는 일이 아니라 폭넓은 신념체계를 갖거나, 사물을 보는 방식에 대한 모종의 지식과 이해를 가지고 전체적으로 사물을 보는 안목을 형성하는 것이다.

다. 교육의 과정적 기준

교육은 가치 있는 것을 의도적으로 전수하는 일이다. 그 말은 교육 활동 속에 무엇인가 가치 있는 것이 내재해 있어야 한다는 것이다. 그리고 두 번째 기준은 교육이라는 말 속에 이해와 안목이 붙박혀 있다는 것이다. 이것은 성취어로서의 교육이라는 활동이 결과로서 성취해야 할 부분이다. 즉, 교사 편에서가 아니라 학생 편에서 이해와 안목을 달성함으로써 학생편의 성취가 이루어져야 교육했다고 말할 수 있다. 말하자면 교육의 성취는 최종적으로 학생의 성취라야만 한다.

그런데 교육에는 교사 편에서 맡아야 할 과업어로서의 특징도 가지고 있다. 즉, 교사가 가르치면서 가르치는 과정에서 사용하는 방법 등이 어떤 것이었느냐에 따라서 교육과 교육 아닌 것이 구분된다. 가령 교사는 조건화나 세뇌나 최면술을 이용하는 경우가 있는데, 이런 것들은 교육의 의미로는 부적합한 개념들이다. 우선 조건화란 침을 흘린다든지 눈을 깜빡인다와 같은 반사적 반응 또는 조건화되는 사람에게 모종의 변화가 일어났다는 의식을 전혀 주지 않는 단순한 동작에 관계되는 것이다. 조건화는 일종의 신념이기는 하지만 그 신념은 엄밀한 의미에서의 신념이 아니다. 우발적으로 일어나는 어떤 동작이 정적 또는 부적으로 강화된 것뿐이다. 여기에는 학습자 편에서 학습하는 신념에 대한 이해와 동의가 없다.

둘째, 세뇌는 정치적이거나 도덕적인 확신의 변화 또는 어떤 견해나 행위를 변화시키기 위해서 신체적 고통이나 심리적 강압수단을 적용하는 일이다. 흔히 적국의 비밀을 알아내기 위해서 이 방법을 사용할 수 있다. 세뇌의 방법으로는 음식이나 수면의 박탈, 과도한 신체적 긴장, 의료적 처치의 중단, 고립화 등을 들 수 있다.

셋째, 최면술의 경우도 교육이 아니다. 최면술이란 학습자가 최면에 걸려 자신이 무엇을 배웠는지, 무엇을 이해했는지 의식하지 못하고 무엇을 하는 경우를 말한다. 이처럼 조건화, 세뇌, 최면술이 교육의 과정 속에 포함되지 않는 이유는 거기에는 인간존중의 정신이 결여되어 있기 때문이다. 아이들을 단순히 어떤 일을 하도록 명령하거나 또는 수동적인 그릇으로 취급하는 경우에 아이들은 자기가 무엇을 하는지 의식하지 못한다. 자신이 무엇을 하고 있는지에 대한 학습자의 의식이 없는 한 그런 활동은 교육이라고 부를 수 없다.

넷째, 교화(indoctrination)의 경우도 교육의 범주에서 제외된다. 교화란 학생들에게 신념을 심어주되 그 신념에 대해 학습자들의 이해와 동의가 동반되지 않는 교수행위를 의미한다. 즉, 어떤 신념을 심어주되 그 신념에 대한 근거나 타당성을 설명하지 않은 채 심어주는 경우가 여기에 해당된다. 그럴 경우 학습자는 신념의 근거를 파악하지 못한다. 또는 신념에 대해 비판이나 평가는 허용되지 않고 무조건적으로 배운 신념을 받아들이도록 강요하기 때문에 학습자에 대한 고려가 없다고 보아야 한다.

그렇다면 어떤 것이 교육적 과정으로 간주되는지 살펴 볼 차례이다. 어떤 활동이 교육적 활동이 되려면 교육받는 사람은 자기가 교육받고 있다는 사실에 대해 최소한의 의식이 반드시 있어야 한다. 다른 말로 하여 교육은 교육받는 학습자 편의 의식과 자발성이 밑바탕으로 전제되어 있어야 한다. 그것이 학습자를 도덕적으로 온당하게 대우하는 길이다. 그리하여 과정적 기준은 교육의 방법과 깊은 관련을 갖는다.

교육에 관한 피터스의 세 가지 기준을 정리하면 다음과 같다.

가. 교육은 가치 있는 일을 전달하는 활동이다(규범적 기준).

나. 성취어로서의 교육은 지식과 이해, 그리고 폭넓은 지적 안목을 길러주는 일이며, 이런 것들은 무기력한 것이어서는 안 된다. 또한 자기가 배운 지식에 헌신하는 마음을 가져야 한다(인지적 기준).

다. 과업어로서의 교육은 교육받는 사람의 의식과 자발성을 전제로 하며 이것을 근거로 세뇌, 교화, 조건화, 최면술 등은 교육의 과정으로 용납될 수 없다. 교육은 학습자를 도덕적으로 온당하게 대우해야 한다(과정적 기준).

3. 비판이론

1) 비판이론 개관

비판이론은 1923년 독일 프랑크푸르트대학 내에 있는 사회연구소를 중심으로 형성되었다. 그리하여 비판이론에 참여한 학자들을 프랑크푸르트학파라고 부른다. 여기에 속하는 학자로는 호르크하이머, 아도르노, 마르쿠제가 있다. 이들을 프랑크푸르트학파 1세대라고 부른다. 이들은 제2차 세계대전 당시 나찌당의 유대인 학살의 참상을 당하지 않기 위해 미국으로 망명했다. 그러다가 종전 뒤 다시 독일로 돌아왔고, 그동안 중지되었던 사회연구소를 재개했다. 이때 활동한 사람들을 프랑크푸르트학파 2세대라고 부르고, 그중 하버마스(J. Habermas)가 대표주자이다.

비판이론은 헤겔과 마르크스에게 그 토대를 두고 있다. 이들의 철학의 핵심은 인간의 의식이나 지식이 사회적, 경제적, 정치적 제약 하에서 성립된다는 것이었다. 그리하여 비판이론의 기본입장은 인간의 자유로운 의식의 형성을 억압하고 왜곡시키는 사회적, 정치적, 경제적 제약요인을 분석 · 비판하는 데 있다. 그리하여 비판이론의 목표는 그러한 분석과 비판을 통해 불필요한 사회적 억압이나 지배로부터 벗어난 자유롭고 합리적인 인간과 사회의 형성을 위한 방안제시에 있다. 즉, 인간과 사회의 해방이 그들의 목표이다.

특히 비판이론의 특징 중의 하나는 비판이론이 보는 철학의 역할에 있다. 그들의 입장에 따르면, 철학은 인간과 사회에 대한 비판적인 검토를 통해 현실을 개선하기 위한 실제적인 처방을 내놓아야 한다. 그리하여 철학은 어디까지나 실천철학이어야 하며, 추상적인 형이상학에 머물러서는 안 된다. 그들이 이론이 밑받침된 실천, 즉 프락시스(praxis)를 강조하는 이유가 여기에 있다. 이론적이고 추상적인 사회이론이 아니라 인간과 사회를 모종의 불평등이나 사회적 억압으로부터 자유롭게 하기 위한 실천이 중요한 것이다.

비판이론의 특징을 보다 자세하게 설명하면 다음과 같다.

첫째, 비판이론에서는 도구적 이성을 비판한다. 이성을 목적보다는 수단을 강구하는 데 쓰고, 가치보다는 방법이나 능률성을 추구하는 데 사용하는 도구적 이성을 비판한다. 따라서 비판이론 철학자들은 이성의 도구화로부터 벗어나 이성의 비판적인 능력을 회복해야 한다고 주장한다.

둘째, 비판이론 철학자들은 사회적 삶의 실질적 조건에 대한 계몽, 즉 개인과 집단의 진정한 이해관계를 폭로하는 데 관심을 갖는다. 그들의 목표는 사회적 현실에서 부정의와 불평등을 드러냄으로써 인간해방을 하는 데 있기 때문이다.

셋째, 비판이론철학자들은 도구적 이성의 지배로 인한 비인간화 현상, 소외 등의 책임을 개인에게 돌리지 않고 사회구조에 있다고 보고 사회를 비판한다. 그리하여 비판이론은 사회철학이라고 말할 수 있다.

넷째, 비판이론에서는 정치, 경제, 사회적 차원에서의 모든 종류의 부당한 간섭과 억압, 지배로부터 벗어나 자유로와지는 해방을 추구한다.

2) 하버마스의 의사소통이론

하버마스(J. Habermas, 1929~)는 프랑크푸르트 학파 제2세대 비판이론의 대표 철학자이다. 마르크스가 프롤레타리아가 주체가 되는 계급해방이라는 인간해방을 추구하였다면, 하버마스는 의사소통 영역에서 새로운 해방가능성을 찾았다. 의사소통이란 상호이해와 합의에 도달하는 것을 목적으로 하는 활동이다. 이런 목적을 가진 의사소통의 과정은 의사소통 행위자들이 자유롭게 타당성 있는 주장을 요구하고, 그 주장에 대해 논거를 통해 지지하거나 반대하는 관점을 취하게 된다.

하버마스는 의사소통이 이루어지는 이상적인 담화상황을 설정하고 의사소통이 추구해야 할 준거로서 제시하였다. 이상적인 담화상황(Ideal Speech Situation)이란 구속, 지배, 억압이 없이 토론을 하여 합의를 도출할 수 있는 조건을 의미한다. 이상적인 담화상황에서는 다른 사람의 의견을 경청하고 거기에 답변하려는 개방성을 가지고 토론에 임해야 하며, 토론 참가자는 자신이나 타인을 속여서는 안 된다. 또한 토론의 상대자를 판단력 있고 성실한 주체로 인정하고 동등한 인격으로 대해야 한다. 또한 토론과정에서 제기된 질문에 대해 어떤 금기도 적용되어서는 안 된다. 또한 누구도 질문에서 제외되는 특권적 불가침권이 적용되어서는 안 된다. 마지막으로 대화에서 인종적 선입견이나 계급적 선입견에 의해 다른 사람의 말을 막기 위한 억압적 수단을 사용해서는 안 된다.

하버마스의 의사소통이론과 교육을 관련지어보면 교육은 결국 의사소통적 합리성을 발달시키는 방향으로 이루어져야 한다. 그리기 위해서 교사와 학생의 관계는 권위주의적이거나 억압적 분위기가 아니라 자유롭고 평등하게 의사소통을 할 수 있는 개방성이 확보되어야 한다.

3) 비판적 교육이론

비판이론을 교육에 적용한 비판적 교육이론에서는 교육현상에서 발생되는 억압관계, 지배와 피지배의 관계, 인간의 물상화, 자기소외의 문제를 드러내고, 그 원인을 역사-사회적 맥락에서 찾아 교육상황을 개선하는 데 목적을 두고 있다.

비판적 교육이론에는 크게 두 가지가 있다. 우선 경제적 재생산이론이 있다.

학교는 학교 내의 사회관계와 경제구조의 사회관계와의 일치를 통해 자본주의 경제체제를 유지, 발전시키는 데 기여하는 경제적 생산관계를 재생산하며, 불평등한 사회 산업구조를 재생산한다. 이런 입장을 취하는 학자는 보울즈(Bowles)와 진티스(Gintis)이다. 이들의 주장에 따르면, 학교교육은 사회의 불평등 구조를 재생산하고 정당화한다. 학교가 자본주의의 경제구조를 재생산할 수 있는 것은 학교교육과 경제적 생산체제가 서로 대응하기 때문이다. 그리하여 구체적으로 보울즈와 진티스의 이론을 '대응이론'이라고 부른다. 대응이론이란 학교교육이 사회의 구조를 그대로 반영하며, 자본주의가 존속하는 한 학교는 경제적 재생산 과정을 벗어날 수 없다. 따라서 학교의 교육은 무의미하고 사회적 개혁을 통한 해법을 기다려야 한다. 학교와 사회의 대응관계를 구체적으로 살펴보면 다음과 같다.

기업과 학교의 대응관계

기업	학교
기업주와 노동자: 불평등한 지배-복종의 관계이다.	교사-학생: 불평등한 관계이다.
이윤의 극대화: 평가와 등급화를 통하여 경쟁을 부추긴다.	학력의 극대화: 학력평가와 등급화를 통하여 경쟁을 부추긴다.
철저한 시간 계획표: 시간표에 따라 일제히 출근하여 업무부과 받는다.	철저한 시간 계획표: 시간표에 따라 일제히 등교하여 수업을 시작하고 마침

비판교육론의 다른 한 가지는 문화적 재생산이론이다. 이것은 자본주의 체제가 경제적 과정에 의해 직접 재생산되기보다 문화적 과정을 통해 재생산된다는 관점이다. 이 이론의 대표자로는 애플(M. Apple), 부르되(P. Bourdieu), 번스타인(B. Bernstein) 등이 있다. 이들은 구조기능주의자가 말하는 것처럼 학교가 신분상승이나 인격강화와 같은 구조적 기능을 발휘하는 곳이라거나, 보울즈와 진티스가 말하듯이 비관적으로 경제적 재생산 역할을 한다는 관점에 대해 비판한다. 오히려 학교교육은 경제를 위시한 사회의 구조적 조건으로부터 상대적 자율성이 있음을 보여주고자 하였다. 예를 들어, 브루되는 학교를 지식과 가치를 포함한 '문화자본(cultural capital)'의 생산, 분배, 교환, 소비가 이루어지는 일종의 문화시장이라고 파악하였으며, 학교교육이 문화자본의 일상적 운동과정을 정당화함으로써 자본주

의사회의 계급적 지배구조와 사회적 불평등을 재생산하는 기능을 하고 있다는 사실을 지적하였다.

아동들은 어린 시기에 가정에서 자라면서 '문화적 속성'을 갖게 되며, 이것이 개인의 계급구조와 주체적 의식을 매개한다는 것이다. 또한 번스타인의 경우, 학교를 배경이 서로 다른 학생들의 다양한 문화적 규칙이 만나는 장으로서 사회의 구조적 제약으로부터 전적으로 벗어날 수는 없지만, 가정(계급구조)의 영향력과 한계를 극복할 수 있는 그 나름의 코드(code)와 어느 정도의 자율성을 가진 곳으로 본다.

애플의 경우, 보울즈와 진티스의 학교의 경제적 재생산 기능을 받아들이면서도 그와는 또 다른 기능을 지적한다. 애플은 학교의 재생산 기능은 수동적으로 흡수되는 것이 아니라 부분적으로 수용되는 것이며, 경합되는 것이고 때로는 일부 학생에 의해 거부되기도 한다며, 학교는 지배계급의 문화, 즉 헤게모니(hegemony)를 전달하는 곳이기도 하지만, 이것에 저항할 기회 또한 제공한다는 것이다.

이처럼 비판적 교육이론에서 바라보는 학교의 기능은 비판적이다. 또한 학교에서 가르치는 지식의 성격에 대해서도 비판적 관점을 견지한다. 비판적 교육이론에 따르면, 학교는 사회의 구성물이므로 지식도 인간과 별개로 성립하지 않는다. 즉, 지식은 시간과 공간에서 자유로운 객관적 실재가 아니라고 여긴다. 오히려 지식은 권력과 결부되어 있으며, 학교에서 가르쳐지는 지식은 특정집단의 이익과 가치를 담고 있다고 주장한다. 따라서 비판적 교육학은 학교에서 가르쳐지는 지식과 사회계급, 인종, 성의 이해관계를 비판적으로 고찰하는 데 관심을 갖는다.

비판적 교육철학은 1970년대까지 교육철학을 주도해 온 분석철학의 한계를 지적하며 등장하였다. 그리하여 인간의 이성을 억압하고 왜곡시키는 교육현실을 비판하고 교육의 인간화를 위한 처방을 제시하여 규범적 실천학으로서의 교육철학의 성격을 정립하는 데 기여하였다. 특히 비판적 교육철학이 교육철학의 발전에 기여한 바는 교육이론과 실천의 개선에 관심을 두고 보다 비판적으로 음미된 객관적 이론체계를 구축해 나가려는 활동으로 교육철학의 성격을 규명한 일이다. 또한 기존의 교육이론과 실천에 대한 비판적인 검토와 음미를 통해 교육적 의미부여체계를 형성한 일이다.

4) 프레이리의 교육론

비판적 교육이론의 사상가로는 프레이리, 애플, 지루, 파인버그 등이 있다. 이 절에서는 브라질의 농민 문해 교육을 통해서 비판적 교육철학을 실천한 프레이리를 좀더 구체적으로 살펴 볼 것이다.

프레이리(P. Freire, 1921~1997)는 브라질 농민들을 대상으로 문맹퇴치운동과 의식화 교육을 통해 민중교육을 실천한 비판이론의 대표적 사상가이다. 그의 인간관에 따르면, 인간이란 자신의 의지와 행동에 따라 세계를 변화시킬 수 있는 주체적 존재이다. 그리고 삶의 목표는 세계를 인간화해서 개개인이 자유로운 행동인으로 자신의 삶을 영위할 수 있도록 하는 것이다. 따라서 프레이리에게 교육은 자유로운 행동인이 될 수 있도록 개인의 의식을 일깨워 주고 도와주는 활동이다. 다시 말해, 교육이란 인간해방을 위한 활동, 즉 의식화이다.

의식화(conscientization)란 프레이리 교육의 핵심개념으로서 개인으로 하여금 자신이 몸담고 있는 사회적, 문화적, 정치적 배경과 현실을 비판적으로 인식하고, 그 현실에 대해 날카롭게 문제를 제기하고 그를 변화시킬 수 있는 능력과 자각을 성취해 나갈 수 있도록 개인의 의식을 자극하고 일깨워 주는 것이다. 따라서 의식화란 단순히 현실을 반영하는 것이 아니고 현실을 재성찰하는 의식을 의미한다. 또한 의식화는 억압적 현실에 길들여져 있는 순종의식에 눈을 뜨고 각성하게 되는 의식이다. 그리하여 의식화는 현실을 변혁시키는 앎의 행위인 동시에 행위의 수단이다. 의식의 본질은 세계와 더불어 있는 존재로서 진정한 인간성을 창조하는 데 있기 때문이다.

이런 맥락에서 프레이리에게 프락시스(praxis)는 대단히 중요한 의미를 갖는다. 프락시스란 영어에서 실제(practice)와 동일한 어원을 갖는 명사이다. 그러나 실제라는 단어와 달리 프락시스라고 쓸 때는 이론 없는 실천행위가 아니라 이론적 실천의 의미를 갖는다. 비판이론의 기본전제가 현실비판과 비판적 의식을 통한 현실변혁에 있으므로 비판이론이 프락시스적 철학, 즉 현실변혁적 성격을 갖는 것은 당연한 일이라고 할 것이다.

이러한 프레이리의 입장이 잘 드러나 있는 저서가 프레이리의 『페다고지: 억눌린 자를 위한 교육(*Pedagogy of the Oppressed*)』이다. 이 저서에서 교육과 관련하여 중요한 개념은 현실변혁과 관련 있는 문제제기식 교육이다. 문제제기식 교육(problem posing education)이란 프락시스적 학습양식, 즉 현실변화를 가능하게 하는 학습양식을 의미한다. 문제제기식 교육은 창조성을 토대로 하며, 현실에 대한 참된 성찰과 행동을 자극하는 데 목적을 둔다. 또한 학생은 비판적 사고를 하는 존재로 인정된다. 이와 대조적으로 은행저금식 교육(banking model of education)이란 창조성을 금지시키며 학생은 언제나 도움을 주어야 할 수동적 존재로 인식한다. 은행저금식 교육이 가정하는 바는 교사와 학생의 역할과 기능이 언제나 고정되어 있다. 가령 교사는 가르치고 학생들은 배우는 존재이며, 교사는 모든 것을 알고 학생은 아무 것도 모르는 존재이다. 교사는 학습과정의 주체이고 학생은 단지 객체일 뿐이다. 교사는 말하고 학생은 조용히 듣는 존재로 받아들여진다. 이렇게 은행저금식 교육은 교사와 학생의 경계가 분명하게 그어지고, 고정된 역할을 맡으며 서로 상호작용 없는 고립된 영역을 유지할 뿐이다. 이와는 대조적으로 문제제기식 교육은 교사-학생의 관계를 이분화하지 않으며, 교사는 더 이상 단순히 가르치는 사람이 아니며, 학생과의 대화 속에서 여전히 배우는 사람이다. 학생들 역시 배우기만 할 뿐 아니라 가르치는 사람이기도 하다. 학생들은 더 이상 유순한 강의 청취자가 아니라 교사와의 대화 속에서 비판적인 공동탐구자가 된다. 또한 현실방관자가 아니라 현실을 드러내어 현실개입을 시도하는 사람이 된다.

이런 문제제기식 교육은 대화식 교육을 통해 가능하다. 대화식 교육이란 해방교육으로서 대화가 박탈된 개인은 억압을 받고 있거나 받을 가능성이 크다. 대화란 해방과 실천의 과정으로서 개인은 대화에 참여할 때 해방되기 때문이다. 대화가 가능하려면 두 사람 이상이 필요하며 더 많은 대화를 하기 위해서는 공론의 장이 될 수 있는 공동체가 필요하다.

마지막으로, 프레이리는 인간사회의 비판의식의 발전단계를 보여준다. 처음의 단계는 '미몽의 단계'로서 전혀 의식이 움직여지지 않는 닫힌 사회의 의식단계이다. 둘째 단계는 순진무구하지만 조금은 깨인 오성의 단계이다. 이 단계는 서서히 의식이 변화하는 '균열된 사회'라고 부른다. 마지막 단계가 프레이리가 추구하는 완성된 단계, 즉 완전히 자각한 '비판적 이성의 단계'이다. 억눌린 자를 위한 교육에서는 미몽의 단계에 있는 사회의 의식을 균열된 사회를 통과하여 비판적 이성의 단계로 끌어 올리는 변화를 촉구한다. 특히 억눌린 자를 위한 교육은 그들을 위한 위로와 교화보다는 그들과 함께 하면서 소통하는 교육이어야 한다고 강조하고 있다.

4. 포스트모더니즘

1) 개관 & 등장배경

포스트모더니즘이란 모더니즘의 단순하고도 환원적인 틀에 저항하는 복잡하고도 다차원적 생활양식이라고 말할 수 있다. 포스트모더니즘은 한 마디로 정의하기가 어렵다. 이 용어는 1979년 리오타르(J. F. Lyotard)가 '포스트모던'(postmodern) 사회라는 용어를 처음 사용한 뒤 학술적 논쟁을 거치면서 등장했다. 그는 계몽사회로 대표되는 근대사회의 보편적, 합리적, 절대적, 객관적, 총체적 지향을 비판한다. 이는 탈 이데올르기 사회, 후기 자본주의 소비사회, 디지털 영상정보화 사회로 지칭되는 20세기 후반의 인간생활 양식의 변화를 설명하고 정당화하기 위해 등장한 문화 논리이자 사상체계이다. 대표적 사상가로는 리오타르, 라깡, 데리다, 푸코 등을 들 수 있다.

한편 모더니즘(modernism)이란 서구의 근대를 주도해 온 사상적 흐름인 계몽주의적 전통 또는 이성중심주의적 태도를 말한다. 계몽주의는 이성에 의해 세계와 그 본질을 인식할 수 있고, 그러한 인식에 바탕을 두고 이성적인 사회를 건설함으로써 인류가 행복하게 될 수 있다고 믿었다. 그러나 20세기 후반에 이르러 모더니즘적 사고와는 다른 방향으로 다양한 분야에서 변화가 시작되자 모더니즘적 사고에 저항하고 또한 새롭게 부각된 다양한 삶의 양식을 설명하고 정당화하는 설명기제로서 포스트모더니즘이 관심을 받게 되었다.

따라서 모더니즘과 포스트모더니즘의 관계를 보면 크게 두 가지 방향을 생각할 수 있다. 하나는 모더니즘과 포스트모더니즘을 단순히 시대적 선후의 관계로 인식하는 것이다. 포스트(post)란 라틴어에서 전치사와 부사로서 쓰이며 장소나 시간, 사건 따위의 '이후' 또는 '다음에'라는 의미를 갖는다. 그러므로 포스트모더니즘은 모더니즘 이후에 일어난 사조로서 두 사조는 선후 연속성의 성격을 갖는다. 이런 관점 하에서 포스트모더니즘은 '후근대주의' 또는 '후현대주의'의 번역이 가능하다. 한편 두 사조간의 관계를 단순히 연속적 사건으로 보지 않고, 포스트모더니즘을 모더니즘적 사고방식과 생활양식에 반대하는 사조로 보고, 이런 생각을 반영하여 '탈(脫)근대주의'라고 번역하기도 한다. 즉, 모더니즘적 사고와 삶의 양식에 반대해서 포스트모더니즘이 일어났다고 해석하는 것이다. 이런 경우에 '포스트'의 의미는 원래의 의미를 확대한 '반'(反, anti 또는 against)의 의미를 갖는다.

이제 포스트모더니즘이 일어난 배경을 살펴볼 차례이다. 우선 정치적 배경이다. 1960년대와 70년대까지 전 세계는 미국이라는 자본주의와 소련이라는 공산주의의 첨예한 대립으로 팽팽한 긴장 속에 있었다. 냉전(cold war)이라는 이름으로 불리는 이 보이지 않는 군비경쟁은 1980년대 소련을 비롯한 동구 공산권의 몰락으로 인하여 이데올로기 대립구조가 무너질 때까지 지속되었다. 이렇게 되자 그동안 정치적으로 이데올로기라는 막강한 정치이념으로 인해 억압되고 무시되어 왔던 삶에 대한 다양한 관심이 봇물 터지듯 터져 나와 제 소리를 내기 시작하였다. 탈이데올로기 시대가 열린 것이다. 둘째, 경제적 배경도 한몫하였다. 현대는 다국적 자본주의 시대로서 국가 간의 경계가 무너지고 다국적 기업이 주변 국가를 지배하게 되었다. 그 결과 다국적 자본에 의해 소비가 미덕인 시대가 되었다. 과거에 절약이 아름다운 것이라며 무엇이 되었든 절약하는 것과는 대조된다. 셋째, 사회적 배경이다. 사물과 사람은 과거와는 달리 기호화되고 이런 기호화의 현상을 정당화하는 이론이 필요하게 되었다. 넷째, 문화적 배경이다. 문자시대에서 영상시대로 전환되면서 다양한 가치관의 변화를 겪게 되었다. 또한 인간의 주체적 자아의식은 분열·해체되고, 대중들은 유희적인 행복감을 추구한다. 이런 의미에서 포스트모더니즘은 후기 자본주의 문화논리라고 부른다. 예술적 배경도 한몫하였다. 계몽주의시대까지 예술에서 가장 중요한 것은 독창성이었다. 그러나 현대에 와서는 독창성보다는 기존의 예술작품을 새롭게 다루는 예술기법이 발달하였다. 그중에 모방을 의미하는 패러디(parody)나 혼성모방을 의미하는 패스티쉬(pastiche)가 있다. 마지막으로 학문적 배경도 있다. 현대에 와서 학문의 다원주의 현상이 일어나고 있다. 즉, 과거에는 학문의 독립성을 강조했다면 현대에 와서는 다양한 분야가 융합되어 새로운 영역이 생겨나며, 또한 학문과 비학문의 경계가 무너지면서 과거에는 학문의 영역으로 생각할 수 없는 분야가 학문으로 진입하고 있다. 가령 게임학과나 풍수지리학과가 그중 한 예이다.

2) 포스트모더니즘의 기본입장

첫 번째, 반정초주의(anti-foundationalism)이다. 정초주의(foundationalism)는 토대주의 또는 기초주의라고도 한다. 정초주의란 정당화된 믿음이나 건전한 전제로부터 추론된 결론과 같이 확실한 기초에 의존하는 인식론을 말한다. 가장 유명한 토대주의자는 데카르트로서 그는 자신의 존재와 이성에 대한 명확한 관념에서 기초를 발견하였다. 반면에 로크는 경험에서 토대를 찾았다. 즉, 정초주의란 인간의 행위나 속성을 최종적으로 근거 지을 수 있는 어떤 '보편적이고 객관적인' 정초(토대)가 존재한다는 입장을 가리킨다.

한편 반정초주의의 전제는 첫째, 인간이 자신의 시공간적이고 역사적인 한계를 완벽하게 초월할 수는 없다는 전제에서 출발한다. 이는 역사적인 조건이 어떤 사람의 생각을 전적으로 결정한다는 뜻이 아니라, 그 생각이 역사적 맥락으로부터 전적으로 자유로울 수는 없음을 의미한다. 둘째, 이 같은 한계를 인정한다면, 우리가 보편적이고 객관적인 정초라고 생각하는 것이 우리 자신의 역사적 조건으로부터 도출된 것이 아니라 실제로 보편적이고 객관적인 것이라고 단언할 수는 없다. 정초의 개념이 정말로 초역사적인 보편성을 가지고 있는지는 확인되지 않으며, 그것은 다만 역사적으로 유한한 인간에 의해 보편적 정초로서 규정되고 이름 붙여진 것이라 볼 수 있다. 셋째, 그렇다면 정초주의는 누가 정초를 규정하는가의 문제, 누가 정초를 규정할 수 있는 권력을 가지는가의 문제와 분리될 수 없다. 이러한 권력이 모두에게 골고루 주어져 있는 것은 아니라는 현실인식은 반정초주의의 기반이 된다. 남성, 백인, 서구인, 이성애자 등 현대사회에서 특권을 지니는 집단은 여전히 사회적으로 주변화되어 있는 여성, 유색인종, 비서구인, 성소수자 등에 비하여 "이것이 모든 사람에게 적용되는 보편적 정초"라고 말할 수 있는 기회를 훨씬 많이 가지고 있다. 이렇게 볼 때 오늘날 보편적이며 중립적인 관점으로 실체화되는 것은 대부분 남성을 비롯한 특권적 집단의 입장, 즉 그들이 보기에 중립적인 것처럼 생각되는 입장이라고 할 수 있다. 반면 여성을 비롯한 타자의 관점은 정초의 개념으로부터 지속적으로 배제되고 있으며, 이러한 배제의 상황을 배제하기 위해서는 반정초주의적인 접근이 필요하게 된다.

두 번째, 다원주의(pluralism)이다. 포스트모더니즘에서는 인간과 삶을 지배하는 궁극적인 본질은 없으며, 다양한 사회와 다양한 집단들은 그들의 특정한 문화와 필요에 따라 다양한 가치를 만들어 낸다고 본다. 그래서 다양성을 인정하고 받아들이고자 한다.

세 번째, 대서사보다는 소서사를 지향한다. 포스트모더니즘에서는 모든 사회, 모든 사람에게 적용될 수 있는 대서사(grand narratives)를 거부하고, 개인이나 소집단에 초점을 맞춘 소서사(little narratives)에 관심을 둔다. 그래서 그동안 무시되어 왔던 여성 및 성차별 문제, 인종 문제, 빈민 문제, 아동 문제, 환경 문제 등과 같은 문제에 관심을 둔다. 대서사를 거대서사, 거대담론, 메타서사라고 부르기도 하는데, 여기에 속하는 것으로는 그리스인들의 운명론, 기독교의 구원, 민주주의, 마르크스주의의 이상주의가 있다. 리오타르는 이런 신념을 권위주의적으로 모든 사회, 모든 개인에게 적용하려는 보편적 이야기는 포스트모던 사회에 와서는 더 이상 유효하지 않았고, 그로 인해 소서사가 출현하였다고 해석한다. 한편 소서사는 국지이론과 같은 의미로 사용된다.

네 번째, 이분법적 사고를 비판한다. 데리다(J. Derrida)에 따르면, 서양의 전통적 형이상학에서는 말과 글, 영혼과 육체, 남과 여, 진리와 허위, 이성과 감성으로 구분하고, 전자를 중심에 두고 후자를 이차적인 것으로 간주해왔다. 그러나 데리다는 이런 구분이 임의적이라며 비판하고 그 구분을 해체(deconstruction)한다. 그리하여 데리다를 해체주의자라고 부른다.

마지막으로, 연대의식의 표방이다. 포스트모더니스트들은 타자에 대한 관심과 연대의식을 매우 강조한다. 타자들에게 해를 끼치는 억압적인 권력, 조종, 착취, 폭력 등을 거부한다. 나아가 보다 더 적극적으로 그들은 공동체존중, 상호협력의 정신을 증진시키고자 도모한다.

3) 포스트모더니즘과 교육

포스트모더니즘을 교육과 관련시킨다면 크게 네 가지의 특징으로 요약할 수 있다. 첫째, 학습자 중심교육을 지향한다. 포스트모던 사회에 오면 지식의 객관성과 절대성은 의심받게 되고, 지식의 상대성과 변화가능성을 강조하게 되어 학습의 경우에도 지식의 이런 특성을 고려하지 않을 수 없다. 따라서 포스트모더니즘에서는 보편적인 지식이 주어지는 것이 아니라 개인이 지닌 가치관에 따라 지식을 구성해 나간다고 보기 때문에 학습자의 자발적인 학습을 중시하는 학습자 중심의 교육을 내세운다.

둘째, 비판적 사고능력의 강조이다. 인간의 지식은 사회적 과정을 통해 형성되는 상대적인 것이므로 이러한 지식과 신념체계가 어떤 동기, 관심, 가정, 전제하에서 형성된 것이며, 어떤 한계를 갖고 있는 것인지를 비판적으로 볼 수 있는 눈을 길러야 한다. 인간의 인식과 지식은 인간이 지닌 관심과 동기, 신념과 가치관, 언어와 개념, 지식과 이론, 선행경험에 기초하여 세계를 이해하며 탐구한 결과로 만들어지고 구성된다. 따라서 지식과 신념의 형성을 포함한 모든 의미부여행위에서 가치 선택의 개입을 피할 수 없으며, 모종의 선택된 가치를 토대로 해서만 의미 있는 인식과 행위가 가능하다. 이렇게 인간의 인식과 지식은 가치중립적일 수 없다고 보는 것을 '가치부하설'(value laden-ness thesis)이라고 부른다. 요컨대, 포스트모더니즘적 교육에서는 가치부하설에 따라 모든 지식과 언설에 논리적으로 가정되어 있는 전제를 비판적으로 밝힐 수 있어야 하며, 배우고 있는 지식과 인식의 한계점도 비판적으로 찾을 수 있어야 한다. 나아가 새로운 지식을 만들어 나가는 창의적 탐구능력의 함양을 강조한다.

셋째, 생태적, 다원주의적 교육을 강조한다. 다양성을 존중하는 포스트모던 교육이론은 생태와 환경을 중시하는 교육, 양성평등교육 그리고 다양한 지역과 문화를 존중하는 다문화적 교육을 강조한다. 이는 계몽주의시대에 주변부에 있던 존재, 즉 생태와 환경, 여성, 다문화 가정 등에 대한 경시를 비판하고 탈중심주의 노선에 서서 주변부에 대한 존중을 강조하기 때문이다.

마지막으로, 안내자, 조력자로서의 교사의 역할을 강조한다. 학습자의 자기주도적 학습을 강조하는 포스트모던 교육이론은 교사가 교과전문가로서의 권위를 발휘하는 존재가 아니라 협동학습의 안내자, 조력자, 선배학습자로서의 역할을 수행해야 한다는 점을 강조한다.

이처럼 포스트모더니즘 교육이 교육에 대한 획일적이고 고정적인 사고의 틀에서 벗어나서 학교교육에서 소외되어 왔던 일상적 지식을 부각시키고 또한 다양한 문화를 접하도록 하여 다문화적 입문에 도움을 줄 수 있지만, 포스트모던 교육의 한계도 간과할 수 없다. 우선 객관적이고 절대적인 지식을 거부하고, 삶과 도덕성에 대한 보편적 기반을 받아들이지 않으며, 오랜 역사와 사회적 맥락 속에서 형성되어 온 교육적 가치와 전통의 해체에 따른 교육공동화(敎育空洞化)현상은 가장 큰 한계점이다. 교육을 통하여 가치와 지식 그리고 전통을 가르쳐온 학교로서는 해체에 따른 사회문화적 재건에 대한 비전과 기존의 전통과 조화하려는 새로운 시도와 노력을 기대할 수밖에 없다.

4) 푸코

푸코(Michel Foucault, 1926~1984)는 프랑스 중서부에 위치한 푸아티에(Pcitiers)에서 태어났다. 유복한 가정에서 자랐지만 어린 푸코는 그다지 행복하지 못했다고 한다. 우연히 자신이 동성애자라는 것을 알았기 때문이다. 당시 유럽에서는 동성애자를 인정하지 않았고 특히 예수회가 설립한 학교에서 가톨릭 전통이 강한 교육을 받았던 푸코에게 자신이 동성애자라는 사실은 받아들이기 힘들었다. 혼자 지내기를 좋아하던 푸코는 역사에 많은 흥미를 가졌고, 철학에도 심취했다. 그리하여 최고의 명문인 고등사범학교에 들어가 심리학과 철학 수업을 열심히 들었고, 1948년에는 철학교사 자격증을 따냈다. 그렇지만 푸코의 삶은 행복하지 않았다. 남들에게 이해받을 수 없는 자신의 성정체성과 그에 따른 수치심은 현재 자신에게 주어진 규율이 과연 옳은 것인지를 의심하게 했고, 그것 때문에 괴로워하는 자신의 심리에서 벗어나 다른 사람들이 겪고 있는 심리적 방황과 정신병리 현상에 깊은 관심을 갖게 해주었다. 이런 관심은 후(1955~1958)에 <광기의 역사>라는 박사학위논문으로 결실을 맺는다.

(1) 지식과 권력

푸코는 모든 사람이 정해진 기준이나 규율에 완벽히 들어맞는 삶을 사는 것은 아니라는 것을 깨닫고, '현재의 규율과 규정은 누가 만든 것이고, 진리는 누가, 왜 만든 것일까'라는 질문을 하기 시작했다. 또한 푸코는 권력이 무엇인지를 밝히고자 노력하였다. 이처럼 푸코는 기존의 철학자들이 다룬 세계의 근원이나 인간의 본질을 추구하는 형이상학적 주제와는 거리가 먼 주제를 가지고 탐구하였다. 대신 그는 현실에서 볼 수 있는 광기, 지식, 감옥, 성(性)의 문제를 분석하는 데 전념하였다. 이 중에서 푸코가 처음으로 관심을 가졌던 분야는 우리가 일상생활에서 얻는 지식이 어떻게 만들어지는가 하는 것이었다. 푸코에 의하면 지식은 권력의 산물이고, 권력은 지식을 통하여 행사된다. 지식의 기반이 없는 권력, 권력을 수반하지 않는 지식은 없다.

(2) 훈육

또한 감옥의 기원에 대해서도 그 가치에 의문을 가지고 이를 통해 권력관계를 밝히려고 했다. 사람들은 범죄를 저지른 사람을 감옥에 격리수용하는 것을 당연하게 생각한다. 그런데 아주 옛날에는 죄인을 처벌하기 위해 감옥에 격리하진 않았다. 보통은 넓은 공간에서 많은 사람들이 지켜보는 가운데 죄인의 신체에 직접 행해지는 처벌을 했다. 그러다가 18세기 계몽주의가 나오자 형벌제도에도 변화가 생겨났다. 죄수의 몸에 끔찍한 처벌을 가하는 것이 인권에 위배되는 것처럼 보였고, 그 이유로 인하여 19세기에 이르러서 사법적 감금, 즉 죄수를 감옥에 수용하는 형벌제도가 생겨났다. 그렇게 죄수를 감금시켜 놓고 그들에 대해 평가하고 규정하고 판단하는 행위를 했다. 즉, 사법적 감금은 표면적으로는 범죄에 대한 예방, 규정, 처방을 하는 행위들이 제도적으로 치밀하게 이루어졌음을 의미한다. 말하자면 사법적 감금은 겉으로 볼 때는 범죄에 대한 예방, 교정, 처벌의 권한을 사회로 돌리는 것처럼 보인다. 그러나 실제로는 규율의 내재화를 통해 권력이 개인을 통제하는 일에 이용된다. 또한 사회는 전 사회 구성원을 감시하고 통제하면서 사회가 만든 규율을 내면화하도록 교묘하게 조정한다. 이렇게 권력은 효율적인 통치를 위해 길들여진 인간을 만들고자 하는데, 이렇게 권력이 사람들을 길들이기 위해 사용하는 다양한 기법과 전술을 통틀어서 푸코는 '규율' 또는 '훈육'(discipline)이라고 불렀다. 이런 규율적 권력이 사용되는 대표적 장소는 감옥이다. 그런데 규율적 권력은 감옥뿐 아니라 사회로 확산되어 군대, 학교, 병원, 공장, 회사 등을 통제하에 둔다.

❶ 감시

푸코에 따르면 훈육의 기술로는 감시, 규범화된 제재, 검사 세 가지가 있다. 우선 감시란 권력의 효과를 행사하여 눈으로 볼 수 있는 기술에 의해 권력의 효과가 생기는 장치이며, 또한 반대로 강제권의 수단에 의해 적용대상이 되는 사람들을 분명히 가시적으로 만드는 장치이다. 계몽주의시대가 진행되는 동안 집단 대중에 대한 감시시설이 서서히 세워졌고, 군대의 야영지가 그 대표적인 예라고 할 수 있다. 그곳은 권력이 군인을 상대로 행사되는데, 더 많은 집중도와 신중성, 효율성과 예방적 기능이 유지되어야 하는 권력의 장소이다. 야영지에서는 화려한 궁전처럼 보이기 위해서거나, 요새처럼 외부공간을 감시하기 위해서가 아니라 유기적으로 배치되고 세부에 미치는 내적인 통제를 위해서 그곳에 있는 사람들을 가시적으로 만드는 데에 초점을 맞춘다.

이런 구조로 인하여 개개인은 조작자의 통제에 들어오게 된다. 그러한 건축방식은 수용되는 사람들에 대해 영향을 미치고 그들의 행위를 지배한다. 말하자면 그들에게 권력의 효과를 행사하여, 그들을 인식의 대상으로 만들어, 결국 그들을 변화시키는 것이다. 학교건물 역시 훈육의 대상이 된다. 가령 사관학교의 건물은 그 자체로 하나의 감시장치로 지어졌다. 개인의 방들은 작은 독방처럼 복도를 따라 배열되고, 일정한 간격으로 사관실이 설치되었으며, 생도들은 한밤 내내 각 개인 방에 갇혀 있었다. 그러한 배치의 원인은 규율에 있었기 때문이다. 식당조차 식사 도중 생도감이 자기 반의 생도 전원의 식탁을 모두 볼 수 있도록 생도감의 식탁은 조금 높은 단상 위에 올려져 있었다. 변소는 담당한 감시원이 생도의 머리와 발을 볼 수 있게, 절반 크기의 문이 달려 있도록 했다. 이런 식으로 건물은 감시를 목적으로 지어졌다.

그리고 감시자조차 다시 감시를 받는 위계질서화된 감시를 받는다. 이런 감시 덕분에 권력은 좀 더 교묘하고도 능률적으로 구성원을 통제함으로써 권력을 영속적이고 견고하게 만들 수 있다. 그리하여 푸코는 감시를 권력의 '물리학'이라 부른다. 이런 감시는 굳이 구성원에게 신체에 과격한 행위, 힘이나 폭력에 호소하지 않고도 신체에 대한 지배를 할 수 있게 한다.

❷ 규범화된 제재

규율중심의 모든 조직의 중심에는 소규모의 형벌구조가 있다. 이 구조에서는 자체의 고유한 법이 있고, 위법행위들이 명확히 규정되어 있으며, 특유한 제재 형태와 재판 심급도 마련되어 있어 일종의 재판 특권을 갖추고 있다. 즉, 규율의 구조는 일종의 하위의 '형벌제도'를 갖는다. 이것은 대규모의 형벌제도가 무심코 스쳐버린 모든 행위들을 평가하고 처벌한다. 예컨대, "작업장에 들어갈 때 직공은 서로 인사할 것. 퇴실할 때는 상품과 도구를 잘 정돈하고, 숙직 때는 등불을 끌 것."과 같은 규칙이 마련되어 있다. 기업체, 군대, 학교, 병원 등 모든 조직체에는 이런 미시적 형벌제도가 있다. 처벌은 아주 작은 단위의 몰수와 사소한 모욕에 이르는 미세한 수준에서 이루어진다.

규율에 따른 징벌을 통해 유지시키고자 하는 질서는 일탈행위를 없애도록 하는 기능을 갖고 있다. 즉, 그 벌은 교정의 역할을 한다. 가령 학생이 일탈행위를 했을 때 벌로서 숙제를 부과하는 경우, 이런 숙제는 모든 벌 중에서도 교사에게는 가장 온당하고, 부모에게는 만족스러우며, 학생에게는 과오를 통해 결점을 고치며 발전할 수 있는 수단을 이끌어내게 된다.

규율 권력의 체제 속에서 처벌의 기술은 다섯 가지 조작을 이용한다. 첫째, 개인의 행동, 성적, 품행을 비교의 영역이자 차등화의 공간인 동시에 준수해야 할 규칙의 원리이기도 한, 어떤 전체 체계에 관련시키는 일이다. 둘째, 개개인을 상호 비교하여, 그러한 총체적 규칙에 의거하여 구별짓는 일인데, 여기서 규칙은 최소한의 출발점이고, 지켜야 할 평가기준이며, 접근해 가야 하는 최적 조건이다. 셋째, 개인의 능력, 수준, 성질을 양화시키고, 가치로서 등급을 매긴다. 넷째, 가치를 평가하는 이러한 측정을 통해서 구성원을 동질화시킨다. 끝으로 모든 구성원을 정상과 비정상으로 나누고 비정상의 한계를 설정하여 비정상에 속하는 집단을 배제시킨다. 요컨대, 규율 내의 징벌제도는 비교하고, 구분하고 서열화하고, 동질화하고 배제하는 기능을 한다. 이것이 모든 것을 규범화한다는 의미이다.

❸ 검사

검사란 시험으로도 번역할 수 있다. 병원에서 의사가 회진을 돌며 환자를 돌보는 행위나 학교에서 시험을 보는 행위도 규율의 한 가지 기술인 검사에 속한다. 시험은 권력행사를 함에 있어 권력자는 자신의 모습을 숨기고, 오히려 복종하는 사람들에게 의무적으로 보이도록 하는 원칙을 부과한다. 예를 들어 군대의 사열과 열병은 하나의 검사인데, 이 행위를 통해서 신하들은 권력의 관찰 앞에 객체로서 드러난다. 즉, 권력은 이런 행사를 통하여 자신의 위엄을 드러내며 주변에 위세를 자랑한다. 둘째, 시험은 개인을 자료의 범주 속으로 포함시킨다. 시험은 사람들의 모든 기록을 남겨 놓는다. 시험은 개인을 붙잡아 고정시키는 기록 문서에 집어넣는다. 그렇게 해서 시험은 개인을 기술하고 분석할 수 있는 대상으로 만든다. 또한 시험은 대상간의 차이 측정을 가능하게 만들어 준다. 셋째, 시험은 각 개인을 하나의 사례로 만든다. 즉, 개인을 기술하고 평가하고 측정하며 다른 개인과 비교할 수 있는 하나의 사례로 만들 뿐만 아니라 개인을 훈련시키고 재교육시키며 분류하고 규격화시키고 배제해야 할 개인으로 만들기도 한다. 가령 광인이나 죄수는 18세기 이후 점점 더 용이하게 개인별 기록과 전기적인 이야기의 대상이 되어 객체화와 예속화의 수단이 되었다. 결국 시험은 개인을 권력의 결과와 대상으로, 지식의 결과와 대상으로 만드는 하나의 방식이다. 시험은 감시와 규범화된 제재를 결합시키면서, 배분과 분류를 가능하게 하여 한 개인을 권력의 수하에 견고히 집어넣는다.

3부 참고문헌

강선보(2003). **만남의 교육철학**. 서울: 원미사.
고미숙(2013). **교육철학**. 서울: 문음사.
공유진(2013), 배제에 대한 비판으로서의 로티의 반정초주의. 서울대학교 대학원 석사논문 초록.
김성숙, 이귀학(1980). **존듀이의 생애와 사상. 민주주의와 교육**. 서울: 동서문화사.
김용환(2005). **리바이어던**. 경기: 살림.
김인곤 역(2005). **소크라테스 이전 철학자들의 단편선집**. 서울: 아카넷.
네틀쉽, 김안중 역(1989). **플라톤의 교육론**. 경기: 서광사
네틀쉽, 홍윤경 역(2010). **플라톤의 국가론 강의**. 서울: 교육과학사
넬러, 안인희 역(1987). **현대교육사상**. 경기: 서광사.
넬러, 정희숙 역(1987). **교육철학이란 무엇인가**. 경기: 서광사.
루소, 김중현 역(2014). **에밀**. 서울: 한길사.
루소, 정봉구 역(1984). **에밀**. 경기: 범우사.
루소, 민희식 역(2006). **에밀**. 서울: 육문사.
루소, 최현 역(1990). **인간불평등기원론**. 서울: 집문당.
맨더빌, 최윤재(2010). **꿀벌의 우화**. 서울: 문예출판사.
몬로, 조종인 역(1994). **교육사 개설**. 서울: 교육과학사
미셸 푸코, 오생근 역(2003). **감시와 처벌**. 경기: 나남.
박영희(2016). 스토아 사상에 비추어 본 '에밀' 재해석: 오이케이오시스를 중심으로. 교육철학연구. 38(4). 67.
박의수 외 3인(1993). **교육의 역사와 철학**. 서울: 동문사.
박종현(1987). **플라톤**. 서울: 서울대학교출판부.
박준영(2015). **실용주의 철학의 교육담론**. 경기: 교육과학사.
서울대학교 교육연구소(1994). 교육학용어 사전. 서울: 하우.
신득렬(1990). **현대교육철학**. 서울: 학지사.
신차균 외 2인(2006). **교육철학 및 교육사의 이해**. 서울: 학지사.
안인희(1983). **서양교육고전의 이해**. 서울: 이화여자대학교출판부.
양은주(2007). **교사를 일깨우는 사유**. 서울: 문음사.
이돈희(1992). **존 듀이-교육론-**. 서울: 서울대학교출판부.
이명준(2001). **유토피아와 교육**. 서울: 문음사
임한영(1980). **민주주의와 교육**. 서울: 대한교과서 주식회사.

플라톤, 최명관 역(1980). **소크라테스의 변명**. 서울: 종로서적.

플라톤, 천병희 역(2013). **국가**. 서울: 도서출판 숲.

플라톤, 천병희 역(2013). 파이드로스. 서울: 도서출판 숲.

홉스, 진석용 역(2008). **리바이어던**. 경기: 나남.

로빈슨 크루소(2017. 6. 24). 한겨레 22면.

G.H. Bantock(1980). Studies in the History of Educational Theory, vol. 1. 268.

G. Kneller(1964). *Introduction to the Philosophy of Education*. Canada: John Wiley & Sons INC, 57.

J. Bowen(1981). *A History of Western Education*. Vol.3. London: Methuen & Co LTD.

P. Monroe(1915). A Brief Course in the History of Education. London: The Macmillan Company.

R. Rusk(1965). *Doctrines of the Great Educators*. Norfolk: The Macmillan Press LTD.

S. J. Curtis(1953). *A History of Educational Ideas*. London: Univ. Tutorial Press LTD.

Part 4

동양의 교육철학

동양의 교육철학을 다루기 위해서는 먼저 중국 고대의 유교의 창시자인 공자를 다루어야 한다. 공자로부터 비롯된 교육철학은 중국의 고대 및 중세 그리고 우리나라에 성리학으로 내려오면서 많은 영향을 끼치게 되었다. 이 장에서는 유교의 맥을 잇는 공자와 주자 그리고 불교의 창시자로 알려진 석가 및 도교의 노자 그리고 중국의 철학들을 중요한 인물 중심으로 다루며, 그 철학과 교육 사상을 배우고 또한 한국의 주요한 인물들의 철학과 교육 사상을 다루게 될 것이다.

Chapter 1

공자의 교육철학

1. 공자의 탄생

중국의 교육과 철학 및 종교의 중요한 업적을 남긴 공자(孔子, Confucius, B.C. 551~479)는 중국역사에서 가장 혼동된 춘추전국시대에서 태어나서 활동하였다. 춘추시대 초기에는 100~200여 개 정도 제후들의 나라들이 나누어 차지하고 있었지만, 시간이 지나면서 몇 개의 나라들이 합병을 하여 하여 강해진 몇 개의 나라로 재편이 된다. 재편된 나라들을 살펴보면 진(晋), 초(楚), 제(齊), 진(秦), 오(吳), 월(越) 그 다음으로는 노(魯), 송(宋), 정(鄭), 위(衛) 등이 있다. 공자는 그리 크지 않은 노나라에서 태어났다. B.C. 551년 노나라 창평향(昌平鄕) 추읍(陬邑)이란 곳인데, 이곳은 지금의 산동성 곡부 남쪽 22키로미터 지점에서 태어났다. 부친 숙량흘과 모친인 안징재는 정식으로 혼인을 하지 않고 공자를 낳았다고 한다. 안징재는 숙량흘의 친구이자 동료 무사였던 안양(顔襄)의 셋째 딸이었다. 공자 조상들의 계보는 은나라 왕계를 지나서 탕 임금에게까지 이르게 된다. 은나라를 대를 이은 송나라 왕실이 바로 공자의 조상이 된다.

공자의 이름은 구(丘)이며 자(字)는 중니(仲尼) 존칭어는 공부자(孔夫子)이다. 공자의 영어 명칭은 Confucius인데, 이것은 공부자의 라틴어식 표기이다. 공자는 아버지 숙량흘의 많은 사랑을 받았지만, 3살 때 아버지가 세상을 떠나게 되면서 어머니 곁에서 자라게 되며, 17살 때 어머니가 세상을 떠나게 된다.

2. 공자의 성장과정

공자

공자의 성장 과정은 그리 넉넉하지 않았다. 부친의 재산은 이복누이와 조카에게 상속이 되었고 자신은 재산을 받지 못했다. 또한 어머님마저 눈을 잃게 되어 가정 경제형편은 더욱 어렵게 되었다. 이러한 공자의 환경 때문에 그는 어려서부터 어려운 일과 거친 일을 하면서 성장하게 되었고, 불우한 청소년기를 보내게 된다. 공자의 키는 9척6촌(약 216cm) 정도로 꺽다리라고 불렸다는 이야기가 전해져 내려온다. 또한 머리 위쪽이 움푹 들어갔기 때문에 그의 이름을 구라고 불렀는데, 이러한 생김새는 그 당시 보통 사람들의 형상은 아니었다.

공자가 처음 학문에 호기심을 가지게 된 일이 있는데 그것은 다음과 같다. 15세 때 노나라의 권력자였던 숙손씨의 집안 아이들과 가까이 지내면서 숙손씨 집에 쌓여있던 책을 빌려볼 수 있게 되었는데, 바로 배우기를 좋아하는 공자에게 학문에 뜻을 품을 수 있는 기회가 찾아왔던 것이다. 그는 19세 때 송나라 병관씨의 딸과 혼인 하였고, 20세에 아들 리를 얻었다. 비록 공자는 불우하게 자랐지만 긍정적인 마음으로 성실하게 살게 되며 그의 훌륭한 능력과 인품을 얻게 되는데, 사생아였던 공자는 자신이 숙량홀의 귀족 출신 자손임을 인정받고 싶었던 것이 훌륭한 인품으로 성장했는지도 모른다.

• 춘추전국시대

중국에서 춘추전국시대라고 하는 시기는 B.C. 8세기에서 3세기까지의 기간의 혼란기를 이야기한다. B.C. 770년에 주나라는 이민족의 침략에 의해서 수도인 호경을 버리고 낙읍(낙양)으로 옮기게 되는데, 이 시기를 동주시대 혹은 춘추전국시대라고 말한다. 춘추전국시대는 두 시대로 나눌 수 있는데, B.C. 770~B.C. 403년까지의 기간을 춘추시대라고 하고, 이 이후부터 B.C. 221년까지 기간을 전국시대라고 한다. 주나라는 각 지방의 여러 명의 제후들이 작은 나라를 형성하고 있으며, 그 제후들을 연합하여 왕(황제)이 통치하게 된다. 그러나 주나라 왕의 권위는 날로 떨어지게 되고 지방의 제후들은 오히려 더욱 힘을 얻게 된다. 마침내 제후들은 서로 패권을 얻기 위하여 다투게 되는데 그 시대를 춘추시대라고 한다.

춘추전국시대 지도

또한 전국시대에는 주나라 왕의 권위는 땅에 떨어지게 되고 각 지방의 제후들의 나라는 자기 스스로 왕을 자처하게 되는 시기를 말한다. 전국시대는 춘추시더와는 다르게 제후들끼리 서로가 서로를 죽이는 시대이다. 즉, 하나의 왕을 위한 패권 다툼이 아니라 제후들이 각각 나라를 이루어 서로 정복을 하던 시대이다. 그렇기 때문에 전국시대는 춘추시대보다 더욱 혼란스럽고 피를 부르는 전정이 난무한 때였다. 이러한 춘추전국시대는 B.C. 403년 진나라 시황제의 통일에 의하여 막을 내리게 된다.

3. 공자의 학문과 정치

공자에게는 특별한 선생이 없었고, 그가 만나는 모든 사람에게서 배웠다고 한다. 30세 때에 스스로 정식으로 서당을 열어서 후학들을 가르치게 된다. 그 이후에 약

공자와 그의 아들

20년 정도 교육에 헌신하다가 51세 때에 중도재라는 관리직을 얻게 되는데, 이 직분은 우리나라 도지사 정도 되는 것이다. 52세에는 사구의 직분을 그리고 54세 때는 대사구로 등용이 되는데, 이것은 외교와 법을 다스리는 중요한 직책이었다.

그러나 이즈음에 노나라의 실권자들은 이웃나라의 미인계에 빠져서 정치를 돌보지 않고 향락을 누리게 된다. 이것을 본 공자는 55세 때에 천하를 돌아다니고 자신의 재능을 인정하여 등용해 줄 나라의 군주를 찾지만, 찾지 못하고 68세에 고국인 노나라로 다시 돌아오게 된다. 이후에 공자는 자신의 제자들을 가르치는 교육에 매진하게 된다. 69세에는 자신의 아들이 죽고, 70세에는 자신의 수제자인 안회가 죽고, 72세 때에는 자로가 세상을 떠나게 되고, 이윽고 공자는 73세에 자신의 파란만장한 삶을 마감하게 된다.

4. 공자의 제자

안회

공자의 제자는 수천 명으로 알려져 있고 이르기에는 너무 많지만, 주요 제자로는 『논어』의 공문십철(孔門十哲)로 알려진 10명 이 있다. 공자가 가장 사랑했던 안회(顔回), 민손(閔損), 염경(冉耕), 재여(宰予), 중궁이라 칭한 염옹(冉雍), 자공으로 불렸던 단목사(端木賜), 흔히 염유라 불리던 염구(冉求), 자로 혹은 계로라고 칭한 중유(仲由), 자유(子游)라 했던 언언(言偃), 자하(子夏)로 알려진 복상(卜商)이 있다. 그 외에 다른 주요 제자들을 열거하면 다음과 같다. 유약(有若), 증삼(曾參), 전손사(顓孫師), 복부제(宓不齊), 원헌(原憲), 공야장(公冶長), 공서적(公西赤), 칠조개(漆雕開), 고시(高柴), 남궁괄(南宮括) 등도 학문에 뛰어난 인물들이다.

5. 공자의 교육사상

공자의 사상을 한가지로 표현하기 어렵다. 공자는 자신의 학문 생활의 정점을 유교의 가장 중요한 원리인 수기치인(修己治人)을 통한 치국평천하(治國平天下)에 목표를 두었다. 공자는 이 목표를 달성하기 위한 기본원리를 의(義)와 예(禮)를 갖춘 덕(德)에서 찾았던 것을 알 수 있다. 또한 공자는 이러한 원리들을 통합할 수 있는 교육적인 도덕 윤리의 가장 커다란 덕(德)인 인의 사상을 주창하였다고 말할 수 있다.

1) 인(仁)의 역사

중국 고대의 역사는 그 시기를 측정하기가 어렵다. 비록 요순시대(堯舜時代) 이전에 삼황오제시대가 존재하기는 하지만 그 시대의 유물이나 증거품이 발견되지 않기 때문이다. B.C. 20세기경에 요순시대 요(堯)는 명군으로 중국역사상 가장 평화롭고 안정된 시기였다. 이후 천자였던 순이 우(禹)에게 천하를 물려주었고, 우에 의해 B.C. 12세기경에 하(夏)왕조가 세워졌고, 그 이후에 은(殷)나라 그리고 주(周)나라가 뒤를 잇게 된다. 하나라 때에 인이란 원래 상제(上帝)의 개념이었다. 상제란 인간과 관계없는 신적인 존재였다. 이 상제의 개념은 후대에 내려와서 천(天)의 개념으로 바뀌게 된다. 천은 상제보다 인간과 더욱 밀접한 관계가 있는 개념이다. 공자는 천의 개념과 이전에 있던 인의 의미를 자신의 철학으로 만들어 새로운 인의 개념을 확립하게 된다. 이러한 인의 개념은 공자에 의해서 인간이 실천해야 할 가장 큰 교육적 덕목으로 자리 잡게 된다.

2) 인(仁)의 의미

공자의 중심 사상인 인에 대해서 공자는 하나의 의미로 이야기하지 않는다. 공자와 제자들의 어록이 담긴 『논어』에서 공자는 제자들과 대화 속에서 인에 대한 물음에 대답을 주게 된다. 공자는 인의 의미를 이야기할 때 제자들이 처한 환경에 따라 다양한 용어들을 사용하게 되는데, 몇 가지 알아보면 다음과 같다. 효(孝), 예

(禮), 충(忠), 서(恕), 공(恭), 경(敬), 애인(愛人), 신(信), 혜(惠) 등이다. 『논어』에 나오는 인의 기록 중에서 중요한 기록을 소개하면 다음과 같다.

- 이인(里仁): 공자가 말하되, "오직 인한 자라야 편견 없이 어떤 사람을 좋아할 수 있고 미워할 수 있다(子曰: "唯仁者能好人, 能惡人)."
  공자가 말하되, "진실로 인한 마음을 가지면 악한 마음이 없어진다(子曰: 苟志於仁矣, 無惡也)."
- 옹야(雍也): 번지가 공자에게 묻되, 인이란 무엇입니까? 인이란 어려운 일을 성취하는데 앞장서고 그 얻는 것은 부차적인 것으로 여기는 것이다(樊遲 問仁. 曰: 仁者先難而後獲, 可謂仁矣).
- 술이(述而): 자공이 공자에게 묻되, 백이와 숙제는 어떤 사람입니까? 공자가 대답하되, 옛날 어진 사람들이다. 자신들의 절개를 지키다 굶어 죽게 된 자신들의 운명을 원망했습니까? 가로되, 인을 추구하다가 인을 얻은 것인데 원망할 것이 무엇이 있겠느냐(子貢曰: 諾; 吾將問之. 入, 曰: 伯夷 叔齊何人也? 曰: 古之賢人也. 曰: 怨乎? 曰: 求仁而得仁, 又何怨? 出, 曰: 夫子不爲也).
  공자가 말하되, 인이 멀리 있는가? 내가 인을 하려고 하면 인은 먼저 찾아오는 것이다(子曰: 仁遠乎哉? 我欲仁. 斯仁至矣).

자로(자공)

- 안연(顔淵): 안연이 인에 대하여 묻자, 공자는 이렇게 대답했다. "자기 욕심을 극복하고 예로 돌아가는 것이 인(仁)이다. 하루라도 자기의 욕심을 극복하고 예(禮)로 돌아가게 되면 온 천하가 인(仁)에 따르게 될 것이다(顔淵問仁. 子曰: 克己復禮爲仁. 一日克己復禮. 天下歸仁焉. 爲仁由己. 而由人乎哉. 一日克己復禮. 天下歸仁焉)."

이 말은 자신의 사사로운 욕심을 버리고 예를 갖추는 것이 인이며, 그 인을 실천하는 것이 남이 아닌 자기 자신에게서 부터라는 것을 알려주고 있다.

- 중궁이 공자에게 "인이란 무엇입니까?"라고 묻자 문밖을 나서면 큰 손님을 접대하듯 하고, 백성에게 일을 시킬 때는 큰 제사를 받들 듯 하는 것이다. 내가 원하지 않는 것을 남에게 시키지 말아야 한다(仲弓問仁. 子曰: 出門如見大賓, 使民如承大祭. 己所不欲, 勿施於人).

- 번지가 공자에게 묻되, 인이란 무엇입니까? 공자가 대답했다 사람을 사랑하는 것이다(樊遲問仁. 子曰: 愛人).
- 자로(子路): 번지가 공자에게 묻되, 인이란 무엇입니까? 평소 생활은 공손하게 하며, 업무 처리는 경건하게, 사람을 대할 때는 충성스럽게 하는 것이다. 그러면 무도한 야만스런 나라에게도 버림받지 않을 것이다(樊遲問仁. 子曰: 居處恭, 執事敬, 與人忠. 雖之夷狄, 不可棄也).
- 헌문(憲問): 공자가 말하되, 군자의 도는 세 가지가 있는데, 나는 잘하는 것이 하나도 없다. 인한 사람은 두려워하지 않고, 지혜로운 사람은 미혹되지 않으며, 용감한 사람은 두려워하지 않는다. 자공이 말하되, 이것이 선생님이 가고있는 길입니다(子曰: 君子道者三. 我無能焉. 仁者不憂, 知者不惑, 勇者不懼. 子貢曰: 夫子自道也).
- 위령공(衛靈公): 공자가 말하되, "옳은 뜻을 가지고 있는 자와 인한 사람은 자신이 살기 위해서 인을 해하지 않으며, 죽을지라도 인을 이루어 낸다(子曰: 志士仁人, 無求生以害仁, 有殺身以成仁).
- 양화(陽貨): 자장이 공자에게 묻되, 인이란 무엇입니까? 천하에서 다섯 가지를 행할 수 있으면 인이다. 그 다섯 가지가 무엇입니까? 공손함, 관대함, 믿음, 민첩함, 은혜로움이다. 공손하면 업신여김을 당하지 않고, 관대하면 민심을 얻게 되고, 믿음이 있으면 남의 신임을 받으며, 민첩하면 공을 세우고 되며, 은혜로우면 남을 부릴 수 있게 되는 것이다(子張問仁於孔子. 孔子曰: "能行五者於天下爲仁矣. 請問之. 曰: 恭, 寬, 信, 敏, 惠. 恭則不侮, 寬則得衆, 信則人任焉, 敏則有功, 惠則足以使人).

위에서 알아본 공자의 인이란 한 가지로 말하기는 곤란하지만, 극기복례나 살신성인 같은 표현에서 짐작할 수 있듯이 자기를 완전히 버려야만 인을 이룰 수 있게 되는 최고의 교육적인 덕목이다. 이러한 인은 모든 덕목 중에 최고의 덕이며 완전한 덕이다.

공자의 어록으로 알려진 『논어(論語)』에서 공자의 가장 중요한 중심사상이 나타나는데, 그것은 다름 아닌 인(仁)이다. 공자는 인에 대해서 묻는 제자들에게 여러 가지로 대답을 하게 되면서, 인을 여러 가지로 해석될 수 있는 가능성을 열어두었

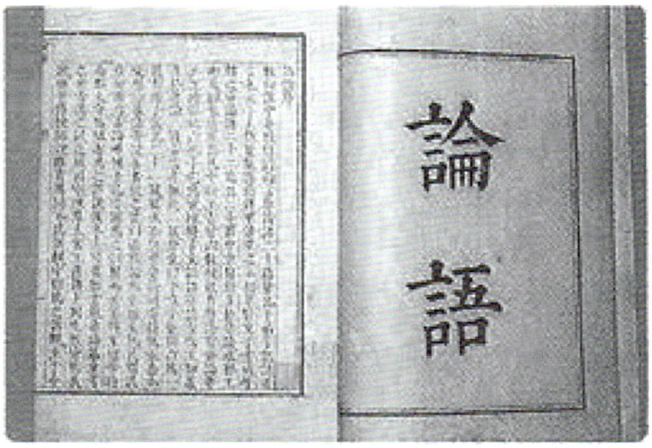

공자의 사상이 담긴 논어

다. 공자가 말한 인에 대한 해석에서 가장 중심 사상은 애인(愛人), 극기복례(克己復禮), 충서와 같이 자신을 이기고 남을 배려하는 사랑으로 해석 할 수 있다. 더 나아가서 공자는 인의 사상의 생활원리로서 효제(孝悌)를 말한다. 효제란 말 그대로 부모에게는 효도로 섬기고, 형제 사이에는 공경과 우애로 생활하는 유교의 핵심적인 교육 원리를 담고 있다.

이러한 원리가 바탕이 된 충서지도(忠恕之道)는 자기와 타인 그리고 개인과 사회의 관계를 적절히 나타내주는 중요한 개념이다. 즉, 개인의 완성인 충(忠) 그리고 타자를 위한 배려의 모습인 서(恕)의 모습은 한 개인으로서 자기완성 그리고 더 나아가서 그 개인이 몸담고 있는 사회 속에서 타인을 위한 충실이 바로 서로 다른 사람들, 다른 취향과 다른 생각을 가진 개인이 모인 한 사회 속에서의 적절한 관계를 나타내주는 단어라고 할 수 있다. 현대자본주의 사회는 만연된 황금만능주의는 돈이면 뭐든지 할 수 있고, 돈이면 다른 사람들 위에 군림할 수 있다는 생각 때문에 사회적으로 문제들을 드러내고 있다.

이러한 자본주의 문제들은 가장 근본적인 가정생활, 친구 간의 교우관계 그리고 더 나아가서 사회생활 속에서 속속들이 들어나게 되었다. 돈을 위해서 살인도 서슴지 않고 저지르고, 친구와 이웃을 하찮게 여기는 세대풍조 속에서 남을 먼저 배려하는 논어의 충서지도는 우리들에게 많은 교육적 의미를 전달한다.

3) 『대학(大學)』에서 공자의 철학

『대학』은 공자가 창시한 유교의 중요한 4가지 책인 사서(四書 - 논어, 맹자, 중용, 대학) 중의 하나이다. 특히 대학은 유교의 초등 교육을 담당하는 소학과 어우러지게 고등 교육을 담당하는 책으로 알려져 있고, 한 나라의 지도자를 교육시키기 위한 책으로 알려져 있다. 또한 백성들을 치리하는 한나라의 왕이 성인(聖人)의 경지에 이르게 하는데 기본이 되는 교육적인 책으로 알려져 있다.

(1) 세 가지 강령

대학언해(주를 달아 놓은 책)

- 명명덕(明明德): 명덕이란 하늘이 인간에게 준 내면에 간직되어 있는 본래부터의 밝은 덕을 말하는데, 인의예지(仁義禮智) 같은 리(理)를 이야기한다. 이러한 명덕은 인간의 욕심과 기품(氣品)에 의해 가려져 있다. 그렇기에 명명덕이란 마치 거울에 먼지가 쌓여 뿌옇게 된 것을 닦아내는 행위와 같은 것이다. 즉, 본래의 선한 본성을 찾기 위하여 회복을 하는 것을 말한다.
- 신민(新民): 대학고본(大學古本)에서는 원래 친민(親民)으로 되어있으나, 정이와 주희는 신민이 옳다고 주장한 이후 양명학자 외에 신민을 따른다. 신민은 '백성을 새롭게 한다' 는 의미를 가진다. 하늘로부터 받은 선한 본성을 회복한 후에 자신뿐만 아니라 다른 사람도 새롭게 해야 함을 의미한다. 즉, 내주위의 사람들이 물욕과 기품에 가려져 있는 것을 측은히 여기고 그들을 새롭게 이끌어 주는 것을 의미한다.
- 지어지선(止於至善): 한자어를 풀이하면 '지극한 선에 머문다'는 것을 의미한다. 선에 머문다는 표현은 나의 생각과 행동이 항상 최고의 선을 향하고 있음을 말한다. 이는 공자가 말한 최고의 덕목인 늘 인에 머무는 것을 말한다.

(2) 여덟 가지 조목

- 격물(格物): 사물에 이치를 연구하여 파고들어 도달한다.
- 치지(致知): 사물의 이치를 연구한 후에 깨달음에 이르다.
- 성의(誠意): 마음을 바로잡는 것이다. 마음의 발하는 바를 진실하게 하고, 속임이 없게 하며 뜻을 성실히 하다.
- 정심(正心): 마음속에 미움, 우환, 두려움 등으로 흔들리지 아니하고 마음을 바르게 하다.
- 수신(修身): 마음이 원하는 감정대로 따라 가는 것이 아니라 자신의 소소한 편애와 욕심을 버리는 것을 말한다.
- 제가(齊家): 내 몸을 잘 다스린 후에야 집안을 가지런히 할 수 있게 된다.

- 치국(治國): 이후에 덕과 인으로 나라를 다스리다.
- 평천하(平天下): 천하를 평화롭고 고르게 한다.

- 맹자(孟子, Mencius, B.C. 372~289)

맹자

맹자는 공자의 사상을 이어 발전시킨 유학자이며 교육자이다. 전국시대 추(鄒)나라 사람으로 이름은 가(軻)이고, 자는 자여(子輿)이다. 맹자는 어릴 때부터 공자의 사상을 숭상하고 그의 윤리, 도덕 및 교육사상을 발전시켜 유교를 후세에 전하는 데 큰 영향을 끼친 인물이다.

맹자는 공자와 조금 다르게 의(義)를 강조했는데, 이것은 공자가 말했던 의에 대해서 조금 더 자신의 견해를 강화한 것이었다. 공자는 사회 혼돈을 예방하는 방법을 인(仁)의 덕목을 달성하기 위한 실천적 의미로 의를 말하였다. 공자는 만일 인간이 인을 이루기 위하여 애를 쓰고 노력한다면 사회의 악이 근절될 수 있을 것으로 생각하였다. 이러한 인의 실천적 합리적 기준이 되는 것이 바로 의라고 생각하였다.

그러나 맹자는 공자와 마찬가지로 인의 중요성을 강조하였고 의의 정당성도 인정하였지만 인과 의의 관계에 대해서 조금 다르게 생각하였다. 그것은 의의 의미를 확장하여 인의 종속된 것으로 보지 않고 인과 대등한 것으로 생각하였다.

또한 맹자는 의를 실천하는 데 있어서 이익을 추구하는 것과는 구분되어야 함을 강조하였다. 만일 인간이 사적인 욕망으로부터 의로운 일을 행한다면 이것은 개인적으로는 진정한 의의 실천을 가로막을 뿐 아니라 사회적으로는 혼란을 일으킨다고 생각하였다. 그렇기 때문에 그가 생각한 의의 실천은 사회 안정을 위해 사적인 이익을 위한 행동을 자제해야 한다고 가르쳤다.

맹자집주

그는 의의 실천을 위한 인간의 도덕적 행위에 대한 근거와 능력에 대해서도 관심을 기울였다. 그는 공자와 마찬가지로 인간이라면 누구나 올바른 도덕 행위를 할 수 있는 선한 마음이 태어날 때부터 내면에 갖춰져 있음을 믿었다. 그는 인간에게는 자기의 행동이 옳지 못할 때 그것을 부끄러워하고 악을 미워하는 본성을 가지고 있다고 생각하였다. 이렇게 인간의 근본적인 마음속에 있는 의로운 선한 마음은 옳지 못한 행위를 하지 않도록 막아주는 것으로 작용한다고 생각하였으며, 더 나아가 인간에게는 옳고 그른 것을 판단할 수 있는 능력을 갖추고 있다고 생각하였다. 그렇기에 인간은 이러한 판단 하에서 인간은 의를 실천할 수 있는 도덕적 역량이 가지고 있다는 것이며, 이러한 것은 윤리적이며 도덕적인 교육의 의미가 크다고 할 수 있다.

Chapter 2

석가의 교육철학

1. 석가의 탄생

석가모니 좌상

불교의 창시자라고 알려진 석가모니(B.C. 624~544)의 약칭은 불(佛), 불타(佛馱), 부타(浮陀), 부도(浮屠), 부두(浮頭)라고도 한다. 한국에서는 예로부터 부처라고 하였다. 이를 의역하면 깨달은 사람, 혹은 만물을 환히 들여다보듯 아는 자라는 뜻이다. 보통 석가(釋迦), 석가문(釋迦文)이라고도 하고 일반적으로 석가세존(釋迦世尊), 혹은 이를 줄여서 석존이나 세존이라고 하는데, 석가란 Śākya의 음역으로 그가 태어난 종족의 이름이며, 모니는 muni의 음역으로 성인(聖人)이라는 의미를 가진다.

석가는 현재의 네팔 남부와 인도의 국경 부근인 히말라야산 근처에 카필라성을 중심으로 샤키야족의 작은 나라에서 왕인 슈도다나와 마야부인 사이에서 태어나게 된다. 마야부인은 출산이 가까워짐에 따라 당시의 관습대로 친정에 가서 해산하기 위해 고향으로 가던 도중 룸비니 동산에서 석가를 낳게 된다. 석가의 성(姓)은 고타마(Gotama)였고, 출가 전 태자시절의 이름은 싯다르타(Siddhārtha)였다. 어머니 마야부인은 석가를 낳고 7일 만에 세상을 떠났고, 이모인 마하파라야파티가 석가를 양육했다.

전설에 따르면 불타가 태어났을 때, 히말라야산에서 아시타라는 선인(仙人)이 찾아와 아기 붇타를 보고, "집에 있어 왕위를 계승하면 전 세계를 통일하는 전륜성왕(轉輪聖王)이 될 것이며, 만약 출가하면 반드시 중생을 구원할 불타가 될 것"이라고 예언하였다고 한다. 그래서 석가의 부모는 이러한 예언이 계속 다음에 남아 기억이 지워지지 않아서 석가가 성인이 되었을 때 출가하지 못하도록 많은 배려를 했다.

2. 석가의 성장과 출가

석가는 어려서부터 총명해서 문학, 과학, 천문학 등 왕자로서 배워야 할 학문과 브라만교의 성전인 4베다에 능했으며, 왕족의 교양에 필요한 학문과 기예를 배우며 성장하게 된다. 그러나 석가가 매우 사색적이어서 아버지인 슈도다나는 늘 그가 태어날 때 들었던 예언에 대한 걱정을 했다. 부왕인 슈도다나는 석가가 16세가 되었을 때 출가를 못하도록 서둘러 이웃나라 코리성 성주의 딸인 야쇼다라와 결혼을 시키게 되고, 라훌라라는 아들을 낳게 된다. 이후 석가는 왕궁에서의 편안한 생활을 하게 된다.

그러나 석가는 인생의 밑바닥에 잠겨 있는 괴로움의 문제와 직면하게 된다. 즉, 그는 인간의 생사병로(生老病死)와 괴로움에 대해서 고민하게 된다. 어느 날 그는 왕궁의 성 밖을 나가서 나이 많은 노인들을 보고, 병든 가족을 보며 슬퍼하고 죽음의 이별에 통곡하는 사람들을 경험하면서, 인생의 무상과 고뇌를 스스로 깊이 사색하게 된다. 이런 가운데 출가하여 수행하는 한 스님의 편안한 얼굴을 보고 마침내 29세 때 인간의 고통의 본질을 추구하며 해탈(解脫)을 구하고자 자신의 모든 것을 버리고 출가를 한다. 출가 후에 석가는 남쪽으로 내려가 선정(禪定)을 배웠는데, 그것은 일종의 정신통일에 의하여 하늘에 태어나 보려는 것이었지만, 그것으로 생사의 괴로움을 해탈할 수 없다고 깨닫고 거기에서 떠나게 된다.

3. 석가의 출가 후 생활

인도는 B.C. 1500년부터 있었던 브라만교(바라문교)가 종교적으로 형식화되고 타락하였고, 정치 · 경제적으로 상업이 발달하여 기존 사회체계에 변화가 일어나기 시작하였다. 종교 사상적으로는 브라만교의 사상을 부정하는 새로운 사상과 종교들이 나오고 있었던 시대였다. 이때 출가한 석가는 머리를 깎고 걸식을 하면서 자신의 스승이 될 사람을 찾고 다녔다. 그는 갠지스강변의 선인 2명을 찾아가 그 선정을 배웠으나 마음에 흡족함을 느끼지 못하고 다시 가야라는 고장의 산림에서 고행을 시작하였다. 고행을 할 때 그의 선생들은 다음과 같다. 바르가바(Bhārgava), 아라다칼라마(Arāda-kalama), 우드라카라마푸트라(Udraka-Ramaputra) 등이다.

이후 불타는 당시의 출가자의 풍습이었던 고행(苦行)인 극단적인 금식에 6년여 동안 전념하였으나, 신체가 해골처럼 되었다. 그러나 석가는 고행만으로는 해탈을 얻을 수 없음을 깨닫고, 지친 몸과 마음을 가누기 위해 산림에서 나온 석가는 마을 소녀가 주는 젖죽을 받아먹고 체력을 회복한 다음 부다가야(Buddha-gāyā)의 우루빌라그라마(Uruvilā-gramā) 마을 근처의 보리수(菩提樹) 밑에 앉아 명상한지 7일 만에 대오각성(大悟覺醒)하고 깨달음을 얻고 붓다가 되었는데, 이 깨달음을 정각(正覺, abhisambodhi)이라고 한다.

수행하는 석가

이 지혜가 진리를 깨달아 진리와 일체가 되어 확고부동하게 되었는데, 이것은 마음이 번뇌의 속박에서 해방된 상태이기 때문에 해탈(解脫, moka)이라고 하며, 이 해탈한 마음에 의하여 깨우쳐진 진리를 열반(涅槃, nirvāa)이라고 한다. 석가는 29세에 출가, 6년 수행 끝에 성불한 나이가 35세이며, 그 후 장장 45년에 걸쳐 포교활동을 하였고 80세에 열반에 들었다.

- 윤회설(輪廻設)

불교의 최고의 경지는 수행자들이 열반에 이르는 것이다. 열반에 이르지 못한 중생들, 곧 모든 존재는 태어나고 죽는 생사를 되풀이하고 있다. 이것은 마치 하루 해가 뜨고 지는 일이 반복되면서 시간이 이어지는 것과 같다. 하루하루가 세월이 되듯이 생사가 교차되면서 무한한 윤회가 이루어진다. 불교의 수행의 목적은 윤회에서 벗어나 해탈(解脫, moksa)에 이르는 것을 말한다.

윤회설에 있어서 특징적인 것은 윤회 속에서 자신의 업(業, karma)에 따라 다르게 태어난다는 것이다. 예를 들면 사람이 죽어 짐승이 될 수도 있고, 짐승이 죽어 사람으로 태어날 수 도 있다. 이렇게 이전에 있었던 상태를 전생(轉生)이라 한다. 업은 몸을 입고 있는 자가 어떻게 행위를 하느냐에 따라 달라지는데, 예를 들어 윤리, 도덕적으로 좋으면 선업이 되고 악하면 악업이 된다. 이러한 부분은 우리들에게 윤리도덕적인 행위를 강조하는 교육적인 의미를 가져다준다.

이 행위는 인연에 의해서 일어나게 되며 과보(果報)가 뒤따라오게 된다. 다시 말해서 콩 심은데 콩 나고, 팥 심은데 팥이 난다는 것이다. 수행자는 이 업을 소멸하기 위하여 참선과 선행 및 보시를 행하게 되면서 마침내 해탈의 세계로 들어간다.

4. 석가의 교육사상

석가가 창시한 불교의 중심사상은 연기설, 사성제 및 삼법인으로 구분할 수 있다. 연기설은 자연의 천지만물은 모든 것이 다른 것과의 관계 속 인연으로 인하여 생겨난다는 뜻이다. 사성제란 연기법에 의해 생긴 고통이 인간이 가지고 있는 욕심을 버리면 사라지고 올바른 수행생활로 열반과 해탈에 이를 수 있다는 불교의 교육적이고 중심적인 진리이다. 삼법인이란 불교의 중심 사상으로 모든 존재가 가지고 있는 세 가지 특성인 제행무상, 제법무아, 열반적정을 말한다.

1) 연기설(緣起說)

이 세상의 만물은 홀로 존재하는 듯하지만 자세히 들여다보면 그물망처럼 얽혀져 있다. 불타인 석가모니는 이 세상의 모든 사물은 모두 인연이 화합해서 이루어진 것이며 인과관계를 일으키는 것이라고 말하였다. 즉, 인생의 고통, 생명, 운명 등은 자기가 원인을 만들고 자신이 결과를 받는다는 것이다. 이러한 연기설은 12마디의 고리로 설명을 한다. 이 12개의 부분은 계속 결과를 일으키기 때문에 원인이라고 불리며, 서로 조건이 되기 때문에 인연이라고도 일컬어진다.

석가는 모든 존재의 기원에 대해 흙(地), 물(水), 불(火), 바람(風)의 네 가지 요소가 서로 화합하여 하나의 물질을 이룬다고 보았다. 그리고 여기에 느낌(受), 생각(想), 작용(行), 식별(識)의 네 가지 요소가 합쳐져서 자연의 모든 존재가 형성이 된다고 한다. 십이 연기설은 무명(無明), 즉 어리석음으로부터 늙음(老), 죽음(死), 걱정(憂), 슬픔(悲), 괴로움(苦) 등의 여러 가지 고통이 생기며, 어리석음으로부터 벗어남으로 이러한 고통을 극복할 수 있다고 본다. 십이연기설의 열두 개의 지분(支分)을 알아보면 다음과 같다.

① 무명(無明): 실체가 아닌 것을 실체로 착각하는 어리석음을 말하며 이것으로부터 모든 번뇌가 시작이 된다.

② 행(行): 모든 존재의 업(業)을 가리킨다. 중생은 전생에 짓는 이 업에 따라서 여러 가지 형태로 다시 태어난다.

③ 식(識): 존재들의 사물을 알게 되는 인식작용으로 의식(意識), 안식(眼識), 이식(耳識), 비식(鼻識), 설식(舌識), 신식(身識) 등 6식이다.

④ 명색(名色): 식이 주관적인 것을 말하는 것에 반해 명색은 객관적인 면을 말한다. 이러한 명색은 육입으로 나타난다.

⑤ 육입(六入): 눈(眼), 코(鼻), 귀(耳), 혀(舌), 몸(身), 마음(心)의 6가지 감각기관

을 칭한다.

⑥ 촉(觸): 존재의 지각을 알게 되는 일종의 심적인 작용을 말한다. 이러한 촉에는 6가지 눈, 귀, 코, 혀, 몸, 마음 등이 있으며, 촉을 근거로 해서 수(受)가 생긴다.

⑦ 수(受): 촉으로 생기는 감각과 감정을 받아들이는 작용을 말한다. 수를 근거로 해서 애(愛)가 생긴다.

⑧ 애(愛): 인간의 본능적이고 충동적인 욕망을 말한다. 애를 근거로 해서 취(取)가 생긴다.

⑨ 취(取): 존재인 인간이 여러 가지 감각적인 것과 욕심의 작용으로 얻은 것을 합치는 작용을 말한다. 취를 근거로 해서 유(有)가 생긴다.

⑩ 유(有): 유는 애와 취를 조건으로 해서 생기는 존재들의 모든 업이다. 유를 근거로 해서 생(生)이 생긴다.

⑪ 생(生): 존재들이 발이 되었다는 의미로, 생(生)을 근거로 해서 늙고 죽는 것의 고통이 찾아온다.

⑫ 노사우비뇌고(老死憂悲惱苦): 생을 통하여 존재들은 늙고, 죽고, 걱정하고, 슬퍼하고, 괴로워하는 일들이 생기게 된다.

2) 삼법인(三法印)

불교의 근본 교리 중 하나로, 그 의미는 세 가지 진리라는 뜻이다. 제행무상(諸行無常), 제법무아(諸法無我), 열반적정(涅槃寂靜)을 말한다. 여기에서 삼법인은 영원히 변하지 않는 진리를 나타낸다.

① 제행무상(諸行無常): 인간들이 바라보는 물질과 마음의 현상은 모두 한정이 있으며 변화하는 것인데, 사람들은 이것을 영원한 것으로 착각하기 때문에 이러한 생각을 바로잡기 위하여 무상하다고 말한다.

② 제법무아(諸法無我): 우주만물은 모두 인연으로 만들어진 것인데도 사람들은 자신에 대한 그릇된 집착으로 인하여 괴로워 하기 때문에 그것을 바로잡기 위하여 무아라고 말한다.

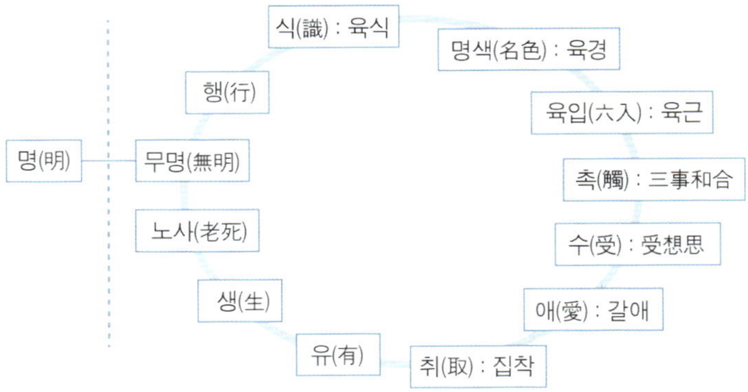

십이연기

③ 열반적정(涅槃寂靜): 인간의 모든 생사윤회의 고통에서 벗어난 열반의 세계를 말한다.

3) 팔정도(八正道)

팔정도

불교에서는 사성제(四聖諦)를 바탕으로 수행하는 교육적 방법으로 팔정도를 제시한다. 사성제란 모든 인간에게 존재하는 것으로 고통을 의미하는 고(苦, Duhkha), 고통의 원인을 의미하는 집(集, Samudaya), 고통의 소멸을 나타내는 멸(滅, Nirodha), 고통을 없애는 방법인 도(道, Marga)를 말한다. 석가는 세상의 모든 괴로움을 없애기 위하여 수행이 필요하다고 한다. 이러한 고통에는 8가지가 있는데, 그것을 열거하면 다음과 같다.

첫째, 탄생의 고통을 나타내는 생고(生苦)
둘째, 나이 들어 늙어가는 고통을 나타내는 노고(老苦)
셋째, 병 때문에 나타나는 고통인 병고(病苦)
넷째, 죽음으로 인한 고통인 사고(死苦)
다섯째, 사랑하는 사람과 헤어지는 고통인 애별리고(愛別離苦)
여섯째, 미워하는 사람을 만나는 원증회고(怨憎會苦)

일곱째, 가지고 싶은 것을 못 갖게 되는 고통인 구불득고(求不得苦)
여덟째, 욕망 때문에 오는 오음성고(五陰盛苦)

이러한 고통에 대해 수행을 하는 8가지 올바른 길을 팔정도라고 한다.
① 바른견해: 인간의 고통의 설명인 사성제의 올바른 이해를 말한다.
② 바른사유: 욕망과 사사로운 생각을 없애버린 것을 말한다
③ 바른말: 거짓말, 이간질, 욕설, 등을 삼가는 것이다.
④ 바른행위: 살인, 도둑질 등을 하지 않는 것을 말한다.
⑤ 바른생활: 점성술, 마술, 예언 등을 하지 않는 것을 말한다.
⑥ 바른수행: 나쁜 생각을 미리 막는 것을 말한다.
⑦ 바른정신: 마음을 한 곳으로 모으는 것을 말한다.
⑧ 바른 정신통일: 명상에 열중하는 것을 말한다.

4) 불교의 깨달음과 수행

석가가 말하고 있는 현실은 참이 아니며, 진실과 다른 세계 속에서 인간은 괴로워하며 윤회를 하게 된다. 또한 이 세계에서 인간이 경험하는 괴로움의 원인은 그릇된 행위에 있으며, 또한 그릇된 행위는 자기 자신과 세계의 참 모습을 올바로 알지 못하는 정신적 미혹에서 비롯된다. 그렇기 때문에 불교란 자기 자신과 세계의 참 모습을 잘 알게 하려는 교육적인 의미를 담보한 깨달음의 종교이다.

① 돈오(頓悟): 불교의 깨달음은 마음에서 시작되어 마음에서 이루어진다. 마음의 깨달음, 마음공부, 그것은 끊임없는 수행 및 자기 조절과 해탈의 과정을 거치게 된다. 그런데 인간의 자아 각성은 직관적으로, 비약적으로 이루어진다고 한다. 이 말은 수행을 하다가 혹은 일상에서 생활을 하다가 갑자기 깨달음이 오게 된다는 뜻이다. 이것을 불교에서는 돈오라고 한다.
② 점수(漸修): 수행자나 일반 사람들이 불교의 깨달음인 돈오를 했다고 그들의 삶의 모든 문제가 없어져 버리는 것이 아니다. 따라서 돈오를 경험한 이후에 계속해서 끊임없이 교육의 행위인 수양을 통해 점차 자신에게 굴레처럼 작용

했던 인연의 고통들을 하나씩 없애가는 수행인 점수가 필요한 것이다. 이 점수는 불교적 관점에서 교육적인 행위로 볼 수 있으며, 인간의 깨달음, 내면적 자각을 전제로 한 문화 지식의 전수라고 말할 수 있다.

• 달마(達磨, Bodhidharma)

달마

우리나라 불교의 효시가 되었던 중국 선종(宣宗)의 출발은 달마 대사와 얽혀져 있다. 달마는 남인도 향지국(香至國-일설에는 페르시아) 이견왕(異見王)의 셋째 왕자로 태어나 27조 반야다라 존자에게 법을 배워 대승불교에 능통하고 선(禪)에 통달했다. 520년경 달마는 양무제 때 중국으로 와서 양무제와 만났으나 아직 불법을 펼 때가 아니라고 생각하여 북위(北魏)의 낙양(洛陽)에 이르러 동쪽의 소림사(少林寺)에서 9년간 면벽좌선(面壁坐禪)하게 된다.

또한 그는 소림사에서 승려들의 건강을 위해 소림권을 창시한 사람으로 유명하다. 이러한 부분은 역사적으로 확실하지 않지만 많은 무술이 소림권을 기원으로 삼고 있다는 것을 보면, 결국 중국 무술의 대부분은 달마를 기원으로 볼 수 있다.

면벽을 시작한 후 달마는 사람의 마음은 본래 마음속의 영원한 이(理)를 깨달아야 한다고 하고, 이 선법(禪法)을 혜가(慧可)에게 전수한다. 혜가는 이것을 승찬에게, 승찬은 도신에게, 도신은 홍인에게, 홍인은 혜능에게 전수한다. 혜능의 제자인 남악회양과 청원행사는 10세기경 한국에서 온 선사들에게 선종을 설파했고, 한국으로 돌아온 선사들은 구산선문을 통하여 한국 선종의 효시가 되고, 그 후에 선종은 조계종으로 전수된다.

불교는 깨우침과 자비의 종교이다. 즉, 존재하는 모든 것의 실상에 대하여 알고 동체자비의 실천을 이상으로 한다. 이러한 것은 자신을 비추어 보아 남을 배려해야 하는 지극히 윤리적인 교육을 담보하는 것이다. 불교의 교훈은 현대 산업사회 속에서 사라져가는 인간의 본성을 찾는데 가장 중요한 핵심적인 교육철학의 의미를 깨닫게 한다.

Chapter 3

노자의 교육철학

1. 노자의 탄생

노자

도교의 창시자라고 여겨지는 노자(老子, B.C. 604~531)는 중국의 고대 혼란기였던 춘추시대에 태어났던 중국의 고대철학자이며 교육자이다. 그의 생애에 대한 주된 정보는 사마천(司馬遷)이 쓴 『사기』의 「노자전(老子傳)」이다. 그는 춘추시대 중기부터 전국시대 초기까지 살았는데, 그 시기를 추정하면 대략 B.C. 570년부터 479년 사이가 된다. 공자의 살았던 시대와 비슷하게 노자가 살았던 시대도 계급질서, 생산관계, 천명(天命)에 대한 사상 등이 가장 밑바탕부터 통째로 변하던 혼란의 시대였다. 중국 한(漢)나라 때 사마천이라는 역사학자가 쓴 『사기』에 의하면 604년 9월 14일 초(楚)나라 고현(苦縣) 여향(厲鄕) 곡인리(曲仁里)에서 한 여인이 오얏나무에 기대어 아이를 낳게 된다.

이 장소는 지금 중국의 하남성(河南省) 녹읍(鹿邑)이다. 노자의 성은 이(李)씨고 이름은 이(耳)이며 자는 담(聃)이다. 이 아이는 다름 아닌 신과 같은 위인이 될 운명이 있었기 때문에 그의 출생 상황은 평범하지 않았다고 한다. 노자의 어머니가 떨어지는 별을 찬미한 뒤 62년간을 임신해 있었고, 또 그가 그토록 오랜 세월 동안 태내에 있었으므로 그는 태어나자마자 말을 할 수 있었다고 한다.

노자는 태어나자마자 주위의 오얏나무를 가리키면서 나는 이 나무를 따서 내 성

(姓)을 짓겠다고 하였고, 그는 오얏나무에다 그의 큰 귀를 상징하는 이름을 붙여 자기 이름을 이이(李耳)라고 하였다. 그러나 그의 머리칼은 벌써 백설같이 희었기 때문에 사람들은 노자(老子), 즉 늙은 소년이라 불렀다고 한다. 그가 죽은 뒤 사람들은 그를 노담(老聃)이라고도 하였는데, 담이란 귀가 넓적하고 축 처져서 귓바퀴가 없다는 뜻이다.

2. 노자의 행적

어떤 기록에 보면 유교의 창시자인 공자가 노자를 찾아가 예(禮)를 물었다고 하는데, 이것으로부터 노자는 공자보다는 대략 열 살 혹은 스무 살 정도 나이가 더 많았던 것으로 추측할 수 있다. 노자는 주나라에서 왕실의 장서고를 기록하는 수장실사로서 40년간 있었다고 하며, 이때 공자를 만나 충고를 했다고 전해진다. 노자에 대한 그 밖의 행적에 대해서는 기록에 남아있지 않다. 노자는 무너져 가던 주나라에서 황실의 도서관장을 지냈다고 전해져 온다.

노자와 공자

무슨 이유가 있었는지는 확실하지 않지만 노자는 주나라를 떠나야 했고, 주나라 국경을 넘으면서 국경지기에게 전해주었던 내용이 『도덕경』이라는 책으로 남았다고 한다. 노자의 아들은 종(宗)이며 군인이라고 알려져 있으며, 은간(殷干)이라는 영지에 봉해졌다. 노자는 주나라를 떠난 후에 인도로 가서 불교인들을 교화했다고 전해오지만 확실하지 않다. 노자와 그 아들의 경력을 보면 노자는 권력을 누렸던 집안이었을 가능성이 있다. 어떤 사람들은 노자가 200세를 살았다고 전하지만 정확히 아는 사람은 없다고 한다.

3. 노자의 교육사상

노자의 교육철학과 사상적인 집약은 도교의 경전으로 알려진 『도덕경』에 잘 나타나 있다. 사실 학자들 사이에서는 도덕경에 대한 저자와 년대 등 여러 가지 문제점을 이야기 한다. 또한 도덕경은 짧은 기간이 아닌 오랜 기간 동안 여러 명의 사람들에 의해 이루어진 작품으로 여긴다. 그러나 이러한 많은 문제점과 분분한 의견에도 불구하고 『도덕경』에 흐르고 있는 주요 사상은 계속해서 일관성을 유지해 오고 있다.

1) 도(道)

노자 도덕경

① 우주 만물의 근원, 자연의 법칙: 노자는 우주의 생성과 활동을 도라는 개념으로 설명한다. 그가 제시한 도란 하나의 법칙이라고 할 수 있다. 그는 우주를 생성하고 유지하는 것은 하나의 도, 즉 법칙에 의해 만들어지는 것이라고 말한다.

그렇기에 도란 볼 수 있는 존재가 아니다. 커다란 우주는 무에서부터 유가 생겨 존재하며, 이러한 우주 안에 있는 자연법칙은 스스로 그렇게 되는 것이다. 자연이란 '스스로 그러함'이라는 형용사적 의미이며, 우주가 유지되는 것은 도라는 법칙에 의해 스스로 그렇게 된다는 의미이다. 즉, 커다란 우주가 아무런 문제없이 조용히 흐르게 되는 것은 어떠한 강력한 간섭에 의해서 되는 것이 아니라 스스로 자연스러운 도에 의해서 그렇게 되는 것이다.

② 노자가 말한 도는 인간의 언어로 표현할 수 없고 이름을 지을 수 없다. 나무를 생각해 볼 때, 나무가 자라고 입이 무성해지고, 꽃이 피고, 열매가 맺고, 낙엽이 떨어져 썩어서 다시 새순이 나는 것은 인간이 인위적으로 해서 그렇게 되는 것이 아니라 우주의 법칙인 도에 의해서 스스로 그렇게 되는 것이다. 그런데 사람들이 보기엔 그런 법칙이 아무 것도 하지 않는 것 같지만 쉬지 않고 생성, 소멸하고 있으니 노자가 말한 도는 보이지는 않지만 천지만물을 움직이게 하는 법칙임을 알 수 있다. 그렇기에 도란 인간의 언어로 표현할 수 없으며 이름 지을 수도 없다.

③ 상선약수(上善若水): 노자가 말한 도에 가장 가까운 성질은 물이다. 물의 성질을 알아보면 다음과 같다. 물은 높은 곳에 있지 아니하고 낮은 곳에 모여들게 되는 것처럼 도를 갖춘 사람은 겸손히 낮은 곳에 있게 된다. 원래의 물은 투명하고 맑은데, 이와 같이 도덕을 배워 갖춘 사람은 모든 것이 비어 고요하다. 물이 만물에게 이익을 베풀 듯이 도덕을 갖춘 사람은 사람들에게 널리 베풀지만 보답은 바라지 않는다. 물에 모습을 비춰보면 그 모습 그대로 비추듯이 도덕을 갖춘 사람의 말은 진실 되고 거짓이 없다. 물의 성질은 유약하여 상황에 따라 그 모습을 변화시키게 되는데, 사람들도 이를 본받아 다투지 않는 다면 만물을 이롭게 하고 겸손해 할 줄 아는 효과를 거두게 되므로 도에 가까워질 수 있다.

2) 무위자연(無爲自然)

① 노자가 창시한 도가철학의 중심사상으로, 인간의 힘과 술수 그리고 조작과 생각이 들어가지 않은 자연스러운 상태인 저절로 그러한 것을 말한다. 무위는 유위(有爲)나 혹은 인위(人爲)의 반대의 의미를 말하는데, 인간의 지적인 교만과 오만을 통하여 나타나는 오류 등의 행위를 부정하는 개념이다. 노자는 천지만물을 움직이는 도를 따르고 지키는 것이 덕의 근본임을 말한다.
따라서 교육과 도덕을 갖춘 군자는 천지만물의 법칙처럼 무위를 실천해야 한다. 그런데 그것은 결코 아무것도 하지 않는 것이 아니라 정한 이치대로 움직이는 상태를 말한다. 또한 그가 말하는 자연이란 서양의 물리세계의 자

무위자연

연이나 서양 철학의 자연주의를 말하는 것이 아니다. 자연이란 스스로 그러하고(self-so), 어떠한 것에도 의존하지 않고 스스로 움직이는 법칙을 말한다.

도가에서는 인위적으로 무엇인가를 하려고 하는 것이 아니라 무위와 자연을 도덕의 기준으로 삼고 자연의 순리를 따르는 삶을 추구한다. 즉, 인위적으로 인간적인 생각으로 무리해서 무엇을 하거나 얻으려고 하지 않고 순리를 따르는 삶이 무위자연이다.

② 원래의 인간본성이란 자연 그대로의 소박하고 순수한 덕성이다. 사실 공자는 인간의 본성을 순선하다고 생각했다. 왜냐하면 인간이 하늘의 품성을 본받았다고 보았기 때문이다. 이렇듯이 공자는 하늘을 하나의 인격체로서 보았다. 그러나 노자는 하늘을 그냥 자연체로서만 보았고, 어떤 인격도 들어가 있지 않다고 보았다. 인간은 단지 자연의 법칙에 순응하여 사는 것을 강조하게 된다. 그것이 바로 무위자연이다. 즉, 꾸미지 않고 자연그대로 살라는 의미이다.

③ 노자는 우리가 사는 인간사회가 혼탁한 이유가 인간의 인위적 규범과 제도 때문이라고 말하고 있다. 노자는 그 해결책으로 무위자연(無爲自然)을 이야기한다. 그 말뜻은 억지로 함이 없이 저절로 그러함이다. 이러한 무위자연의 이상사회란 정치지도자의 무위의 정치이며, 백성들은 무욕의 삶으로 살아가는 것이야 말로 어지럽고 어두운 이 사회가 아름답게 만들어지는 무위자연의 모습이며, 인위적인 것으로 가득 찬 현대 자본주의 사회에서 우리들에게 주는 커다란 교육철학적 교훈이다.

소를 탄 노자

3) 도덕경의 교훈

① 持而盈之 不如其已 以銳之 不可長保 金玉滿堂 幕之能守 富貴而驕 自遺基咎 功遂身退 天之道(제9장)

넘치도록 가득 붓는 것보다 할 수 있다면 멈추는 것이 더 좋다. 너무 날카롭게 갈면 날카로움이 오래갈 수 없다. 금은보화가 가득하면 결코 안전할 수 없다. 성공의 자만함은 실패를 초래한다. 일을 다 이루었다면 물러나라. 이것이 하늘의 길이다.

- 이 장에서 가르침이란 매사에 너무 지나치지 말고 자족함을 배우라는 것이다. 현대사회에서 가장 큰 문제가 자족함을 배우지 못하고 너무 과하게 일을 진행하는 것이다. 이것은 결론에 가서는 항상 문제점을 드러내게 된다. 특히 한 집단이나 백성들을 다스리는 지도자의 위치에 있는 사람에게 자족한다는 것은 중요한 일이다. 또한 지도자는 자신이 임기를 다하게 될 때 떠나는 것이 가장 위대한 순리라는 것을 알려준다.

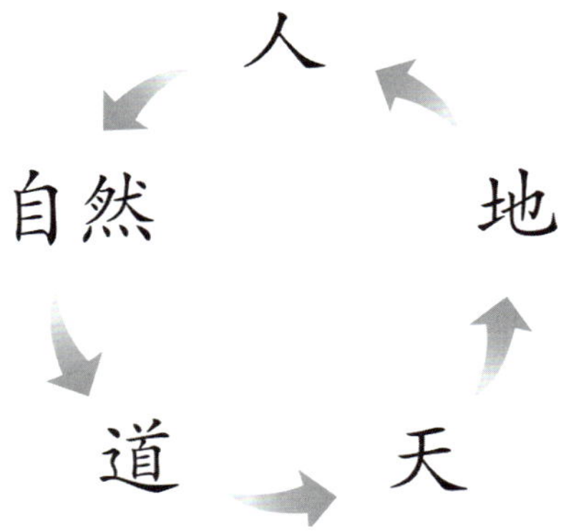

노자가 생각한 천지 변화의 모습

② 太上 下知有之 其次 親而譽之 其次 畏之 其次 侮之 信不足焉 有不信焉 悠(猶)兮其貴言 功成事遂 百姓皆謂我自然(제17장)

최고의 지도자란 밑에 있는 사람들에게 자신이 있다는 것만 알게 하며, 그 다음의 지도자로는 아래에 있는 사람들이 사랑하며 칭송하는 자이며, 그 다음으로는 사람들이 두려워하는 자이며, 마지막으로는 사람들이 경멸하는 자이다. 지도자가 정직함이 없게 되면 불신이 만연하게 되니 말을 아끼고 므겁게 해라. 백성에 대한 일이 성공을 하여도 사람들로 하여금 그들이 그것을 이루었다고 생각하게 하라.

- 이 장이 주는 교훈은 지도자들에 대한 경계의 말이다. 현대 사회는 훌륭한 지도자를 찾아보기 힘든 사회가 되어 버렸다. 지도자는 스스로 아랫사람들을 거느리며 군림하려고만 했지 아랫사람들의 마음을 헤아려 주지는 돗했던 것을 알려주는 구절이다.
  지도자는 말을 아끼며, 민심이 천심임을 알고 도로 그들을 다스린다면 한 집단 그리고 더 나아가 한 나라를 다스리는데 평화가 찾아올 것이며, 반대로 사람들 위에 군림하게 된다면 이미 그 길은 망하는 길로 들어서게 되며, 사람들은 그 지도자를 업신여기게 될 것임을 경고하고 있다. 그렇기에 노자에게 있어서 지도자란 도를 이루는 삶을 살아야 함을 가르쳐주고 있다.

③ 古之 善爲士者不武 善戰者不怒 善勝敵者弗與 善用人者爲之下 是謂不爭之德 是謂用人 是謂配天 古之極也(제68장)
옛적에 온전한 장수는 자신을 무장하지 않으며, 훌륭한 전사는 노하지 않는다. 훌륭한 승부사는 증오하지 않으며, 온전한 장군은 겸손하다. 이러한 것은 싸우지 않는 덕이며, 다른 사람들의 장점을 활용한다. 이것은 옛적의 최고의 덕인 하늘과 합하는 것이다.

- 이 장의 교훈은 하늘의 가르침인 도의 진리로 살아가는 것이 무엇인지를 잘 가르쳐 주고 있다. 하늘의 도를 가지고 있는 사람은 아무리 많은 것을 가지고 있어도 겸손함으로 살아야 하는 것을 가르쳐준다. 현대의 자본주의는 많이 가진 자가 자신의 부와 명예를 자랑하는 것이 우리들이 경험하는 그대로의 모습이다. 그러나 노자가 말한 도란 아무리 자신이 힘이 있고 많은 것을 가지고 있을지라도 그것을 이용하여 남을 억누르지 말고 자신의 덕을 널리 베풀라는 것이다. 이것은 한 집단의 권력을 가진 지도자에게 많은 의미를 주는 교훈이 될 것이다.

④ 人之生也柔弱 其死也堅强 萬物草木之生也柔脆 其死也枯槁 故堅强者死之徒 柔弱者生之徒 是以兵强則不勝 木强則折 强大處下 柔弱處上(제76장)
사람이 태어날 때는 부드럽고 연약하지만 죽으면 단단해지고 강해진다. 천지에 살아있는 풀과 나무가 생겨날 때는 부드럽고 순하지만 죽으면 건조되어 뻣뻣해진다. 그러므로 단단하고 뻣뻣한 사람은 죽음의 무리이며 부드럽고 약한 사람은 생명의 사람들이다. 군대가 뻣뻣하게 되면 패배를 경험하게 되고, 식물이 뻣뻣하게 되면 부러지게 된다. 단단하고 뻣뻣한 것은 아래에 놓이게 되며 부드럽고 약한 것은 위에 놓이게 된다.

- 이 장이 가르쳐주는 교훈은 사람들과 같이 사는 사회 속에서 지도자와 권력자에 던지는 이야기이며 비단 지도자뿐만 아니라 현대를 살아가는 우리들에게 많은 생각을 하게 한다. 현대사회는 권력을 가지고 누리며 약한 자들 위에 군림하려고 하지 스스로 낮은데 있지 않으려고 한다. 그러나 노자의 도는 우리들에게 강하고 단단한 사람들은 이미 죽은 무리들이라고 이야기 해주며 낮은데 위치하는 것이 도이며 마치 물과 같이 약하고 부드러운 곳에 처하라는 말을 해준다. 그럴 때 그 부드러움은 더 커다란 생명의 길로 가게 된다는 것을 가르쳐 주고 있다.

⑤ 信言不美 美言不信 善者不辯 辯者不善 知者不博 博者不知 聖人不積 旣以爲人 己愈有 旣以與人 己愈多 天之道 利而不害 聖人之道 爲而不爭(제81장)
믿음직한 말은 아름답지 않고 아름다운 말은 미더움이 없다. 온전한 자는 변명을 하지 않으며, 변명을 하는 자는 온전한 사람이 아니다. 진실로 아는 자는 많이 아는 자가 아니며, 많이 아는 자는 진실로 알지 못한다. 성인은 자신의 이익을 위하여 쌓아두지 않으며 남에게 베푼다. 더욱 많이 가지게 되지만 남에게 다주게 되는데, 그것은 그로 하여금 더욱 넉넉하게 되게 한다. 하늘의 도는 해를 끼치지 않고 이롭게만 한다. 성인의 도는 일을 행하되 다투지 않는다.

- 이 장의 교훈은 대략 간단하게 내용을 간추려 설명하면, 인간의 세계에서 진실하게 깨닫고 아는 사람의 행위와 진실하게 깨닫지 못한 사람의 차이를 열거하

고 있다. 현대는 자신의 지식에 대해 많이 알고 있다는 것을 자랑하는 것이 보편화 되어있다. 노자는 도를 아는 사람은 저절로 많은 것을 알게 되며 지식이 늘어나며, 이러한 지식은 남을 불편하게 하지 않으며 더 나아가 이롭게 한다는 것이다.

도를 알고 실천하는 것이 바로 성인이 가는 길이며 화평의 길이 되는 것이다. 이것은 자본주의 사회에서 자신의 성공만을 위한 지식의 축적과 전혀 다른 모습이며, 이 세상의 평화를 위한 길임을 알 수 있다.

Chapter 4

주희의 교육철학

1. 주희의 생애

성리학(性理學)의 집대성자라고 여겨지는 주희(朱熹, 1130~1200)는 중국의 근세로 접어든 때에 중국 송나라(宋)의 휘주(徽州)에서 태어났다. 주희의 집안은 대대로 안휘성(安徽省)의 휘주무원(徽州婺源)의 호이었고, 그의 아버지의 이름은 주송이며, 어머니는 축씨부인으로 주송이 관직에서 퇴직하고 우계에 있다가 주희를 얻게 된다. 주희는 어릴 때부터 총명하고 말수가 적고 학문 연구에 전념하였다.

네 살 때 아버지 주송은 하늘을 가리키며 "하늘"이라고 하자 주희는 아버지에게 "하늘 위에는 무엇이 있습니까?"라고 물었고, 주송은 이것에 대해 기이하게 여겼다고 한다. 또한 다섯 살 때 주희는 아버지와 장터에 함께 갔을 때 "저쪽을 보아라. 저쪽이 해가 뜨는 동쪽이니라"고 이야기 하였고, 그때 주희는 아버지에게 "동쪽 그 너머에는 무엇이 있습니까?"라고 되물었다고 한다.

주희

주희는 어린나이로 이러한 물음을 할 정도로 사물에 대해서 의문을 가지고 총명했다고 한다. 또한 그는 같은 나이에 『효경』을 깨우친 신동으로 유명하다. 주희는 11세에 아버지로부터 글을 배웠다. 14세 때 아버지가 세상을 떠났고, 아버지 주송의 유언에 따라 호적계(胡籍溪), 유백수(劉白水), 유병산(劉屛山)에게 학문을 배웠다. 주희는 이러한 스승들에게 배우면서 유학뿐만이 아니라 불교와 노자의 학문에도 흥미를 가지게 되면서 그의 학문의 세계를 넓혀나갔다.

2. 주희의 관직생활

연평선생과 주자

주희는 18세 때에 당시 대과에 급제하여 주위 사람들을 상당히 놀라게 했는데, 그 이유는 그 당시 급제자들의 나이가 평균 35세였기 때문이다. 주희는 급제 후 첫 번째 임지에 부임하기 전 유학자인 이동(李侗)을 찾아간다. 이동은 공맹 유학의 전통을 지킨 사상가로 평가받는데, 이는 주희의 사상이 만들어지는데 지대한 영향을 끼치게 된다. 이동은 그 당시까지 약 천 년간 도교와 불교로 인하여 실추되었던 유학의 정통성을 가지고 있었던 학자로 주희가 새로운 성리학을 주창하는 데 상당한 도움을 주게 되었다.

주희는 동안에서 주부로 첫 번째 관직을 맡으면서 경제적으로 조세, 각찰 업무를 개혁하고 학문적으로 서원의 학칙을 개선했고, 여러 가지 혁신적인 업무를 하였다. 주희는 동안에서의 관직을 역임한 뒤 다른 관직을 맡지 않았다.

그러나 주희는 황제에게 꾸준하게 나라의 정치적인 일을 위하여 상소문을 보내어 자신의 견해를 필역했다. 주희는 조정의 공직을 맡는 일은 계속 거부했는데, 그 이유는 당시의 권력자와 그들의 정책을 좋지 않게 여겼으며, 만연된 파당정치에 염증을 느꼈기 때문이었다. 주희는 만년에 조정의 부름을 받아서 정치를 할 수 있는 기회가 여러 번 있었으나 그의 과감한 직언과 타협하지 않는 성격 등으로 인하여 다른 정치인으로부터 중상모략을 당하여 정치적인 기반을 잃고 말았다.

주희의 유교적인 영향은 65세 노년의 유학자 연평 이동과의 만남과 대화 속에서 만들어졌다. 이동과의 학문적인 만남은 약 7년간 이동이 죽을 때까지 북송시대 공맹 유학의 뿌리적인 핵심을 배우게 된다. 이동이 세상을 떠난 후에 호남학을 계승한 장식(張栻)에게서 도움을 받았고 나중에 이정의 글을 읽었다고 한다. 이러한 가운데 그는 마음이 얼음 녹듯이 풀어지면서 공자를 비롯한 성현들의 가르침을 깊이 깨닫게 되었다고 한다.

주희는 유교뿐만 아니라 불교와 도교에도 많은 관심을 기울이며 공부했는데, 이동과의 만남 속에서 그동안 자신이 불확실하게 여겼던 불교와 노장 사상에 대해서 정립을 하게 되며, 북송시대의 이학(理學)을 집대성하게 된다. 주희의 학문은 거기서 성장을 멈추지 않았다. 그는 당시 북송 오자로 유명한 주돈이, 장재, 소옹, 정호 그리고 정이 등의 사상에 많은 영향을 받으며, 그들의 사상을 자신의 학문에 통합하는 커다란 업적을 만들게 된다.

주희는 이정이라고 불리우는 명도(明道)와 이천(伊川)에게 사숙하여 학문에 전념하고 이 기간 동안에 주자는 정호와 정이의 사상을 이어받아 성리학의 기본이 되는 이기론(理氣論)을 정립하게 된다. 이후 고대 경전을 탐독하고 풀이, 주해를 편집하고 공자, 맹자 등의 사상을 풀이하였는데, 이것이 하나의 학문이 되어 성리학으로 발전하게 된다.

3. 북송오자

중국역사에서 중세로 알려진 위진남북조, 수, 당나라를 거치면서 중국은 유교뿐 아니라 인도에서 온 달마로부터 전파된 불교 그리고 노자에게서 유래된 도교를 또한 법가 사상 등이 유교와 혼합되어 중국인들의 사상에 존재하게 된다. 이러한 철학 사상들은 계속해서 사람들을 통하여 전해져 내려오게 되었고, 중국에 중세시대가 끝나고 근세에 들어서면서 송나라 북쪽에 여러 명의 철학자들이 등장하게 되는데, 이 사람들은 자신들이 전수받았던 독특한 교육철학을 전개해 나갔다.

1) 소옹(邵雍, 1011~1077)

중국의 철학자인 진단의 사상이 노장사상과 결합하여 성장한 주역의 우주관, 세계관 및 역사관을 만들게 된다. 그의 철학을 알아보면, 하나가 나뉘어 이가 되고, 이가 사가되고, 사가 나뉘어 팔이 되고, 팔이 나뉘어 십육이 되고, 십육은 삼십이가, 삼십이는 육십사가 된다고 한다. 이 말은 모든 우주의 근원이 하나에서부터 나온다는 말이다.

비록 그의 학문적인 사상이 도가사상의 영향을 받고 있다고 하지만, 그의 저서를 자세히 살펴보면 도가적 논리보다도 오히려 『역경』의 이론에 기초를 두고 전개했다는 것을 알 수 있다. 그에 의하면 현상계(現象界)의 구조는 결국 음양(陰陽)의 조화 속에 있으며 천지만물은 천지인(天地人) 3자가 전체를 나타내는 상응체계(相應體系)이다. 인간의 마음의 작용 그 자체는, 즉 세계 그 조의 궁극적인 유일자(者)인 이 세계를 존재하게 하는 작용이라는 것이다.

소옹

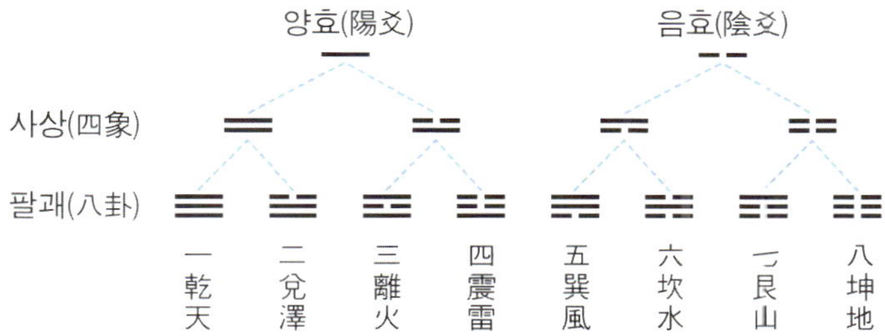

역경의 팔괘

2) 주돈이(周敦頤, 1017~1073)

태극도설을 창시한 학자로 천지의 움직임을 태극으로 설명한다. 주돈이의 태극도에서 우주의 본체는 무극이라고도 부르게 된다. 무극이란 아무것도 없는 허무한 것을 의미하는 것이 아니기 때문에 태극이라고도 한다. 태극은 음양의 조화로 움으로 되어 있으며, 태극이 움직여 양을 낳는다. 양의 움직임이 극에 달하면 고요해지고 음을 낳는다. 또한 음의 고요함이 극에 달하면 다시 양이 움직이게 된다. 이러한 음양의 조화로운 움직임은 천지만물의 근원이 된다.

주돈이(주렴계)

송나라 이학(理學)의 시조로 알려진 주돈이(주렴계)는 태극도설(太極圖說)에 나오는 태극도로 만물이 생성되는 과정을 설명하고 있다. 이 태극도는 원래 송나라 초 진단(陳단)이라는 인물이 화산(華山)의 석벽에 새겨둔 그림으로 원래는 무극도(無極圖)인데 주돈이가 변형하여 만들었다고 전해진다. 주돈이는 태극도에서 불교와 도교의 이론을 취합하여 우주만물의 생성원리를 가르쳐 주고 있다. 이 사상은 뒤에 주희의 성리학에 흡수 통합되었다. 태극도설에 나오는 설명을 보면 다음과 같다.

> 無極而太極 太極動而生陽 動極而靜 靜而生陰 靜極而復動 一動一靜互爲其根 分陰分陽兩儀立焉 陽變陰合 而生水火 木金土 五氣順布 四時行焉 五行一陰陽也 陰陽一太極也 太極本無極也 五行之生也 各一其性 無極之眞 二五之精妙合而凝 乾道成男 坤道成女 二氣交感 化生萬物 萬物生生而變化無窮焉

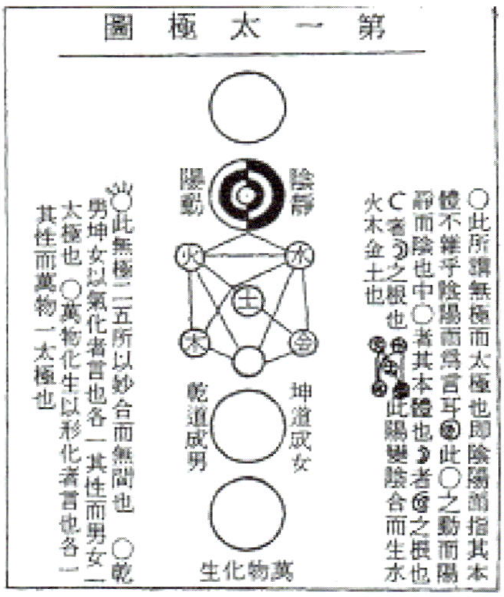

태극도설

무극은 곧 태극이다. 태극이 움직여 양을 낳고 움직임이 극에 달하면 고요해진다. 고요하면 음을 낳고 그 고요함이 극에 달하면 다시 움직인다. 한번 움직임과 한번 고요함이 음양으로 나뉘어 양의가 된다. 양과 음이 합해져 수, 화, 목, 금, 토 오행을 낳는다. 이 오행이 고루 분포되어 4계절이 생긴다. 오행도 하나의 음양이며 음양도 결국 하나의 태극이다. 태극은 본래 무극이 되는 것이다. 오행을 낳음에 있어 한 성질을 가지게 되는데 이것이 무극의 진수다. 음양오행은 서로 합하여 건도는 남자가 되고 곤도는 여자가 된다. 두 기가 서로 교감하고 만물이 생하고 변화하여 무궁무진하게 된다.

3) 장재(張載, 1020~1077)

장재는 태허(太虛) 개념으로 우주의 본체와 도덕의 근원을 표현하고자 했다. 태허는 형체가 없고 맑은 기운을 가지고 있어서 신묘한 작용을 가지고 있다. 이러한 태허의 개념은 노장 사상에서 나오는 도와 비슷한 개념이다. 장재의 태허의 개념은 음양을 초월하는 개념이 아니라 음양과의 관계성을 한 층 더 두고 있다.

그는 존재하고 있는 모든 만물은 실제로는 기(氣)만 가지고 있을 뿐이며, 현상세계에서 보이는 사물은 기가 취한 객감(客感)이나 혹은 객형(客形)이라고 말하였다. 그는 기의 본래의 모양은 태허(太虛)라는 근거 아래 우주론을 확립하였다. 또한 이 우주의 기는 사람이 감지 할 수 없다고 보았다.

장재

4) 정호(程顥, 1032~1085)

정호

정호는 중국 송나라 도학자 및 정이의 형으로 자는 백순(伯淳), 명도 선생(明道先生)으로 호칭되었다. 우주에 있는 물질의 기본체계를 이(理)와 기(氣)로 보고 있다. 그러나 보통 이원론으로 여겨지는 정이나 혹은 그의 사상을 이어받은 주자와는 조금 다른 사상을 가지고 있다. 정호의 사상은 이와 기가 서로 기대는 관계를 가지고 있음을 이야기한다. 이와 기가 두 개로 이원론적으로 파악하는 것이 아니라 일원론적으로 파악하려했다.

그는 역경에서 말하고 있는 1음 1양(一陰一陽)이 도(道)라고 생각한다. 천지만물의 이(理)나 도(道)는 사람을 깨우치게 하는 것이며, 이것을 바탕으로 그의 인설(仁說)을 설명해 나간다. 이 논리를 바탕으로 하여 천지자연의 이(理)와 사람의 성(性)은 하나라는 일체관을 주장하였다.

그는 인(仁)이라는 것은 천지만물의 자연의 도(道)인 동시에 사람의 마음의 이(理)라고 말한다. 그렇기 때문에 인을 몸으로 깨닫고 체득하게 되면 천지만물의 자연과 하나가 된다. 이러한 이론을 전개하여 자신만의 독특한 논리를 즈장하였다.

이러한 정호의 사상은 남송의 육상산을 거쳐서 명나라의 왕양명의 사상으로 계승 발전된다.

5) 정이(程頤, 1033~1107)

정이

정이는 정호와 마찬가지로 기(氣)와 이(理)로 우주관을 설명하고 있다. 특히 이를 자연의 법칙 및 인간존재의 법칙, 윤리의 법칙으로 생각하고 있다. 이렇게 생각하다 보니 이의 형이상학이 모든 법칙 위에 있는 동떨어진 것으로 생각할 수도 있게 된다. 이러한 정이의 사상은 주자의 사상에 가장 많은 영향을 주게 된다.

그는 실천을 중시하면서 거경궁리(居敬窮理), 즉 마음을 하나로 순일(純一)하여 자기 자신의 본래 성(性)에 순응하여 사물의 이치를 깨닫는 것과 격물치지(格物致知), 즉 사물에 접하여 그 이치를 알아가면서 천지와 인간의 이치를 깨닫는 이론을 전개하였다.

4. 주희의 철학

주자의 철학과 사상은 공자, 맹자에게서부터 전해온 유교의 내용을 한가지로 이루어진 것이 아니라 중국역사 속에서 혼재해 있던 불교, 도교, 유교가 서로 혼합을 하고, 또한 여러 철학자들의 사상을 바탕으로 이기론을 정립하게 된다. 이렇기에 주희의 성리학의 이론은 유교만을 대표하는 사상이 아니라 중국의 고대 종교와 철학 및 교육사상의 집대성이라고 해도 과언이 아니다.

1) 이기론(理氣論)

주희는 천지만물을 이루는 우주 자연은 이와 기라는 두 개의 실체로 이루어져 있다고 생각하고, 주돈이의 태극도를 중심으로 우주론인 이기론의 핵심을 설명해 나간다. 이기론은 도교와 불교의 이론들을 흡수 통합하면서 성리학의 중심 사상으로 자리 잡히게 된다. 이러한 이기론은 천지만물의 이치를 통하여 자연의 법칙을 설명하고 있다.

(1) 이기선후(理氣先後)

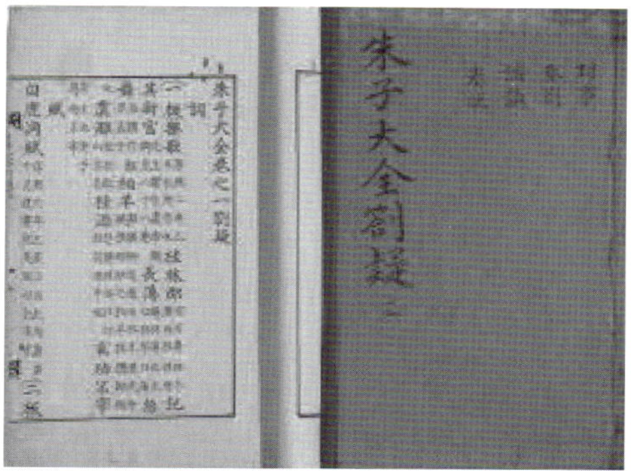

주자-대전

주희는 태극도설의 태극은 우주의 도(道)이며, 천지만물의 근본을 가리키는 것이라고 말한다. 이러한 태극은 사물이 있은 뒤에 존재하는 것이 아니라 사물이 없었던 때에도 존재한다. 이러한 태극은 천지만물의 이이며, 천지만물 가운데 태극이 있으며 천지가 생기기 이전에 반드시 이가 존재한다. 주희는 말하길 기가 없이도 이는 있으며, 이가 이미 있다면 반드시 그 기도 있는 것임을 말한다. 즉, 본원적 입장에서는 이가 먼저이며, 기가 뒤에 있고 구성으로 말하면 이가 기를 좇아서 갖추어진 것이다.

(2) 이기동정(理氣動靜)

주희는 태극도설의 태극을 이로 보았고 그 형이상학적인 이가 형이하학적인 사물을 만들어내는 것에 대해 천명(天命)이 유행하기 때문에 동정(動靜)이 일어난다는 것을 말하고 있다. 즉 주희는 태극의 이가 움직여서 양을 낳고 고요하여 음을 낳는다고 말한다. 이러한 양과 음의 움직임에는 이미 이가 기와 함께 있다는 것을 뜻한다. 그러기에 태극은 이이고, 태극 안에 움직임인 동정은 기이다. 주희는 자신이 말한 태극 안에 있는 동정을 사람과 말의 비유로 설명을 한다. 말을 탄 사람은 이이며 말은 기이다. 이는 움직이지 못하나 기와 함께 움직임이 생기게 된다.

기발리승(氣發理乘)

(3) 이일분수(理一分殊)

주희는 이일분수의 이론을 가지고 우주로서의 태극과 만물의 성과의 관계성을 말하고 있다. 주희는 태극을 통하여 동정이 만들어지고 이와 기의 법칙을 통하여 천지만물이 형성이 되며, 만물이 각각 그 기질이 서로 다르지만 모두 같은 태극의 이를 가지고 있음을 말한다. 즉, 모든 사물의 태극은 동일하며 차별이 없으며, 태극의 온전함이 모든 사물에 갖추어 있다. 이일이란 만물 전체가 하나의 태극이라는 것을 설명하는 것이며, 분수란 그 태극은 만물 안에 각각 동일한 태극의 이가 존재한다는 것을 뜻한다. 그러나 그 만물의 기질은 각각 다르게 되어 천지만물을 이루게 된다는 것이다. 이러한 기질은 인간의 욕심을 통하여 악하게 되기도 한다.

2) 격물치지론(格物致知論)

유교의 가장 중심이 되는 사상은 수기치인(修己治人)이다. 수기란 자신을 다스리며 끊임없이 배우려고 하는 태도를 말한다. 이러한 배움의 중심이 되는 것이 격물치지이다. 주희는 격물치지를 통하여 사물을 알아가며 자신을 수양하는 교육의 중요한 이론을 정립하게 된다.

(1) 격물(格物)

주희가 말한 격물은 세 가지의 의미를 내포하고 있는데, 그것은 즉물(卽物), 궁리(窮理), 지극(至極)이다. 격이란 어느 곳에 이른다는 뜻이다. 격물이란 어떤 사물에 이르러서 그 사물의 이(理)를 모두 체득하면 그 사물에 대해 활연관통(豁然貫通)하게 된다. 이것은 그 사물에 대해서 가리움이나 장애가 없게 되고 성실하고 마음이 바르게 된다. 즉, 격물이란 알고자 하는 사물에 대해서 그 사물에 나아가서 자기가 알고 있는 이치를 가지고 궁구하여 그 극진함을 행하는 것이다. 주희는 하나의 사물이 있으면 반드시 하나의 이가 있으니 거기에 이르러 궁구하여 그 이에 이르는 것을 격물이라고 한다. 즉, 격물이란 사물의 이치를 궁구하는 노력을 이야기한다.

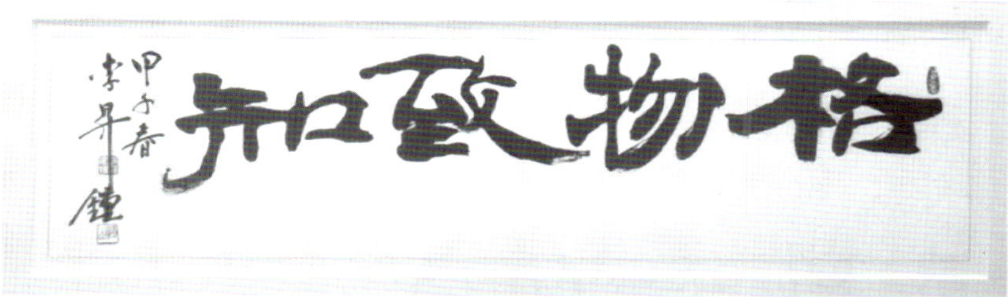

격물치지

(2) 치지(致知)

격물을 통하여 사물의 이치를 밝혀 환히 알게 된 후에 그 지식이 완전해지고 철저하게 된다. 주희는 격물이란 사물에 나아가는 것을 뜻하고 치지는 나 자신으로 속하는 것을 말한다. 즉, 사물에 미루어 궁구해 가면 나에게 비로소 아는 것이 있게 되는 것이다. 그렇기에 격물치지란 자신의 몸을 수신하여 학문에 정진할 수 있는 방법을 말하는 것이다. 하나의 사물에 대해 격물하여 알게 되고, 또 다른 사물에 나아가 격물하고 앎에 이르게 되면서 자신 스스로 앎이 높아지게 된다.

Chapter 5

그 외 중국의 교육철학자

1. 육구연

육구연

육구연(陸九淵, 1139~1192)은 중국 남송의 철학자로 자는 자정(子靜), 호는 상산(象山)이다. 무주(撫州) 금계현(현재의 장시성)에서 태어났다. 1172년 진사시험에 합격하면서 지방관으로 종사하였다. 그는 양명학의 선구자이나 이러한 사상사적 비중에 걸맞지 않게 거의 연구가 이루어지지 않았다.

그의 사상의 특색은 심즉리(心卽理)이다. 그에게 있어서의 이(理)는 송대(宋代)의 다른 사상가와 마찬가지로 천지만물이 움직이는 이치이며, 그 입론의 기초는 다른 바가 없다. 그런데 이(理)가 어디에 있는지? 혹은 이가 무엇인지에 대한 이해 관점에 따라 개인의 주관에 따라서 조금씩 그 이론의 전개를 달리했다.

즉, 이(理)를 자연의 절대적인 이치로 보느냐 혹은 나의 마음(心)으로 보느냐의 관계에 따라서 조금씩 달랐다. 육상산은 이에 대해서 마음(心)은 1심(一心)이며, 이(理)는 1리(一理)이다. 사람은 모두 마음인 심을 가졌고, 심은 모두 이를 지니고 있다고 말한다. 이것은 주자의 격물치지론에서 주장한 1물(一物)에 1리(一理)가 있다는 논리와는 다른 것이다. 육산이 생각한 이(理)는 사물에 내재하는 것이 아니고 인간의 마음속에 내재한다. 즉, 이는 내 마음의 이라고 하여 심즉리(心卽理)를 주장하였다. 그렇기 때문에 인간은 원래 자연의 이치인 이(理) 한 곳으로 가기 위해서 마음을 가리고 있는 악폐만을 제거하는 수양이 필요함을 말하였다.

2. 왕수인

1) 왕수인의 생애

왕수인

왕수인(王守仁, 1472~1528)은 중국 명(明)나라 헌종(憲宗) 8년, 절강성(浙江省) 여요(餘姚)에서 태어난 정치, 교육, 사상가로 호(號)는 양명(陽明)이다. 그는 정호의 사상을 이어받아 심학(心學)의 대성자로 꼽히며 양명학의 창시자로 알려져 있다, 양명의 어린 시절은 특이하게도 여섯 살이 될 때까지 말을 못했다고 전하고 있다. 그의 아버지는 장원급제를 하여 관직에 등용될 정도로 뼈대 있는 가문이었다. 그의 원래 이름은 운(雲)이었다. 이에 대한 이야기가 있는데 그의 할머니가 꿈을 꾸었는데, 신선이 구름 속에서 나타나 하늘의 선물이라고 하면서 양명을 건네주었다고 한다. 그 후에 할머니는 그를 운이라고 했다. 그러나 그가 말을 하는 것이 너무 늦자 걱정이 된 할아버지가 양명의 이름을 수인(守仁)으로 바꾸었는데, 그 의미는 사람다움을 지킨다는 뜻이다. 이때부터 양명은 갑자기 말문이 트였으며, 믿을 수 없을 정도의 시(詩)적 능력을 보이기 시작했다.

그가 열 살이 되던 해인 1481년에 과거에 장원급제하여 관직으로 나가게 된다. 그는 어린 시절부터 공자, 맹자(孔孟)의 가르침과 한시(漢詩) 쓰는 법을 배웠다. 열한 살 때 그의 스승이 공부의 가장 큰 목적은 높은 관직에 오르는 것이라고 하자 그는 공부의 목적은 성인(聖人)이 되는 것이라고 이야기를 할 정도로 그의 가슴속에 진리에 대한 열정이 있었다.

열여덟 살 되던 해에 그는 학문적 전환점을 맞는데. 결혼을 하고 처갓집에 갔다가 돌아오는 길에 그 당시 최고의 학자인 루일제(婁 一齊, 1422~1491)를 만나고,

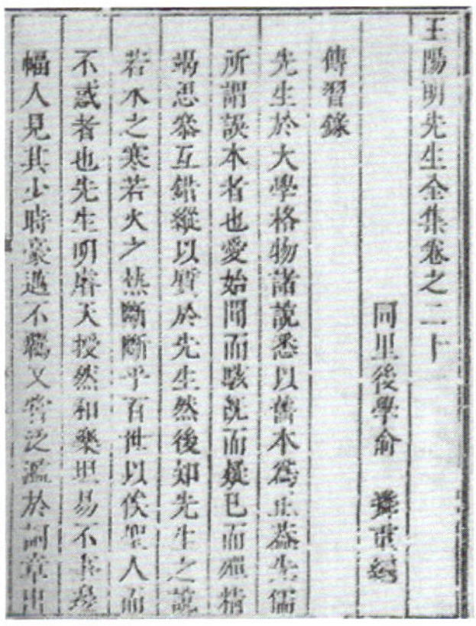
王陽明先生全集卷之二十
同里後學俞 嶙 輯
傳習錄
先生於大學格物諸說悉以舊本為正蓋先儒
所謂誤本者也愛始聞而駭既而疑已而殫精
竭思參互錯縱以質於先生然後知先生之說
若水之寒若火之熱斷斷乎百世以俟聖人而
不惑者也先生明睿天授然和樂坦易不事邊
幅人見其少時豪邁不羈又嘗泛濫於詞章出

전습록(왕수인의 어록)

그를 통하여 주희의 사상을 새롭게 바라보게 되었고, 자신과 세계의 참모습을 깨달아야 성인(聖人)이 될 수 있다는 가르침은 마음 깊이 새기게 되었다. 그 후 그는 성인이 되기 위해 피나는 노력을 했으며, 사물의 이치를 깨닫기 위해 7일간이나 대나무 앞에 정좌하며 탐구했지만, 이치를 깨닫지는 못하고 탈진하여 병만 얻었다.

그는 자신이 성인이 될 자질이 없다고 실망하여 이 무렵부터 성인이 되기 위해서는 먼저 세계만물의 이치를 깨달아야 한다는 주자의 성리학에 의심을 품기 시작한다. 이후에 그는 세속과의 인연을 끊고 도가와 불교에 깊이 빠져들어 만물의 이치를 배우고 탐구하기 시작한다.

왕수인은 38세에 다시 중앙 관직에 복귀하게 된다. 명나라의 국운이 약해지고 기강이 무너져 가던 시기에 각지에서 반란과 폭동이 일어났으며, 양명은 이때부터 어린 시절부터 갈고 닦았던 군사적 지식을 가지고 훌륭하게 자신의 소임을 다하였다. 묘(苗)족의 반란을 설득을 통해 진압하고 귀경하던 도중 57세의 일기로 그는 숨을 거둔다. 그의 마지막 유언은 "내 마음에 밝은 빛이 가득 차 있는데, 이제 무슨 말이 더 필요한가?"였다고 한다.

2) 왕수인의 교육철학

그는 성리학의 집대성자인 주희가 죽은 지 270년 후에 태어나서 주자학에 의심을 품고 주희가 전개한 이론들과는 다른 경전 해석을 하면서 명나라에서 새로운 학풍을 이끌었다.

(1) 심즉리(心卽理)

그는 주희가 전개한 성리학의 이론인 성즉리(性卽理)와는 달리 심즉리를 주장하였다. 주희에게는 천지만물의 이치인 이(理)와 또한 현상 세계를 있게 하는 기(氣)로 이루어져 있다. 주희에 따르면 인간의 마음도 천지만물과 같이 이와 기로 이루어진 것이기 때문에, 인간의 마음의 작용을 온전히 알기 위해서는 나의 마음 속 밖에 있는 객관적으로 존재하는 이를 널리 탐구해야 하며, 그것을 통하여 모든 천지 만물의 진리를 깨닫고 이해하게 된다는 것이다.

그러나 그는 천지만물의 이(理)가 이미 마음(心)에 있기 때문에 사물에서 이를 찾을 필요가 없다고 보았다. 그는 사물을 알아가는 것보다 외부 세계를 지각하고 판단하는 마음의 역할이 더 중요하다고 생각하였다.

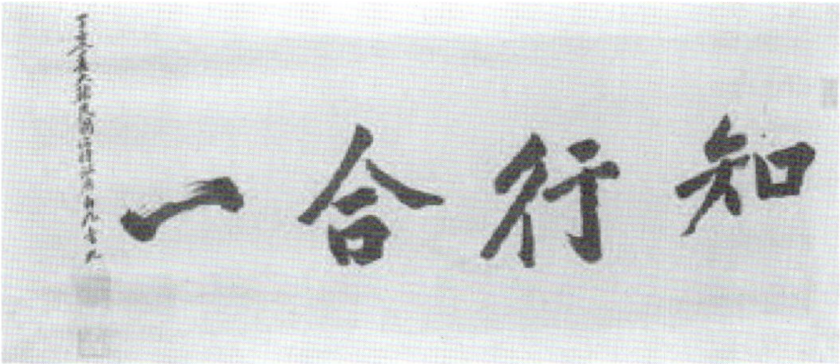

지행합일

그러므로 주희가 사물에 대한 끊임없는 학습인 격물치지의 이론을 반대하며 마음속에 이를 품고 있기 때문에 마음을 통한 지행합일(知行合一)을 주장하였는데, 이러한 부분은 진리를 알고 실천해야 하는 교육학적 의미를 내포하고 있는 것이다.

(2) 양지(良知)

그는 인간이 보편적으로 타고난 도덕적 능력을 양지(良知)라 칭하였다. 주희의 성즉리(性卽理)를 다룬 성리학은 인간의 마음을 성(性=理)과 정(情)으로 나누고 정은 성을 실현하기 위해 정을 규제해야 한다고 생각했다. 그러나 인간은 이미 마음에 양지(良知)가 갖추어져 있으며, 자연의 심정으로 행동하면 성을 실현할 수 있다는 심즉리(心卽理)를 주장했다.

여기서 양지는 하늘이자 하늘의 이치(天理)인 동시에 인간의 마음의 본체이다. 이 양지는 사리판단 이전의 양심에 가까운 것으로서 생각한다. 이는 주희가 이야기한 것보다 인간의 행동에 대해 좀 더 자유로운 해방감을 주는 것이었다.

Chapter 6

원효의 교육철학

1. 원효의 생애

원효

원효(元曉, 617~686)는 삼국시대와 신라의 고승이자 귀족으로 철학자, 교육자, 정치인이다. 원효는 법명이고, 속명은 설사(薛思)이며, 태종 무열왕의 둘째 사위이다. 신라의 개국공신이자 박혁거세를 추대한 자로 6촌의 촌장 중의 한사람인 설거백 또는 설호진의 후손으로, 설곡(薛嚳)의 4대손이다. 그의 아버지는 내말 설담날이며 상주(湘州) 경산현 불지촌(佛地村) 율곡(栗谷)의 사라수 밑에서 둘째 아들로 태어났다. 그의 어머니 조씨는 꿈에 유성(流星)이 품속으로 드는 것을 본 후에 원효를 임신하였다고 한다.

원효의 어머니가 출타했다가 돌아오던 중 밤나무 밑을 지나다가 갑자기 산통이 있어 급하게 해산하였고, 이때 원효의 남편 옷을 나무에 걸고 그 속에서 뉘었기 때문에 이 나무를 사라수(娑羅樹)라 했다. 원효는 승려가 된 뒤에 자신이 태어난 곳에 법당을 세우고, 그 이름을 초개사(初開寺)라고 이름 했다.

원효는 어려서부터 부친과 조부의 기대를 받으며 화랑으로 활동하였으나, 그가 15세가 되던 때 어머니 조씨의 죽음에 충격을 받고, 삶과 죽음에 대해 고민을 하다가 황룡사(黃龍寺)로 출가하여 승려가 되었다. 출가 후 영취산(靈鷲山)의 낭지(郎智) 및 고구려 반룡산(盤龍山)의 보덕(普德) 등에서 불도를 닦으며 그의 뛰어난 자질과 총명을 드러냈다.

원효는 661년 의상과 함께 당나라로 유학을 가던 길에 당항성 근처의 한 무덤에서 잠이 들었고, 목이 말라 달게 마신 물이 다음날 아침에 깨어나 다시 보니 인간의 해골바가지에 담긴 더러운 물이었음을 알았다. 그는 급히 토하려고 하다가 다음과 같은 깨달음을 얻게 되고 당나라 유학을 포기한다.

황룡사

"마음이 생겨야 사물에 법이 나는 것이요, 마음이 죽으면 곧 해골이나 다름이 없도다(心生則種種法生 心滅則龕墳不二). 부처님 말씀에 삼계(三戒)가 오직 마음뿐이라 한 것을 어찌 잊었더냐?"

원효는 불교와 도교 및 유교에도 조예가 깊었으며, 한비자와 법가 사상에도 지식이 많았다. 그는 선진 문물을 배우기 위해 34세와 45세 때 의상과 함께 두 번에 걸쳐 당나라 유학을 시도 했다. 그 후 그는 과부였던 요석공주와 결혼하여 설총을 낳고, 불교를 민중화시키고, 분열된 민중을 통합하기 위해 노력을 기울였다. 그는 당시 약 100여 종의 저술을 한 것으로 알려져 있지만 약 20여권만 남겨져 있다. 그중에 『대승기신론소 2권』, 『금강삼매경론 3권』, 『십문화쟁론 2권』 등은 원효 사상의 핵심인 일미(一味) 화쟁(和諍) 사상이 잘 드러나 있다. 그는 수많은 저서를 남기고 70세에 혈사(穴寺)에서 입적하였다.

- 의상(義湘, 625~702)

통일신라시대의 왕족 출신 고승이며 작가이자 철학자이다. 의상은 당나라로 유학을 갔다가 670년(문무왕 10)에 귀국하여 관음굴(觀音窟: 낙산사)에서 백일을 기도하고 676년에 왕의 뜻을 받아 태백산에 부석사를 창건하고 화엄종의 시조가 되었다

의상

2. 원효의 교육사상

1) 화쟁사상(和諍思想)

원효의 가장 커다란 교육적이고 철학적인 사상중의 하나는 화쟁사상이다. 이 사상은 그 당시에는 존재하지 않았던, 즉 현대에 사용하는 논리학적 방법론으로 알려진 이론을 사용하였다는 것이 특이한 점이다. 그는 다양하게 다른 주장을 하는 이론들을 일정한 체계에 의하여 정리를 하면서 그만의 독특한 화쟁사상을 정립하였다.

동일한 이론에 대해 여러 경전이나 논서 사이의 해석이 다르게 나타난다. 이러한 경우 서로 간의 의견의 차이를 어떻게 할 것인가 문제가 된다. 그러나 그는 각각 의견이 가지고 있는 옳은 것과 잘못된 것을 설명하고 그 이론들이 가지고 있는 타당성을 긍정을 하고 있다. 이때 어느 쪽의 이론이든 전적으로 옳다고 하는 입장은 취하지 않으며, 취사선택한 관점에 의해서 자신의 입장을 드러내는 형태로 주장이 전개된다.

즉, 어떤 문제에 대해서 서로 다른 견해가 있을 때 서로 다른 견해를 융합의 이념에 의하여 화해시켜 큰 법의 바다로 귀납시키는 사상이다. 이것은 물과 기름처럼 서로 분리를 시키며 배척하는 것이 아니라 서로 섞이고 녹이게 하여 서로를 받아들여 화합하게 하는 것이다.

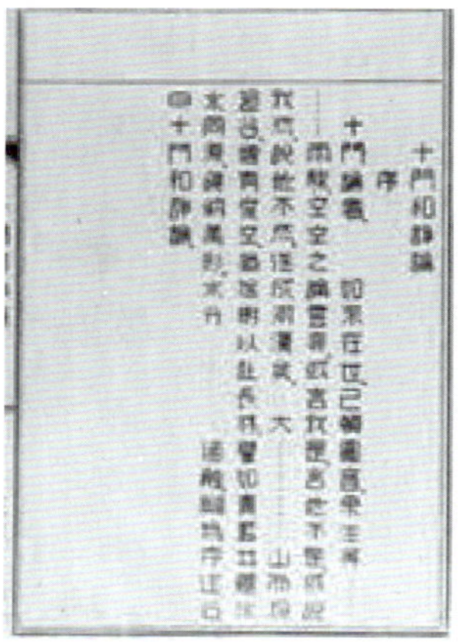
十門和諍論
序

십문화쟁론

일반적으로 우리들이 생각이 다를 때에 서로 같은 점을 강조하여 소통하는데, 화쟁논리는 서로 다른 점까지 분명하게 인식하고 다르다는 사실에서 소통을 이끌어 낸다는 특징이 있다. 이것은 다른 점과 같은 점에 대해 동시 긍정을 통해서 한쪽에 치우치는 오류를 피하는 독특한 논리전개 방식이다. 이처럼 같은 점과 다른 점이 동시에 충족되는 공통점을 추구하는 논리적인 방법론이면서, 그것을 이끌어내는 사상적인 입장을 말한다. 화쟁사상을 보여주는 대표적인 저술은 『십문화쟁론』인데, 현재는 부분적으로만 남아서 전해진다.

이러한 화쟁사상은 현대사회에 나타나는 극단적이고 이기적인 문제들을 해결할 수 있는 교육 원리들을 가르쳐 주고 있다. 그것은 상대방을 존중하는 배려를 통한 교훈이며, 이것은 우리 교육에서 사라져가는 인간 존중사상을 다시 일깨우게 한다.

2) 일심사상(一心思想)

무량수경종요

불교에서 일심이란 더러움과 깨끗함의 모든 것이 둘이 아니고 또한 참됨과 거짓됨은 다름이 아니라 하나라고 하는 것이다. 불교에서는 인간의 마음의 상태를 크게 네 가지로 나눈다. 첫째, 마음이 깨끗한 것이라는 것이다. 둘째, 마음이 번뇌(煩惱)로 물들어 있기 때문에 더러운 것이라는 입장이다. 셋째, 마음이 깨끗함과 더러움으로 뒤섞여서 하나가 되어 있다는 입장이다. 넷째, 마음이 깨끗하거나 더럽다는 상대적인 관점을 벗어나 있다는 입장이다. 원효는 이 네 가지의 마음의 상태를 나타내는 것에서 네 번째를 지지하는 입장이다. 마음이라는 것은 더럽거나 깨끗하다는 상대적인 것이 아니라 이것에서 벗어난 절대적인 어떤 것이며, 그것을 이름하여 일심(一心)이라고 한다. 다음은 원효의 『무량수경종요』에 나오는 일심을 설명하는 한 구절이다.

> "더러운 땅과 깨끗한 나라가 본래 일심이고, 생사와 열반이 마침내 둘이 아니다."

3) 화엄사상(華嚴思想)

원효의 화엄사상은 중국에 유학 갔던 의상이 귀국하면서 전해준 중국 화엄사상의 영향을 수용하고 있다. 화엄사상의 철학적 구조는 법계연기(法界緣起)이다. 법계연기란 우주 삼라만상의 모든 사물과 인간은 그 어느 하나라도 홀로 존재하거나 혹은 아무 관계도 없이 홀로 일어나는 일이 없이 모두가 끝없는 시간과 공간 속에서 서로의 원인이 되며, 대립을 초월하여 하나로 융합하고 있다는 사상이다.

이 사상은 모든 우주의 사물의 일체를 다 포괄하는 보법(普法)을 강조한 것이다. 보법이란 세상에 존재하는 일체의 모든 현상들 하나하나가 다른 점과 같은 점을 모두 가지고 있지만, 서로의 다른 점과 같은 점이 분명하게 인식되면서 상호 긍정될 때, 모든 집착으로부터 벗어나 대자유인의 삶에 이를 수 있는 가르침이다.

화엄경 합론

Chapter 7

퇴계의 교육철학

1. 퇴계의 생애

조선시대 성리학의 양대 산맥 중 한사람으로 여기고 있는 퇴계 이황은 1501년 경북 안동부 예안현 온계리(溫溪里)에서 진사(進士) 의정부좌찬성 이식과 부인 춘천 박씨의 7남 1녀 중 막내로 태어났다. 자는 경호(景浩), 호는 퇴계(退溪) 시호는 문순(文純)이다. 그가 태어날 때 그의 부모는 태몽을 꾸었다고 하는데, 어머니의 꿈에 '공자가 대문 안으로 들어오는 꿈을 꾸고' 퇴계를 낳았다 하여 대문을 성림문(聖臨門)이라고 했다고 한다.

틔계이황

그가 태어난 지 7개월 만에 아버지 이식은 마흔 살의 나이토 세상을 떠났고, 퇴계는 홀어머니 밑에서 자랐다. 퇴계는 어려서 서당에서 한학을 수학하였으며, 열두 살 이후로 숙부인 송재 이우에게서 학문을 배웠는데, 약 20세 무렵부터 밤낮으로 공부를 하고 『주역』에 몰두하면서 병을 얻게 되었고 이후부터 잔병치레에 시달렸다고 한다.

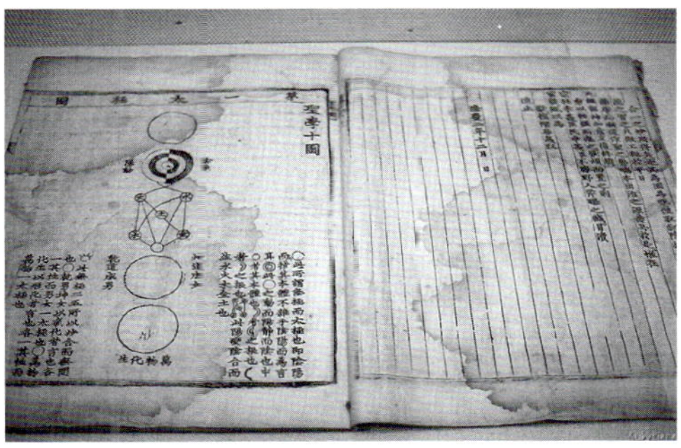

성학십도

그는 1528년(중종 23)에 소과에 합격하여 성균관에 들어가게 되었고, 1534년 문과에 급제하고, 1539년 홍문관수찬이 되었고, 1543년 성균관사성으로 승진하자 성묘를 핑계 삼아 고향으로 가게 된다. 1548년 충청도 단양군수가 되었고, 그 이후에 경상도 풍기군수로 전임하게 된다. 재임 중 전임 군수 주세붕(周世鵬)이 창설한 백운동서원에 편액(扁額)을 하사할 것을 청원하여 실현을 보게 되었고, 이것은 조선의 사액서원(賜額書院)의 시초가 된 소수서원(紹修書院)이 된다. 1560년 도산서당(陶山書堂)을 짓고 7년간 서당에 기거하면서 많은 제자들을 가르쳤다. 명종은 퇴계를 공조판서·대제학이라는 직에 임명하며 자주 초빙했으나, 그때마다 고사하고 도산서원에 남아 후학들을 가르치게 된다. 노년에 퇴계는 선조왕에 대한 마지막 봉사로서 『성학십도(聖學十圖)』를 저술하여 어린 국왕에게 바치게 된다.

그의 학문은 일본에도 큰 영향을 끼쳐, 에도시대에는 기몬 학파와 구마모토 학파가 있었고, 메이지시대의 교육 이념의 기본 정신을 형성하였다. 그러나 이황의 학문적 근본 입장은 진리를 이론에서 찾는 데 있지 않았다. 오히려 진리는 평범한 일상생활 속에 있다는 것이 그의 신념으로 지와 행의 일치를 주장, 그 기본이 되는 것이 성이요, 그에 대한 노력으로서 '경'이 있을 뿐이라 하였다. 실로 그의 학문·인생관의 최후 결정은 이 경에서 찾아볼 수 있는 것으로, 이 경을 70여 생애를 통하여 실천한 것이 이황이었다. 그는 문학·고증학에도 조예가 깊었으며 그 사상·학풍이 후세에 계승되어 영남학파를 형성, 유학계에 많은 영향을 주었다.

소수서원

2. 퇴계의 교육철학

1) 이기동정론(理氣動靜論)

주희가 태극도를 가지고 이론으로 정립한 이기론의 기본적인 사상은 불상리(不相離) 불상잡(不相雜)이란 근거에서부터 온다. 즉, 이와 기는 서로 혼잡하거나 떨어지지 않는다는 말이다. 퇴계도 이러한 이론을 근거한다. 또한 이기 선후에 있어서 주자는 본래 이기의 선후는 없지만 차례를 따지자면 이가 먼저 있다고 말한다. 그러나 이란 기속에 존재한다는 것이다.

퇴계의 사단칠정이란 바로 불상리 불상잡의 원리에 의해서 움직여지는 것이다. 본래 주희는 태극은 사람과 같고 동정은 말과 같아서 말이 움직여야 사람도 같이 움직일 수 있다고 이야기한다. 퇴계는 이러한 주희의 이론을 통하여 태극에 동정이 있으니 태극자신의 동정이라고 말하면서 태극으로서 이란 최고근원자이며 제일의 운동자로서 유행의 근거로서 태극의 이임을 밝히고 있다. 이러한 태극인 이의 동정이란 인심의 동정이 아니다. 다만 퇴계는 인심동정의 이치는 천지동정의 이치임을 말하는데, 이동과 기동이 함께 어우러져 있다는 것을 말해준다. 즉, 퇴계는 태극의 이가 기안에 존재하면서 동정의 근원임을 밝히고 있다.

2) 사단칠정론(四端七情論)

사단(四端)은 인간의 본성에서 우러나오는 도덕적 능력이며, 칠정(七情)이란 인간의 본성이 사물을 접하면서 표현되는 자연적인 감정을 말한다. 사단은 인(仁), 의(義), 예(禮), 지(智)의 4가지로서 『맹자(孟子)』의 「공손추(公孫丑)」 상편에 나오며 그 내용은 다음과 같다.

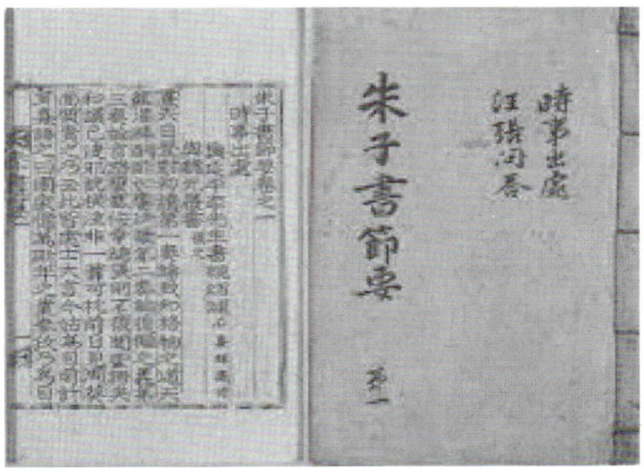

주자서절요(사단칠정론을 다룬 책)

- 측은지심(惻隱之心): 남을 불쌍히 여기는 마음
- 수오지심(羞惡之心): 자신의 옳지 못한 행동을 부끄러워하고 남의 옳지 못함을

옳지 못하게 보는 마음

- 사양지심(辭讓之心): 겸손하여 양보하는 마음
- 시비지심(是非之心): 서로의 잘못을 분별하는 마음

칠정은 『예기(禮記)』의 「예운(禮運)」과 「중용(中庸)」에 나오는 인간의 자연적인 감정으로, 그 내용은 다음과 같다.

기쁨(희, 喜), 노여움(노, 怒), 슬픔(애, 哀), 두려움(구, 懼 혹은 즐거움 락, 樂), 사랑(애, 愛), 미움(오, 惡), 욕망(욕, 欲)

퇴계는 사단이란 이가 발하여 나타나는 것이고 칠정이란 기가 발하여 나타나는 것임을 말한다.

도산서원

- 사단칠정논변

1559년 퇴계 이황의 나이 58세 때 32살의 고봉 기대승이란 선비와 8년 동안 학문적으로 편지를 주고받으면서 논쟁을 하게 되는데, 이 논쟁을 사칠논변(사단칠정논변)이라고 한다. 사실 퇴계 이황이 고봉 기대승의 편지에 대답할 이유가 없었다. 왜냐하면 그 당시 퇴계는 성균관 대사성의 직분이었고, 고봉은 갓 과거에 급제한 선비였기 때문이다. 그러나 퇴계는 고봉 기대승의 편지에 대해서 성실하게 대답을 해 주게 된다. 논변의 요지는 다음과 같다.

주희는 태극도를 통하여 이기론을 사단과 칠정으로 해석을 하게 된다. 여기서 이란 순선이며 사단이고, 기란 인간이 가지고 있는 선하지 않은 칠정을 담보한다.

이러한 사단 칠정의 해석에 대한 관점의 차이 때문에 서로 논변을 하게 된다. 퇴계에게 있어서 사단이란 인간의 순수한 본성이 발현된 순선(純善)한 상태이며, 퇴계는 사단이 이가 발현한 것으로 보았고 칠정은 인간의 마음의 작용에 따라 선과 악이 있으며 이것은 기가 발현한 것으로 보았다. 그러나 율곡의 사상을 따르는 기대승은 사단은 칠정 가운데의 선한 것에 해당되며, 이는 기속에 자리 잡고 있으며 기만 발현하게 된다고 주장하였다.

• 기대승(奇大升, 1527~1572)

기대승

본관은 행주 기씨로 1527년에 전라도 광주목 소고룡리에서 태어났다. 기대승의 『자경설』에 따르면 경기도 고양시의 고봉산 아래에서 태어났기에 출생지를 따서 고봉을 호로 삼았다고 한다.

1549년(명종 4) 사마시에 합격하고, 1551년 알성시(謁聖試)에 합격했으나, 그 당시 시험관이었던 윤원형(尹元衡)의 방해로 낙방했다. 1558년(명종 13) 문과에 응시하려고 가던 중 김인후(金麟厚)와 일재 이항(李恒)을 만나 함께 태극도설(太極圖說)에 관해 논하였다. 그 후 서울에 와 있던 퇴계 이황을 처음 찾아가 태극도설(太極圖說)에 관해 서로 의견을 나누었으며, 그 후 퇴계와 13년 동안(1558~1570) 학문과 처세에 관한 편지를 주고받았는데, 그것을 통하여 두 사람의 사단칠정론이 형성되었다.

3) 경(敬)의 사상

퇴계는 공자의 성선설을 바탕으로 선한 본성을 실현시키는 조건이 경(敬)이라고 말한다. 경의 의미는 자신의 의식을 한 곳으로 집중시켜서 마음의 흐트러짐이 없는 상태로 매사에 조심하는 것이다. 퇴계는 경이 없이는 올바른 형위나 혹은 좋은 학문이 이루어지지 않는다고 말하는데, 퇴계는 이러한 경을 바탕으로 인성교육의 핵심을 알려준다. 그것은 함양과 체찰이다. 함양이란 학식을 넓혀 심성을 닦는 것이고, 체찰은 몸으로 익혀 실천하는 것을 말한다. 이렇듯 경이란 다양한 고습으로 해석할 수 있다.

- 주일무적(主一無適): 나아가는 목표에 있어서 오로지 하나의 생각으로 그 목표를 실현하는 것을 말한다.
- 정제엄숙(整齊嚴肅): 항상 마음을 가지런히 하고 엄숙한 자세를 가지고 매사에 임하는 것을 말한다.
- 상성성법(常惺惺法): 항상 마음을 고요히 그리고 깨어있게 하는 것이다.

경(敬)자 바위

퇴계가 이야기한 경을 바탕으로 한 함양이란 쓸데없는 문장을 외우고 관련이 없는 여러 가지 지식을 많이 아는 것이나 혹은 입으로만 떠들거나 혹은 빨리 이루기 위하여 서두는 것이 아니라 학문의 목적을 알고서 한곳을 지향하여 학문에 정진하는 것이다. 또한 경을 바탕으로 한 체찰이란 단순히 명상을 하거나 혹은 출세를 위한 방편이 아니라 일상생활 속에서 인격교육을 통한 궁리와 실천을 하는 것임을 말한다.

4) 퇴계의 이기론(理氣論)

퇴계는 이를 선한 것으로 보고 기를 악한 것으로 생각했다. 퇴계는 이와 기가 서로 상호관계에 있으며 서로 발한다는 이기호발설을 주장한다. 이가 강하면 선한 쪽으로 기가 강하면 악한 쪽으로 행할 수 있다고 생각했다. 퇴계에게 있어서 이란 사단이고 기는 칠정으로 본다. 사단은 도심이고 칠정은 인심으로 생각하였다. 인심에서 도심으로 나아가기 위해서는 인욕을 막고 성찰과 수양이 필요하다고 하였다.

Chapter 8

율곡의 교육철학

1. 율곡의 생애

16세기 퇴계와 함께 조선 성리학의 양대 봉우리로 알려진 율곡은 1536년(중종 31) 사헌부 감찰을 지낸 이원수(李元秀)와 사임당(師任堂) 신씨(申氏)의 셋째 아들로 강원도 강릉 오죽헌에서 태어났다. 본관은 덕수(德水), 자는 숙헌(叔獻), 호는 율곡(栗谷)이다. 그의 어머니인 신사임당은 흑룡이 하늘로 오르는 꿈을 꾸고 임신하고 출생하였기 때문에 그가 태어난 방은 몽룡실이라 불렀고, 율곡의 이름을 '현룡(見龍)'이라 지었다가 뒤에 이(珥)로 바꾸었다고 한다. 어머니 신사임당은 학문적 소양이 깊었고, 인덕이 매우 높은 인격자로 칭송을 받던 인물이었으며, 율곡은 어려서부터 어머니에게서 학문을 배웠다고 한다.

강릉 오죽헌

율곡

이런 교육 환경 덕에 율곡은 어려서부터 매우 총명하였다. 1548년(명종 3) 13세 때에 진사시에 합격했으며, 조광조의 문인인 휴암(休菴) 백인걸(白仁傑)에게 학문을 배웠다. 1554년 금강산 마하연(摩訶衍)으로 들어가 불교를 공부했으며, 이듬해 하산하여 입지(立志)·과언(寡言) 등 11개의 조항으로 되어 있는 성리학의 이론이 기본이 된 자경문(自警文)을 지었다. 23세가 되었을 때 이이는 안동에 가서 퇴계 이황을 만나 많은 이야기를 나누었다고 한다. 퇴계는 이 무렵 명종의 부름을 받았으나 계속 사양했고, 율곡이 퇴계에게 벼슬할 것을 권했지만 겸손하게 사양했다고 전해진다. 퇴계는 율곡과의 조우 후에 월천 조목에게 편지를 보내 "이이가 명석하여 많이 보고 기억하니 후생(後生)을 두려워할 만하다"라고 하면서 율곡이 대성할 것이라고 말했다고 한다.

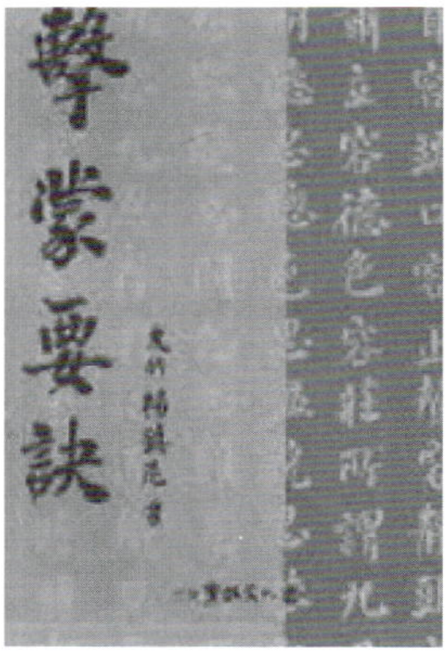

격몽요결

율곡은 1558년(명종 13) 별시(別試)에서 장원으로 급제했으며, 1564년(명종 19)에 실시된 대과(大科)에서 문과(文科)의 초시(初試)·복시(覆試)·전시(殿試)에 모두 장원으로 합격하여 삼장장원(三場壯元)으로 그리고 생원시(生員試)·진사시(進士試)를 포함해 응시한 아홉 차례의 과거에 모두 장원으로 합격하여 구도장원공(九度壯元公)이라고 불리기도 했다. 1573년(선조 6) 다시 조정의 부름을 받아 승정원(承政院)의 동부승지(同副承旨)·우부승지(右副承旨)를 역임했고, 그 뒤 대사헌(大司憲), 홍문관 부제학(副提學), 홍문관과 예문관의 대제학(大提學), 1582년에 이조판서, 1583년에 병조판서 등을 역임했다. 저서로는 『성학집요(聖學輯要)』, 어린이 교육을 위한 『격몽요결(擊蒙要訣)』 등이 있다.

• 10만 양병설

1583년 어느 날 율곡이 선조를 찾아서 다음과 같이 이야기하였다고 한다.

"나라가 오랫동안 태평하니 군대와 식량이 준비되지 않아, 일본 오랑캐가 변경을 소란하기만 하여도 온 나라가 술렁입니다. 이런 상태로는 만일 큰 적이 침범해 온다면 어떤 지혜로도 이길 수 없을 것입니다."
(선조실록)

그는 이렇게 말하면서 항상 전쟁 준비를 해야 한다고 주장하였고, 그 당시 변방에서 여진족과 마찰이 계속 있었기에 율곡의 주장은 진지하게 검토되었다. 또한 율곡은 10만 군사를 길러 외적의 침략에 대비하자는 10만 양병설을 주장하기도 했다. 이러한 율곡의 주장이 현실로 다가왔는데, 그것은 1592년 일본은 20만이 넘는 군사를 거느리고 임진왜란을 일으켰던 것이다.

선조실록

2. 율곡의 철학

1) 태극음양론(太極陰陽論)

율곡의 태극음양론은 퇴계와 마찬가지로 주희가 주석했던 태극도의 이론을 따르고 있다. 그는 태극이란 하늘에게는 도라 하며, 인간에게는 성(性)이라 할 수 있다. 이 말은 태극이란 천지와 인간의 근본이 됨을 알려주고 있다. 율곡에게 있어서 태극은 음양과 함께 어우러져 있으며 음양을 통하여 모든 천지만물의 변화를 가능케 한다. 율곡은 태극을 이로 음양을 기로 이해하고 있다. 음양의 동정 기능은 태극과의 묘한 조화 속에서 가능한데, 그 이유는 동정은 음양이 하며 음양이 존재하게 하는 것이 곧 태극이기 때문이다. 또한 태극음양이란 서로 하나로 이루어지는 묘함을 전제로 이해해야 하며, 논리적으로는 태극이 음양을 앞서 있지만 존재론적으로는 태극과 음양의 선후는 있지 않다.

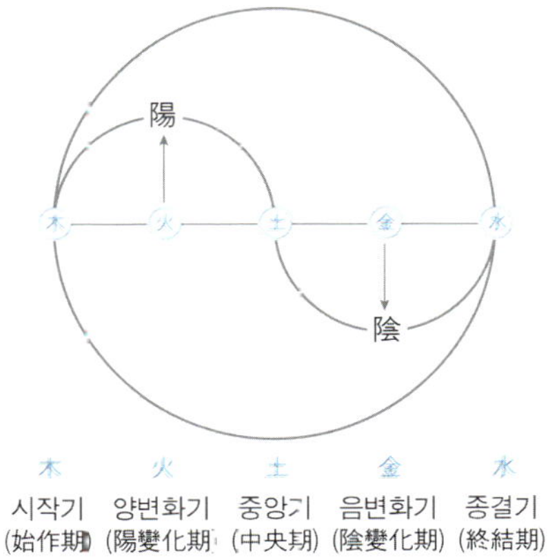

태극음양도

2) 이기론(理氣論)

율곡의 이기론은 주희가 태극도를 주석하며 말한 이기론과 일치한다. 주희는 태극의 이를 천도와 인도를 일관하는 이치로, 만물을 낳는 근본의 개념으로 규정한다. 이란 인간의 도덕행위의 근거인 동시에 인간이 당연히 해야 하는 법칙으로 이야기한다. 이는 기가 있기 전 존재하면 존재론적으로는 선후가 없다. 이것은 이기가 둘이 아니요 하나이며, 나눌 수 없다는 것을 의미한다. 또한 이 자체가 동정하는 것이 아니라 기가 동정하는 소이가 된다는 것이다. 즉, 기가 동하는 것에는 이의 동이 있으며, 기의 정에는 이의 정이 반드시 있다는 것을 말한다. 율곡에게는 이기가 절대로 떨어질 수 없지만, 이기 서로간의 독자성을 잃지 않는다. 이러한 부분은 나중에 이기지묘(理氣之妙)의 철학으로 계승된다.

3) 성(誠)의 사상

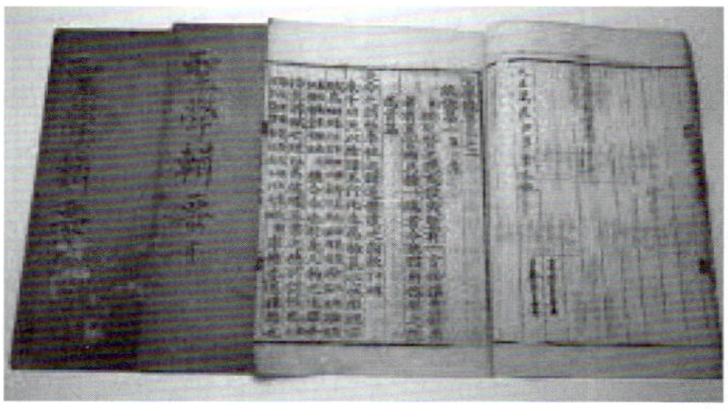

성학집요

퇴계가 경을 강조하며 그것을 중심으로 교육철학사상을 전개한데 반해서 율곡은 성(誠)을 중심으로 한 성실을 중요시 했다. 성이란 그 한자어로 풀이하면 자신이 했던 말을 이룬다는 것으로 풀이할 수 있다. 율곡은 배우는 자는 반드시 성실한 마음으로 도를 목적으로 잡된 생각과 세속적인 일에 흔들리지 않아야만 학문의 기초를 이룰 수 있다고 말한다.

율곡이 말하는 성이란 참이요 거짓이 없는 것이며, 나를 속이지 않는 동시에 남을 속이지 않는 것이며 자신에게 진실한 동시에 남에게 정성을 다하는 것을 말한다. 인간은 성을 떠나서는 참다운 인간과 훌륭한 학문을 이룰 수 없다. 그렇기에 참다운 인간의 모습은 인간답게 살려고 하는 애쓰는 노력인 성인 성실함 그 자체인 것이다. 율곡은 『중용』에서 성은 하늘의 도이고 성실하려고 노력하는 것은 인간의 사명 이라고 한 말과 같이 인간의 자기 노력을 통하여 성을 실현하기를 원하였다. 이것은 공자가 가르쳐준 수기치인의 기존체계를 그대로 보여준다고 할 수 있다.

4) 율곡의 이기론(理氣論)적 특징

반면에 율곡은 이기론에서 오직 발하는 것은 기뿐이며 이는 기를 타고 있음을 말하였는데, 이것을 표현하여 기발이승설(氣發理乘設)이라고 한다. 이것은 마치 주희가 이기론을 주석할 때 인간이 말을 타고 있는 형상과 같다. 율곡은 인심과 도심은 모두 기에서 발생되는데, 본연의 기를 타면 도심이 되고 변한 기를 타면 인심이 되기 때문에 한쪽으로 치우쳐 온전하지 못하게 된다고 말한다. 선하고 좋은 기를 타야 함을 역설하면서 교육의 중요성을 역설하였다.

율곡 동상

Chapter 9

정약용의 교육철학

1. 정약용의 생애

정약용

정약용(丁若鏞, 1762~1836)은 조선 후기의 문신이자 실학자, 철학자, 교육자, 과학자이다. 본관은 나주, 자는 미용(美庸), 호는 다산(茶山), 당호는 여유당(與猶堂)이다.

1762년 8월 5일(영조 38)에 경기도 광주부 초부면 마재 현재의 남양주시 조안면 능내리에서 진주 목사를 지낸 부친 정재원의 넷째 아들로 태어났다. 어려부터 아버지에게서 글을 배웠고, 7세 때에 '바다'라는 시를 지은 것이 남아있다. 그의 어린 시절에 지은 시를 모아 『삼미자집(三眉子集)』이라는 책을 내었다.

1776년에 결혼하여 6남 3녀를 낳았다. 이후 그의 매부 이승훈을 만났다. 그 당시 이승훈은 조선에서 처음으로 천주교회에서 세례를 받았던 인물이다. 그는 이승훈의 외삼촌이었던 이가환을 만나게 되는데, 그는 성호 이익 학문을 계승하여 공부하던 인물이었다. 이들에게서 성호 이익의 학문을 접하면서 실학 사상의 토대를 다졌다. 22세가 되어 진사에 합격해 성균관에 들어갔고, 학문이 뛰어나 정조의 총애를 받았다. 23세 때 큰형 정약현의 처남 이벽을 통해 천주교를 알게 된다.

1789년(정조 13) 대과에 급제하여 관직에 진출하였으며 1794년에는 성균관에서 강의를 하게 되고, 그 후 경기도 암행어사가 되었으며, 1799년에 승정원 동부승지가 되었다. 이후 천주교회 전교를 했던 조선에서 순교한 중국인 로마 가톨릭교회 사제인 주문모 사건에 휘말려 그해 음력 7월에 금정찰방으로 좌천되었다. 이어 병조참지, 좌부승, 곡산부사 등을 지냈다. 천주교에 온건정책을 폈던 정조가 승하하자 이듬해 정월 조선 교회는 정순왕후 김씨의 천주교 탄압이 시작되었으며, 1801년(순조 1)에 천주교회 박해 사건인 신유박해가 일어났다.

천주교 신앙을 버리지 않은 정약용은 18년간 경상도 장기, 전라도 강진 등지에서의 이 유배를 당하였고, 이 기간 동안에 『목민심서』, 『경세유표』 등 그의 대부분의 저작들이 만들어졌다.

1818년(순조 18) 귀양이 풀려 승지(承旨)에 올랐으나 음력 8월 고향으로 돌아왔고, 1836년 4월 7일(음력 2월 22일)에 마현리 자택에서 별세하였다. 정약용은 실학을 집대성하여 정치, 경제, 역사, 지리, 문학, 철학, 의학, 교육학, 자연과학 등 모든 분야에 걸쳐 500여 권이 넘는 방대한 양의 저술을 남겼다.

여유당전서

정약용 묘(경기도 양수리 소재)

2. 정약용의 교육철학

1) 실학(實學)적 사고

정약용의 사상은 당시 조선의 정치, 경제, 사회, 문화 등 사회 전반을 지배하던 퇴계와 율곡으로 이어지는 성리학(性理學)에 대한 비판에서 출발한다. 먼저 다산은 이(理)의 실제성을 부정한다. 천지만물의 원리이며 무형의 추상물인 이가 현상의 존재근거가 될 수 없다고 생각하였다. 성리학의 중심인 인성론(人性論)에 있어서도 성즉리(性卽理), 즉 세상의 이치를 다 알아야 온전한 인성을 이루며 성인이 될 수 있다는 이론에 반대의 입장을 가졌다. 이러한 입장에서 성(性)이 기호(嗜好)라고 생각하였다. 또한 성리학의 사변적인 이론인 사단칠정(四端七情)의 논쟁에도 별 관심을 갖지 않았다.

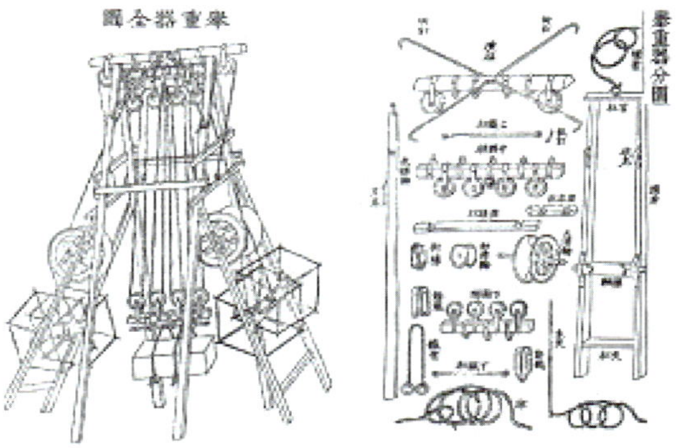

거중기

그는 당시의 성리학적 이론을 버리고 과학적인 세계관을 통하여 중국이 세계의 중심이며 하늘은 둥글고 지구는 네모지고 움직이지도 않는다는 잘못된 세계관을 부정하였다. 이것은 그가 지동설이라는 보편적인 이론을 통한 중국을 향한 사대주의적 세계관을 부정하고 새로운 사상으로의 발전을 했다는 것을 의미한다.

2) 실천적 윤리관

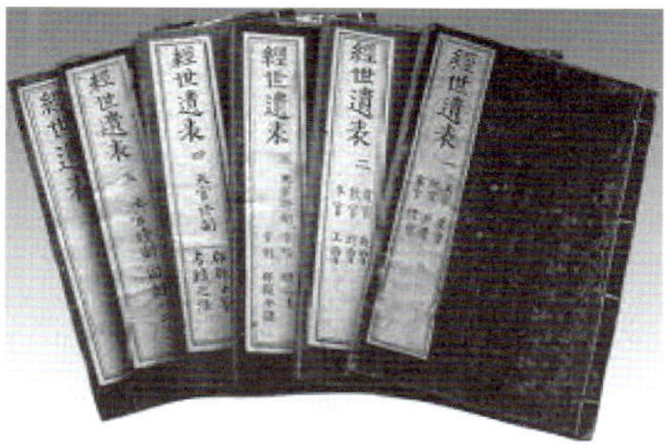

경세유표

그는 윤리관에 있어서도 성리학의 사변적인 이론과는 다르게 철저히 실천적인 성격을 가진다. 성리학에서 인, 의, 예, 지(仁, 義, 禮, 智)는 천지만물과 인간의 법칙이지만, 이러한 법칙은 실학적인 사고관 아래에서는 성립되지 않는다는 것이다. 단지 인의예지는 인간의 관계에서 이루어지는 교육적인 실천적 윤리관으로 생각하였다.

그는 종래에 사대주의적인 성리학적 사고관을 버리고 과학적이며 세계 중심적인 가치관을 통하여 사변적인 학문을 높이 여기고 과학과 기술을 천하고 가벼이 여기던 종래의 생각을 시정하기 위하여 노력하였다. 이것은 인간이 동물과 구별되는 인의예지에만 있는 것이 아니라 그것을 발전시키는 것이며, 인간은 과학과 기술을 배우고 익혀서 사회생활 속에서 자신의 역할을 감당해야 한다는 것을 말하였다.

3) 개혁적 사상

목민심서

그의 사상 중에 가장 중요한 것 중 하나는 사회개혁적 사상이다. 성리학을 바탕으로 했던 사대부들의 권력적 남용과 횡포는 날로 더 하였고, 노론과 소론의 끝없는 정치적 대립 속에서 그는 당시 사회전체가 병들어 있다고 생각하였다.

그의 개혁안을 담은 대표적인 저술은 『경세유표(經世遺表)』와 『목민심서(牧民心書)』이다. 경세유표는 당시의 법질서를 초월한 국가기구 전반에 걸친 정치, 경제, 사회 개혁의 청사진이고, 목민심서는 법질서 안에서의 지방행정에 대한 개혁안인데, 그 개혁안은 제도개혁에 집중했다. 특히 마을 단위로 토지를 공동으로 소유하고 공동으로 경작하여 그 생산물을 노동일수에 의하여 공동으로 분배하도록 하는 여전제(閭田制)로의 토지제도 개혁안은 주목할 만하다. 이 여전제의 정신을 간단히 살펴보면 다음과 같다.

첫째, 농사짓는 사람만이 토지를 점유해야 한다.
둘째, 토지의 소유는 공유로 하며 토지의 사유화는 인정하지 않는다.
셋째, 토지의 경작은 공동으로 해야 한다.
넷째, 곡물은 공동으로 수확해야 한다.
다섯째, 수확된 곡물은 노동량에 따라 분배해야 한다.

유배지(전남 강진)

그는 그 당시 부패의 온상이었던 환곡(還穀, 조선시대, 삼정(三政)의 하나로 국가가 비축했던 곡식을 춘궁기에 백성에게 꾸어 주었다 추수 후 돌려받는 제도)와 군포(軍布, 조선시대에 병역을 면제하여 주고 그 대신 받아들이던 삼베나 무명. 군보포)의 개혁을 주장하였다.

그는 『목민심서』에서 통치자에 대한 입장을 통치자가 백성을 위하여 존재하는 것으로, 백성들의 필요에 의해 통치자가 선출되었기 때문에 통치자는 백성들을 위하여 존재해야 한다는 견해를 가지고 있었다.

4) 과학적 사상

그는 자연과학에 대해서도 많은 관심을 가지고 공부했다. 그는 밀물과 썰물이 일어나는 원인과 근시(近視)와 원시(遠視) 현상에 대해서도 정확하게 이론을 전개하기도 했다. 또한 그 당시 미신적이고 비합리적인 관습들에 대해서 비판을 가했다. 먼저 얼굴 모양을 보고 운명을 점치는 관상법(觀相法)과 풍수지리설(風水地理說)을 배격하였다.

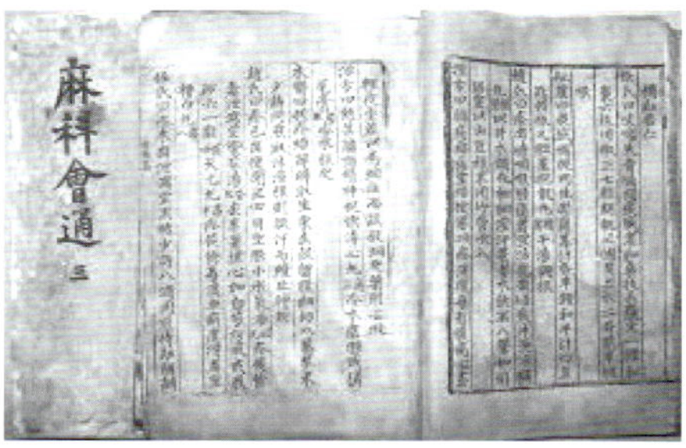
麻科會通 三

마과회통

그는 의학에서도 여러 가지 과학적인 비판을 가했는데, 먼저 손목의 맥(脈)을 짚어 병을 진단하는 맥진법(脈診法)의 부정확성에 대해서 비판을 가했으며, 우리나라 최초로 박제가와 함께 종두법(種痘法)을 연구하여 보급하였다. 또한 이러한 이론을 바탕으로 의학서적인 『마과회통(麻科會通)』 저서를 남겼다.

5) 생명존중사상

그는 살인사건에 대해 조사하고 피의자를 심리하고 재판하고 판결하는 과정에서의 공정성과 정확성을 기하기 위하여 『흠흠신서(欽欽新書)』를 썼는데, 이 책은 그의 법사상(法思想)을 다룬 일종의 형법서(刑法書)이다.

이 책에서는 150여 건의 살인사건에 대해서 자세히 설명해 놓고 있다.

특히 법의학, 사실인정, 법해석 등의 문제를 다루고 있어서 그 당시 재판에 관한 종합적 연구서이며 판례집이다. 이러한 그의 노력은 다른 사람의 생명도 나와 똑같이 중요하다는 생명존중사상이 여실히 드러나 있다. 그는 전 생애를 걸쳐 오직 민족과 국가와 백성의 생명을 위하여 사색하고 저술하고 활동했다. 이러한 점은 그의 학문적, 교육적, 철학적 위대성을 더욱 돋보이게 한다.

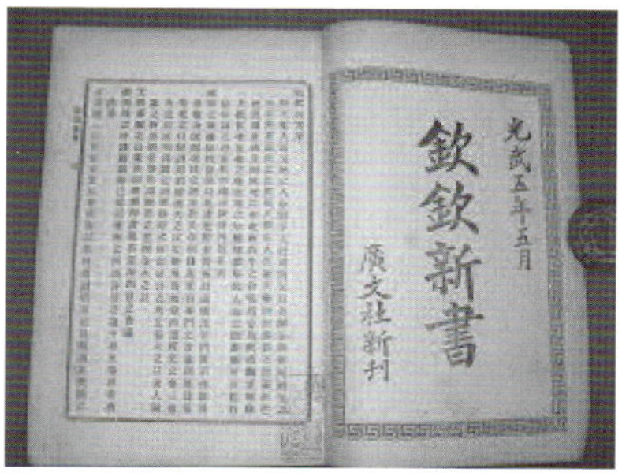

흠흠심서

Chapter 10

그 외 한국의 교육철학자들

1. 최충

최충

최충(崔沖, 984~1068)은 고려의 유학자이다. 본관은 해주(海州)이며, 자는 호연(浩然), 호는 성재(惺齋)이다. 최온(崔溫)의 아들로 목종 때 과거에 장원 급제하였다. 현종 때 습유보궐, 우습유, 한림학사 등을 지냈고, 덕종 초에 중추원사(同知中樞院事)를 지냈다. 정종(靖宗) 때 상서좌복야, 판서북로 병마사, 문하시랑평장사 등을 하였다. 이와 같이 조정의 주요 관직을 두루 거쳤고, 1013년 국사수찬관으로 실록 편찬에도 참여하였다.

1053년 나이가 많은 것을 이유로 사직을 청했고, 그 후 그에게 추충찬도협모동덕치리공신(推忠贊道協謀同德治理功臣)이 내려졌다. 중서령(中書令)으로 퇴관한 후 후학을 양성하며 여생을 보냈다. 그는 총 9개의 서재로 이뤄진 구재학당을 세워 유생들을 가르쳤으며, 고려 최초로 사립학교 설립자가 되었다. 9개의 학당은 낙성재(樂聖齋), 대중재(大中齋), 성명재(誠明齋), 경업재(敬業齋), 조도재(造道齋), 솔성재(率性齋), 진덕재(進德齋), 대화재(大和齋), 대빙재(待聘齋)라고 명명하였다.

최충의 구재

사학의 시초라 할 수 있는 구재는 고려사회에 과거제가 정착함에 따라 관심을 끌었고, 과거에 응시하려고 했던 사람은 그의 학당에서 공부하기를 원했다. 그 당시 학문적 성취가 정치, 사회적 성공과 직결되는 사회에서 최충의 구재는 필요에 의한 새로운 교육기관으로 정착하였다. 이후에 그는 문헌공도(文憲公徒)라 불렸다. 이를 본받아 다른 사학이 개설되었고, 문헌공도를 포함하여 12도라 불렀고 최충은 12도의 효시가 되었다.

2. 지눌

지눌

지눌(知訥, 1158~1210)은 고려의 승려로 속성(俗性)은 정(鄭), 호는 목우자(牧牛子), 시호는 불일보조국사(佛日普照國師)이다. 1158년(의종 12) 지금의 황해도 소재인 동주(洞州)에서 태어났다. 아버지는 국학(國學)의 학정(學正)을 지낸 정광우(鄭光遇), 어머니는 황해도 연백 출신의 조씨(趙氏)이다.

1165년(의종 19) 8세의 나이로 구산선문(九山禪門) 사굴산파(闍崛山派)의 종휘(宗暉)를 스승으로 삼아 출가하여 구족계(具足戒)를 받아 승려가 되었다. 어려서 큰 병을 앓고 그의 부모가 병만 나으면 출가를 시키겠다는 서원(誓願)을 하여 출가를 하였다는 이야기가 전해진다. 출가한 후 25세까지 특별한 스승이 없이 경론(經論)을 자유롭게 읽으며 선원(禪院)을 방문하며 독자적인 선(禪)의 사상을 공부하였다. 그는 수선사(修禪社)에 머무르며 『금강경(金剛經)』과 혜능의 『육조단경』 등을 후학과 대중들에게 가르쳤다. 그리고 『화엄론절요(華嚴論節要)』 등을 저술하며 자신의 사상을 체계화하였다.

그는 돈오점수(頓悟漸修)와 정혜쌍수(定慧雙修)를 주장하며 그 당시 무신정변과 더불어 분리되어 오랫동안 대립과 긴장관계에 있었던 선종과 교종의 합일을 위한 이론을 세웠다. 그는 인도를 거쳐 온 중국 불교와는 다른 독창적인 선(禪) 사상을 체계화하면서 불교의 개혁을 시도 했는데, 이것은 오늘날까지도 불교계에 많은 영향을 끼치고 있다.

송광사
원래는 길상사였는데 보조국사 지눌이 머물면서 정혜사로
그리고 수선사로 바뀌었다가 지금은 송광사로 개칭하였다.

지눌은 선(禪)의 입장에서 교(敎)를 융합하려 했는데 마음이 곧 부처(心卽是佛)라는 선종의 교리와 모든 존재와 현상들이 바로 불성(佛性)의 드러남이라는 화엄(華嚴) 사상인 성기설(性起說)이 궁극적으로 일치한다고 보았다. 그는 수행에서도 선정(禪定)과 지혜(智慧)를 동시에 수양하는 정혜쌍수(定慧雙修)를 주장하며 선(禪)과 교(敎) 어느 하나에만 치우치는 것을 경계하였다.

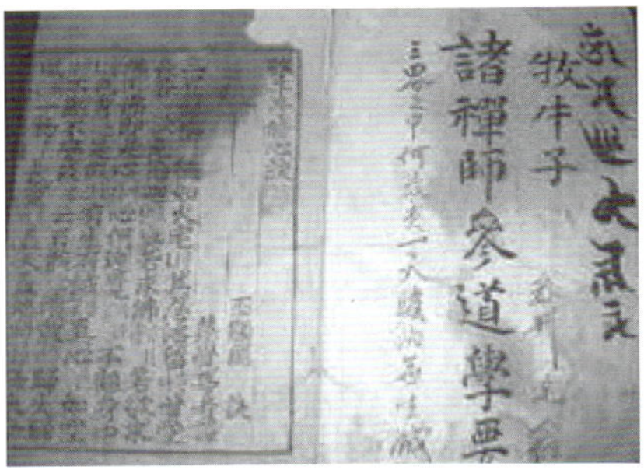

금강경

또한 그는 마음이 곧 부처라며 마음을 닦는 수심(修心)을 강조했는데, 마음을 닦으면 바른 이치를 깨닫게 되며, 교(敎)와 선(禪)의 갈등도 해소될 수 있다고 생각하였다. 이러한 수심(修心)을 위하여 그는 돈오점수(頓悟漸修)를 말하였다. 그것은 먼저 마음을 분명히 깨치고 나서 그 깨침에 의지해 꾸준히 도를 닦아가야 한다는 것이다.

이러한 지눌의 사상은 선종과 교종의 화합을 넘어서 국가를 화합하려는 커다란 사상을 통하여 많은 사람을 교화하고 교육하려고 했다. 이러한 화합이란 현대사회에서 교육적 의미로 많은 의미를 주게 되며, 교육과정 차원에서 통합적인 교육을 이루게 할 수 있는 단초를 줄 수 있다.

3. 안향

안향

안향(安珦, 1243~1306)은 고려의 학자이다. 초명은 유(裕), 자는 사온(士蘊), 호는 회헌(晦軒), 시호는 문성(文成)이며, 안유(安裕)로 불리기도 했다. 경상북도 영주시 순흥면 소재인 흥주(興州)에서 출생하였다. 아버지는 원래 흥주의 관리였고 의술(醫術)로 밀직부사(密直副使)를 하였다. 그는 어린 시절부터 글 읽기를 좋아하고, 예법을 잘 지키는 아이였다. 일찍이 학문의 길에 들어선 안향은 18세의 나이로 문과에 급제해 교서랑(校書郞)이 되었다.

1286년(충렬왕 12)에 왕을 따라 김관(金管)과 함께 원나라에 건너가서 연경(燕京)에서 처음으로 『주자전서(朱子全書)』를 보고 고려의 미래를 위한 책으로 여겨 크게 기뻐하여 책을 가져오려고 하였지만 빌려주지 않아, 그 책을 손수 베껴 쓰고, 공자(孔子)와 주자(朱子)의 화상(畵像)을 그려 가지고 고려로 돌아와서 주자학(朱子學)을 연구하여 고려에 소개하였다.

그는 주자학의 도(道)인 부모에게 효도하고, 임금에게 충성하며, 예(禮)를 갖추고, 신의(信義)로 사람을 대하고, 경(敬)으로 자신을 수행하는 것이야 말로 30년에 걸친 몽골의 침공으로 민생의 고달픔을 달래줄 수 있다고 여겼다. 이때부터 안향은 수차례 원나라를 왕래하며 그곳의 학풍을 견학하고 성리학 보급을 위해 부단히 노력을 하였다.

반궁

그는 새로운 성리학의 학문을 보급하기 위해서 인재가 필요하다고 생각해 자신의 집을 조정에 헌납하여 반궁(泮宮, 후에 조선의 성균관) 신축에 쓰게 하였다. 또한 그는 왕에게 건의해 육품 이상에게 은(銀)을, 칠품 이하에게는 포(布)를 내게 하여 섬학전(贍學錢)이라는 육영재단을 설치하고 이를 양현고에 보내 관학이 부흥하도록 했다.

이 같은 노력으로 1304년, 공자를 기리는 대성전(大成殿)이 개경 국학에 건립 되었고, 주자를 추모하는 마음으로 주자의 호인 회암

(晦庵)을 본떠 자신의 호를 회헌(晦軒)으로 바꾸게 된다. 그는 이토록 성리학에 온 생을 다해 매진하였고, 국가와 민생을 위하여 온 힘을 쏟은 교육자였다. 안향은 1306년 64세를 일기로 세상을 떠났다.

4. 이색

이색

이색(李穡, 1328~1396)은 고려 말기의 문신이자 정치가 및 유학자 이다. 본관은 한산(韓山)이고, 자는 영숙(穎叔), 호는 목은(牧隱), 시호는 문정(文靖), 호는 목은(牧隱)이며, 포은(圃隱) 정몽주(鄭夢周), 야은(冶隱) 길재(吉再)와 더불어 삼은(三隱)으로 불린다.

이색은 1328년(충숙왕 15)에 원나라 조관(朝官)을 지냈던 이곡(李穀)의 아들로 태어났다. 아버지 이곡은 정동행성(征東行省) 향시(鄕試)에서 장원급제를 한 후 원나라 제과(制科)에 응시하여 차석을 한 당대(當代)의 명유(名儒)였다. 이러한 아버지의 영향을 받아 신진 학문을 접할 수 있었으며, 그는 14세의 나이로 성균시(成均試)에 합격했다.

그는 1367년 대사성(大司成)이 되어 성균관의 학칙을 새로 제정하고, 김구용(金九容), 정몽주(鄭夢周) 등을 학관으로 채용해 주자학의 보급과 발전에 크게 공헌하였다. 그는 원나라에서 명나라로 교체되는 시기에 친명정책을 지지하였다. 또 고려 말 주자학이 수용되고 척불론(斥佛論)이 대두되는 상황에서 유교의 입장에서 불교를 이해하고자 하였다. 태조 왕건 때에 불교를 하나의 역사적 소산으로 보고 유교와 불교의 융합을 주장했으며, 불교의 폐단을 시정하는 목적으로 척불론을 주장하였다.

그는 세상이 혼란스러워지는 것을 위하여 유교적 사관을 가지고 역사서술에 임하였고, 자신의 문하에 있던 후학들 중에 고려 왕조에 충절을 지킨 사대부들을 많이 배출시켰다. 그는 성리학을 기초로 인간 본연의 성(性)을 회복하는 방법으로 천리를 보존하고 인욕을 막는 계신(戒愼, 경계하고 삼가다) 및 신독(愼獨, 자기 홀로 있을 때에도 도리에 맞게 삼가다)을 가르치려고 했다.

성균관

5. 권근

권근

권근(權近, 1352~1409)은 고려 말 조선 초의 문신이며 유학자이다. 본관은 안동(安東), 초명은 진(晉), 자는 가원(可遠), 사숙(思叔), 호는 양촌(陽村), 시호는 문충(文忠)이다. 그는 1367년(공민왕 16) 성균시(成均試)를 거쳐 이듬해 문과에 급제하여 춘추관 검열으로 활동하였다. 우왕(禑王) 때 예문관응교(藝文館應敎), 좌사의대부(左司議大夫), 성균관 대사성 등을 역임하였다.

그는 고려가 망하고 조선이 개국되면서 태조 이성계의 명으로 1393년(태조 2) 정릉(定陵)의 비문을 짓고 중추원사가 되었다. 권근은 문장에 뛰어났으며 경학(經學)에도 밝았다. 그는 『불씨잡변(佛氏雜辨)』을 저술한 정도전의 뒤를 이어 조선의 성리학을 더욱 발전시켜 학문적으로 뿌리를 내리게 하였다. 그가 지은 『입학도설(入學圖說)』은 한국 최초로 그림을 넣어 학문을 설명한 책으로 후일 이황(李滉) 등에게 크게 영향을 끼쳤다. 그는 성리학자이면서도 문학을 존중하였고 실용적인 면도 중시하여 이를 장려하였으며, 경학(經學)과 문학(文學)의 양면을 조화시켰다.

그의 『입학도설』 제1도 「천인심성합일지도(天人心性合一之圖)」에는 우주론과 인간론이 잘 나타나있는데, 그는 하늘과 인간은 둘이 아니라 하나로 통한다는 합일적

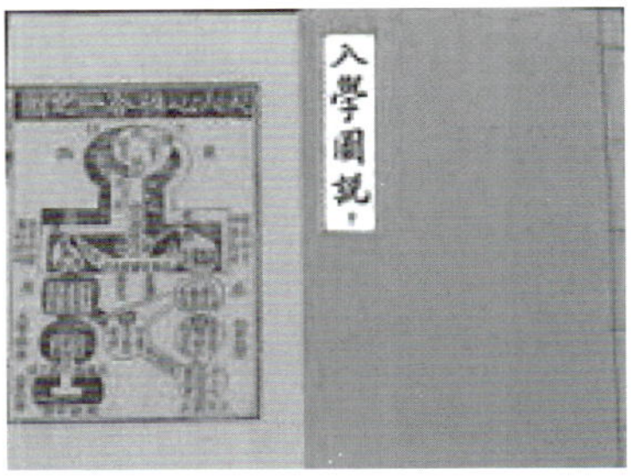

입학도설

관점을 가지고 있다. 하늘이 만들어 낸 것 중에 가장 영특한 존재는 인간이며, 하늘과 인간이 소통할 수 있는 것은 성과 경을 통해서라고 보았다. 이것은 인간은 성과 경의 수양을 통해 심신을 닦아야 한다는 가르침이다.

그는 천지만물 중 인간을 가장 중요하게 강조하며 성과 경의 수양을 강조하면서 성리학이 인성론적인 발전을 하는 단서를 열어주었다. 그는 공자와 맹자가 상정했던 인간의 마음은 본질적으로 선하다는 확신을 가지고 있었고, 그러한 인간의 본성은 하늘로부터 근거한다고 주장했다. 그는 인간이 마음의 본체인 본성을 잘 보존하기 위해서 성찰과 수양이 중요하다고 하였으며, 인간은 이 세상 현실에서 선할 수도 있고 악할 수도 있는데, 선한 행동의 보편적 근거를 하늘에서 찾았다. 그는 인간의 본성이 선하지만 기질에 따라 선한 사람 혹은 악한 사람이 되기도 한다고 하였다. 그러므로 인간의 마음을 잘 다스리는 수양과 성찰의 자세가 악으로 빠지지 않는 중요한 요소라고 보았다. 그는 몸을 다스리기 위해서는 마음을 수양하여야 하고 마음을 수양하는 중심은 경(敬)을 중심으로 공부를 해야 한다고 말했다. 또한 그는 하늘과 인간의 마음이 하나로 합일 되는 경지를 인간이 살아가면서 최고의 이상이라고 생각하였다.

6. 조식

조식(曺植, 1501~1572)은 조선 전기의 성리학자이고 영남학파의 거두이다. 본관은 창녕, 자는 건중(楗仲), 호는 남명(南冥)이다. 양반 집안에서 태어났으며 아버지와 숙부가 문과에 급제하여 관료의 자제가 되었다. 어린 시절부터 30세까지 서울 집을 비롯한 부친의 임지에서 생활하였다. 조식은 어려서부터 학문 연구에 열중하여 천문, 역학, 지리, 그림, 의약, 군사 등 전 분야에 걸쳐서 두루 재주가 뛰어났으며, 조선의 명사가 된 인물들과 교제하였다. 그는 후에 조선 중기의 큰 학자로 성장하여 이황과 더불어 경상도를 영도하는 인물이 되었다.

계속된 을사사화(乙巳士禍), 기묘사화(己卯士禍)를 지켜보면서 벼슬길에 회의를 갖기도 했다. 그는 1520년(중종 15) 진사 생원 초시와 문과초시에 모두 급제한 조식은 이듬해 문과회시에 응시했으나 낙방했다. 과거 시험을 공부 하던 중 『성리대전(性理大典)』을 읽고 깨달음을 가져 출세를 위한 형식적인 공부를 뒤로하고 유학의 근본을 공부하는 데 주력하였다.

조식

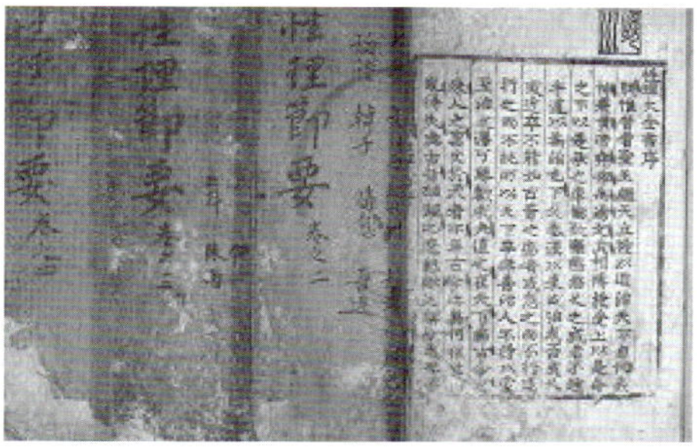

성리대전

조식의 학문과 실천의 지표는 경(敬)과 의(義)였다. 경과 의는 『주역(周易)』에서부터 유래되었는데, "군자는 경으로써 안을 곧게 하고, 의로써 바깥을 바르게 한다"는 말에서 유래하였다. 그는 이러한 자신의 사상이었던 경과 의를 실생활에서 실천하기 위하여 노력하였다. 그에게 있어 경과 의는 하늘의 해와 달과 같은 것으로 그것을 실천하고 몸으로 닦아 수양하는 것은 없어서는 안 되는 만고불변의 진리였다.

4부 참고문헌

구스모토 마사쓰구(2009). **송명유학사상**. 서울: 예문서원.

김영훈(2012). **역사 속 현자들의 리더십이야기**. 서울: 박영스토리.

김철운(2005). **공자와 유가**. 경기: 서광사

김학주(2003). **공자의 생애와 사상**. 서울: 명문당

김한융(1990). **불교의 사상과 역사**. 서울: 우리출판사.

김행선(2010). **초기 경전에 나타나는 석가모니의 생애와 사상**. 서울: 선인.

나오키 가노(1991). **중국철학사**. 오이환역. 서울: 을서문화사.

노자(2007). **노자**. 서울: 동인서원.

노자(1997). **노자도덕경**. 서울: 전원문화사.

노자(2009). **노자역주**. 서울: 문사철.

박의수 외(2013). **교육의 역사와 철학**. 서울: 동문사.

성광동 외(2006). **스승 이통과의 만남과 대화**. 서울: 이학사.

시세키 카이즈카(1991). **공자 생애와 사상**. 박연호역. 서울: 서광사

우에다 요시부미(1989). **대승불교의 사상**. 서울: 민족사.

유명종(2000). **퇴계의 철학세계**. 부산: 세종출판사.

윤사순 외(1992). **공자사상의 발견**. 서울: 민음사.

윤사순(2013). **퇴계 이황의 철학**. 서울: 예문서원.

윤홍식(2005). **대학 인간의 길을 열다**. 서울: 봉황동래.

율곡학회(2006). **율곡 이이 사상과 철학의 이해**. 강릉: 율곡학회.

이명기(1987). **인의 연구**. 서울: 양서원.

정종(1980). **공자의 교육사상**. 서울: 집문당.

주영흠 외(2011). **교육철학 및 교육사**. 서울: 신정.

진래(1997). **송명성리학**. 서울: 예문서원.

진래(2008). **주희의 철학**. 서울: 예문서원.

주희(2003). **인설**. 서울: 책세상.

주희(2004). **근사록**. 이기동역. 서울: 홍익출판사.

차주환(1998). **공자**. 서울: 솔출판사.

馮友蘭(1999). **중국철학사(상)**. 박성규역. 서울: 까치.

카이즈카 시게키(1991). **공자 생애와 사상**. 박연호역. 서울: 서광사.

칼야스퍼스(1981). **소크라테스 불타 공자 예수**. 서울: 종로서적.

크릴, H. G.(1997). **공자 인간과 신화**. 이성규역. 서울: 지식산업사.
탕런룽(2006). **공자 사람을 말하다**. 이은미역. 서울L 에버리치홀딩스.
한국공자학회(1986). **공자사상과 현대**. 서울; 도서출판 학사연.
한영우(2013). **율곡 이이 평전: 조선 중기 최고의 경세가이자 위대한 스승**. 서울: 민음사.
황의동(1998). **율곡 사상의 체계적 이해 1**. 서울: 서광사.
황의동(2007). **율곡 이이: 성리학과 실학을 겸비한 실천적 지성**. 파주: 살림.
허항생(2002). **노자평전**. 서울: 미다스북스.
戶川芳郎 외(1990). **유교사**. 조서을외역. 서울: 이론과 실천.
Kaltenmark Max(1993). **노자와 도교**. 서울: 까치.
Red Fine(2009). *Lao-Tzu's Taoteching*. Washington: Copper Canyon Press.

공자
https://www.google.co.kr/search?q=%EA%B3%B5%EC%9E%90&source=lnms&tbm=isch&sa=X&ved=0ahUKEwiYquT2naHYAhXFHpQKHfmlBsgQ_AUICigB&biw=1024&bih=472

춘추전국시대 지도
https://www.google.co.kr/search?q=%EC%B6%98%EC%B6%94%EC%A0%84%EA%B5%AD%EC%8B%9C%EB%8C%80&source=lnms&tbm=isch&sa=X&ved=0ahUKEwjNhvn0k6TYAhVKHJQKHbZqBY4Q_AUICigB&biw=1024&bih=472

공자와 그의 아들
https://www.google.co.kr/search?q=%EA%B3%B5%EC%9E%90%EC%99%80+%EC%95%84%EB%93%A4&source=lnms&tbm=isch&sa=X&ved=0ahUKEwjHzP6U3qPYAhWHOJQKHRzVCqAQ_AUICigB&biw=1024&bih=472#imgrc=a09bCjIh-3X4EM:

안회
https://www.google.co.kr/search?biw=1024&bih=472&tbm=isch&sa=1&ei=k93-WqegJ4H-0gSKpqyoDw&q=%EC%95%88%ED%9A%8C&oq=%EC%95%88%ED%9A%8C&gs_l=psy-ab.3..0j0i24k1l6j0i10i24k1l3.33623.34918.0.35608.8.8.0.0.0.0.175.875.1j6.8.0....0...1c.1j4.64.psy-ab..2.5.602.0...93.jX9-xDUA99c

공자의 사상이 담긴 논어
https://www.google.co.kr/search?biw=1024&bih=472&tbm=isch&sa=1&ei=NOg-WvO9LcvO0ASd67nYDw&q=%EB%85%BC%EC%96%B4&oq=%EB%85%BC%EC%96%B4&gs_l=psy-ab.3..0l5j0i24k1l4j0i5i30k1.134922.135939.0.136539.7.7.0.0.0.0.129.687.0j6.7.0....0...1c.1j4.64.psy-ab..1.5.573.0...91.qdLU0H72pdU

자로(자공)
https://www.google.co.kr/search?biw=1024&bih=472&tbm=isch&sa=1&ei=YDBAWs2JL8L68QWlzrLQCg&q=%EA%B3%B5%EC%9E%90%EC%9D%98+%EC%A0%9C%EC%9E%90+%EC%9E%90%EB%A1%9C&oq=%EA%B3%B5%EC%9E%90%EC%9D%98+%EC%A0%9C%EC%9E%90+%EC%9E%

90%EB%A1%9C&gs_l=psy-ab.3...27375.28257.0.28593.6.5.0.0.0.0.105.415.0j4.4.0....0...1c.1j4.64.psy-ab..2.0.0....0.pueuutvay-Y#imgrc=DRCGawA3GWOTLM:

대학언해
https://www.google.co.kr/search?biw=1024&bih=472&tbm=isch&sa=1&ei=luo-WvX2GYKQ8wXV0IqwCQ&q=%EC%82%AC%EC%84%9C+%EB%8C%80%ED%95%99&oq=%EC%82%AC%EC%84%9C+%EB%8C%80%ED%95%99&gs_l=psy-ab.3..0i24k1.18227.20705.0.21011.8.7.0.1.1.0.138.864.0j7.7.0....0...1c.1j4.64.psy-ab..0.8.868...0j0i5i30k1.0.6I9SmR7GY2Y#imgrc=mMB9jUteTzjgKM:

맹자
https://www.google.co.kr/search?q=%EB%A7%B9%EC%9E%90&source=lnms&tbm=isch&sa=X&ved=0ahUKEwiitJu-m6XYAhWBW7wKHVH4C58Q_AUICigB&biw=1024&bih=472

맹자집주
https://www.google.co.kr/search?q=%EB%A7%B9%EC%9E%90&source=lnms&tbm=isch&sa=X&ved=0ahUKEwigornT_qXYAhWFlpQKHYKZBXcQ_AUICigB&biw=1024&bih=472#imgrc=a5x9W7kyRs7oOM:

석가모니 좌상
https://www.google.co.kr/search?biw=1024&bih=472&tbm=isch&sa=1&ei=VP8-WofbOoSN8wWph5iICg&q=%EC%84%9D%EA%B0%80%EB%AA%A8%EB%8B%88&oq=%EC%84%9D%EA%B0%80%EB%AA%A8%EB%8B%88&gs_l=psy-ab.3..0l7.3550.4108.0.4461.4.3.0.1.1.0.114.309.2j1.3.0....0...1c.1j4.64.psy-ab..0.4.317....0.Li8aeh2ascA#imgrc=4gnPP1ud3CGriM:

수행하는 석가
https://www.google.co.kr/search?biw=1024&bih=472&tbm=isch&sa=1&ei=8e8-Wv-YBYu_0ASrtKGABw&q=%EC%84%9D%EA%B0%80%EB%AA%A8%EB%8B%88&oq=%EC%84%9D%EA%B0%80%EB%AA%A8%EB%8B%88&gs_l=psy-ab.3..0l7.2474.3077.0.3731.4.3.0.1.1.0.193.417.0j3.3.0....0...1c.1j4.64.psy-ab..0.4.419....0.9ieufXWAOXU#imgrc=G8mdPOc1jATsxM:

팔정도
https://www.google.co.kr/search?biw=1024&bih=472&tbm=isch&sa=1&ei=Wv8-WuSzCsub8QXTj5X4CA&q=%ED%8C%94%EC%A0%95%EB%8F%84&oq=%ED%8C%94%EC%A0%95%EB%8F%84&gs_l=psy-ab.3..0j0i24k1l9.1831411.1836046.0.1837189.12.12.0.0.0.0.123.1205.1j10.11.0....0...1c.1j4.64.psy-ab..1.8.885...0i13k1j0i13i5i30k1.0.UrnA5efGFco#imgrc=PhBHaPYLX1bRJM:

노자
https://www.google.co.kr/search?biw=1024&bih=472&tbm=isch&sa=1&ei=iAY_WonhDsKm0ASk7YCICA&q=%EB%85%B8%EC%9E%90&oq=%EB%85%B8%EC%9E%90&gs_l=psy-ab.3..0l10.489616.491867.0.492503.7.7.0.0.0.0.130.717.0j6.7.0....0...1c.1j4.64.psy-ab..0.6.716.0..0i24k1.106.jPJN2DxtF1s#imgrc=bmYpxWUVfkBd9M:

십이연기
https://www.google.co.kr/search?q=%EB%B6%88%EA%B5%90%EC%9D%98+%EC%97%B0%EA%B8%B0%EC%84%A4&source=lnms&tbm=isch&sa=X&ved=0ahUKEwjkpr-czqHYAhUBvbwKHEewAaEQ_AUICigB&biw=1024&bih=472#imgrc=jeDY6azptDFM0M:

노자와 공자
https://www.google.co.kr/search?biw=1024&bih=472&tbm=isch&sa=1&ei=Eh1AWqzAFsOB8wXsvKbQCg&q=%EB%85%B8%EC%9E%90+%EA%B3%B5%EC%9E%90&oq=%EB%85%B8%EC%9E%90+%EA%B3%B5%EC%9E%90&gs_l=psy-ab.3..0i24k1.74522.77623.0.78079.9.8.0.1.1.0.184.851.6j2.8.0....0...1c.1j4.64.psy-ab..0.9.853...0j0i30k1j0i10i24k1.0.1sI-WLMvM6k#imgrc=Ywew9z3leT2WKM:

노자 도덕경
https://www.google.co.kr/search?biw=1024&bih=472&tbm=isch&sa=1&ei=IhM_WpyfAYH30ATL_6L4BQ&q=%EB%85%B8%EC%9E%90%EC%9D%98+%EB%8F%84&oq=%EB%85%B8%EC%9E%90%EC%9D%98+%EB%8F%84&gs_l=psy-ab.12...74321.83957.0.85508.11.11.0.0.0.0.169.1183.0j10.11.0....0...1c.1j4.64.psy-ab..1.7.819.0..0j0i19k1j0i10i19k1j0i24k1j0i10i24k1.102.f632O3BPrqQ#imgrc=sL4gAA0cm0kH6M:

무위자연
https://www.google.co.kr/search?biw=1024&bih=472&tbm=isch&sa=1&ei=OWhAWs-kOIa30QS-krPoBA&q=%EB%AC%B4%EC%9C%84&oq=%EB%AC%B4%EC%9C%84&gs_l=psy-ab.3..0.9j0i24k1.223968.226202.0.226761.11.9.0.0.0.0.118.689.3j4.8.0....0...1c.1j4.64.psy-ab..4.6.602.0...138.8uaQfjfAazc#imgdii=KANCPsgtQszh3M:&imgrc=nYB73cn2-JLWOM:

소를 탄 노자
https://www.google.co.kr/search?biw=1024&bih=472&tbm=isch&sa=1&ei=fjBAWpTxD8bS8QXnhq-oCg&q=%EB%85%B8%EC%9E%90&oq=%EB%85%B8%EC%9E%90&gs_l=psy-ab.3..0l10.258932.261259.0.261869.13.9.0.0.0.0.138.714.0j6.7.0....0...1c.1j4.64.psy-ab..7.4.493.0...179.f5CgZPhlvZM#imgrc=YNoVyd1WQBvpXM:

노자가 생각한 천지 변화의 모습
https://www.google.co.kr/search?biw=1024&bih=472&tbm=isch&sa=1&ei=eBM_WpL7B4ae0gS9satA&q=%EB%85%B8%EC%9E%90%EC%9D%98+%EB%AC%B4%EC%9C%84&oq=%EB%85%B8%EC%9E%90%EC%9D%98+%EB%AC%B4%EC%9C%84&gs_l=psy-ab.3...824321.825568.0.826683.6.6.0.0.0.0.140.702.1j5.6.0....0...1c.1j4.64.psy-ab..1.1.133...0i24k1.0.SKWqaXIW5zU#imgrc=ZWZ5wv4L2dA6fM:

주자
https://www.google.co.kr/search?biw=1024&bih=472&tbm=isch&sa=1&ei=DB1AWozLKILW8QWB4bOQCw&q=%EC%A3%BC%EC%9E%90&oq=%EC%A3%BC%EC%9E%90&gs_l=psy-ab.3..0l10.2778.3585.0.4985.3.3.0.0.0.0.138.374.0j3.3.0....0...1c.1j4.64.psy-ab..0.3.373....0.mELJcLEBwKE

소옹
https://www.google.co.kr/search?q=%EC%86%8C%EC%98%B9&source=lnms&tbm=isch&sa=X&ved=0ahUKEwjtmOKri6LYAhXGTLwKHd2vAq4Q_AUICigB&biw=1024&bih=472#imgrc=iqCumI6xUCP7qM:

역경의 팔괘
https://www.google.co.kr/search?biw=1024&bih=472&tbm=isch&sa=1&ei=_iFAWoWjA8mt0ASD-4HoDg&q=%EC%86%8C%EC%98%B9+%EC%97%AD%EA%B2%BD&oq=%EC%86%8C%EC%98%B9+%EC%97%AD%EA%B2%BD&gs_l=psy-ab.3...72919.74739.0.75059.4.4.0.0.0.0.103.405.1j3.4.0....0...1c.1j4.64.psy-ab..0.0.0....0.cfF3EJnfQT8#imgrc=dRBbD03cYZkDWM:

주돈이(주렴계)
https://www.google.co.kr/search?q=%EC%A3%BC%EB%8F%88%EC%9D%B4&source=lnms&tbm=isch&sa=X&ved=0ahUKEwimu-TB0qPYAhULm5QKHT9uAnEQ_AUICigB&biw=1024&bih=472#imgrc=5SZFbEdJvVlbWM:

태극도설
https://www.google.co.kr/search?q=%ED%83%9C%EA%B7%B9%EB%8F%84%EC%84%A4&source=lnms&tbm=isch&sa=X&ved=0ahUKEwiFjOSa06PYAhUBkZQKHTykC1QQ_AUICigB&biw=1024&bih=472#imgrc=YDE-8nEeLTgD5M:

장재
https://www.google.co.kr/search?biw=1024&bih=472&tbm=isch&sa=1&ei=ViRAWqGQJ4jk0gTilL3IAg&q=%EC%9E%A5%EC%9E%AC&oq=%EC%9E%A5%EC%9E%AC&gs_l=psy-ab.3..0l10.254294.256119.0.256814.9.9.0.0.0.0.225.979.2j5j1.9.0....0...1c.1j4.64.psy-ab..0.8.978.0..0i24k1.243.pKV0Fx3Z2AY#imgrc=-tiSYhawKh5VFM:

정호 정이 형제
https://www.google.co.kr/search?biw=1024&bih=472&tbm=isch&sa=1&ei=0ypAWsfqLsG_0QTH07XgCw&q=%EC%A0%95%ED%98%B8+%EC%A0%95%EC%9D%B4&oq=%EC%A0%95%ED%98%B8+%EC%A0%95%EC%9D%B4&gs_l=psy-ab.3..0i24k1.16345.19094.0.19660.13.12.0.1.1.0.140.1067.0j9.10.0....0...1c.1j4.64.psy-ab..2.10.1072.0..0.101.BDPqJPzUx10#imgrc=trJh9SpEqelV6M:

주자대전
https://www.google.co.kr/search?biw=1024&bih=472&tbm=isch&sa=1&ei=2ThAWvqGEML68gWzk4HoCg&q=%EC%A3%BC%EC%9E%90%EB%8C%80%EC%A0%84&oq=%EC%A3%BC%EC%9E%90%EB%8C%80%EC%A0%84&gs_l=psy-ab.3...51612.57437.0.57735.14.13.1.0.0.0.109.1295.6j7.13.0....0...1c.1j4.64.psy-ab..0.5.526...0j0i24k1.0.Tlo9OV122Rc#imgrc=EMDAf6HEmXHpCM:

격물치지
https://www.google.co.kr/search?biw=1024&bih=472&tbm=isch&sa=1&ei=jTlAWsCmOIKr8QWNq7SwCg&q=%EA%B2%A9%EB%AC%BC%EC%B9%98%EC%A7%80&oq=%EA%B2%A9%EB%AC%BC%EC%B9%98%EC%A7%80&gs_l=psy-ab.3..0j0i24k1l9.159722.163180.0.163636.14.13.0.1.1.0.125.1

346.0j12.13.0....0...1c.1j4.64.psy-ab..0.12.1245.0...89.RzoSB0I23q0#imgrc=3jL3__JmMjLomM:

왕수인
https://www.google.co.kr/search?q=%EC%99%95%EC%96%91%EB%AA%85&source=lnms&tbm=isch&sa=X&ved=0ahUKEwj8q4e5_qPYAhVG6LwKHfNXAKcQ_AUICigB&biw=1024&bih=472#imgrc=v4jJZC1pEbRLMM:

전습록(왕수인의 어록)
https://www.google.co.kr/search?biw=1024&bih=472&tbm=isch&sa=1&ei=4F5AWpKfIsSr0AS2hL-oDg&q=%EC%99%95%EC%88%98%EC%9D%B8&oq=%EC%99%95%EC%88%98%EC%9D%B8&gs_l=psy-ab.3..0j0i24k1.424685.427631.0.427954.11.11.0.0.0.0.114.1185.0j11.11.0....0...1c.1j4.64.psy-ab..0.9.972....0.90DVksMV1eY#imgrc=HMORqmQJLKvEyM:

황룡사
https://www.google.co.kr/search?q=%ED%99%A9%EB%A3%A1%EC%82%AC&source=lnms&tbm=isch&sa=X&ved=0ahUKEwjp5eb806TYAhVFo5QKHfoXCb4Q_AUICigB&biw=1024&bih=472

의상
https://ko.wikipedia.org/wiki/%EC%9D%98%EC%83%81_(%EC%8B%A0%EB%9D%BC)

십문화쟁론
https://www.google.co.kr/search?q=%EC%8B%AD%EB%AC%B8%ED%99%94%EC%9F%81%EB%A1%A0&source=lnms&tbm=isch&sa=X&ved=0ahUKEwjl1dW2lqbYAhVBO7wKHeKGAqUQ_AUICigB&biw=1024&bih=472

무량수경종요
https://www.google.co.kr/search?biw=1024&bih=472&tbm=isch&sa=1&ei=X35BWsvUPM7o0gSD0LGQAg&q=%EB%AC%B4%EB%9F%89%EC%88%98%EA%B2%BD%EC%A2%85%EC%9A%94&oq=%EB%AC%B4%EB%9F%89%EC%88%98%EA%B2%BD%EC%A2%85%EC%9A%94&gs_l=psy-ab.3..0i24k1.1208812.1213187.0.1213794.19.17.0.1.1.0.127.1594.0j14.15.0....0...1c.1j4.64.psy-ab..4.14.1496.0..0j0i5i30k1.140.-YVrGBksPMk

화엄경합론
https://www.google.co.kr/search?q=%ED%99%94%EC%97%84%EA%B2%BD&source=lnms&tbm=isch&sa=X&ved=0ahUKEwjGkMKboabYAhWFgbwKHS-QDaYQ_AUICygC&biw=1024&bih=472#imgrc=-iAppONDoI-RSM:

지눌
https://www.google.co.kr/search?q=%EC%A7%80%EB%88%8C&source=lnms&tbm=isch&sa=X&ved=0ahUKEwiy5Pjbo6bYAhUGH5QKHV_EC3oQ_AUICigB&biw=1024&bih=472

퇴계이황
https://www.google.co.kr/search?q=%ED%87%B4%EA%B3%84&source=lnms&tbm=isch&sa=X&ved=

0ahUKEwikvISfoKTYAhXKwLwKHTD1BKYQ_AUICigB&biw=1024&bih=472

소수서원
https://www.google.co.kr/search?q=%EC%86%8C%EC%88%98%EC%84%9C%EC%9B%90&source=lnms&tbm=isch&sa=X&ved=0ahUKEwjLsp3SvqTYAhUJJ5QKHaibDYEQ_AUICigB&biw=1024&bih=472

주자서절요(사단칠정론을 다룬 책)
https://www.google.co.kr/search?biw=1024&bih=472&tbm=isch&sa=1&ei=ypNAWoq9CYaE8gXl8ZTICg&btnG=%EA%B2%80%EC%83%89&q=%EA%B8%B0%EB%8C%80%EC%8A%B9+%EC%82%AC%EB%8B%A8%EC%B9%A0%EC%A0%95%EB%A1%A0#imgrc=dJ8iUn_S-QTRGM:

기대승
https://www.google.co.kr/search?biw=1024&bih=472&tbm=isch&sa=1&ei=sZVAWq2cIYbt0gSSgIqQAw&q=%EA%B8%B0%EB%8C%80%EC%8A%B9&oq=%EA%B8%B0%EB%8C%80%EC%8A%B9&gs_l=psy-ab.3..0l2j0i24k1l5.19206.21896.0.22626.13.11.0.0.0.0.281.1155.1j7j1.10.0....0...1c.1j4.64.psy-ab..4.8.1055.0...161.-qJ-Y1Ld_vc#imgrc=YQNm21_RVL4NtM:

경(敬)자 바위
https://www.google.co.kr/search?biw=1024&bih=472&tbm=isch&sa=1&ei=h5RAWpObDYPc0ASi0KGYBQ&q=%EA%B2%BD%EC%9E%90%EB%B0%94%EC%9C%84&oq=%EA%B2%BD%EC%9E%90%EB%B0%94%EC%9C%84&gs_l=psy-ab.3...82595.89769.0.90179.21.21.0.0.0.0.124.2024.0j19.20.0....0...1c.1j4.64.psy-ab..1.13.1407.0..0j0i13k1j0i13i5i30k1j0i24k1j0i5i30k1j0i10i24k1.91.dQnUdUq_HEw#imgrc=ox9ylurMhwC9RM:

강릉 오죽헌
https://www.google.co.kr/search?biw=1024&bih=472&tbm=isch&sa=1&ei=yZhAWp22H4jT8QX83oegCg&q=%EA%B0%95%EB%A6%89%EC%98%A4%EC%A3%BD%ED%97%8C&oq=%EA%B0%95%EB%A6%89%EC%98%A4%EC%A3%BD%ED%97%8C&gs_l=psy-ab.3..0i24k1l4.75471.84707.0.85070.17.17.0.0.0.0.136.1852.0j16.17.0....0...1c.1j4.64.psy-ab..0.16.1844.0..0.92.BzryWjUpVX4#imgrc=XegIUKnoZP6ZrM:

율곡
https://www.google.co.kr/search?biw=1024&bih=472&tbm=isch&sa=1&ei=yJVAWtmUOsiy0ATFtYbAAg&q=%EC%9C%A8%EA%B3%A1&oq=%EC%9C%A8%EA%B3%A1&gs_l=psy-ab.3..0l10.238132.239688.0.240087.9.9.0.0.0.0.132.726.0j6.7.0....0...1c.1j4.64.psy-ab..2.6.723.0...96.1sVvK1TPmcM

격몽요결
https://www.google.co.kr/search?biw=1024&bih=472&tbm=isch&sa=1&ei=aK9CWqfZFIaQ8wXDyKq4Cg&q=%EA%B2%A9%EB%AA%BD%EC%9A%94%EA%B2%B0&oq=%EA%B2%A9%EB%AA%BD%EC%9A%94%EA%B2%B0&gs_l=psy-ab.3..0j0i24k1l9.17995.20657.0.21533.13.11.0.2.2.0.142.1139.1j9.11.0....0...1c.1j4.64.psy-ab..1.11.1055.0...96.2nleWMHkCbg

선조실록
https://www.google.co.kr/search?biw=1024&bih=472&tbm=isch&sa=1&ei=NJdAWu3NKcKd0gTV_YioDg&q=%EC%84%A0%EC%A1%B0%EC%8B%A4%EB%A1%9D&oq=%EC%84%A0%EC%A1%B0%EC%8B%A4%EB%A1%9D&gs_l=psy-ab.3..0j0i24k1.7115.8241.0.8833.6.5.0.1.1.0.145 642.0j5.5.0....0...1c.1j4.64.psy-ab..0.6.641....0.ps90I6z_vI4

태극음양도
https://www.google.co.kr/search?biw=1024&bih=472&tbm=isch&sa=1&ei=zZNAWs6EEI7M8wWwxpDYCQ&q=%ED%83%9C%EA%B7%B9%EC%9D%8C%EC%96%91%EB%A1%A0&oq=%ED%83%9C%EA%B7%B9%EC%9D%8C%EC%96%91%EB%A1%A0&gs_l=psy-ab.3...1059389.1063387.0.1063947.23.18.0.1.1.0.196.1654.1j13.15.0....0...1c.1j4.64.psy-ab..10.8.838.0..0j0i24k1.172.zQMeyZEb8p8#imgrc=o3z5szvLJnVGcM:

율곡 동상
https://www.google.co.kr/search?biw=1024&bih=472&tbm=isch&sa=1&ei=fq9CWpDKFIX98QWnpId4&q=%EC%98%A4%EC%A3%BD%ED%97%8C&oq=%EC%98%A4%EC%A3%BD%ED%97%8C&gs_l=psy-ab.3..0l5j0i24k1l4j0i5i30k1.180011.183006.0.183392.12.12.0.0.0.0.135.1228.0j10.1.0....0...1c.1j4.64.psy-ab..1.10.1225.0..0i7i30k1.100.ryTdWg4tk78

정약용
https://www.google.co.kr/search?biw=1024&bih=472&tbm=isch&sa=1&ei=ubFCWsDoNYKR8wXD4YnwCg&q=%EC%A0%95%EC%95%BD%EC%9A%A9&oq=%EC%A0%95%EC%95%BD%EC%9A%A9&gs_l=psy-ab.3..0l10.342248.344344.0.344809.11.11.0.0.0.0.133.1008.0j9.10.0....0...1c.1j4.64.psy-ab..1.9.1005.0...92.I8njSE209Y4

여유당전서
https://www.google.co.kr/search?biw=1024&bih=472&tbm=isch&sa=1&ei=ttZCWtCdH4348QXQ2pGQAg&q=%EC%97%AC%EC%9C%A0%EB%8B%B9%EC%A0%84%EC%84%9C&oq=%EC%97%AC%EC%9C%A0%EB%8B%B9%EC%A0%84%EC%84%9C&gs_l=psy-ab.3..0j0i24k1l6.475330.478066.0.478687.13.13.0.0.0.0.126.1406.1j12.13.0....0...1c.1j4.64.psy-ab..0.7.781...0i10i24k1j0i19k1j0i13i30i19k1j0i13k1.0.KwhW62i_Hzg

정약용묘(경기도 양수리 소재)
https://www.google.co.kr/search?biw=1024&bih=472&tbm=isch&sa=1&ei=57hCWrbyO4KM8wWBxYeoCQ&q=%EC%A0%95%EC%95%BD%EC%9A%A9%EB%AC%98&oq=%EC%A0%95%EC%95%BD%EC%9A%A9%EB%AC%98&gs_l=psy-ab.3..0i24k1.645657.649911.0.650554.15.15.0.0.0.0.173.1639.1j13.15.0....0...1c.1j4.64.psy-ab..1.13.1536.0..0j0i5i30k1j0i13k1.99.gRyJnGBSqNw

거중기
https://www.google.co.kr/search?biw=1024&bih=472&tbm=isch&sa=1&ei=KcJCWuLeGIbX8QWorrSYCg&q=%EA%B1%B0%EC%A4%91%EA%B8%B0&oq=%EA%B1%B0%EC%A4%91%EA%B8%B0&gs_l=psy-ab.3..0l5j0i30k1j0i24k1l4.7523.10590.0.11163.12.10.0.0.0.0.131.863.0j7.8.0....0...1c.1j4.64.psy-ab..4.7.863.0...105.ezyhsQYt50Q#imgrc=b_gtxXGrHlUswM:

경세유표

https://www.google.co.kr/search?q=%EA%B2%BD%EC%84%B8%EC%9C%A0%ED%91%9C&source=lnms&tbm=isch&sa=X&ved=0ahUKEwj2tenI1ajYAhXJfbwKHUjdCKYQ_AUICigB&biw=1024&bih=472

목민심서

https://www.google.co.kr/search?tbm=isch&sa=1&ei=LMtCWrudKIii0gT_vJLwBw&q=%EB%AA%A9%EB%AF%BC%EC%8B%AC%EC%84%9C&oq=%EB%AA%A9%EB%AF%BC%EC%8B%AC%EC%84%9C&gs_l=psy-ab.3..0l2j0i24k1l7j0i5i30k1.35550.39647.0.40156.16.14.0.0.0.0.132.1257.0j11.12.0....0...1c.1j4.64.psy-ab..5.10.1141.0...87.8684DIEZzuU#imgrc=h2eA0Kft_j5fZM:

유배지(전남 강진)

https://www.google.co.kr/search?biw=1024&bih=472&tbm=isch&sa=1&ei=ONFCWr-EIIGF0wSehqPABA&q=%EC%A0%95%EC%95%BD%EC%9A%A9%EC%9D%98+%EC%9C%A0%EB%B0%B0%EC%A7%80&oq=%EC%A0%95%EC%95%BD%EC%9A%A9%EC%9D%98+%EC%9C%A0%EB%B0%B0%EC%A7%80&gs_l=psy-ab.3...23780.26015.0.26609.8.8.0.0.0.0.129.863.1j7.8.0....0...1c.1j4.64.psy-ab..0.2.239...0i24k1.0.s0T62jQu8eo#imgrc=ma0W71272o8JdM:

마과회통

https://www.google.co.kr/search?biw=1024&bih=472&tbm=isch&sa=1&ei=U9FCWpuhK8u10ASD3YqwCQ&q=%EB%A7%88%EA%B4%80%ED%9A%8C%ED%86%B5&oq=%EB%A7%88%EA%B4%80%ED%9A%8C%ED%86%B5&gs_l=psy-ab.3..0i13k1.618563.622693.0.623315.22.17.1.0.0.0.261.1561.0j9j2.12.0....0...1c.1j4.64.psy-ab..12.6.695.0..0.136.jcoTndxPuek#imgrc=jU28L9CSHfD9AM:

흠흠심서

https://www.google.co.kr/search?biw=1024&bih=472&tbm=isch&sa=1&ei=w9NCWqilJYuC8gWX3K-4Cg&q=%ED%9D%A0%ED%9D%A0%EC%8B%AC%EC%84%9C&oq=%ED%9D%A0%ED%9D%A0%EC%8B%AC%EC%84%9C&gs_l=psy-ab.3..0i13k1.750671.753644.0.754116.15.15.0.0.0.0.131.1564.2j12.15.0....0...1c.1j4.64.psy-ab..1.12.1330.0..0j0i24k1j0i5i30k1j0i10i24k1.167.pATbXhnfryc

최충

https://www.google.co.kr/search?q=%EC%B5%9C%EC%B6%A9&source=lnms&tbm=isch&sa=X&ved=0ahUKEwieqcjf96rYAhXLNpQKHR33AUoQ_AUICigB&biw=1024&bih=472

최충의 구재

https://www.google.co.kr/search?biw=1024&bih=472&tbm=isch&sa=1&ei=ifxDWpTcFIrB0gSH9YXQBQ&q=%EC%B5%9C%EC%B6%A9&oq=%EC%B5%9C%EC%B6%A9&gs_l=psy-ab.3..0l4j0i24k1l6.79025.80128.0.81373.5.5.0.0.0.0.113.505.3j2.5.0....0...1c.1.64.psy-ab..0.1.113....0.fR3e9zFHwA4#imgrc=41q4hIncZhm1GM:

지눌

https://www.google.co.kr/search?q=%EC%A7%80%EB%88%8C&source=lnms&tbm=isch&sa=X&ved=0ahUKEwiEr7-smavYAhUIvLwKHWrSCaIQ_AUICigB&biw=1024&bih=472

송광사
https://www.google.co.kr/search?q=%EC%A7%80%EB%88%8C&source=lnms&tbm=isch&sa=X&ved=0ahUKEwiEr7-smavYAhUIvLwKHWrSCaIQ_AUICigB&biw=1024&bih=472#imgrc=HDyo7eySxVKcEM:

금강경
https://www.google.co.kr/search?q=%EA%B8%88%EA%B0%95%EA%B2%BD&source=lnms&tbm=isch&sa=X&ved=0ahUKEwiM7I_fpavYAhUCqJQKHXaLAngQ_AUICygC&biw=1024&bih=472

안향
https://www.google.co.kr/search?biw=1024&bih=472&tbm=isch&sa=1&ei=2_xDWvT5GIzH0gSCm7egDQ&q=%EC%95%88%ED%96%A5&oq=%EC%95%88%ED%96%A5&gs_l=psy-ab.3..0l2j0i24k1l6.1047109.1048618.0.1049012.8.8.0.0.0.0.109.707.3j4.8.0....0...1c.1j4.64.psy-ab..0.7.706.0..0i10i24k1.96.yXwG6zVmJq0

반궁
https://www.google.co.kr/search?biw=1024&bih=472&tbm=isch&sa=1&ei=9QBEWtfxBcaz0ATiu7GIBQ&q=%EC%95%88%ED%96%A5+%EB%B0%98%EA%B6%81&oq=%EC%95%88%ED%96%A5+%EB%B0%98%EA%B6%81&gs_l=psy-ab.3...1233428.1234574.0.1234851.7.7.0.0.0.0.121.733.3j4.7.0....0...1c.1j4.64.psy-ab..0.1.110...0i13k1.0.Lg5FR3-0JOo#imgrc=vuAehZoJgi25QM:

이색
https://www.google.co.kr/search?q=%EC%9D%B4%EC%83%89&source=lnms&tbm=isch&sa=X&ved=0ahUKEwjp_bDMjKvYAhXIJ5QKHXktBoQQ_AUICigB&biw=1024&bih=472

성균관
https://www.google.co.kr/search?biw=1024&bih=472&tbm=isch&sa=1&ei=lAtEWpTyB5OF0QSZu5nYCg&q=%EC%84%B1%EA%B7%A0%EA%B4%80&oq=%EC%84%B1%EA%B7%A0%EA%B4%80&gs_l=psy-ab.3..0l10.2176494.2178580.0.2179421.12.11.0.1.1.0.175.967.0j8.9.0....0...1c.1j4.64.psy-ab..3.8.796.0...150.8rTxB829G1A

권근
https://www.google.co.kr/search?biw=1024&bih=472&tbm=isch&sa=1&ei=TiZEWsOWLIPI0ASNqIXQCw&q=%EA%B6%8C%EA%B7%BC&oq=%EA%B6%8C%EA%B7%BC&gs_l=psy-ab.1.0.0j0i24k1l9.1665706.1667220.0.1668759.10.10.0.0.0.0.293.1018.0j5j1.7.0....0...1c.1j4.64.psy-ab..4.5.861.0...115.lpJp-NV0Bxc

입학도설
https://www.google.co.kr/search?biw=1024&bih=472&tbm=isch&sa=1&ei=1CxEWqmkAoqx8wWuvbfQCg&q=%EC%9E%85%ED%95%99%EB%8F%84%EC%84%A4&oq=%EC%9E%85%ED%95%99%EB%8F%84%EC%84%A4&gs_l=psy-ab.3..0i24k1.523645.526321.0.527019.13.13.0.0.0.0.150.1261.4j8.13.0....0...1c.1j4.64.psy-ab..0.12.1259.0..0j0i13k1.85.PPoc_5BaZs4

조식
https://www.google.co.kr/search?biw=1024&bih=472&tbm=isch&sa=1&ei=1CxEWqmkAoqx8wWuvbfQCg&q=%EC%A1%B0%EC%8B%9D&oq=%EC%A1%B0%EC%8B%9D&gs_l=psy-ab.3..0l3j0i24k1l4j0j0i24k1j0i5i30k1.2124500.2125703.0.2126012.7.7.0.0.0.0.113.533.0j5.6.0....0...1c.1j4.64.psy-ab..1.5.532.0..0i10k1.94.9veP1HdAyYQ#imgrc=4J6EwCsh9EG6PM:

성리대전
https://www.google.co.kr/search?biw=1024&bih=472&tbm=isch&sa=1&ei=ejdEWo-BJYTI0ATdia7ACw&q=%EC%84%B1%EB%A6%AC%EB%8C%80%EC%A0%84&oq=%EC%84%B1%EB%A6%AC%EB%8C%80%EC%A0%84&gs_l=psy-ab.3..0i24k1l2.649048.651370.0.651835.12.11.0.1.1.0.94.860.10.11.0....0...1c.1j4.64.psy-ab..0.11.862.0..0j0i30k1j0i13k1.70.-j9E0KePF7w

연평선생과 주자
https://www.google.co.kr/search?q=%EC%A3%BC%EC%9E%90+%EC%97%B0%ED%8F%89%EC%84%A0%EC%83%9D&source=lnms&tbm=isch&sa=X&ved=0ahUKEwi_o76vr_vYAhWCJpQKHWxgANsQ_AUICygC&biw=1164&bih=511#imgrc=R3DfcY05mMyM9M:

지행합일
https://www.google.co.kr/search?biw=1164&bih=511&tbm=isch&sa=1&ei=BixuWpruO4X18gXikYmoDQ&q=%EC%A7%80%ED%96%89%ED%95%A9%EC%9D%BC&oq=%EC%A7%80%ED%96%89%ED%95%A9%EC%9D%BC&gs_l=psy-ab.3.0.0j0i24k1l3.177591.180909.0.182822.19.14.0.1.1.0.146.1080.0j9.10.0....0...1c.1j4.64.psy-ab..9.8.863.0..0i10i24k1.110.6BzCwFK8ozg

찾아보기

ㅂ

ㅅ

ㅇ

ㅈ

ㅊ

ㅋ

인명

저자소개

■ 김영훈(kimsuwan2002@naver.com)

고려대학교에서 교육학 박사학위를 받았고 현재 동양대학교 교양교직 외래교수로 재직하고 있다. 저서로는 역사 속 현자들의 리더십이야기(박영스토리), 교육심리학(동문사), 교육사회학(동문사), 교육학개론(동문사) 외 다수의 도서를 출간했으며, 누가복음 선한 사마리아인의 비유에 나타난 아가페의 교육적 의의, 노자의 두위와 예수의 케노스에서 본 교육적 함의 등 다수의 논문을 발표하였다.

■ 박영희(jryp@naver.com)

충북대학교 교육학과에서 수학했고, 서울대학교 대학원에서 1987년에 <소크라테스의 논박에 나타난 앎의 의미>로, 2001년에 <교사로서의 소크라티스 연구: 고대 그리스의 교육적 이상>으로 각각 교육학 석·박사학위를 받았다. 미국으로 건너가 일리노이대학교(University of Ilinois at Urbana-Champaign) 고전어과(Classics)에서 2002년부터 3년간 방문교수자격으로 희랍어·라틴어의 기초를 닦았으며, 2005년부터 2009년까지 대학원에서 수학하여 고전어(희랍어·라틴어) 석사학위를 받았다. 2014년부터 수원대학교 교육학과 교수로 재직하고 있다.

쉽게 풀어 쓴

교육철학 및 교육사

초판 1쇄 발행 / 2018년 3월 10일
초판 6쇄 발행 / 2023년 8월 30일

공저자 / 김영훈 · 박영희
발행인 / 이 중 수
발행처 / **동 문 사**

서울특별시 서대문구 홍제원 1길 12
(홍제동 137-8)
Tel : 02)736-3718(대), 736-3710, 3720
Fax : 02)736-3719
등록번호 : 1974.04.27 제9-17호
가격 : 22,000원

ISBN : 978-89-8251-978-9(93370)
E-mail : dong736@naver.com
www.dongmunsa.com